IM TAL
DER
MÖRDER

Freya Stark

IM TAL DER MÖRDER

Eine Europäerin im Persien
der dreißiger Jahre

Mit 13 Abbildungen
und 5 Karten

Edition Erdmann in
K. Thienemanns Verlag

Titel der englischen Originalausgabe:
The Valleys of the Assassins
and Other Persian Travels
Zuerst veröffentlicht von John Murray Publishers Ltd.,
London 1936

Die erste deutsche Ausgabe erschien 1949 im Rowohlt Verlag, Berlin,
in der hier vorliegenden Übersetzung von Fortunat Weigel.

CIP-Titelaufnahme der deutschen Bibliothek

Stark, Freya:
Im Tal der Mörder: eine Europäerin im Persien der dreißiger
Jahre / Freya Stark. [Übers. von Fortunat Weigel]. –
Stuttgart; Wien: Ed. Erdmann in K. Thienemanns Verl., 1991
Einheitssacht.: The valleys of the assassins and other Persian travels <dt.>
ISBN 3-522-60850-X

Umschlaggestaltung: Bilek & Stoffel in Stuttgart
Schrift: Palatino
Satz: Steffen Hahn in Kornwestheim
Reproduktion: Die Repro in Tamm
Druck und Bindung: Wiener Verlag in Himberg bei Wien
Verlagsnummer 6085
5 4 3 2

W. P. KER
IN LIEBEVOLLER ERINNERUNG

Vorwort

Eine phantasievolle Tante, die mir zum neunten Geburtstage eine Ausgabe von »Tausendundeiner Nacht« schenkte, erregte wohl die erste unruhige Sehnsucht.

Ungehegt und unbeachtet zog das so entzündete Flämmchen seine Nahrung aus heimlichen Träumereien. Der Zufall, etwa in Gestalt eines syrischen Missionars, der in unserer Nähe wohnte, erhielt es am Leben; und schließlich fachte es das Schicksal in langen Monaten von Krankheit und Muße zu einer Flamme an, die hell genug war, mir auf meinem Weg durch die Labyrinthe der arabischen Sprache zu leuchten und mich endlich, gegen Ende des Jahres 1927, an der Küste Syriens landen zu lassen.

Nun, so glaubte ich, waren alle Schwierigkeiten überwunden: ich brauchte nur um mich zu schauen, zu lernen und zu genießen.

Und so wäre es auch gewesen, wären nicht jene Zwillings-Tugenden, die der joie de vivre, der Lebensfreude, in unserem zivilisierten Westen so verderblich sind – das Verantwortungsgefühl und die einem wohlerzogenen Geist so teure Illusion, daß jede Handlung einen Zweck haben müsse –, wären mir nicht diese Zwillings-Tugenden bei jedem Schritt mit der peinlichen Frage in den Weg getreten: »*Warum* bist du hier so allein?« und: »*Was* beabsichtigst du zu tun?«

Ich darf es hier gleich gestehen: Nie hatte ich darüber nachgedacht, warum ich dorthin ging, viel weniger noch, warum ich allein dorthin ging. Und was meine künftigen Unternehmungen betraf, so sah ich nicht ein, warum ich mir voreilig um etwas

Freya Stark

Gedanken machen sollte, das noch ganz im Nebel der Zukunft lag. Mein Verantwortungsgefühl war sehr mangelhaft entwikkelt, und von Zielstrebigkeit konnte nicht die Rede sein. Wenn man mir allzu dicht auf den Leib rückte, fiel mir als einzige Erklärung für meine so unerwünschte Anwesenheit auf asiatischem Boden mein Interesse an der arabischen Grammatik ein – eine Behauptung, die selten so naiv hingenommen wurde, wie ich sie den zweifelnden Fragern anbot.

Ich kam zu dem Schluß, daß man erbaulichere Gründe als die bloße Lust, sich zu amüsieren, anführen muß, wenn man in Frieden reisen will: etwas zum Vergnügen tun, das schmeckt in dieser utilitaristischen Welt nach Leichtfertigkeit, um nicht zu sagen: nach Unmoral.

Und obgleich ich persönlich glaube, daß die Welt unrecht hat, obwohl ich zutiefst davon überzeugt bin, daß es keinen besseren Grund für irgendeine Unternehmung gibt als die reine Freude daran, rate ich doch jedem, der auf ein ungetrübtes Verhältnis zu den Herren Paßkontrolleuren Wert legt, nicht ohne das entsprechende Etikett als Entomologe, Anthropologe, oder welcher »-ologie« auch immer, auszuziehen, das er für geeignet und förderlich hält.

Da dieses Buch sich aber an die Öffentlichkeit wendet und deshalb notgedrungen ehrlich sein muß, gestehe ich, daß ich für meinen Teil jedenfalls ausschließlich zu meinem Vergnügen gereist bin. Ich habe mein kümmerliches Arabisch und dazu noch ein wenig Persisch zum Vergnügen gelernt und habe dann aus dem gleichen Grund die Burgen der Assassinen und die Bronzen von Luristan besichtigt, wie es in diesem Buch beschrieben wird. Und an dieser Stelle möchte ich den schwergeprüften, häufig beschimpften und nicht ohne Grund entrüsteten Beamten, mit denen ich zu tun gehabt habe, danken für ihre unwandelbar freundliche, wenn auch nicht immer von Mißbilligung freie Nachsicht.

Ich habe meine Erlebnisse und Eindrücke, ganz wie sie sich mir geboten haben, so exakt wie möglich dargestellt. An dieser Feststellung ist mir besonders hinsichtlich der Schatzsuche in Luristan gelegen, die einem Leser, der an Überraschungen so reiche Gegenden wie diese nicht kennt, gut und gern als Phantasiegebilde erscheinen könnte. Ich habe in diesem Teil der Erzählung lediglich die Ortsangaben verändert, um die Lage der Höhle unkenntlich zu machen.

Vieler habe ich zu gedenken, die mir auf meiner Fahrt Gutes erwiesen haben, Engländer, Araber und Perser, deren Gegenwart in dem zauberhaften Bild jener Tage weiterlebt und deren Herzlichkeit durch Worte nicht wiedergegeben werden kann.

Villa Freia
Asolo, Italien   *Freya Stark*

Der Royal Geographical Society habe ich für manche Hilfe und manchen Zuspruch, darüber hinaus aber für die Genehmigung zu danken, in diesem Buch zwei Karten zu benutzen, die die Gesellschaft zum ersten Mal veröffentlicht hat, sowie für die Genehmigung zum Wiederabdruck des Berichts über Lamiasar.

ERSTER TEIL
LURISTAN

Zwei Wochen in Nordwest-Luristan
Der verborgene Schatz

Zwei Wochen in Nordwest-Luristan

In der Wüstenei der Zivilisationen bewahrt Luristan noch immer seinen Zauber. Seine Flüsse sind punktierte blaue Linien auf der Landkarte, und die Lage seiner Berge zu bestimmen, bleibt dem persönlichen Geschmack überlassen. Hier ist noch Raum für den Entdecker.

Er fragt nach dem Unmöglichen
Und geht dann und tut es.

Ich habe es nicht getan, denn ich bin nur ein sehr kleines Stück weit vorgedrungen. Aber ich habe zwei Wochen in dem Teil des Landes verbracht, in dem Reisende weniger häufig ermordet werden, und ich habe die Luren in ihren echten mittelalterlichen Gewändern gesehen – dem weißen enganliegenden Leibrock, dessen Ärmel in Zipfeln vom Ellbogen herabhängen, und den weißen, über die langen Locken gezogenen Filzmützen. Da die persische Regierung sich in den Kopf gesetzt hat, sie binnen Jahresfrist als à la Ferangi zu kleiden, mit spitzen Käppis und dem Bild des Schahs auf dem Futter, lohnt es sich vielleicht, noch einmal ein möglichst getreues Bild von ihnen zu zeichnen, bevor eine allzu mustergültige Ordnung ihrer Schönheit ein Ende setzt.

Stellen Sie sich Hadschi und mich vor, wie wir auf ungewöhnlich dürren Ponys zum Warasan-Paß hinaufklettern. In unserm

Rücken liegen die Stadt Nihawand und, schon näher, der Hügel von Gian, wo man die liebenswürdige Gastfreundschaft französischer Archäologen genießt, die einem die Satteltaschen mit Bovril und Schinken stopfen, wobei man den letzteren aber leider unberührt lassen muß – aus Gründen der Religion, die hier, wie immer, eine heitere Lebensführung stört. Hadschi schaut düster drein. Freunde haben ihm prophezeit, daß man ihn umbringen wird. Die grasbewachsenen Hänge des Kuh Garu, die sich unter unsern Füßen dehnen, schließen Luristan ab wie eine Mauer. So in ein Land einzusteigen, das als unsicher gilt, erhöht alle Lebensgeister, wenn auch in dem funkelnden Sonnenlicht, in der gleißenden Einsamkeit inmitten der gewaltigen Bergketten unter dem blassen Oktoberhimmel kein Gefühl der Gefährdung aufkommen kann. Faktisch nimmt man im Augenblick auch an, daß nur die drei anderen Pässe über den Kuh Garu von Räubern gehalten werden. Unser Warasan ist seit sechs Wochen fest in der Hand der Regierung. Es ist gut, dessen eingedenk zu bleiben; leicht könnte man sonst versucht sein, die Besatzung für Banditen zu halten anstatt für Polizei. Sie stürzen aus einem gemauerten runden Turm hervor, und die polierten, sauber gehaltenen Gewehre nehmen sich neben den Bruchstükken ihrer sonstigen Ausrüstung seltsam aus. Sie erheben einen Zoll von acht Kran für jedes Lasttier, das den Paß überquert. Als die Räuber den Paß noch hielten, nahmen sie nur fünfzig Pfennig mehr, und dieses geregelte Einkommen wäre ihnen noch lange Zeit sicher gewesen, hätten sie nicht eines Tages mit zwei Händlern die Geduld verloren, die vierzig Pfennig vom Tarif abdingen wollten: ihr Tod verursachte einen Stillstand in der Holzkohlenausfuhr aus Luristan, die über den Kuh Garu geht. Das bestimmte die Regierung, die Banditen auszuheben und einigen Luren aus Khawa, die sich zur Zeit an Gesetz und Ordnung halten, zehn Gewehre zu übergeben und ihnen den Paß und die daraus fließenden Einkünfte zu überlassen.

Die Freiwilligen waren gutmütige Leute; es machte ihnen Spaß, ein wenig zu plaudern, und sie waren ritterlich genug, zu Ehren ihres ersten Ferangi aus der Ebene auf ihre acht Kran zu verzichten.

Sie brachten Gläschen mit Tee heraus in die Sonne, breiteten eine Filzdecke aus und fingen an, mit dem ganzen Enthusiasmus der Angehörigen der niederen Schichten die augenblickliche Sicherheit in ganz Persien zu rühmen. Einer von ihnen hatte eine Wunde am Bein, die ich mit Branntwein behandelte, während der Chef des Postens, die langen Haare aus der Stirn streichend und auf sein Gewehr gestützt, langsam die Adresse auf meinem Empfehlungsbrief an den Gouverneur von Alischtar entzifferte. Dieser Brief war ein »Sesam, öffne Dich!«. Der völlig belanglose Inhalt war glücklicherweise versiegelt, aber der Name auf dem Umschlag hatte mich bereits aus den Fallstricken der Polizei von Nihawand gerettet. Ich brauchte ihn nur hervorzuziehen, um den Eindruck zu erwecken, ich reise unter dem hohen Schutz irgendwelcher regierender Mächte, und wenn ich ihn jemandem übergab, so bemühte ich mich, eine entsprechende Haltung zu pflegen. Ich besaß außerdem einen Brief an den Bruder des Kommandanten von Warasan, der noch mehr Liebenswürdigkeit und die Zusage einer Nachtherberge drunten in der Ebene von Khawa bewirkte. Die zehn saßen in einer Reihe nebeneinander und betrachteten mich; dem schlossen sich zwei dienstbare Geister an, die, wie sie erklärten, gekommen waren, um zu fegen, obgleich sich kein Anlaß für derartige häusliche Bemühungen inmitten des Gerölles bot. Jedesmal, wenn eine Karawane von Stammesleuten mühsam kletternd den Paß erreicht hatte, schlenderte einer aus der Gruppe hinüber, um sie anzuhalten und den Zoll zu erheben. Die kleinen schwarzen Ochsen, die unter den ungeheuren, mit Holzkohle oder Korn gefüllten Säcken aus Ziegenwolle fast verschwanden, trotteten sicheren Trittes voran, während die Männer stehenblieben, das Geld vorzählten und das Neueste aus dem Dschungel oder aus der Stadt berichteten, je nachdem ob sie von Süden oder von Norden kamen. Ihre Straße zog sich wie ein Band tief drunten quer über die Ebene von Khawa, deren von spitzen Hügelchen und wogenden Bergketten gesäumter Südrand in den Dunst der Ferne überging.

Nur sehr wenige Europäer durchreisen das Land. Sir A. T. Wilson ist hier gewesen, und vielleicht noch ein halbes

Dutzend anderer Reisender. Und im Jahre 1836 hat Sir Henry Rawlinson sein persisches Regiment hier durchgeführt und vor seinem Geist die untergegangenen Geister beschworen, die ihre Rosse in dem offenen Hügelland hatten weiden lassen.

Wir nahmen von der kleinen Besatzung Abschied und kamen nur unter Schwierigkeiten an dem steilen, zerrissenen Südhang vorwärts, der für Pferde kaum gangbar ist. Der Weg führt vom Paß herab durch eine felsige Schlucht. Die ganze Bergkette ist wie eine Welle, deren flache Seite wir aus der Ebene von Nihawand erklommen hatten, während jetzt die Steilseite vor uns lag. Und als wir über den glatten Kalkstein rutschten und stolperten, vergaß Hadschi, daß er mir gegenüber behauptet hatte, er kenne jeden Zoll des Weges, und jammerte mit rührseliger Stimme über diese Gegend, die nur für Gesindel geschaffen sei.

Irgendwie schien es aber angemessen, daß der Zugang zu dem verbotenen Land nicht allzu leicht war. Unsere Erwartungen hatten sich seit Nihawand immer höher gespannt, wo man (obgleich man doch in unmittelbarer Nachbarschaft lebt) von Luristan wie von einer gänzlich unbekannten Gegend spricht, in der Gesetze und Standards gelten, an denen der friedliche Städter keinen Anteil hat. Tag für Tag bringen Karawanen schwarzer Ochsen ihre Lasten von Holzkohle oder Korn aus den fernen Dschungeln des Südens über die Gebirgsmauer. Die Stammesleute, deren Haar ungepflegt ist und aus deren Augen unverhüllte Feindseligkeit spricht, hocken in abgesonderten Gruppen am Wall der alten Festung und haben keinerlei Verkehr mit den Stadtbewohnern. Die Hüter des Warasan machten mit ihren zerlumpten Kleidern und blitzenden Gewehrläufen diesen Gegensatz augenfällig. Als wir bei ihnen anlangten, standen wir am Tor eines fremden Landes. Diese Gegenden bereist niemand, der nicht die Freiheit eines Stammes oder einen anderen mächtigen Schutz besitzt. Kein Bauer oder Handelsmann stieg über den Paß. Nur Luren in ihren weißen Röcken musterten uns mit mißtrauischen, furchtlosen Blicken. Sie grüßten uns nicht, waren aber, wie ich feststellte, durchaus bereit zu antworten, wenn man sie ansprach.

Und nun tat sich an einer Biegung unserer engen Schlucht unter uns die Ebene von Khawa auf, die wie eine gelbe Woge an die Felsen des Kuh Garu heranflutete. Sie war in ganz arkadischer Weise mit dunklen Herden und Zelten gesprenkelt und von Ost nach West durch einen Fluß mit grünen Ufern geteilt. Während die ferne Südseite ganz aus einsamem Weideland bestand, das sich bis an den Fuß der niedrigen Hügel ausdehnte, sah man in der Mitte abgeerntete Kornfelder, ackernde Stammesleute, Dörfer, wo das Gebirge zur Ebene herabstieg, und hie und da die Grabhügel versunkener Städte.

Es müssen einst volkreiche Siedlungen gewesen sein, als sich noch eine vielbenutzte Straße von Nihawand oder Harsin über einen der zugänglicheren Pässe durch die Dörfer von Khawa nach Alischtar zog – das im 14. Jahrhundert als bedeutende Stadt erwähnt wird –, und von da weiter nach Khurramabad und in die Ebenen des Ostens. Man vermutet, daß der Rebell Gautama irgendwo in diesen Bereichen von Darius niedergeworfen worden ist. Hier auch lagen aller Wahrscheinlichkeit nach die Nisäischen Felder, die Alexander auf seinem Zug nach Persien besuchte, die aber schon lange vor seiner Zeit unter den Achämeniden wegen ihrer Pferde berühmt waren. In den versteckten Tälchen findet man Bronzen, Feuersteine und Keramik. Woge auf Woge ungenannter und ungezählter Völker verliert sich hier im geschichtslosen Dunkel der Zeiten.

Das war es indessen nicht, was uns zunächst beschäftigte, sondern vielmehr das Problem, in einer Ebene von zehn auf zwanzig Meilen, in der niemand Weg noch Steg kannte, unsere speziellen Luren ausfindig zu machen. Ein verwahrloster großer Mensch mit buschigen Augenbrauen hatte sich uns in Nihawand als Führer angeschlossen. Aber auch er war, wie ich rasch entdeckte, nie hier oben gewesen – und dazu kam noch, daß der Opiumgenuß, der den Leuten die Beine gründlicher lähmt als das Bier, ihn gänzlich zum Wrack gemacht hatte. Er setzte sich in regelmäßigen Abständen nieder, mit der Miene eines seekranken Reisenden in den ersten Zeiten der Schiffahrt über den Ärmelkanal, und zeigte für unsere Hoffnungen auf ein Mahl unter Freunden keinerlei Interesse.

Eine junge Braut in Qal'a Kafrasch, 1931

Wir erreichten die Grenze des Ackerlandes, ritten gemächlich zwischen gepflügten Feldern und Melonengärten dahin, bis wir schließlich auf Leute stießen, die uns den Weg zu unsern Kiram Ali Luren am Erdhügel von Qal'a Kafrasch im Westen wiesen, wo ein paar Lehmhütten und eine oder zwei Reihen schwarzer Zelte eine Art Dorf bildeten. Der Erdhügel, etwa achtzig Fuß breit und achtzig hoch, erhebt sich mit der künstlichen Regelmäßigkeit dieser Gebilde, die in ganz Persien und Mesopotamien das untergegangene Menschenwerk anzeigen; über mancher Landschaft liegt dort diese Stimmung unerhört alter Friedhöfe. Die Luren von Kafrasch ließen sich jedoch von der Altehrwürdigkeit ihrer Umgebung nicht bedrücken: es war das fidelste Spitzbubenpack, das man sich wünschen konnte; und wie sie sagten, waren sie begeistert darüber, daß wir den Mut besaßen, uns unter sie zu wagen. In der Abwesenheit des Khans regierte seine Frau das Haus: ein entzückendes Weib mit sehr schmalem, länglichem Gesicht und geschwungenen Brauen – eine stolze und eigenartige Schönheit, aber von einem unvorstellbar verschlagenen Lächeln geprägt. Ihre dunklen Haare, in denen Henna schimmerte, fielen in zwei gelockten Wellen auf beide Schultern herab und waren von einem ungeheuern Sarband oder Turban aus bunter Seide gekrönt, der schief über dem einen Auge saß, so daß ein vertrackter, aus Verwegenheit und Würde gemischter Eindruck entstand. Über einem losen, mit gelben Blumen bedruckten Baumwollgewand trug sie eine auf Taille gearbeitete rote Samtjacke. Und ihr Gang war der einer Königin. Auch über ihren Haushalt herrschte sie wie eine Königin, ganz ohne die Unterwürfigkeit, die die Perserin im allgemeinen auszeichnet. Sie forderte mich auf, neben ihr Platz zu nehmen, probierte meinen Hut auf und untersuchte jedes einzelne Stück meiner Kleidung, das ihr zugänglich war, umarmte mich, erklärte, ich sei ihre Schwester, und erlaubte mir, das Baby zu halten. Vettern, Onkel, Brüder und Schwäger saßen mittlerweile im Halbkreis auf der entgegengesetzten Seite der Feuerstelle und erwarteten das Ende dieser weiblichen Freundschaftsbezeigungen. Ihre Gesichter waren listig und lang, die Augen standen dicht beieinander, dabei wirkten sie aber kräftig, starkknochig und gesund. Sie hielten nichts von den Leuten in der Ebene. »Wir hier oben rauchen kein Opium«, sagten sie mit einem Seitenblick auf meinen Führer, der eben ein Stück glühender Holzkohle an seine zweite Pfeife führte. Auch Hadschi, der nicht verbergen kann, daß es für ihn Zivilisation nur in einer persischen Stadt gibt, wurde als Fremder kühl behandelt; mich dagegen, selbst eine Frau der Berge, die zu ihrem Vergnügen durch Luristan reiste, nahm man freundlich auf.

Als es Abend wurde und wir den letzten Mundvoll Reis von dem runden Tablett vor uns genommen hatten, wurde ein gewaltiges Feldbett für mich hereingebracht, das sie bei den Russen erbeutet hatten. Mein Gastfreund und seine schöne Frau richteten sich unter einer Decke in einem Winkel des Raumes ein; vier Brüder oder Vettern belegten den Platz zu meinen Füßen. In einem letzten Akt der Fürsorge nahmen sie meine Schuhe vom Boden auf und legten sie unter meine Matratze, denn ich selbst hatte noch nicht gelernt, daß man in Luristan auf allem schläft, was man besitzt.

Der nächste Morgen glich der Frühe eines Herbsttages in Schottland. Ein feiner Nebel drang durch die wollenen Dächer der Zelte ein und aus und zog sich am Boden zwischen den Weidenbäumen hin, die vereinzelt dem Lauf des Flüßchens folgten. Während die Frauen drinnen Feuer machten, wärmten sich die Männer im Schutz eines Mäuerchens in der Morgensonne. Mahmud, ein falschäugiger Bruder meines Wirtes, erbot sich, mich über den Paß nach Alischtar zu führen. »Ihr Mann aus Nihawand ist unnötig«, sagte er, »er kann heimgehen.« Nun hatte ich selbst schon diesen Gedanken gehabt, aber, von jemandem vorgetragen, der vielleicht weniger freundschaftliche Pläne erwog, gefiel mir die Idee nicht mehr ganz so gut. Das hieße, den einsamen Gebirgspaß in einer Gesellschaft passieren, die nicht ohne weiteres für sich einnahm. Und Hadschis entsetzte Blicke sowie die Kühle, mit der die versammelten Stammesleute von ihnen Notiz nahmen, bestärkten mich in meinem Gefühl. Ich machte mir indessen klar, daß ein Mensch, der viel Opium raucht, in kritischen Lagen nur von geringem Nutzen ist. Und wenn die Luren etwas Böses im Schilde führten, so konnten wir sie daran kaum durch irgendwelche Anstalten hindern. Ich drückte also mein freudiges Einverständnis aus und gab taktvoll zu verstehen, ich würde die Liebenswürdigkeit des Stammes beim Gouverneur von Alischtar zu rühmen wissen. Hadschi, eingeschüchtert durch die feindseligen Blicke, die ihn trafen, erhob nur schwachen Protest. Der Führer aus Nihawand aber brach in Tränen aus: »Ein solcher Mensch bringt nur Unglück«, sagte unser neuer Führer, als wir ihm nachsahen, wie er querfeldein davonschlich.

Wir folgten dem Pfad vom Vortage, erst den Badawar entlang, vorbei an dem Dorfe Noah, zwischen Feldern dahin. Dann aber wandten wir uns nach Süden, wo es keine Dörfer gibt, sondern meilenweit nur wogendes Hügelland, auf dem die dornigen Büsche des Gummitraganth gedeihen, den die Luren sammeln und in die Städte verkaufen. Um jede Pflanze wird eine kreisförmige Grube angelegt, der Stamm wird dreimal im Jahr im Abstand von etwa einer Woche eingeschnitten, und der Gummi kann so, wie er heraussickert, verkauft werden. Diese Gruben sind für jemanden, der durch die Gegend reitet, sehr lästig, nicht weniger als etwa ein kaninchenverseuchter Landstrich bei Dartmoor.

Während wir in erholsamer Abgeschiedenheit gemächlich plaudernd dahinzogen, während nur gelegentlich ein Schäfer mit seiner Herde die großen Linien wogenden leeren Landes unterbrach, fiel mir auf, daß wir die eigentlich beabsichtigte Richtung zum Gatschkah-Paß, auf dem ein Polizeiposten die Straße nach Alischtar sichert, nicht mehr einhielten.

»Warum biegen wir so weit nach Süden ab?« fragte ich.

»Der Gatschkah ist heute nicht sicher«, entgegnete Mahmud mit einem seiner lauernden Seitenblicke. »Wir wollen ihn auf einem andern Weg umgehen.«

»Ich dachte, er sei von Polizei besetzt?« sagte ich.

»Gewiß. Aber es ist eine bergige Gegend.« Mit dieser mysteriösen Antwort mußten wir uns zufrieden geben, und wir setzten unsern Ritt in nachdenklichem Schweigen und nicht ohne Unruhe fort.

Wir erreichten jetzt eine kleine Anhöhe, und vor uns lag

wieder eine aus Zelten und wenigen Häusern bestehende Siedlung – der Weiler Deh Kusch. Und jenseits davon erwartete uns eine Überraschung: In weltferner Einsamkeit schlängelte sich drüben eine Straße, die unvollendete Autostraße von Khurramabad nach Harsin. Zwischen uns und ihr ritt ein Polizist in hellblauer Uniform.

Er war mehr überrascht als wir selbst. Jedenfalls zeigte er seine Überraschung deutlicher, galoppierte heran, daß die Steine spritzten, und fragte mich, ob ich wisse, daß ich in Luristan sei. Ich sagte, ich wisse das nicht nur, sondern begebe mich zu einem Besuch beim Gouverneur. Der berühmte Brief wurde wieder vorgelegt, und zwar mit der gewohnten starken Wirkung. Indessen war der Schock doch nicht so einfach zu überwinden, und ein Sündenbock mußte gefunden werden. »Man kann nicht einfach hier mitten durch die Wildnis reisen«, sagte der Polizist, indem er sich an unsern Führer wandte. »Warum habt ihr die Straße verlassen?«

Diese Frage hat nie ihre Antwort gefunden. Der Mann sah so schuldbewußt aus, daß ich in meinen schlimmsten Befürchtungen bestärkt wurde; und erst später, nachdem ich immer wieder erfahren hatte, wie schuldbewußt jeder Lur aussieht, wenn er Auge in Auge mit dem Gesetz steht, kam mir der Gedanke, er könne vielleicht doch unschuldig gewesen sein.

Inzwischen sollte uns nicht gestattet werden, weiter zu reiten. Wir sollten erst unsere Mahlzeit einnehmen, verlangte der Polizist, offenbar bestrebt, uns um jeden Preis zu etwas zu zwingen, das nicht in unserer Absicht gelegen hatte. Es hat immer etwas Verlockendes, einer Bitte zu willfahren, wenn man sicher ist, gerade damit zu verärgern, und zudem war uns der Gedanke an ein Mittagessen nicht unwillkommen. Teils aber, um ebenfalls meinen Zug in dem Spiel der Widersprüche zu tun, teils auch, weil es in den Augen der Dorfbewohner eine ausgesprochene Unfreundlichkeit gewesen wäre, lehnte ich es ab, mich, wie das vorgesehen war, mit meiner Eskorte allein unter einem Baum niederzulassen, und rückte statt dessen in eines der Zelte des Stammes ein.

Während wir hier ums Feuer hockten und zusahen, wie sich

das Huhn wie ein Wappenvogel am Spieß drehte, gewannen wir auch unsere gute Laune wieder. Die Möglichkeit, noch am Abend in Alischtar zu sein, war dahin – aber was bedeutet auf einer Reise ein Tag mehr oder weniger? Der Polizist seinerseits hatte uns zum Halten gebracht, als wir beabsichtigten weiterzuziehen, und konnte also das berechtigte Gefühl haben, seiner Autorität sicher zu sein. Er begann, mit den Augen meine Aluminiumflasche abzuschätzen und Selbstgespräche über die Nützlichkeit derartiger Geräte für einsame Wachposten zu halten, die dazu verurteilt sind, ferne von ihren Kameraden im Gebirge zu leben. Auch die Luren lenkten das Gespräch nach und nach auf den einzigen Gegenstand, an dem sie zur Zeit ernstlich interessiert sind – die Kleiderfrage.

Man hatte ihnen ein Jahr Zeit gegeben, um sich einen europäischen Rock, ebensolche Hosen und einen Pahlawi-Hut zu verschaffen. Kein Mensch hatte daran gedacht, das auch wirklich zu tun: die Märchen, die mit der menschlichen Natur rechnen, geben immer ein Jahr und einen Tag, und erst am letzten Abend fängt der Held an, die Angelegenheit in Erwägung zu ziehen. Jetzt aber war ein neuer Befehl von Teheran gekommen, innerhalb von fünf Tagen habe Luristan angezogen und rasiert zu sein, lange Bärte seien unvereinbar mit einem zivilisierten Äußeren. Die Vorstellung, sich im tiefsten Luristan in fünf Tagen einen städtischen Anzug zu verschaffen, ist ein Scherz, der sich nur für den »Punch« oder die persische Regierung eignet. Die Stammesleute hörten die Ausführungen des Polizisten mit höchst unglücklichen Mienen an.

»Meinen Sie, daß die Ferangi-Kleidung ebenso gut gegen Schnee und Regen schützt wie diese Filzmäntel?« fragte ich schließlich.

»Gewiß nicht«, sagte der Polizist.

»Ich sollte meinen, daß auch ein Pahlawi-Hut in diesem Klima nicht lange hält«, fuhr ich fort.

»Keinen Tag«, fiel der Chor der Stammesleute mit offensichtlichem Vergnügen ein.

Der Polizist legte meine Wasserflasche wieder nieder.

»Befehl des Schahs«, bemerkte er würdevoll und gab dann zu

verstehen, daß es an der Zeit sei, aufzubrechen. Die Pässe, erklärte er, seien nicht mehr so gefährlich wie vor dem Essen: ein Geleit sei wohl nicht erforderlich. Wenn ich die Wasserflasche selbst brauche, denke er natürlich nicht daran, mich ihrer zu berauben. Er habe diesen Vorschlag gar nicht im Ernst machen wollen. Ich möchte aber doch die Freundlichkeit haben, dem Gouverneur über die Hilfe zu berichten, die er mir habe zuteil werden lassen.

So zogen wir weiter, den Gatschkah und seine Berge immer zur Linken, in Richtung auf die Autostraße, die, soweit man sehen konnte, nur den Hufen zahlloser Esel und Maultiere als Saumpfad diente. Sie ist noch nicht ganz fertiggestellt, und auch ihr letzter und sicherster Abschnitt, auf dem Wagen zwischen Kermanschah und Harsin verkehren, wird von Zeit zu Zeit von Überfällen heimgesucht, so zum Beispiel fünf Tage, bevor ich dort ankam. Hier oben in der Wildnis schien sie sich in tiefem Frieden zu sonnen, wie sie sich aus wogendem Weideland heraufschlängelte, das in den südwestlichen, weniger bekannten Tälern von Dilfan zu Geröllhügeln und Dschungeln anstieg. Wie wir im ruhigen Leuchten des Nachmittags dahinritten, gewahrten wir kaum eine Spur menschlicher Wesen, außer den Steinhaufen am Straßenrand und einem Schäfer im weißen Umhang, der seine Herde an einem nahen Abhang weidete.

Dieser niedrige, lange Kamm ist der Firuzabad-Paß, und wir wußten, daß wir die Wasserscheide überquert hatten, als wir an ein Flüßchen gelangten, das aus den Felsen zu unserer Linken hervorsprudelte. Das Wasser war samten und strahlend wie ein Vogelauge und plätscherte nach Alischtar hinunter. Wir folgten seinem Lauf und kamen bei Sonnenuntergang an die Stelle, wo sich das Gebirge in die Ebene öffnet, und zu einer kleinen Kolonie von Zelten am Westabhang.

Hier warteten wir unter dem offenen Dach des Hauptzeltes, bis man dem Khan unsere Ankunft mitgeteilt hatte. Die Luren sind, wie das kleine Mädchen mit der Locke, sehr nett, wenn sie nett sind, wenn sie aber nicht nett sind, sind sie abscheulich – und man kann selten im vornherein sagen, was einem bevorsteht. Es sind immer angstvolle Minuten, wenn man einen

Ein Lure in der traditionellen Kleidung, die durch die persische Regierung verboten wurde, 1931

fremden Stamm besucht und der Dinge harrt, die da kommen sollen. Diése Beklemmung beschränkt sich nicht auf den Ausländer: Ich habe festgestellt, daß meine einheimischen Führer sie durchaus teilten und sich jedesmal beeilten, mein Erscheinen mit einem *empressement* zu erklären, das man nur als vergebungheischend bezeichnen konnte. Diesmal wurden die Erklärungen mit Zurückhaltung aufgenommen. Die schlauen grünlichen Äuglein unseres Gastgebers wanderten mit recht offensichtlichen Hintergedanken von mir zu meinem Gepäck, und es wurde keinerlei Versuch gemacht, eine Unterhaltung einzuleiten.

Bei solchen Gelegenheiten kommt alles darauf an, warten zu können. Wir saßen schweigend da und sahen in die Dämmerung hinaus, während der Rauch der vielen Zelte wie Nebel über der Ebene schwamm. Geißen und Schafe kamen zum Melken herein; das Scharren der Hufe und das unterdrückte Blöken erfüllte die Luft mit der sanften Gewalt des Abendfriedens. Eine Baumkrone zeichnete sich wie Spitzengewebe gegen die Ferne ab, und die neue Straße, die diagonal auf den Taleinschnitt von Khurramabad hin verläuft, verlor sich in der Dämmerung. Unsere Pferde mahlten den Häcksel aus den Lehmkrippen dicht bei uns – Hafer ist hierzulande kaum aufzutreiben –, und von Zeit zu Zeit schüttelten sie die Köpfe mit einem leisen Klirren der Glöckchen. Und vom östlichen Horizont hoben sich das Gebirge von Alischtar und der Kamm des Sefid Kuh in so klaren und reinen Umrissen ab, daß ihr bloßer Anblick die Seele mit Gelassenheit erfüllte.

Mochten es nun die Schönheiten der Natur, die unmittelbare Aussicht auf das Abendessen oder die bloße Tatsache sein, daß man sich an uns gewöhnte, jedenfalls knüpfte sich nach und nach ein kleines Gespräch an, wobei die Luren begannen, gelegentlich freundlicheres Interesse zu zeigen. Sie waren übrigens, ungleich denen von Qal'a Kafrasch, wirkliche Nomaden und lebten niemals in Häusern. Es sind Mumiwand. Im Sommer bewohnen sie den Saum von Alischtar, im Winter ziehen sie mit dem ganzen Stamm in ihre »Garmsir«, die warmen Täler um Tarhan im Südwesten. Etwa in vier Wochen, im November, wollten sie aufbrechen. Die Regierung gibt sich alle

Mühe, ihnen Häuser zu bauen, um sie in einer Gegend festzuhalten; sie lehnen aber diesen Wechsel einmütig ab und sagen, daß das Überwintern im Norden den Verlust eines erheblichen Teiles ihrer Herden bedeuten würde; und da die Regierung nur mit Waffengewalt südlich von Alischtar oder Khawa vordringen könnte, wird sie den Nomaden wohl noch einige Zeit ihren Willen lassen müssen.

Ich breitete für diese Nacht meinen Schlafsack auf einem Haufen Stroh aus und schlief unter dem Zeltdach ein, umgeben von den ruhenden Herden und mit Hadschi bei den Pferden in nächster Nähe.

Am nächsten Morgen traten wir den Ritt über die Ebene an. Am anderen Ende erschien das Fort von Alischtar in einer Baumgruppe. Es ist jetzt der Sitz von Recht und Ordnung und die Residenz des Gouverneurs von Nord-Luristan; bis vor drei Jahren hätte sich nicht nur kein persischer Polizist, sondern auch kein gewöhnlicher Reisender dem Ort auf weniger als sechs Meilen ungefährdet nähern können. Mir Ali Khan herrschte dort wie ein König. Er hatte ganz Nord-Luristan in seiner Gewalt und verheerte von dort aus Nihawand auf der einen und Khurramabad auf der andern Seite, so daß die Leute in der Ebene nicht außerhalb der Stadtmauern zu schlafen wagten. Die Luren hingen voller Ergebenheit an ihm: die Salsile, zu denen sein eigener Stamm der Hasanawand gehört, behaupten heute noch, daß sie 20 000 waffenfähige Männer zählen, und viele andere haben sich ihnen angeschlossen. Er speiste, so erzählt man, 300 Gäste an seiner Tafel und verwahrte neben seinen fünf Frauen in seiner Festung eine halbe Million Toman in Gold. In Alischtar lernte ich seine Schwägerin kennen, eine junge Frau, die in Teheran aufgewachsen ist und keine Sympathie für die Stämme hat. Sie beschrieb mir ihre Verzweiflung, als sie gezwungen wurde, hier im Gebirge zu leben, ohne die Möglichkeit, einen Arzt zu Rate zu ziehen, wenn sie krank war, ohne andere Gesellschaft als die Eingeborenenfrauen und ohne Aussicht, jemals wieder von hier zu entrinnen.

Die Regierung faßte endlich den Beschluß, gegen Mir Ali Khan vorzugehen. Einer seiner armenischen Freunde, ein gewisser Sangari Garkhan, mußte sich ihm auf einer kleinen Unternehmung gegen einen benachbarten Potentaten anschließen. Die Kampagne war erfolgreich, die beiden ritten Seite an Seite über den Paß von Khurramabad nach Alischtar zurück. Da wandte sich der Armenier plötzlich gegen seinen Verbündeten: Die Regierungstruppen, die er mit sich führte, schlossen auf, fesselten Mir Ali Khan und brachten ihn in größter Eile, bevor seine eigenen Leute sich gesammelt hatten, nach Khurramabad, wo er sofort gehängt wurde. Unterdessen zog der Armenier als Freund in das Fort ein, ergriff im Namen des Schahs Besitz von der Festung und überrannte von dort aus die Ebenen von Alischtar und Khawa, entwaffnete alles und zerstörte jedes Gebäude, das auch nur im geringsten zur Verteidigung geeignet schien. Auf diese Ruinen stößt man noch heute gelegentlich. Zum Dank wurde er zum Gouverneur ernannt; er hat aber seitdem ein übles und verdientes Ende gefunden.

So erzählte der Führer, während wir unter dem leisen Klingeln des Geschirrs gemächlich über die weite, sorgfältig bebaute Ebene zogen und uns über die Seitenarme des Kahmanflusses nach und nach den Bergen am Ostrand näherten, dem Gebirgsstock, wo, wie man hier erzählt, der Kahman »in einem paradiesischen Hain« entspringt.

Es war hier wärmer als in Khawa, Reis und Mohn gedieh in den Gründen, und in den Gewässern wuchs üppiges Schilf, zwischen dem eine blaßgelbe Wasserschlange den spitzen Kopf nach uns hob. Auf den Stoppelfeldern wuchsen in großen Mengen dicht am Boden die dunkelroten Blüten der Aroideen. Nach einem Ritt von etwa einer Stunde erreichten wir alte Dorfsiedlungen, bei denen wir hie und da Grabsteine aus den frühesten Jahrhunderten des Islams fanden – rechteckige Blöcke, die an jedem Ende einen behauenen Knauf und ein erhabenes Mittelfeld trugen, das von Schriftzügen oder ornamentalen Arabesken umgeben und bedeckt war. Auch hier gibt es Erdhügel, insbesondere einen großen Hügel und ein Dorf Geraran, das größte in Alischtar, nahe dem Eingang der Kahmanschlucht zu unserer Linken. Hier, sagte unser Führer, ist der Schatz der Feueranbeter begraben, es hat ihn aber noch niemand gefunden.

Unser Führer war jetzt sehr freundlich und sang auf kurdische Weise, wie man hier sagt.

Baina, Baina,
Nazaram Baina,
Agar dust nam diri
Shau neilim tanha.

Baina, Baina,
Sieh mich an, Baina,
Wenn auch du es willst,
Werde ich nicht einsam schlafen.

Kai lowa, lowa
Murgakam lowa;
Jerkam arraye
Dusakam kowa.

Kai lowa, lowa
Mein Vögelchen lowa
Meine Liebe macht's, daß
meine Leber wie ein kabob ist.

Das »Ai, Ai, Ai« des Refrains am Ende jeder Zeile, wild und gellend und in einem kleinen Seufzer endend, erinnerte an das Jodeln in den Alpen, aber es klang unbändiger, so wie etwa ein schnurrender Tiger einer Katze gleicht.

In Fort Alischtar angekommen, stiegen wir im Hof Kerim Khans ab, des Bruders des gehängten Mir Ali.

Die Luft der Metropole war fühlbar, denn wenn auch die Siedlung nicht größer als ein Weiler ist, bringen doch die Festung, die Regierung und die Polizei, eine Schule mit zwölf Lehrern und der Bau einer für die künftige Autostraße berechneten Garage Unruhe und Leben.

Wir trafen Kerim Khan zu Hause an: einen einnehmenden jungen Mann, dem der Pahlawi-Hut flott zu Gesicht stand. Aber die Damen des Hauses, seine Frau und seine Schwiegermutter, nahmen gerade ihr Bad, und wiederholte Anfragen, wo der Schlüssel zum besten Zimmer sei, sowie Andeutungen, wir seien hungrig, verfehlten völlig ihre Wirkung. Die Antwort war, das Gesicht der süßen kleinen Frau werde gerade eingeseift oder ähnlich. Es ging auf zwei Uhr, mein Gastfreund und ich saßen, ganz schwach vor Hunger, im zweitbesten Zimmer einander auf einem Teppich gegenüber, zu matt zum Sprechen. Kerim schüttelte von Zeit zu Zeit den Kopf und bat mich, zu notieren, wie Ehemänner in Luristan behandelt werden. Ich versuchte ihn mit der Bemerkung zu trösten, daß dergleichen auch anderswo vorkommen solle – und wieder wurde eine gänzlich erfolglose Botschaft an die widerspenstigen Damen abgesandt.

Gegen vier Uhr endlich erschienen sie, gutgelaunt und erfrischt durch ihre Waschungen, und fanden uns in einem Zustande der Erschöpfung, der uns geneigt machte, jede beliebige Entschuldigung anzunehmen, vorausgesetzt, daß sie von dem Eintreffen des Essens gefolgt war. Und der Pilav ließ auch nicht mehr lange auf sich warten. Kerim brummte zwar noch während des Essens vor sich hin, aber sein Ton war so unsicher, wie es der eines Mannes sein muß, der sich einer festen Front zweier entschlossener Frauen gegenübersieht. Die Schwiegermutter bot in der Tat einen bestürzenden Anblick: Sie sah halb wie ein Frosch, halb wie ein Dragoner aus, und ihr Benehmen ließ auf ein unabhängiges Einkommen schließen. Sie erzählte, ihr erster Mann habe sie immer auf den Kopf geschlagen, bevor es ihr gelungen sei, sich von ihm zu trennen: ich konnte eine verstohlene Bewunderung für einen Mann nicht unterdrücken, der soviel Mut aufgebracht hatte. Kerim war Wachs in ihren Händen. Er zog sich nach dem Essen in den Hof zurück, wohin der alte Drache auch seine eigene Mutter unter das Dienstpersonal verwiesen hatte. Die beiden Damen blieben dagegen im besten Zimmer zu meiner Seite sitzen und rückten mit der Erklärung heraus, sie seien eigentlich, bis auf den Namen, Christen. Sie haßten Luristan und hofften Kerim der Vorliebe zu entwöhnen, mit der er in der Gesellschaft seiner Stammesgenossen die Reste seines Grundbesitzes bewohnte. Sie liebten das Stadtleben und hatten Freunde unter den Missionaren. »Sie haben mich gelehrt, daß die Liebe alles in der Welt ist«, sagte die Schwiegermutter, ihre beiden Enkelchen auf den Knien. »Und Sie machen sich keine Vorstellung davon, wie ich diese Kinder liebe! Alle, außer der da drüben«, fügte sie hinzu und nickte zu dem ältesten der kleinen Mädchen hinüber, das unbeachtet in einer Ecke saß. »Ich kann sie nicht ausstehen.«

Diese eigenartige Auffassung der christlichen Lehre veranlaßte mich zu vorsichtigem Protest. Es sei doch etwas hart für das kleine Mädchen, meinte ich. Ein glasiger Ausdruck erschien in den Augen der Dame, unter den schweren Lidern. »So ist die Liebe nun einmal«, sagte sie. »Sie kommt und geht, wie sie mag.« Und dabei blieb es.

Als Konfirmandin muß die Schwiegermutter nicht leicht zu nehmen gewesen sein. Ich habe nie einen anderen Menschen von dieser unbeugsamen Brutalität getroffen. Im Hause lebte ihre hübsche junge Stieftochter von siebzehn Jahren, die sie unversehens von einer Schule in Hamadan, wo sie von der amerikanischen Mission erzogen wurde, weggenommen hatte und die sie nun als Magd hielt. Sie durfte das beste Zimmer nicht betreten, die Mahlzeiten nicht mit uns teilen, mit ihresgleichen keinerlei Umgang haben. Kein Bräutigam wurde für sie gesucht, so daß das Kind ein Leben der Bedrückung und Plackerei vor sich sah, eine ausweglose Sklaverei. Sie sprach gut Englisch und teilte mir ihren Kummer mit, als sie mich am Abend zu einem heißen Bad in den Stall führte. Ich fand aber kein zweites Mal Gelegenheit, mit ihr zu sprechen, denn das Auge der eifersüchtigen alten Dame bewachte uns, und eine Unterredung hätte ihr nur noch Schlimmeres eingetragen.

Die Schwiegermutter hatte die Tugenden ihrer Fehler: Ich bin überzeugt, daß sie sich nie in ihrem Leben vor irgend etwas oder irgend jemandem gefürchtet hat. Eines Tages ermordeten Angehörige eines wilden Stammes den Verwalter eines ihrer Güter droben am Asadabad-Paß, und die Polizei wollte sich mit der heiklen Affäre nicht befassen. Sie aber schlich sich eines Nachts selbst aus ihrem Schlafzimmer, ließ das Licht brennen, damit im Dorf niemand ihre Abwesenheit bemerkte, und machte sich daran, die Mörder im Gebirge aufzuspüren. Sie fand sie auch nach fünf Tagen, kesselte sie mit ihren eigenen Leuten ein und überlieferte sie den Gerichten.

Die beiden Damen ließen an Gastfreundlichkeit nichts zu wünschen übrig, und das Gefühl, für eine Zeit wirklich in Sicherheit zu leben, zusammen mit der Möglichkeit, sich regelmäßig zu waschen, war sehr erholsam. Abends lernte ich die ganze Gesellschaft von Fort Alischtar kennen. Kerim nahm mich zu einem Besuch beim Gouverneur mit, ich wurde in einem länglichen Audienzraum empfangen und dem Polizeichef vorgestellt, einem liebenswürdigen Nihawandi mit ausgezeichneten Manieren, den ich später noch näher kennenlernen sollte. Der Gouverneur ist ebenfalls ein Lure; er stammt aus Dizful, hat die guten Manieren eines Persers von Stand, leidet aber an Melancholie infolge der Malaria, die übrigens in der Umgebung der Reisfelder immer mehr um sich greift. Er stellte Kerim mit müder, freudloser Stimme einige Fragen über mich; und Kerims Skizze meiner Herkunft, meiner Lage und meiner Zukunftsabsichten, die er unter der Eingebung des Augenblicks verfaßte, war überzeugender als alles, was ich selbst hätte vorbringen können.

Die Festung besteht aus einem Viereck aus Lehmziegeln, mit runden Türmen, das mit Gebäuden völlig ausgefüllt ist. Die Wohnung des Gouverneurs und die Polizeikaserne, Gefängnisse, Verwaltung und Schule sind hier konzentriert. Seit den Tagen des großen Mir Ali Khan scheint es vernachlässigt zu sein. In dem langen Audienzraum blättert die Farbe von den Wänden: trotzdem bewahren sie noch eine verwitterte Fröhlichkeit, mit Jagd- und Schlachten-Szenen, Damen in Kutschen, reißenden Strömen ausgesetzt, persischen Offizieren in bauschigen Hosen, die mit Feldstechern in der Hand an kleine Kanonen gelehnt stehen – alles in allem das Viktorianische Zeitalter Luristans, verklärt von der Schwermut des Verfalls. Darunter saßen, in einem Halbkreis an einem melancholischen Tisch, der Gouverneur und ein Dutzend Besucher. Schweigende Versammlung: Der Gouverneur las Petitionen und warf zwischen zwei Dokumenten ein oder zwei Fragen ein. Er erkundigte sich dann, ob ich ihn photographieren könne. In einer Pause stand er auf, trat an die eine Schmalseite des Raumes und blieb dort stehen, während zwei Diener ihm in ein Paar sehr eleganter Hosen halfen. Wir andern blieben schweigend sitzen, den Blick taktvoll auf Fußboden oder Decke gerichtet. Als die Operation beendet und auch ein entsprechender Rock gebracht worden war, gesellte sich der Gouverneur wieder zu uns. Er teilte mir in sichtlich gehobener Stimmung mit, daß er zur Aufnahme bereit sei, und wir zogen alle in den Hof, wo ich ihn in feierlicher Stellung neben einem Brunnen photographierte.

Der zweite Tag meines Aufenthaltes verlief angenehm, aber ereignislos.

Wir wanderten ein bis zwei Meilen nordwärts zu dem Platz einer untergegangenen Stadt, offenbar dem Alischtar, das Mustaufi, ein Geograph des vierzehnten Jahrhunderts, erwähnt. Baulichkeiten sind nicht mehr zu sehen, dagegen viele von den steinernen Grabdenkmälern, die wir schon kannten, und, überall verstreut, Tonscherben aus dem dreizehnten bis fünfzehnten Jahrhundert. Es wurde hier allgemein von einem alten Minarett gesprochen, das dem von Saweh geglichen haben soll, einem runden Ziegelturm mit erhabenen Verzierungen in geometrischen Mustern. Die Regierungstruppen machten es vor drei Jahren, als man einen Aufstand der Luren befürchtete, dem Erdboden gleich. Von älteren Gräbern, den interessantesten Altertümern Luristans, fand sich so weit im Osten keine Spur. Derartiges fand man, wie uns erzählt wurde, in Dilfan.

Mein Plan war nun, mich scheinbar nach Westen, gegen Harsin, zu wenden, in Wirklichkeit aber einen Umweg zu machen und diesen Gräbern in Dilfan einen Blick zu gönnen. Mein Schrecken war deshalb nicht gering, als Kerim mir erklärte, die Behörden könnten mich nicht das Wagnis einer Reise ohne Geleit übernehmen lassen und der Polizeichef, der Sardari Naib Khan, werde mich höchstselbst auf der neuen Straße eskortieren. Ich hatte mich also offensichtlich zu wichtig gemacht: Es ist immer schwierig, hier den rechten Mittelweg zu finden, denn man möchte zwar seine Wünsche berücksichtigt sehen und womöglich auch nicht als Landstreicher deportiert oder eingesperrt werden, andererseits will man aber gerne unbedeutend genug erscheinen, um sich selbst überlassen zu bleiben. Ich hielt es indessen für richtiger, abzuwarten, bis der Polizeichef nicht mehr unter dem Einfluß seiner Kollegen stand, um dann allein mein Glück mit ihm zu versuchen und ihn vielleicht sogar dazu zu bewegen, mir bei der Plünderung des einen oder anderen Grabes behilflich zu sein; es blieb jedenfalls nichts anderes übrig, als die getroffene Anordnung möglichst freudig zu begrüßen.

Am andern Morgen nahm ich Abschied von Kerim Khan und seinen Damen und wandte mich wieder westwärts, ins Nomadenland. Beim Aufbruch waren wir allein: Der Sardari Naib sollte in Deh Ram, etwa eine Stunde Weges von Alischtar, zu uns stoßen.

Als wir dieses Dorf erreichten, war weder hier noch auf der Ebene hinter uns irgend etwas von ihm zu sehen. Ich sagte mir, daß er unsere schwerbeladenen Tiere leicht einholen könne, und beschloß, jedenfalls auf die Zelte zuzureiten, bei denen wir seinerzeit genächtigt hatten, und das flache Land noch vor der größten Hitze hinter mich zu bringen. Hadschi wie auch der Lure hatten ihre Bedenken gegen diesen Plan und folgten nur widerstrebend. Sie meinten, der Sardari habe nicht viel übrig für diese Zelte, deren Loyalität gegenüber der Regierung zweifelhaft war. Ich war es aber leid, meine Begleiter jedesmal sich verkriechen zu sehen, wenn irgend etwas auftauchte, das man für einen Polizeiposten halten konnte, und bemerkte, was für mich gut genug sei, sei es auch für den Sardari, eine ungeheuerliche Ketzerei, die sie zum Schweigen brachte.

Es war ein schöner Tag: strahlendes Licht lag auf den Falten des Gebirges. Die Ebene von Alischtar, wie eine flache Schale mit gezacktem Gebirgsrand an allen Seiten außer der westlichen, sonnte sich in Mittagsglut und Frieden. Der Aprikosengarten um das Fort verdämmerte in der Ferne hinter uns zu einem dunklen Fleck. Zu beiden Seiten des Weges wurden die Dörfer nun seltener. Die Reisfelder wurden durch Stoppeln oder unbebauten Grund abgelöst, auf dem Schafe und schwarze Ziegen weideten. Wir näherten uns dem sanften Anstieg der Ebene im Westen, als ein Blick nach rückwärts uns den Sardari mit einem Gefolge von fünf Reitern zeigte, die aber keineswegs in unsere Richtung ritten, sondern vielmehr nach Norden auf den Gatschkah-Paß und Khawa zutrabten.

Gleich darauf löste sich eine kleine Gestalt von der Gruppe und galoppierte auf uns zu. Sie erwies sich beim Näherkommen als ein Polizist, der vor Wut fast von Sinnen war. Von mir nahm er gar keine Notiz, da ja Frauen in Persien so wenig ernst genommen werden, daß ihre Familien und nicht sie selbst für irgend eine Narretei haftbar sind, die sie etwa begehen. Meine Familie war zur Zeit aber vertreten durch Hadschi und den Luren, die sich beide unter dem Gewitter beugten, ohne auf den Gedanken zu kommen, mir einen Vorwurf zu machen, und widerliche Entschuldigungen in das Ohr des Gesetzes stammelten. Wir lenkten unsere Schritte zurück zu einer Kolonie von sechs oder sieben Zelten am Fuß der Gatschkah-Berge, wo der Polizeichef mit zwei weiteren Polizisten, zwei unbedeutenden Dorfältesten und seinem Mirza oder Sekretär, der ein ungeheures, rot eingebundenes Hauptbuch mit sich führte, auf das Mittagessen und auf uns Ungetreue wartete.

Der Sardari Naib war nicht im mindesten verstimmt und begrüßte uns mit größter Freundlichkeit. Als ich freilich erwähnte, daß mein Ziel Dilfan und nicht Khawa sei und daß ich nicht die Absicht habe, die Richtung einzuschlagen, in der er reise, war er einigermaßen in Verlegenheit. Ich bemühte mich während des ganzen Essens, ihn von der Wichtigkeit prähistorischer Gräber zu überzeugen, und fühlte mehr und mehr, wie klug es gewesen war, ihn zunächst einmal aus der offiziellen Atmosphäre von Fort Alischtar zu entfernen, bevor man einen so heiklen Gegenstand zur Sprache brachte. Seine angeborene Liebenswürdigkeit arbeitete für mich. Er war ein gefälliger Mann mittleren Alters, dessen hübsche Züge von der Sonne gebräunt waren und der noch dem ärmsten Schäfer mit Freundlichkeit begegnete.

Als wir unsere Mahlzeit beendet hatten, schien es, daß die Ziele der Archäologie begonnen hatten, ihn zu interessieren, und wir hatten einen Kompromiß erreicht: Ich begleitete ihn über den Gatschkah und verbrachte die Nacht unter polizei-

Luristan, 1931

lichem Schutz in Khawa, während er mir am andern Tag einen Begleiter für den Weg nach Süden stellen würde.

Ein Lager in Begleitung des Polizeichefs zu besuchen, hieß einen Ameisenhaufen aufrühren, so groß war die Fassungslosigkeit und Aufregung, die unsere Ankunft jedesmal verursachte. Bei unserm Eintreffen schienen sich die Luren immer zu fragen, welches ihrer Verbrechen diesmal ans Licht gekommen sein mochte. Wir waren unbeliebt, denn wo wir auch hinkamen, wurde die Kleiderfrage angeschnitten, und einer von den Polizisten riß den Leuten zu Ehren der neuen Bestimmungen die Mützen von den Köpfen. Während des Aufenthalts ließ sich ein Polizist in einem Zelt nebenan nieder und schnitt einem nach dem andern die Haare. Die armen Burschen kamen mit Schafsgesichtern in unsern Kreis ums Feuer zurück, beklagten sich, daß sie an den Ohren froren, und sagten: »Wallah, das ist die Zivilisation!« – während der Sardari Naib, der mit gekreuzten Beinen dasaß und sein Krummschwert in der Hand hielt, mit größter Höflichkeit auf den Ältesten einredete, indem er etwa begann: »Im Dienste Deiner Erhabenheit laß mich Dir sagen, Du meine Seele!« und dann fortfuhr, auseinanderzusetzen, wie der Schah, ein Gott auf Erden, den Leuten auch befehlen könne, nackt umherzugehen, ohne daß etwas anderes bliebe, als zu gehorchen.

Mit großem Getöse und vielem Pomp brachen wir daher gegen zwei Uhr auf und ritten einer hinter dem andern den steinigen Weg zum Paß hinauf. Ein Mann mit einem Gewehr ging als Späher voraus, wir andern folgten geschlossen. Der Mirza, das rote Hauptbuch unter dem Arm, eine schwarze Schutzbrille über den Augen und zwei gewaltige Pistolen in den Halftern, bildete die Nachhut.

Als wir uns in einem engen Hohlweg dem Gipfel näherten, stießen wir auf zwei Maultiertreiber, die in entgegengesetzter Richtung herabschritten.

Ich war etwa hundert Meter zurückgeblieben, um eine Kompaßmessung vorzunehmen, und sah sie barhäuptig und mit finsteren Blicken herabkommen. Man hatte ihnen die Mützen abgenommen und sie zerrissen. Und als sie unter erregtem

Gemurr an mir vorbeikamen, ritt einer von der Eskorte zurück, um meinen Schutz zu übernehmen.

Oberhalb des steilen und felsigen Anstiegs beherrscht ein kleiner Turm den Paß. Auf der andern Seite senkt sich das Gelände in grasigen Hängen gegen Khawa und steigt dann wieder zum Gebirgsstock des Kuh Garu an. Steine der festen Straße und Ruinen eines alten Wachpostens ragen hier und da aus dem Boden.

Das Obergeschoß des kleinen Turms war wie ein Zelt mit Wolle überdacht. Eine Leiter führte hinauf, und dort oben hatte sich die Besatzung so gut wie möglich eingerichtet. Sie wird nicht in regelmäßigen Abständen abgelöst und bleibt offenbar unter Umständen auf unbestimmte Zeit in der Gegend. Im Winter allerdings ist der Paß gesperrt, und sie ziehen in eines der Dörfer im Tal. Zwischen dem Gatschkah und dem weiter westlich gelegenen Tudaru sind sechs solcher Posten verteilt, von denen jeder mit sechs Mann besetzt ist. Alle Lebensnotwendigkeiten werden einmal im Monat von Khurramabad heraufgebracht. Das Fort von Alischtar bildet ihr Zentrum. Dorthin bringen sie die Gefangenen, an denen nie Mangel ist: an dem Morgen, an dem wir aufbrachen, waren ihrer zwanzig hergeführt worden, Ketten um Hals, Fuß und Hand. Der Prozentsatz an Räubern, die ergriffen werden, scheint jedoch sehr klein zu sein. Das Gelände eignet sich ausgezeichnet für Scharfschützen und bietet unzählige Schlupfwinkel, und die Räuberbanden bestehen gewöhnlich aus Amateuren, die diesen Sport eine oder zwei Wochen betreiben und dann wieder jeder im Schutz seines eigenen Stammes untertauchen, lange bevor sie entdeckt werden. So sehr man geneigt ist, mit den Stämmen zu empfinden, ist der Lure doch hinterhältig und grausam und so unritterlich in seinen Verbrechen, daß die Sympathie sich unwillkürlich der kleinen Schar von Polizisten zuwendet, die mit so dürftigen Mitteln versuchen, eine gewisse Ordnung im Lande aufrechtzuerhalten. Es ist nicht ihre Schuld, wenn die Effendis in Teheran sie dazu benutzen, den Leuten lächerliche Bestimmungen über die Kleidung aufzuzwingen.

Als wir nach Khawa hinunterkamen, ging die Sonne unter.

Wachposten am Nihawand-Paß, am Weg nach Khawa, 1931

und die Felswände des Kuh Garu leuchteten wie Opale in einem eigenen Licht. Nebel lag in den Mulden, und die Luft war kalt. Wir fanden Unterkunft in dem Dorfe Beira, im nordöstlichen Teil der Ebene, wieder neben einem der alten Erdhügel. Die Stammesleute waren noch nicht aus den Zelten in die Winterhäuser umgesiedelt, so daß wir wieder einen Abend im Freien verbrachten und uns behaglich von einem Feuer von Dorngestrüpp rösten ließen, das mitten im Zelt des Ältesten brannte, wo er uns zu Ehren seine Teppiche ausgebreitet hatte. Die eine Seite war offen: eine lange Reihe von schwarzen Ochsen, denen man Filzdecken übergelegt hatte, diente als Windschutz. Sie kauten gemächlich in der Finsternis ihr Futter, während wir zu schlafen versuchten, soweit es die kalte Luft zuließ, die uns in kleinen Schauern das Rückgrat hinabrieselte. Dann und wann erhob sich einer von den Stammesleuten, und wenn er einen Arm voll Reisig auf die Glut häufte und so das Zelt mit seltsamen Schatten und flutender Wärme füllte, leuchtete sein scharfgeschnittenes Piratengesicht im Halbdunkel.

Hier unter die Nomaden hat sogar der sonst unvermeidliche persische Samowar noch nicht seinen Weg gefunden; man erhitzt das Wasser für den Tee in einem geschnäbelten Kupferkessel, den man in der Glut beinahe begräbt. Waschwasser hatte man sich im Freien zu suchen, und da dieses Wasser sehr kalt war und die Prozedur sich in aller Öffentlichkeit abspielen mußte, wusch man sich nur selten. Seife kannten die Luren nicht, sie hielten aber streng darauf, sich vor und nach der Mahlzeit die Hände zu spülen, wobei sie das zweite Mal warmes Wasser benutzten, der gründlicheren Reinigung halber. Im übrigen pflegen sie weder sich zu waschen noch zu beten, und sie behelfen sich recht gut ohne diese Tugenden. Sie sind Schiiten. Sie werfen ihr Geld an jeden wandernden Halunken weg, der eine grüne Schärpe oder eine ebensolche Kopfbinde trägt und sich als Verwandten des Propheten ausgibt. Die ungastliche Bigotterie vieler persischer Dörfler ist ihnen jedoch fremd, und sie teilen ihre Mahlzeit freudig mit dem Vorüberziehenden. Ja, was ihnen vor allem an den jüdischen und armenischen Händlern mißfällt, die die Gebirgstäler hinaufziehen, um

Altertümer aufzukaufen, ist gerade die Tatsache, daß diese sich weigern, aus dem Geschirr der Stammesleute zu essen oder zu trinken.

In der Morgenfrühe taten uns die Gläschen heißen Tees recht wohl. Unsere Wirte schlugen Stücke vom Zuckerhut und häuften sie mit wirklicher Freigebigkeit in die Tassen, denn Tee und Zucker sind die beiden Luxusartikel der Luren. Sie rechneten niemals auf Bezahlung. Sie sind imstande, das Gepäck des Gastes auszuplündern, während er schläft. Aber das ist ganz etwas anderes: Es ist der Nationalsport des Landes, das seine eigenen Regeln und Gesetze hat. Und alles in allem steht es *uns* wohl kaum an, auf Konsequenz in moralischen Dingen zu drängen!

Als die Sonne über dem Kuh Garu emporstieg, verließ ich Beira und den Sardari Naib und machte mich mit meinem ursprünglichen Gefolge von zwei Mann auf den Weg zu den Nurali Luren Abdul Khans in Dilfan. Obgleich er zu den Freunden des Sardari gehörte und ein vertrauenswürdiger Mann war, sollten wir uns spätestens nach Ablauf von vierundzwanzig Stunden wieder mit unserer Polizeieskorte in Tschavari, westlich Khawa, vereinigen. Als wir sie glücklich hinter uns gelassen hatten, hob sich die Laune Mahmuds, meines lurischen Führers, und er jodelte in der köstlichen Frische des Morgens. Hadschi indessen zog in finstere Gedanken versunken hinter uns her.

Wir ritten an der südlichen Kante von Khawa, südlich auch von dem großen Erdhügel von Tscheha Husein, entlang und genossen zum ersten Mal die wogende Weite der herrlichen Ebene. Der Saumpfad von Ardschine und den Dschungeln kommt hier herein. Ketten schwarzer Rinder unter ihren Säcken mit Holzkohle schwankten auf ihm daher. Die weißen Mäntel der Männer leuchteten bisweilen zwischen ihnen auf – die Polizei hatte sich ihrer noch nicht angenommen. Die Männer grüßten niemals zuerst. Sie lächelten aber, wenn man sie anredete, und schienen trotz ihres schlechten Rufes recht freundlich. Das Brennen der Holzkohle kostet sie drei Tage, und in vier weiteren Tagen bringen sie die Last von ihren Hütten nach

Nihawand. Das macht insgesamt sieben Tage, wofür sie zwölf Kran oder zwei Mark fünfzig erhalten.

Wir befanden uns nun mitten in dem flachen Hügelland, in das wir vom Warasan-Paß hinabgesehen hatten, und folgten einer Senke zwischen zwei niedrigen Gebirgszügen: es ist das Tal von Gatschenah und gehört den Nuralis. Vor dem Eintritt in das Tal überquerten wir die neue Straße und stießen hier auf die aufgegebenen Reste zweier angefangener Hütten, die wohl das vorstellten, was die persische Presse »die Anlage fester Ortschaften in Luristan« nennt. Wir ließen diese schwachen Versuche bald hinter uns und kamen an immer neuen Gruppen schwarzer Zelte vorbei, vor denen man mit dem Worfeln des Korns beschäftigt war. Stoppelfelder überzogen die sanften Hänge. Hier waren weder Häuser noch Bäume zu finden. Aber eine köstliche Weite, ein tiefer Zauber der Abgeschiedenheit und des Friedens und die Heiterkeit der Erntezeit lag über dem Lande. Die Leute am Weg waren freundlich: der Name Abdul Khans hatte die Kraft eines Passes. Und wo wir vorbeizogen, hielten die Frauen, die das Mehl in kleinen Ziegenfellen statt in Säcken geschickt auf den Köpfen in die Zelte balancierten, inne und scherzten in der freiesten Weise mit unserem Führer, der in der ganzen Gegend wohl bekannt war.

Mauerreste an den Talhängen zeugten von Bauwerken, die, wie man uns erzählte, Abdul Khans Vater zu einer Zeit aufgeführt hatte, ehe noch die Nuralis von ihrem Gegner, dem Emir Afschar, im Süden niedergerungen worden waren. Abdul Khan selbst hatte vor ihm fliehen und fünfzehn Jahre in Nihawand zubringen müssen, wo er die Errungenschaften der Kultur und bei dieser Gelegenheit auch das Opiumrauchen kennengelernt hatte. Erst im vergangenen Jahr hatte er mit Unterstützung von Regierungstruppen in sein eigenes Land zurückkehren können: daher seine Loyalität. Aber sein Glanz ist nicht mehr der alte, und unsere neuen Freunde von der Landstraße pflegten den Kopf zu schütteln und ihr Bedauern auszudrücken, daß wir die Nuralis von Dilfan nicht mehr in den Tagen ihrer Größe gesehen hätten.

Abdul Khan hatte sich am Ende des Tälchens niedergelassen,

wo ein oder zwei Weidenbäume die Hügellinie unterbrachen. Die Sonne tauchte in den Nachmittag hinunter, als wir ankamen. Wir fanden ihn, wie er in der Dämmerung seines Zeltes neben einem Kohlenbecken auf einer Matratze saß, das Skelett eines Mannes, mit vergilbtem, ledernem, vom Opiumgenuß zerrüttetem Gesicht, dabei aber ein liebenswürdiger und gutgelaunter Gastgeber. Im Winter liest er Firdausi und persische Übersetzungen französischer Romane. Meine Suche nach prähistorischen lurischen Schädeln nahm er sofort mit Interesse und Sympathie zur Kenntnis.

Das Tal von Gatschenah ist in seinem ganzen Verlauf von Friedhöfen jeder Art und jeden Alters begleitet, und ein paar hundert Meter talaufwärts findet man zu beiden Seiten des Flußgrundes ausgeplünderte und offenliegende Reste alter Gräber.

Er selbst habe sich nie so weit gegen die Gesetze vergangen, daß er ein Grab geöffnet habe, sagte Abdul Khan, wobei er mit einer zwei- oder dreitausendjährigen Bronzenadel in seiner Opiumpfeife stocherte und mir mit der sanften Unschuld in die Augen sah, mit der der Perser lügt. »Da es denn aber Wunsch meines Freundes, des Sardari Naib, ist, daß Sie ein solches Grab besichtigen, wird sich mein Stamm auf die Suche begeben, und wenn der Allmächtige es will, werden wir heute oder morgen eines finden.«

Ich erklärte, ich werde jedem, der ein Grab mit gut erhaltenem Schädel fände, drei Toman geben. Eine Woge der Begeisterung erfaßte die Nuralis. Sie zertreuten sich sofort über alle Abhänge der Umgegend, wobei jede Gruppe von einem Mann geführt wurde, der, offenbar geübt in diesem Geschäft, mit einer langen Stange die Erde nach den flachen Steinplatten abtastete, die die Gräber zu bedecken pflegten. Es sah nicht so aus, als ob sie es das erste Mal versuchten. Die Gräber liegen im allgemeinen an den Hängen der Vorberge in der Nähe von Quellen und nicht tiefer als höchstens einen Meter unter dem Boden.

Die frühesten stammen aus der Zeit, als man das Skelett noch in Hockstellung in eine schmale, mit Steinen ausgefütterte Grube legte und ihm nur Feuersteine und einiges irdene

Geschirr mitgab. Später kommen Gräber, in denen man neben Feuersteinen auch Bronzen findet, Rundgräber, in denen die Toten aufrecht sitzen und von keramischen und Bronze-Gegenständen umgeben sind, und schließlich die Lihaqs, die eigentlich nach Zentral-Luristan gehören, in denen, wie mir erzählt wurde, zwanzig und mehr Skelette gleichzeitig bestattet sind. Es ist mir nicht ganz klar geworden, ob diese letztere Art in Gatschenah vorhanden ist oder nicht. Zwei von den Stammesleuten erboten sich, mir eines zu zeigen, wenn ich vier Meilen mit ihnen zurückreiten wollte, und wir taten das auch und ritten in scharfem Trab über das kahle Hügelland, denn die Sonne stand schon sehr tief. Als wir jedoch an die Stelle kamen, waren die Lihaqs verschwunden: die Steine, aus denen ihre Vordächer bestanden hatten und die mein Freund, wie er behauptete, noch vor vierzehn Tagen an Ort und Stelle gesehen hatte, waren fortgeschafft, möglicherweise zum Bau der neuen Straße, und die Gegend wies nichts Bemerkenswertes auf als etwa dreißig unförmige Löcher und zerstreute Felsblöcke, zwischen denen die Schafe im Abendlicht heimwärts grasten. Als wir zurückritten und das Tal leuchtend vor uns lag, mit den stumpfen Erhebungen seiner verschütteten Friedhöfe, vielleicht alter Behausungen, die unter den Bodenfalten nur schwach hervortraten, enthüllte sich uns das große Alter der Welt plötzlich mit Macht: Tausende von Jahren waren Menschen hier gewandert, niemand wußte, woher sie gekommen und wohin sie gegangen waren. Was war ihr Ende gewesen? Ihre Toten bevölkern diese Hügel in dichteren Scharen als die Lebenden.

Die Sonne war untergegangen, ehe wir wieder bei den Zelten waren, und wir begegneten den verschiedenen Suchgruppen, die am Ende eines ergebnislosen Nachmittags, Schürfstangen und Hacken auf der Schulter, in gedämpfter Stimmung heimkehrten. Sie wollten es am andern Morgen noch einmal versuchen und zerstreuten sich zunächst in ihre Zelte, um Bronzen zu holen, die sie mir verkaufen wollten.

Als ich später an Abdul Khans Kohlenbecken im Kreise der Nuralis saß, begann für mich ein schwieriger Handel: Ohne jede Erfahrung, die mich hätte unterstützen können, mußte ich jeden

Gegenstand, so wie er gereicht wurde, abschätzen und einen Ausgleich suchen zwischen meiner Lust, ihn zu erwerben, der Notwendigkeit, nicht selbst die Preise zu treiben, der Ratsamkeit, nicht zu zeigen, daß ich über nennenswerte Geldbeträge verfügte, und der Tatsache, daß ich wirklich nur sehr wenig bei mir hatte. Die geltenden Preise kannte ich überhaupt nicht, obwohl die Stammesleute natürlich unterrichtet sein mußten, da ja ganz Europa heute mit Altertümern aus Luristan (darunter vielen Fälschungen) überschwemmt ist. Abdul Khan wies mich ab und zu mit bemerkenswerter Uneigennützigkeit darauf hin, wenn ich zu viel gab, und schob mir einen Dolch oder eine Schale für einen Shilling anstatt für zwei zu, sehr zum Ärger dessen unter seinen Sippengenossen, dem er gerade gehören mochte. Indessen widersprach keiner jemals dem Führer, und niemand weigerte sich, zu verkaufen, wenn er ihm die Weisung gab.

Als die letzte der Bronzen gezeigt und verhandelt war, schlossen wir im Schein der Laterne den Kreis um das Feuer und plauderten vom Fortschritt, davon, wie schwer und wie vergnüglich die alte Zeit, wie bequem und wie langweilig die neue war; und von der Regierung, die verlangt, daß die Stämme so viele Kinder in die Schule nach Khurramabad schicken; und wie die Neffen Abdul Khans, zwei lustige pausbäckige Bürschchen, die neben mir saßen, so bitterlich geweint hatten, als man sie unter diese Opfer der modernen Pädagogik aufgenommen hatte, daß der Stamm sich ihrer erbarmt und an ihrer Statt zwei weniger hervorragende kleine Jungen geschickt hatte.

In unserm Kreise saß noch ein weiterer Gast, ein mohammedanischer Kaufmann aus Dizful, der hier nur deshalb ungefährdet reisen konnte, weil er eine lurische Frau aus dem Stamm der Ittiwand im Südwesten hatte. Er war ins Gebirge gekommen, um sie zu besuchen und, wie ich vermutete, um Bronzen aufzukaufen, obgleich er davon nicht sprach. Aber er fragte mich mißtrauisch aus und war offensichtlich wenig erfreut, eine Europäerin in seinen Jagdgründen zu finden. Sein öliges Gehabe stand in unangenehmem Gegensatz zu der herzlichen Offenheit der Stammesleute, und er hätte ohne Zweifel alles getan, um mich zu hindern, weiter ins Innere vorzudringen, wenn es in seiner Macht gestanden hätte.

Diese Nacht verbrachte ich im Zelt der Frauen in freundlicher Umgebung, die jedoch nicht recht zur Wirkung kam, da sie kein Persisch sprachen und ich kein Lurisch, oder Laki, wie man den Dialekt des nordwestlichen Luristan nennt. Sie trugen Sarbands oder Turbane, die womöglich noch größer waren als die von Alischtar oder Khawa, und wie sie in ihren weiten Gewändern und dem ungeheuern Kopfputz steif einherschritten, war es, als ob die Figuren eines Kartenspiels im zauberischen Dämmerlicht des Zeltes zum Leben erwacht wären.

Diese Zelte waren viel besser, als wir sie bisher kennengelernt hatten, und ihre Bewohner hausten das ganze Jahr über in ihnen. Eine Umfriedung aus Lehm von etwa anderthalb Metern Höhe sollte den Wind abhalten. Im Innern lief ein Vorhang aus Schilf, das in Mustern mit Wolle verwoben war, und dieser Vorhang war noch anderthalb bis zwei Meter vor das Zelt hinaus gespannt, so daß er eine Art Vordach bildete. Satteltaschen und Dschadschims aus Khurramabad und gewebte Decken aus Zentralluristan waren an den Wänden aufgestapelt, und unsere Schlafdecken waren rund um die Feuerstelle in Reihen ausgebreitet. Ich bediente mich dieser Decken jetzt ohne Befürchtungen, denn ich hatte festgestellt, daß es in Luristan außerordentlich wenig Ungeziefer gibt, und die Nächte waren so kalt, daß man für jeden Schutz dankbar war.

Am andern Morgen, als ich beim Frühstück saß, verkündeten Rufe und atemlose Botschafter die Auffindung eines Schädels. Wir rannten den Hang hinauf und fanden einen Schwarm erregter Stammesleute um ein Grab versammelt. Es gehörte in die früheste Periode. Das wohlerhaltene Skelett lag mit angezogenen Knien, den Kopf nach Süden, auf der rechten Seite. An Beigaben fanden sich nur ein bearbeiteter Feuerstein und drei Scherben sehr primitiver Keramik. Dicht daneben war aber vor einigen Wochen in einem ganz ähnlichen Grab ein schöner Krug mit einem braunen geflammten Muster gefunden worden, als Töpferarbeit genau von der gleichen Art, wie man sie zur Zeit aus dem Erdhügel von Gian bebi Nihawand ausgrub. Ich kaufte den Krug, ließ den Schädel aufnehmen – er zerfiel mir in der Hand und mußte sehr sorgfältig verpackt werden – und begab mich zurück, nicht allzu befriedigt von dem Ergebnis des Vormittags, denn ich hatte mit einem Grab aus der Bronzezeit gerechnet, und jetzt war gar nicht mehr daran zu denken, daß der Stamm sich noch einmal ans Graben machte. Die Tatsache, daß das Skelett offenbar nicht in der Richtung von Mekka beigesetzt worden war, hatte zwar ihre Zweifel beschwichtigt, ob es erlaubt sei, die Gebeine von Verstorbenen auszugraben. Aber sie waren doch noch sehr beunruhigt durch den Gedanken an das persische Gesetz über den Handel mit Altertümern, unter dem bereits mehrere Stämme wegen unerlaubten Verkaufs von Bronzen bestraft worden waren. Die Regierung schickt bisweilen Spione herauf und belegt die Häuptlinge dann mit Geldstrafen. Sie gibt sich ohne Zweifel lobenswerte Mühe, zu retten, was noch zu retten ist von den Gräbern in Luristan.

Ich war mir bewußt, daß ich mich unmittelbar gegen dieses Gesetz verging. Andererseits durfte ich mildernde Umstände in Anspruch nehmen. In einem Lande, das die Polizei unmöglich wirklich unter Aufsicht halten kann, nimmt das Plündern einen stetigen Fortgang. Wenn einmal die Zeit da ist, daß eine organisierte Expedition es wagen kann, hierher zu reisen, wird nur noch wenig übrig sein, das Ausgrabungen lohnte. Ich hielt mich deshalb für berechtigt, da ich nun einmal an Ort und Stelle war, so viele Entdeckungen als möglich zu machen. Meine persischen Freunde, die mir so hilfreich entgegenkamen, traf keine Verantwortung, denn es wäre ihnen nie in den Sinn gekommen, daß ich etwa nicht mit allen Vollmachten von Teheran versehen sein könnte.

Nach dem Essen nahmen wir Abschied von Abdul Khan und machten uns auf den Weg nach Tschavari, wo wir unsere Eskorte treffen sollten. Unser lurischer Führer aus Qal'a Kafrasch hatte uns bereits am Tage zuvor verlassen. Er hatte sich mit großer Herzlichkeit von mir verabschiedet, gleichzeitig aber Hadschis Lammfellweste mitgenommen, ohne weiter davon zu sprechen.

Abdul Khan stellte mir einen neuen Führer zur Verfügung, einen jungen Mann im Turban, der wie ein Zentaur mit seinem wilden Pony verwachsen war und sehnsüchtig von den Tagen erzählte, als in Luristan noch die Schüsse widerhallten. Auf dem Ritt das Tal hinab bat er mich, einen Abstecher zu einem kranken Vetter aus dem Stamm der Nuralis Jusuf Khans zu machen, der weiter unten im Tal lebte. Dieser Jusuf war ein junger, von allen Luren des Nordens geliebter Führer gewesen. Er war gefangengenommen und in Hamadan hingerichtet worden. Seine Anhänger, unter ihnen auch mein Führer, hatten die Leiche exhumiert und sie nach Kermanschah gebracht. Von dort trugen sie den Körper in viertägiger Wanderung unter gellenden Klageliedern zu seinem Begräbnisplatz in Hulailan. Heute wird der Klan von Jusufs Bruder geführt.

Er kam uns entgegen und führte mich in ein Zelt, in dem ein Sterbender lag. Die Angehörigen seines Stammes saßen und standen um ihn herum und empfingen mich lärmend. Aber der Kranke hatte seine Wanderschaft schon angetreten und sah mit dem seltsamen erstaunten Blick des Todes in eine andere Welt hinüber. Die Menge fand keinen Zugang zu seiner Einsamkeit, und sein Blick veränderte sich auch nicht, als ich ihm Gesicht und Hände wusch.

»Ist noch Hoffnung?« fragten sie und umdrängten mich mit ihrem heißen Vertrauen, das so tief schmerzt, weil man es nicht erfüllen kann. Ich war froh, wieder im Freien und in der Sonne zu sein, wo die Berge, unter den langsamen Schritten der Zeit, friedvoller und unmerklicher vergehen als wir.

Wir hielten nun nach Norden, über den niedrigen Höhenzug, hinter dem der Badawar fließt. Es ist aber geraten, sich hier im offenen Land zu halten, und unser Führer geleitete uns nach der Ebene von Khawa zurück und in die Nähe des Erdhügels von Tscheha Husein. Von dort überquerten wir zunächst Fluß und Straße und ritten dann gegen Nordwesten über das wellige Land nach Tschavari, das die Nordwestecke der Ebene von Khawa bildet und noch ein paar Dörfer bis an den Fuß des Kuh Garu hinauf schickt. Deh Kabud, das größte und westlichste dieser Dörfer, war das Hauptquartier unseres Sardari Naib, und ich fand ihn auf dem Fußboden sitzen in einem runden Wachthaus: es herrschte ein beträchtlicher Luftzug, weil nach allen

Seiten Schießscharten offen standen. Man mußte über Steinstufen hinaufklettern, die offenbar aus alten Grabsteinen bestanden. Auf einer kleinen Plattform im Freien standen sechs Polizisten in respektvoller Erwartung.

Der Sardari begrüßte mich lebhaft: er habe mich nicht so früh erwartet und noch keine Unterkunft für mich im Dorf besorgt. Ein ausgezeichnetes Essen schmore jedoch auf dem Feuer, und für die Nacht stelle er mir die Hälfte des Fußbodens zur Verfügung. Es war hart und kalt unter meinem Lammfellsack. Und in Anbetracht des verzückten Interesses, das die sechs Polizisten noch an der kleinsten Bewegung nahmen, die zu meiner Toilette diente, und des Lärms der Ratten, die umherliefen und ihr Getrappel mit dem harmonischen Schnarchen des Sardari vereinten, hatte ich, als der Morgen herankam, wenig Neigung, noch viele Nächte in Wachthäusern zuzubringen.

Ein noch größerer Schreck aber traf mich, als ich in den Hof hinunterkam: Der Sergeant lag hier auf einer blauen Decke mit dem Gesicht nach unten auf dem Boden und wurde ausgepeitscht. Ein Polizist saß auf seinen Fersen, ein zweiter auf seinen Schultern, und zwei andere schlugen abwechselnd von beiden Seiten mit ledernen Riemen auf ihn ein. Der Sardari saß auf einem umgedrehten Sattel dicht daneben und rief mir freundlich zu, doch auch zu kommen. Der Mann, erklärte er, habe Patronen gestohlen, Eigentum der Regierung. Ich war inzwischen zu dem Schluß gekommen, daß man ihm nicht ernstlich weh tat, obgleich er munter einen Iman nach dem andern anrief. Vielleicht wissen Gefreite zu genau, was sie tun, wenn sie ihre eigenen Sergeanten auspeitschen. Als der Sardari bis vierzig gezählt hatte, erhoben sich die beiden Männer von ihrem zappelnden Vorgesetzten, die Folterknechte steckten ihre Riemen ein, und das Opfer stand auf, etwas steif, aber gutgelaunt, und grüßte, als ob es sagen wolle, was geschehen sei, sei geschehen.

Wir trafen nun Anstalten, uns wieder zu trennen. Ich hatte, wie ich schon berichtet habe, den Schädel, den ich suchte, in Dilfan nicht gefunden. Was ich nun aufzufinden hoffte, war eines jener Gräber, in denen Mann und Roß zusammen bestattet sein sollen. Sie stammen aus der Bronzezeit, und aus ihnen sollen die schönen Pferdegebisse und Wagengeschirre herrühren, die das Interesse an den Luristanfunden der letzten Jahre so sehr gesteigert haben.

Sie sind in Datierung und Herkunft unbekannt. Auch die Kultur, der sie angehörten, war völlig ungeklärt, bis Stammesleute eines Tages ein paar alte Bronzen nach Kermanschah brachten, die die Aufmerksamkeit der Archäologen erregten. Vielleicht können sie uns Auskunft über das Aussehen des Pferdes in Persien geben und ein Licht auf das Geheimnis seiner Herkunft werfen. Vielleicht auch haben wir hier ein Bindeglied zwischen den Prä-Sumerern und ihrer unbekannten Heimat. So wie die Dinge liegen, kann niemand diese Probleme in Angriff nehmen, weil man sich in dem Teil von Luristan, in dem sich die Gräber befinden, überhaupt nicht aufhalten kann. Man hatte mir Hoffnung gemacht, solche Gräber in Alischtar oder Khawa zu finden, aber das erwies sich als unrichtig. Sie liegen in den Tälern des Saidmarreh und seiner Nebenflüsse, im Lande der Ittiwand, die einen besonders schlechten Ruf unter den Stämmen genießen. Die nördlichste Fundstelle ist ein Ort namens Sari-i Kaschti, an einem kleinen Zufluß des Giza Rud, eine Tagesreise von Tschawari.

Tschawari berührt in Duliskan die Nordgrenze der Ittiwand, und die Luren meinten, dort sei vielleicht etwas zu finden. Vielleicht war es auch einfacher, dem Sardari die Angelegenheit in zwei Etappen vorzutragen. Auch ist es gewöhnlich richtiger, nicht mit der leidigen Bitte um eine Einreisegenehmigung an jemanden heranzutreten, bevor man sich so nahe an der Grenze befindet, daß man einen freiwilligen Führer für den Grenzübertritt findet. Wir machten uns also bereit, nach Duliskan zu gehen, um am gleichen Abend in Tudaru, der letzten Garnison im Südwesten, wieder zu unserer Eskorte zu stoßen. Wir wollten das Abenteuer von Sari-i Kaschti, das jenseits des unter dem Einfluß der Polizei stehenden Gebietes liegt, nur riskieren, wenn weiter nördlich nichts zu finden war.

In Tschawari hört das besiedelte Land auf. Seine Dörfer liegen wahrscheinlich auf uraltem Siedlungsgrund, und ihre Bewohner sind zum größten Teil Ketzer, wahrscheinlich unbewußte Träger einer Glaubensspaltung, die längst vor der ihrigen sich vollzogen hat. Es sind die Ali-Ilahi, von denen behauptet wird, daß sie Feuer essen oder doch wenigstens, nach etwas wissenschaftlicheren Quellen, im Feuer sitzen können. Die orthodoxen Luren erkennen sie nicht als Mohammedaner an, sondern rechnen sie unter die Ungläubigen.

Weiter nach Norden folgt man immer noch dem Südhang des Kuh Garu und glaubt, in der oberen Ecke von Khawa zu reiten, wo es sich in flache Täler senkt, die ihre Wasser dem Giza Rud zuführen. Aber man ist weder in Khawa noch in Tschawari: dies ist Duliskan. Und dieser ganze, unbestimmte Bezirk, der von keiner sichtbaren Grenze bezeichnet ist, in einem Lande, in dem es keine Häuser gibt, außer vielleicht ein paar Blockhütten, die unter dem Druck der Regierung von dem Kadkhuda von Tudaru errichtet worden sind und nur bewohnt werden, wenn die Polizei in der Nähe ist – diese Namen, die ineinander überzugehen scheinen, so daß es in der ganzen Landschaft kaum einen festen Bezugspunkt gibt –, ist dem ordnungsliebenden Geographen ein Dorn im Auge.

Auch in Duliskan fand ich, wie zu erwarten, keines der Gräber, um die es mir zu tun war. Der Häuptling verbrachte gerade mit Frau und Kindern einen Urlaub bei einer Imamzadeh, die inmitten einer Baumgruppe an der roten Flanke des Kuh Garu schwach sichtbar war. Da hier offenbar mit Funden nicht zu rechnen war, hielt ich es nicht für lohnend, mich mit einem Besuch bei ihm aufzuhalten, und stieß sofort weiter nach Tudaru vor, das am Fuße des Tschia Dosdan liegt, eines mächtigen Berges, der von allen Seiten auf viele Meilen zu sehen ist.

Während unser Ritt uns über das offene, mit Gummitraganth überwucherte Gelände dem Ziel näherbrachte, tauchten nach und nach am Horizont die Umrisse von Tang-i-Tscharasch auf, des Durchbruchs des Giza Rud, dem wir am andern Tag zu folgen hatten. Und im feinen Blau der südlichen Ferne erschienen auch die Hänge des Sar-i Kaschti.

Tudaru gehört den Kakawand Luren, die an dieser Stelle ins Gebiet der Ittiwand vorstoßen. Sie hatten ihre schwarzen Zelte am schilfigen Ufer eines Flüßchens aufgeschlagen, und von beiden Seiten sahen die Zacken des Gulanor und des Tschia Dosdan auf sie herab. Der Älteste war ein gefälliger, freundlicher Mann, der uns in seinem neuen, mit Lehm gedeckten Haus empfing, das sehr feucht war und offensichtlich nur bei offiziellen Anlässen benutzt wurde. Ein Söhnchen im Pahlawi-Hut saß neben ihm und sah ängstlich zu, als mir sein jüngstes Spielzeug, ein schöner, in irgendeinem Grab aufgefundener Dolch, angeboten wurde. Ich besaß ein Taschenmesser, und wir vollzogen einen feierlichen Tausch. Die Stammesleute kamen zu zweien und zu dreien herein und plauderten in der ruhigen Weise, die so sehr von der gewundenen Höflichkeit der Städte absticht. Die Frage meiner Reise nach Sar-i Kaschti war noch in der Schwebe. Eine Eskorte konnte mir nicht gestellt werden, da die Polizei sich südlich von Tudaru nur in geschlossenen größeren Gruppen vorwagt. Erst vor Wochen waren zehn von ihnen in der Schlucht ermordet worden, und der Sardari war begreiflicherweise nicht sehr geneigt, mich die Reise allein machen zu lassen. Andererseits waren die Stammesleute alle auf meiner Seite. Sie versprachen, einen ganz zuverlässigen Führer ausfindig zu machen, der mit den Ittiwand bekannt sei. Und gleich darauf kamen sie mit Kiram Khan, einem sanftäugigen Kakawandi mit einem sympathischen Augenzwinkern und einer sorglosen Haltung, die alle Befürchtungen als lächerlich erscheinen ließ. Er trug einen biskuitfarbenen Militärmantel der 7. Royal Engineers, auf den er sehr stolz war, rückte aber nicht recht mit der Sprache heraus, als ich ihn bat, mich die Knöpfe examinieren zu lassen, und ihn fragte, wo er den Mantel her habe. Es sei ein Geschenk, erklärte er, zum Vergnügen der Umstehenden. Und nach kurzem Nachdenken fügte er hinzu, nur Leute, die *russische* Militärmäntel trugen, hätten sie gestohlen.

Danach galt es als ausgemacht, daß ich nach Sar-i Kaschti ging, und der Sardari äußerte sich nicht mehr dazu. Er nahm mir das Versprechen ab, nicht mehr als eine Nacht dort zu verbringen. Er wolle in jedem Fall die Nachricht von unserem gesunden Eintreffen an der Straße von Harsin, der wir auf dem Rückwege

Imamzadeh, 1959

folgen wollten, abwarten, und Kiram solle ihn sofort nach unserer Ankunft verständigen. Am andern Morgen um acht Uhr dreißig nahm ich dankbar von ihm Abschied, winkte den versammelten Kakawand von Tudaru zu und ritt das Tal des Giza Rud hinunter.

Dieser Durchbruch heißt Tang-i-Tscharasch und ist ein schmaler Einschnitt zwischen dem Tschia Dosdan (Berg der Diebe) im Westen und einer Berggruppe im Osten, die mit dem Pir-i-Dosd (dem alten Dieb) beginnt und mit dem Peri Kuh abschließt. Im Talgrund strömt ein grünes Gewässer zwischen Weiden und dornigem Gras dahin, und am Eingang der Schlucht vereinigt sich der Badawar mit dem Fluß.

Unser Weg folgte in ziemlicher Höhe dem Hang des Tschia Dosdan. Niedriges Unterholz aus Steineichen und Buchen umgab uns, die ersten Anzeichen des Dschungellandes im Süden. Jenseits des Tales beobachteten wir eine zweite Gruppe von Zelten der Kakawand, bei denen die schwarzen Rinder weideten. Von ihnen zum Ufer hinab zog sich eine kleine Prozession: sie trugen eine Leiche, die sie mit schrillen Klagerufen in dem fließenden Wasser wuschen. Wir befanden uns nun an der Stelle, wo die zehn Polizisten einen Monat zuvor im Kampf gegen die Briganten umgekommen waren: ein unheilverkündendes »Tor« zum Gebirge.

Kiram indessen ritt munter voran, sorglos und unbewaffnet, und summte ein Liedchen vor sich hin, als ob er einen Sonntagmorgen im Richmond Park genieße. Das Land sah friedvoll aus mit seinen Bergen, die einer hinter dem andern in der Sonne glühten. Das Tal öffnete sich in einen weiten grünen Grund, in dem Männer die Reisfelder pflügten. Es war hier wärmer als in Khawa oder Duliskan, und Tamarisken mischten sich unter die Weiden. So weit wir den Flußpfad überblicken konnten, wo er vom Saidmarreh im Westen sich heranzieht, mühten sich Karawanen von Holzkohlenhändlern hinter ihren kleinen schwarzen Ochsen und den ungeheuren Säcken ab. Sie ruhten im Schatten der Felsen aus und aßen von den Birnen, die sie aus den Dschungeln mitgebracht hatten. Kiram erzählte mir, weiter talabwärts stoße man bald auf große Bäume, deren Laubwerk so dicht sei, daß die Sonne niemals hindurchdringe. Auch Panther treffe man dort noch. Und auf der anderen Seite des Waldes komme man in das Becken von Hulailan und Tarhan, wo es die meisten alten Gräber und Bronzen gibt.

Auch hier waren wir in einem Land der Gräber. Am Wegrand fanden wir einen ausgeplünderten Friedhof, und über die ganzen Hänge des Tschia Dosdan hin hat man Gräber entdeckt. Die meisten Grabstätten dieser Gegend enthalten einen großen Krug, in dem sich die Leiche befindet. Es soll aber auch Rundgräber geben, in denen die Gebeine von Menschen und Pferden beigesetzt sind.

Nach etwa zwei Stunden trieben wir unsere Pferde durch eine Furt des Giza Rud und wandten uns dann unter den Steilfelsen des Peri Kuh über grasbewachsenes Hügelland südostwärts, bis wir an einen Fluß namens Kangiwari kamen, dessen Lauf nach Sar-i Kaschti führt. Auch hier lagen auf den niedrigen Terrassen der Vorberge Friedhöfe verstreut. Der Fluß strömt in großer Verlassenheit dahin, einige wenige Tamarisken gedeihen zwischen dem weißen Geröll des Flußbettes, und Schafe und Rinder der Ittiwand weiden an den Talhängen. Kein menschliches Wesen weit und breit.

Dieses Land steckt voller Gefahren. Bei jeder Wegbiegung muß man eine Kugel gewärtigen. Kiram, für den unsere Expedition nichts als ein lustiger Streich war, murmelte im Reiten gelegentlich vor sich hin: »Die Hand der Dame hat den Zauber von Luristan gebrochen!« und versicherte mir, keine europäische Frau habe sich je hier heraufgewagt.

»Gibt es hier Polizisten?« fragte Hadschi, der durch die Reise mit einer Eskorte wieder verwöhnt war.

»Zwei waren da; die sind erschossen worden«, sagte Kiram leichthin; er schien die Bestürzung nicht zu ahnen, die seine Worte hervorriefen.

Er war ein liebenswerter Mensch. Er hat sich wohl niemals gefürchtet, und doch schien das Land von den Verwandten der Männer zu wimmeln, die er schon umgebracht hatte, und eben dies setzte seinen Wert als Führer außerhalb des Gebietes seines eigenen Stammes erheblich herab. Andererseits liegt ein gewisser Vorteil darin, mit jemandem zu reisen, der in dem Ruf steht, eher zu schießen als erschossen zu werden. Wie Kiram es ausdrückte, und zwar nicht ohne Stolz: sie könnten mich natürlich umbringen, müßten sich aber, da er ja mit mir reise, über die Folgen im klaren sein.

Er hatte viel Sinn für Humor und war ein ausgezeichneter Erzähler. So erzählte er mir, wie man ihm sein Gewehr weggenommen hatte, weil er die sieben Lieblingsschweine des armenischen Gouverneurs von Alischtar, eben jenes Mannes, der Mir Ali Khan betrog, erschossen hatte. Die Schweine waren bei der Festung auf der Weide, und er wäre, wie jeder gute Moslem, nie auf den Gedanken gekommen, daß jemand sich die Pflege solcher Tiere aufbürden könne. Er belustigte sich damit, sechs von ihnen tot und das siebte lahm zu schießen. Es hinkte zum Fort zurück, gerade in dem Augenblick, als der Gouverneur auf seinem Abendritt das Tor passierte. »Was ist hier vor sich gegangen?« fragte der Gouverneur. – »Ich habe draußen unter den Bäumen sechs Schweine geschossen«, erklärte Kiram unschuldsvoll. Worauf man ihm das Gewehr wegnahm, »und seit dieser Zeit«, sagte er, »habe ich Opium rauchen müssen. Mein Herz ist voller Schwermut über die langen Tage in den Bergen!«

Es war die Zeit für seine Pfeife, und ich schlug ihm vor, wir sollten eine Pause machen, während er sie rauchte, ein Anerbieten, das ihn tief gerührt haben muß, denn er erzählte seinen Freunden wieder und wieder davon als ein Beispiel für die »Akhlag-i Schirin«, den sanftmütigen Charakter der europäischen Frauen.

In den Kämpfen des vergangenen Jahres hatte er Partei für die Regierung und gegen Mehmed Ali Khan von Tarhan ergriffen und schwere Zeiten durchgemacht. Seine Feinde beherrschten die Wasserquellen, und auch an Lebensmitteln fehlte es den Kakawand. Die Perser versuchten, ihre Verbündeten durch Flugzeuge zu versorgen, aber die abgeworfenen Vorräte fielen unglücklicherweise in die falschen Lager, so daß Kiram noch obendrein den Ärger hatte, seine Feinde die für ihn bestimmten Nahrungsmittel verzehren zu sehen.

Jetzt gedeiht er im Dienst der Regierung als eine Art Verbindungsmann zwischen den Behörden und den Stämmen, aber sehr glücklich fühlt er sich dabei nicht:

»Sie haben uns zu Weibern gemacht: sie haben uns unsere Waffen genommen«, klagte er.

»Wenn ich ein Gewehr mitgebracht hätte«, sagte ich, »so wäre ich vermutlich längst darum gebracht worden.«

»Aber gewiß«, sagte er. »Ich selbst hätte es als erster gestohlen.«

Stehlen ist der nationale Sport. Die Luren scheinen sich darauf mehr zugute zu tun als auf irgend etwas anderes. Aus der Zeit der Kreuzzüge wird berichtet, daß sie im Erklettern von Mauern so geschickt waren, daß Saladin, der sie deshalb für gefährlich hielt, sie an die Spitze seiner Angriffskolonnen setzte, um sie möglichst rasch auszurotten. Als der persische Oberkommandierende sich mit 1800 Mann ein oder zwei Jahre in Duliskan aufhielt, schlichen sich die Ittiwand nachts durch seine Linien und stahlen ihm Kleider und Waffen aus seinem Zelt. In der folgenden Nacht wurden die Wachen verdoppelt. Aber es gelang ihnen doch wieder, durchzukommen, ihm die Decke vom Bett zu stehlen und zu entwischen, als er aufwachte. »Im Stehlen ist uns niemand auf der Welt über«, rühmte Kiram.

Ich fragte mich, wie es unter solchen Umständen den jüdischen Händlern (die bis Sar-i Kaschti vordringen, um Altertümer aufzukaufen, und von denen man weiß, daß sie Geld bei sich haben) überhaupt gelingt, die Pässe hinter sich zu bringen. Es scheint aber, daß sie an die Banditen regelrechte Lösegelder in Form von Munition zahlen und sich so auf Kosten der andern Reisenden loskaufen.

Inzwischen waren wir nach vierstündigem Ritt von Tudaru nach Sar-i Kaschti gekommen.

Das Gebiet ist ebenso unsicher und ebenso ungenau umschrieben wie alle anderen Gegenden hier. Es bedeckt die Nordseite eines rundlichen Massivs namens Bala Buzurg, das die Landschaft südlich von Kangiwari ausfüllt und schon von Sir A. T. Wilson beobachtet und erwähnt wurde, der es im Westen liegen sah, als er von Khurramabad aus seine Reisen machte. An seinem südlichen Abhang liegt eine hochheilige Imamzadeh, und der Gipfel um die Pässe ist oft von Banditen heimgesucht. Es bildet gewissermaßen die Grenze zwischen dem offenen Hügelland und den Dschungeln. Allerdings erinnern sich die Älteren unter den Ittiwand, daß vor fünfzig Jahren dort noch große Bäume wuchsen, und zwar in dem ganzen Land von Giza Rud den Tschia Dosdan hinauf.

Etwa zwei Stunden ritten wir durch tiefste Einsamkeit den Kangiwari hinauf, bis wir am Flußufer selbst auf eine kleine Mühle stießen, die aus runden Blöcken ohne Mörtel primitiv aufgeschichtet war. Hier sahen wir auch den Müller, einen zerlumpten, von vier Kindern umgebenen Ittiwand, der uns, nachdem er sein Erstaunen über unsern Anblick überwunden hatte, den Weg zu den Zelten Amanullah Khans an einem kleinen Nebenfluß im Süden wies, nach denen wir suchten. Dieser ganze Teil des Tales ist voll mit weißem und rötlichem Feuerstein, der überall durch die Kalkfelsen bricht. Es mag sein, daß die dichte Bevölkerung dieses Landstriches in den Zeiten vor der Metallbearbeitung durch das Vorhandensein so reichlichen Rohstoffes für die primitiven Werkzeuge bedingt war.

Wir kletterten in dem steilen Flußbett hinauf zu einer flachen Schulter des Bala Buzurg und gelangten nach zwanzig Minuten auf grünes Weideland, das von Krüppeleichen und Buchengebüsch übersät war. Zwei Siedlungen der Ittiwand lagen mit ihren Zelten nicht weit voneinander.

Amanullah Khan war abwesend. Er war für fünf Tage nach Alischtar gegangen, um seine Steuern zu bezahlen. Das war ein unglücklicher Zufall, denn es schien niemand von einiger Autorität zurückgeblieben zu sein, und die Stammesleute empfingen uns mit wenig freundlichen Blicken. Sie breiteten in dem offenen Gästeraum des Zeltes eine Decke aus und saßen in finsterem Schweigen da. Im Gegensatz zu meinen sonstigen Führern machte Kiram keinen Versuch, meine Anwesenheit zu erklären, sondern widmete sich statt dessen seiner verspäteten Pfeife, was ihn bei einer Verschärfung der Lage, die sich deutlich abzeichnete, vermutlich dann ganz außer Gefecht setzen mußte. Er unterbrach sein Paffen einen Augenblick, um mir zu verdolmet-

Ein Bettler, 1931

schen, daß sie mich für einen Spion hielten. Ich lächelte, so gut ich konnte, und wandte meine Aufmerksamkeit einem der rundlichen lurischen Babies zu, die immer ganz reizend sind. Zum guten Glück erschien in diesem Augenblick der Onkel Amanullah Khans aus der Nachbarsiedlung. Er hatte das Aussehen eines Spitzbuben, aber wenigstens eines munteren. Er trug einen kurzen und breiten roten Bart, und sein schweifender Blick ruhte häufig auf meinem Gepäck. Ich hatte nur wenig mit mir geführt, darunter keine Mäntel, Betten, Feldstecher oder Waffen, also Dinge, die einem Luren in die Augen stechen konnten. Trotzdem empfand ich die wenigen Besitztümer immer als eine gewisse Gefahr, denn die Blicke, die auch bei den freundlicheren Stämmen darauf geworfen wurden, waren nicht mißzuverstehen. Große Anziehungskraft übte stets mein Hut aus, dessen Filz feiner war als die in Luristan üblichen, und mußte des öfteren darauf hinweisen, daß es ein Damenhut war und ein Mann sich darin nur lächerlich machen würde. Worauf man ihn mir dann mit Bedauern zurückzugeben pflegte.

Der Onkel gehörte zu den Ittiwand von Duliskan und hielt sich in Sar-i Kaschti nur zu Besuch auf. Er kannte den Sardari Naib; und Kiram, der weniger in sein Opium vertieft war, als ich gefürchtet hatte, fiel sofort mit der Mitteilung ein, daß die Polizei von Nordluristan gespannt auf mein Wiederauftauchen am andern Ende des Giza Rud warte. Der Rotbart lauschte diesen Erzählungen aufmerksam, nickte dann und wann und stellte Fragen auf Laki, denen ich nicht folgen konnte. Tee wurde aufgetragen, und die Atmosphäre entspannte sich etwas. Ich stellte vorsichtig das Problem der Gräbersuche zur Diskussion. Man erklärte einstimmig, an Gräbern sei kein Mangel, und die Händler kämen immer noch zum Kaufen, trotz der neuen Gesetze. Sie lehnten es jedoch ab, in Abwesenheit ihres Häuptlings für mich zu graben. Keine Frau, stellten sie fest, sei jemals durch Luristan gereist. Sie glaubten mir auch nicht, daß ich eine Frau sei. Es sei bekannt, daß die Regierung Spione ausschicke, die sich als Händler ausgäben. Sie wollten sich nicht strafbar machen. Diese Gewissenhaftigkeit erschien mir außerordentlich in einem Lande, in dem immer wieder Polizisten erschossen werden; aber es war nun einmal nicht zu ändern. Ich konnte nicht fünf Tage auf Amanullah warten. Nach langem Hin und Her und nachdem ich ein Schriftstück unterzeichnet hatte, in dem ich die volle Verantwortung für alle möglichen Folgen übernahm, erklärten sie sich bereit, den Friedhof im hinteren Teil des Weideplatzes für mich zu durchsuchen, und wir machten uns mit Spitzhacken und Stangen auf den Weg und stocherten da und dort unter dem Gebüsch. Aber obgleich wir auf Stein stießen und mit wachsenden Hoffnungen weiter arbeiteten, förderten wir nur zwei armselige Steinblöcke zu Tage. Und die Männer waren auf keine Weise zu bewegen, es noch einmal zu versuchen. Sie sagten mir, die Gräber, in denen auch Pferde beigesetzt sind, seien jedenfalls selten und nicht an einem Tag zu finden. Der Rotbart nahm Kiram auf die Seite und murmelte etwas davon, daß er einen Lagerplatz weiter unten am Giza Rud besitze, auf dem ein neuer und noch unerforschter Friedhof darauf warte, ausgebeutet zu werden. Er wolle uns morgen dorthin führen. Wenn ich eines der gewünschten Gräber fände, solle er meinen Pelzmantel erhalten, sagte ich. Nach der Ratifizierung dieses Bündnisvertrages, der mit halber Stimme besprochen wurde, damit die andern interessierten Mächte nichts hören sollten, kehrten wir zu den Zelten zurück und bereiteten uns auf das Essen vor.

Vor uns lag eine eindrucksvolle Aussicht. Unser Weideplatz bildete eine Art Sims, und der lange rote Steilfelsen des Peri Kuh stieg jenseits des Kangiwari, vom Grund unserer Schlucht aus, vor uns auf. Er leuchtete wie ein Kirchenfenster im Sonnenuntergang, gefaßt im Rahmen der dunkeln, wollenen Wände des Zeltes, in dem wir saßen. Die andere Siedlung zeichnete sich auf einem niedrigeren Absatz des Gebirges scharf gegen diesen schimmernden Hintergrund ab. Und das Tal drunten füllte sich mit Abendschatten.

Alle Voraussetzungen für ein Bild des Friedens waren gegeben. Aber obgleich ich wenig von dem verstand, was um mich herum gesprochen wurde, kannte ich sowohl Hadschi wie auch Kiram gut genug, um mir darüber klar zu sein, daß sie sich beide nicht wohl in ihrer Haut fühlten. Kiram rauchte wieder nachdenklich, sprang dann aber mit ungewöhnlichem Elan auf, als ihm jemand plötzlich die Hand auf den Rücken legte. Er setzte sich an einen anderen Platz und begann mit ruhiger Stimme längere Ausführungen zu machen, die an eine Parlamentsrede erinnerten. Die Ittiwand hörten ihn mit zu Boden gesenkten Blicken an. Ich fand sie in diesem Augenblick ganz besonders wenig anziehend. Der rotbärtige Onkel hatte ebenfalls den Blick zur Erde gerichtet und fuhr sich mit den Fingern durch die mit Henna gefärbten Haare. Von Zeit zu Zeit warf er Kiram einen raschen, bösartigen, verschlagenen Blick zu. Eine alte Frau setzte sich an meine Seite. Sie sah mit traurigen, müden Augen über das Tal hin. Sie hatte ein prächtiges altes Profil. Ihr Sohn lag in Khurramabad im Gefängnis, und sie wartete auf Nachricht, ob er hingerichtet werden sollte oder nicht. Nicht endende Gewalt-tat, nicht endendes Blutvergießen – kein Wunder, daß die Alten müde und schwermütig sind. Gleich darauf erhob sich der Mann, der Kiram die Hand auf die Schulter gelegt hatte, und ging davon. Kiram nahm in seiner unbekümmerten Art das Rauchen wieder auf. Die Ittiwand blieben in niederdrückendem Schweigen sitzen.

Trotzdem war das Gefühl der Spannung irgendwie beseitigt. Hier und da fiel eine Bemerkung. Der Rotbart kam auf mich zu und begann ein Kreuzverhör über die interessante, aber völlig unerklärliche Tatsache, daß ich nicht verheiratet war. Und als die Essenszeit herangerückt war, fanden wir uns weit freundlicher zusammen als den ganzen Tag über.

Am andern Morgen erfuhr ich, um was es sich gehandelt hatte. Der Mann neben Kiram hatte einen Bruder gehabt, der versucht hatte, Kiram an einem Gebirgspaß zu erschießen und dabei dessen Pferd getötet hatte. Kiram dagegen hatte es ver-standen, seinen Schuß zu placieren, und den Ittiwand umge-bracht. Als er nun die Hand des Bruders auf seinem Rücken fühlte, glaubte er, dieser wolle ihn erstechen und sprang auf. Er setzte seinen Gastgebern dann auseinander, daß er keine Lust habe, mit einem Mann das Mahl zu teilen, von dem er erwarten mußte, ermordet zu werden, und bat sie, den Mann freundlichst zu entfernen. Die Ittiwand wollten nicht Partei ergreifen und warteten, bis der Mann aus freien Stücken ging und uns den Frieden der Abendmahlzeit wieder schenkte.

Trotzdem verbrachten wir eine unruhige Nacht. Kiram hielt es nicht für ratsam, daß ich außerhalb seiner Reichweite bei den Frauen schlief. Er machte meinen Schlafsack an der Rückseite des Gästezeltes zurecht und bezog selbst eine strategische Stellung zwischen mir und der offenen Seite. Mein Gepäck verstaute er sorgfältig unter unsern Köpfen. Die Pferde wurden in der Nähe angepflockt, und Hadschi ließ sich bei ihnen nieder.

Die Feuer ferner Lager der Ittiwand funkelten in den Schatten des Tals und der unteren Hänge. Die vom Mondlicht überfluteten Felsen des Peri Kuh stiegen aus der Dunkelheit. Und über allem lag eine unendliche und prachtvolle Stille. Ich dämmerte gerade ein, als Hadschi herankroch und mir zuflüsterte, nicht tief zu schlafen, die Nacht werde unruhig. Ich öffnete ein Auge und sah ihn zurückkriechen, sah, wie er da saß, eine schlaflose und verlassene kleine Gestalt, die die Pferde im Mondlicht bewachte. Dann hörte ich nichts weiter, bis mich um die Mitte der Nacht die beiden Männer mit Rufen weckten, die dazu bestimmt waren, eine Frau fortzuscheuchen, die sich von der Rückseite des Zeltes her an das Gepäck heranschlich, auf dem ich schlief.

Am andern Morgen stattete ich Amanullah Khans beiden Frauen einen Besuch ab. Sie wohnten in getrennten Zelten, hatten wenig Umgang miteinander und waren beide von gleich gebieterischer Schönheit. Im Dämmerlicht des Zeltes saßen sie unter dem Gewicht ihrer großen Turbane und im Schmuck der vielen Halsbänder und Armringe wie Götzenbilder da. Die Zelte selbst waren im Innern ungewöhnlich kahl. Amanullahs erste Frau versuchte diese Tatsache zu entschuldigen. Sie habe ihre ganze Ausstattung in Khurramabad untergestellt, da man sie hier »im Lande der Diebe« doch nicht mit sich führen könne. Raub und Diebstahl sind in Luristan ebenso gewöhnliche Gesprächsgegenstände wie in einem Lande der Jagd Pferde und Hunde.

Wir verabschiedeten uns und wurden mit nicht allzu freundlichen Blicken den Weg hinunter geleitet. Der rotbärtige Duliskani stieß bei den tiefer gelegenen Zelten zu uns und ging mit Kiram voraus. Wir folgten unserm gestrigen Weg den Kangiwari entlang. Kiram klagte, er habe nicht geschlafen. Hadschi habe ihn die ganze Nacht hindurch immer wieder geweckt und auf die Banditen aufmerksam gemacht, die am gegenüberliegenden Abhang im Mondlicht zu sehen sein sollten.

»Es waren natürlich gar keine da?« fragte ich.

»Leicht möglich, daß welche da waren«, meinte Kiram in seiner unbekümmerten Art. »Sie sind gestern in den Bala Buzurg eingerückt, so daß sie heute für uns bereit gewesen wären. Aber in der vergangenen Nacht haben sie nichts unternommen.«

Das Lager des Rotbarts war im steinigen Bett des Giza Rud aufgeschlagen, und wir wurden vom Kadkhuda und etwa einem Dutzend Stammesleuten begrüßt. Sie buken Eierkuchen für uns, während wir uns niederließen und die Frage nach den Bronzen aufwarfen. Aber auch durch die Autorität ihres Führers ließen sie sich nicht bewegen, zu graben. Wie die Männer von Sar-i Kaschti wollten auch sie mir nicht glauben, daß ich eine Frau war. Sie wollten das, was sie für sich erbeuteten, lieber privat verkaufen, an Händler, zu denen sie Vertrauen hatten.

Während wir unsere Mahlzeit einnahmen, kamen zwei Zigeunerinnen vorbei. Sie sahen wie Inderinnen aus und legten auf bloßen Füßen mit weichen Schritten den ganzen Weg von den Dschungeln her zurück. Man nennt sie »Cauali«, sie durchwandern das ganze Land und werden von den Luren mit gutmütiger Verachtung behandelt. Sie rechnen sie unter die Ungläubigen und behaupten, daß sie Schweinefleisch essen, dagegen kein Huhn anrühren. Sehr belustigend wirkte es, daß die Luren sich über deren Diebereien beklagten.

Wir trennten uns von dem rotbärtigen Onkel mit wechselseitiger Enttäuschung, denn er hatte mir kein Grab zeigen können, und ich behielt meinen Pelzmantel. Trotzdem schenkte ich ihm einen silbernen Bleistift, sehr zum Ärger Kirams, der es haßte, wenn irgendwelche Dinge an einen Ittiwand verschwendet wurden, und sein Möglichstes tat, um das zu unterbinden. Seine Stimmung hob sich, als wir das Land seiner Rivalen verließen und den Giza Rud hinauf uns wieder dem Gebiet seines eigenen

Stammes näherten. Wir hätten die ganze Zeit über in Gefahr geschwebt, teilte er mir jetzt mit. Ihm mache das nichts aus – und damit sagte er wohl die Wahrheit –, »aber es ist unangenehm, wenn man kein Gewehr hat.«

Kurz vor Sonnenuntergang, bevor wir wieder den Durchbruch von Tangi-i-Tscharasch erreicht hatten, wandten wir uns nach Westen und stießen bei einem Platz namens Tarazak am Südhang des Tschia Dosdan auf eine kleine Siedlung der Kakawand. Hier waren wir wieder unter Freunden. Sie versammelten sich um Kiram und unterbrachen die Erzählung seiner Abenteuer mit vielen »Bah, Bah! ja Abbas! ja Husein!«, sehr verwundert über die fremdartige Neuheit, die er da ins unberührte Luristan gebracht hatte. Kiram gab sich, unablässig rauchend, das Ansehen eines Variété-Besitzers, eines Schaustellers. Wir setzten uns um ein Feuer aus Stockholz, das uns zu Ehren aufgehäuft wurde, und gingen endlich mit einem herrlichen Gefühl der Sicherheit zu Bett, nur wenig gestört durch den Zusammenbruch des Zeltes mitten in der Nacht, als ein Pferd einen von den Zeltheringen ausgerissen hatte.

Der nächste Tag sollte mein letzter in Luristan sein, und ich überließ dem Ältesten von Tarazak die Reste meiner Vorräte, etwas Tee und Zucker und ein paar Zwiebäcke. Auch unter ganz unfreundlich gesinnten Stämmen war es immer schwierig, sie dazu zu bringen, etwas anzunehmen, wenn man die Nacht bei ihnen verbracht hatte. Gastfreundschaft wird frei gewährt, und hier wurde nie geknausert. Trotz ihres schlechten Rufes trennte ich mich ungern von den Stammesleuten und ihren Bergen. Gewiß, wenn sie an einem der Pässe auf einen Reisenden stoßen, so ziehen sie ihn bis aufs Hemd aus und kümmern sich dann nicht mehr weiter um ihn. Wie völlig entblößt von allem man bei solchen Gelegenheiten zurückbleibt, können sie sehr anschaulich machen, indem sie in ausdrucksvoller Weise an ihrem Zeigefinger saugen. In ihren Zelten aber zeigten sie sich immer äußerst liebenswürdig und freundlich, sie verstanden Spaß und waren glänzende Unterhalter. Und es ist eine Erholung, sich dann und wann unter Menschen zu bewegen, die ihr Leben leicht nehmen, die dieser vergänglichen Welt nicht allzu viel

Bedeutung beimessen und nicht so vollständig in der Sorge um die Erhaltung ihres Daseins aufgehen, daß sie keine Zeit und Kraft für den Genuß des Lebens selbst übrig haben.

Unser letzter Ritt brachte uns in dreieinhalb Stunden über die Südwestschulter des Tschia Dosdan nach Harsin. Es war ein leichtes Stück Weges, die sanften Hänge hinab, über mäßige Pässe, während Baumgruppen, neben denen in den Mulden die Zelte standen, den Horizont säumten. Und in breiter Offenheit wogte vor uns das Land in die blauen Fernen des Südens.

Dann fiel der Weg plötzlich steil ab; unter senkrechten Bergabstürzen lag unter uns das große Becken von Harsin. Als wir tief unten in der Entfernung die Stadt und ihre Gärten liegen sahen, bat Kiram, sich nun von mir trennen zu dürfen. Es sei sein sicherer Tod, wenn die Harsini ihn erwischten. Schon einmal sei er beinahe einer Jagdpartie in die Hände gefallen, als er sich in einer Höhle aufgehalten hatte und sie den Rauch seines Feuers gewahr geworden waren. Sie betraten die Höhle, um nachzusehen, wer es sein mochte, als einer von ihnen nieste. Das war Kirams Rettung, denn nach einem so schlechten Omen wird niemand in einen fremden Ort eindringen.

Ich fragte ihn nach dem Grund seiner Fehde mit einer ganzen Stadt.

»Vor zwei Jahren«, sagte er, »gab es einen Kampf. Ich lebte damals in Harsin, denn ich hatte eine Harsini geheiratet und besaß ein Haus dort. Eines Abends kam es in der Tschaikhana zu einem Wortwechsel, und ich erschoß jemanden. Ich war im Recht, aber der Schuß war vielleicht unüberlegt. Kurz und gut, als ich nach Hause gegangen war und schon im Bett lag, umstellten diese gottverfluchten Harsini mein Haus und schrien, sie wollten keine Angehörigen der Stämme in der Stadt und ich sollte verschwinden. Ich ging aufs Dach und erklärte ihnen, ich verschwände nicht. Da fingen sie an zu schießen, ich schoß zurück und traf auch mehrere. Sie sperrten das Haus ringsum ab, ich stieg in die oberste Kammer, wo man aus einem kleinen Fenster sehr gut schießen konnte, und so ging es bis zum Morgen und den ganzen nächsten Tag fort. Das Haus hatte hohe Mauern, so daß sie nirgends einsteigen konnten. Auch hatte ich einen Freund unter ihnen, der in der Dunkelheit hereinkroch und mit mir sprach. Ich sagte ihm, er solle in die Berge gehen und den Stamm herbeirufen. Nun wußten aber die Harsini, daß ich abends immer meine Opiumpfeife rauchte, und sie hofften, ins Haus eindringen zu können, während ich mit dem Schießen aufhörte. Aber ich hatte eine gute Frau. Ich stellte sie mit dem Gewehr am Fenster auf, und sie schoß weiter, während ich rauchte, und traf auch jemanden, wie sie sagte. Jedenfalls hielten wir uns diese ganze Nacht hindurch, und am andern Morgen, als es eben zu dämmern begann, hörten wir, Tick, Tack, Schüsse rings von den Bergen und wußten, daß die Kakawand kamen. Vor den Kriegen der letzten Jahre zählte unser Stamm 8000 waffenfähige Männer. Die Harsini merkten ebenfalls, daß der Stamm heranzog, und liefen wie die Kaninchen auseinander. Meine Frau sattelte mein Pferd, und ich ritt allein dem Stamm entgegen und kehrte mit ihm hierher in die Berge zurück. Seitdem bin ich nie wieder in Harsin gewesen.«

»Und was hast du mit deiner Frau gemacht?« fragte ich ihn. »Du hast sie doch hoffentlich mitgenommen? Sie scheint eine brauchbare Person zu sein.«

»Ich habe sie später holen lassen«, sagte Kiram. »Ich habe sie heute noch«, fügte er hinzu, als ob das ein bemerkenswerter Umstand sei. »Ich habe sie gern. Sie ist so tüchtig wie ein Mann.«

Damit gingen wir auseinander. Ich schenkte Kiram den Pelzmantel, den der Duliskani-Führer sich nicht verdient hatte, gab ihm, was ich noch an Kleingeld besaß, und ritt hinab in das Land der Automobile, wo ich um einen Wagen nach Kermanschah telefonierte. Kiram aber kehrte nach Tudaru zurück, wo er gewiß noch immer im Grund seiner Seele den lustigen Tagen nachtrauert, da in Luristan noch jedermann ein Gewehr besaß.

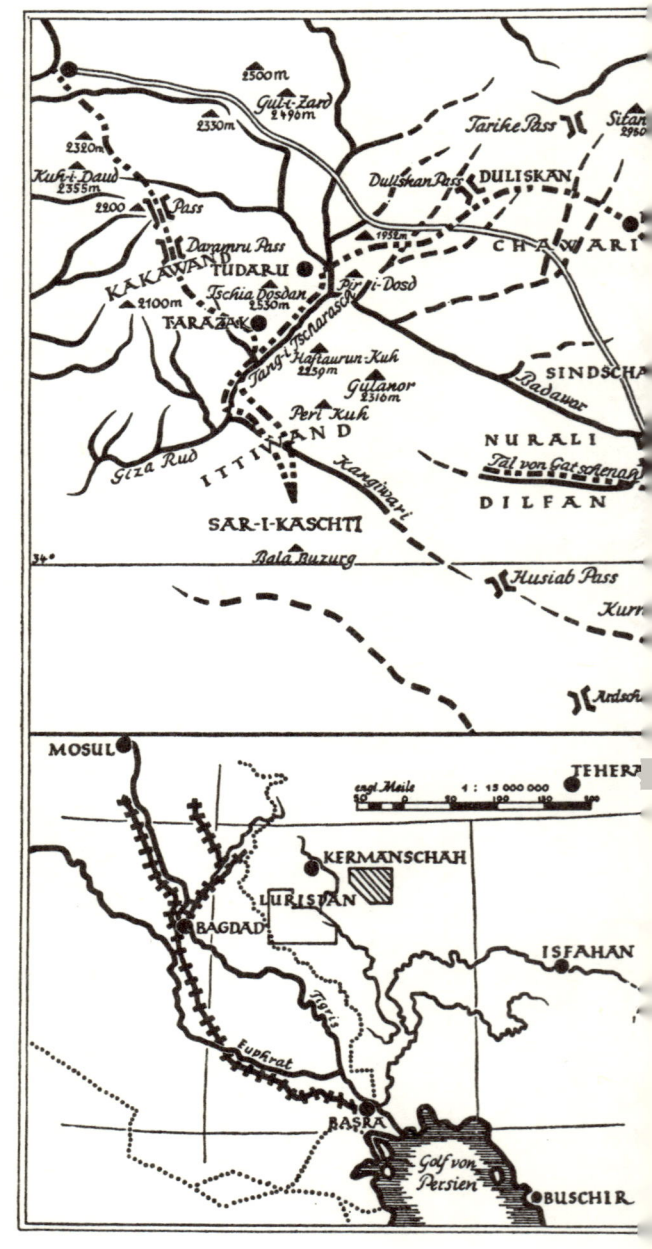

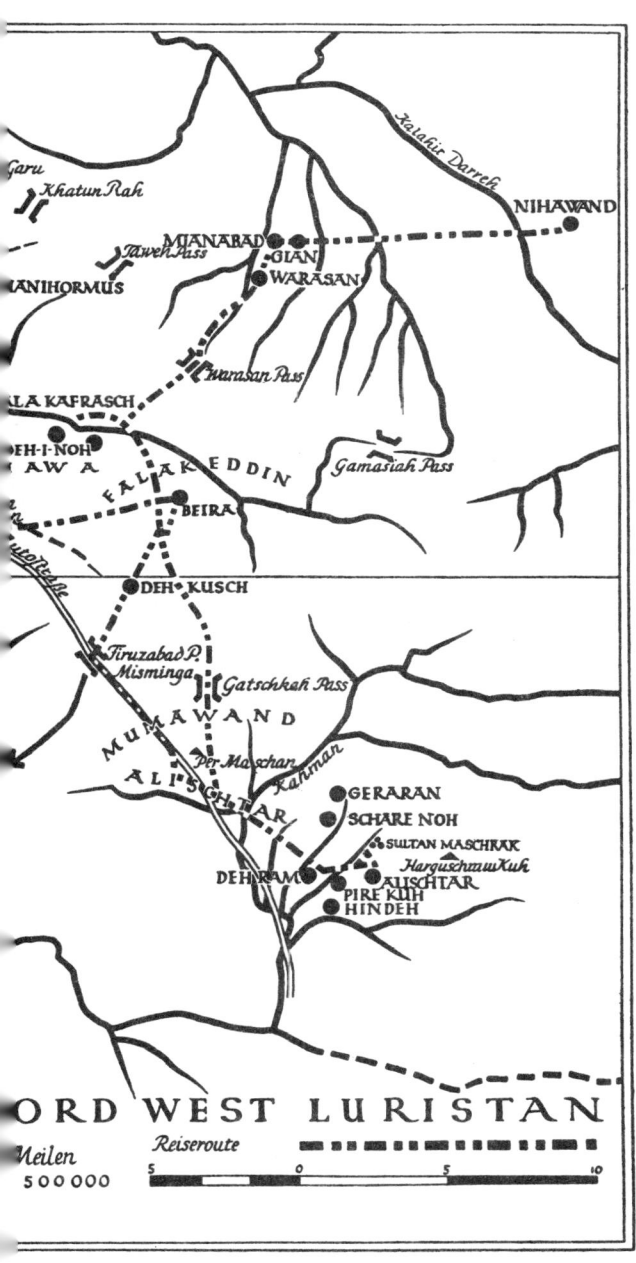

NORD WEST LURISTAN

Meilen
500 000

Reiseroute

DER VERBORGENE SCHATZ

Die Kulis von Bagdad

Die hübschesten Leute in Bagdad sind die Luren aus dem Puscht-i-Kuh. Eine Schärpe um die Hüften, die ihre Lumpen zusammenhält, ein dickes Filzpolster auf dem Rücken, auf dem sie die Lasten tragen, und die heimische Filzmütze, um die die Fetzen eines Turbans geschlungen sind, auf dem Kopf, so schreiten sie in urkräftiger Nacktheit zwischen den Teiggesichtern der städtischen Schiiten stolz einher. An Wintertagen hokken sie in Gruppen an einer sonnigen Mauer, oder sie schlafen mitten auf dem Pflaster an einer schattigen Stelle, unbekümmert um den Verkehr, der um sie tost. Untereinander sprechen sie ihre eigene Sprache. Und man hält sie für die niedrigsten Bettler, bis man ihnen eines Tages gewaschen und rasiert in ihren Festtagskleidern begegnet, erfährt, daß sie Angehörige dieses oder jenes Stammes aus dem Gebirge sind, das den Irak im Osten säumt, und feststellen muß, daß sie ebenso stolz sind und in ihren abgelegenen Distrikten über ebenso viel Einfluß verfügen wie eine Familie des englischen Landadels in dem ihrigen.

Sie haben in Bagdad drei eigene Herbergen oder »manzils« und stammen alle aus der Gegend zwischen der Straße Khanikin–Kermanshah im Norden und Dizful im Süden. Beinahe alle arbeiten als Kulis; barfuß und gebeugt gehen sie durch die Menge, mit unglaublichen Lasten, Kisten oder Eisenträgern.

Vor sieben Jahren waren diese Menschen noch mehr oder weniger unabhängig unter ihrem Wali. Sie lebten glücklich in

72

ganz untergeordneten Verhältnissen, die für den Gelegenheits-
reisenden höchst unsicher waren. Der Wali mußte infolge von
Unruhen fliehen. Einige seiner eigenen Söhne erhoben sich
gegen ihn, und er lebt jetzt mit einem Teil seiner Familie im Irak
im Exil, während die strenge Hand des Riza Schah auf dem
Lande liegt. Aber obgleich der Puscht-i-Kuh jetzt so sicher ist,
wie eine so abgelegene Gegend es überhaupt sein kann, und
obgleich er große Attraktionen hat – Gebirge und Wald so nahe
der Öde des Wüstenlandes –, eignet er sich nicht als Ausflugs-
gebiet für die Bürger von Bagdad. Er liegt immer noch in seiner
ganzen Ursprünglichkeit da, wie vor zehn Jahrhunderten oder
mehr.

Einmal im Jahr geben die Luren vom Puscht-i-Kuh, die im
Zollamt von Bagdad arbeiten, eine öffentliche Vorstellung und
zeigen einer kleinen Zuschauerschar das Leben und die Gebräu-
che ihrer Heimat. Da gibt es ganz in Weiß gekleidete Banditen,
deren Gesichter bis auf die Augen vermummt sind, als ob sie
Zahnweh hätten (das vorschriftsmäßige Kostüm der Briganten
des Ostens). Da gibt es Lieder in den hohen schluchzenden
Melodien wie die der Jodler in den Alpen. Da gibt es bauschige,
schwarze Samtröcke, um die eine Schärpe geschlungen ist, in
der der Dolch steckt, und Turbane mit Troddeln. Aber auch
weiße Filzröcke und spitze Mützen, an deren unterem Rand die
Haare im Halbkreis hervorschauen, wie sie die Schäfer tragen.
Und der Reiz der Vorführung liegt darin, daß es sich dabei nicht
um etwas unwiederbringlich Vergangenes handelt, sondern um
Lebendiges, das jeder beobachten kann, der sich die Mühe
macht, aus der Wüste des Irak über das einsamste aller Gebirge
in den Puscht-i-Kuh hinaufzusteigen.

Noch vor einem Jahr gab es in diesen hochgelegenen und
öden Gegenden keine Häuser, abgesehen von einigen kleinen
Gebäuden hie und da, die dem Wali gehörten; jetzt bauen die
Perser die Hauptstadt Husainabad auf, und vier noch unvollen-
dete Boulevards, eine Gruppe von Regierungsgebäuden und die
Autostraße von Kermanshah werfen die ersten Schatten des
Fortschritts auf die Gemüter der höchst unwilligen Bewohner.
Diese leben, nach Stämmen getrennt, in kleinen Gruppen von

Zelten, die spärlich über die unzugänglichen Bergketten hin verstreut sind, und ziehen im Winter jeweils von den Höhen des Inneren in die wärmeren Weideländer nach Osten oder nach Westen. Dem Reisenden möchte es scheinen, als ob sie seit Anbeginn der Zeiten so gelebt hätten. In Wirklichkeit ist das Land aber übersät mit den Ruinen von Dörfern und Städten, wahrscheinlich aus den Tagen, da die lurischen Atabels sich an Plätzen ansiedelten, die schon von denen, die vor ihnen das Land besessen hatten, den kurdischen Hasanwaids aus Sarmadsch bei Harsin, und vor ihnen von den Sassaniden, angelegt worden waren.

Auch Christen und Juden haben schon sehr früh das Land besiedelt. Und Gräber viel älterer Völker liegen unter dem Grund, der sich zu den Flüssen hinabsenkt, Gräber, deren schwere Felsplatten in Erdanschwemmungen und Gestrüpp versteckt liegen, die aber das Auge des Fachmanns und des Eingeborenen immer noch erkennt.

Das Land wird von dem fast ununterbrochenen Höhenzug des Kebir (oder Kabir) Kuh geteilt, und jenseits, südostwärts, fließt der Saidmarreh, der weiter unten, in seinen bekannteren Abschnitten, Kerkha heißt. Er führt ein schönes grünes und tiefes Gewässer. Es durchströmt die verlassenen Bezirke der Berge, die sich im Osten in rostfarbenen parallelen Reihen lagern wie die Leiber umgedrehter Schiffe. Das Ostufer heißt Lakistan, eine gefährliche Gegend, von wo die Räuberstämme der Bairanwand und Sagwand den Strom während der sommerlichen Ebbe überschreiten, um die Bewohner des Grenzlandes auszuplündern.

Ich war von der Ebene von Nihawand aus in den Norden von Lakistan eingedrungen. Diese Provinz war aber von einem so sorgfältigen Polizeikordon abgeriegelt, und Reisende waren hier so unerwünscht, daß ich glaubte, eher ins Innere des Landes vordringen zu können, wenn es mir gelang, ungehindert und unbeobachtet die Einöden des Puscht-i-Kuh zu durchqueren. Diese Theorie hätte sich auch ohne Zweifel als haltbar und erfolgreich erwiesen, wenn nicht ein vergrabener Schatz meine Pläne gestört hätte.

»Nachdem Sie nun einmal wirklich an Luristan denken – was würden Sie zu einer Schatzsuche sagen?« fragte mich jemand, wenige Tage vor dem Aufbruch, bei einer Abendgesellschaft.

»Mit dem größten Vergnügen!« erwiderte ich, unwissend und leichtsinnig.

»Ausgezeichnet. Morgen stelle ich Ihnen Ihren Komplizen vor.«

So begann es.

Der Komplize war ein junger Lure von etwa achtzehn Jahren, der in früher Kindheit in die Stadt gebracht und dort erzogen worden war. Der Erziehungsprozeß war indessen, wie es mir vorkam, nicht sehr tief gegangen. Er hatte sich im wesentlichen auf die Bekanntschaft mit Arrak und Zigaretten beschränkt, auf ein europäisches Hemd ohne Kragen und den leidenschaftlichen Wunsch, einmal in Ferangistan (Europa) leben zu können, mit einer Ferangi-Frau, deren Nationalität nach der Auffindung des Schatzes noch näher zu bestimmen war.

Der Schatz befand sich in einer Höhle in den Bergen.

Nun ist, besonders seit dem Aufschwung der Archäologie, noch niemals jemand im Nahen Osten gereist, ohne daß man ihm auf Schritt und Tritt von vergrabenen Schätzen erzählt hätte. Es braucht nur irgendwo eine einzige Goldmünze – oder auch eine Kupfermünze, wenn sie nur wie Gold aussieht – gefunden zu werden, um das Erzählertalent eines ganzen Bezirks in Bewegung zu setzen. So stand ich der Nachricht von dem Schatz skeptisch gegenüber. Als die Geschichte aber nach und nach ins Detail ging und die Tatsachen sich (wie Mumien aus den Leichenbinden) aus den Unwesentlichkeiten abzulösen begannen, kam ich doch zu einer positiveren Einstellung und mußte schließlich dem freundlichen Gesellschafter recht geben: es war offenbar »etwas daran«.

Der Vater des jungen Hasan, meines Komplizen, war der Führer (oder einer der Führer) eines kleinen Stammes, der tief in den Gebirgsfalten des Kebir Kuh versteckt lebt, in einer Gegend, die auf den Landkarten noch immer als weißer Fleck erscheint.

Vor einigen Jahren nun hatte ein Stammesgenosse dem Burschen eine Geschichte erzählt: Er sei hoch im Gebirge vom Sturm überrascht worden und habe in einer der Höhlen Schutz gesucht, von der diese Kalkformation wimmelt. Da habe er ganz in der Tiefe etwas schimmern sehen und zwanzig Kisten mit Goldschmuck, Dolchen, Münzen und Götterfigürchen gefunden. Soviel er in den Falten seiner Abba unterbringen konnte, habe er mitgenommen und seinem jungen Herrn ein halbes Dutzend Dolche und eine Handvoll Juwelen gebracht. Hasan sei nie selbst dort gewesen, er kenne aber den Platz. Er habe eine Skizze, die er mir zeigen wolle. Da er aber von dem Wert der Sachen nichts verstehe und auch nicht wisse, wie er das Ganze allein aus Persien und dem Irak herausschaffen solle, brauche er einen zuverlässigen Engländer, der ihm helfen könne.

So weit war alles klar. Aber nun kamen die Schwierigkeiten. Als der Stammesmann seinerzeit die erste Beute gemacht hatte, hatte Hasan die Sachen und auch die Skizze seinem besten Freund und Schulkameraden gezeigt und zur Aufbewahrung übergeben. Der Freund zeigte alles seinem Vater, einem angesehenen Araber aus Mossul und früheren Wesir. Dieser bemächtigte sich des Fundes und weigerte sich nicht nur, die Beute herauszugeben, sondern verlangte auch eine Teilhaberschaft an dem, was sich noch in den Bergen befand. Dieser Mann werde alles tun, was in seiner Macht stand, meinte Hasan, um zu verhindern, daß jemand ohne seine Zustimmung dorthin gelange, und würde wahrscheinlich auch dann falsches Spiel spielen, wenn man sich durch das Versprechen eines Anteils seiner Zustimmung versichert hätte.

Andererseits konnte der Mann allein nichts unternehmen, denn er besaß die Freundschaft der Stämme nicht und konnte sich nicht in ihr Gebiet wagen. Sein Sohn fühlte sich noch immer als Hasans Freund und war jederzeit bereit, die Juwelen aus dem Hause seines eigenen Vaters zu entwenden, um sie dem rechtmäßigen Eigentümer wieder zuzustellen. Der Umstand, daß die Sachen sich in den Händen des Feindes befanden, machte es vorläufig unmöglich, daß ich sie zu sehen bekam. Was den wirklichen Wert der Fundstücke betraf, so mußte das

Abenteuer also ein Sprung ins Dunkle sein. Die Schwierigkeiten waren offensichtlich nicht gering, da man nicht nur die persischen Behörden, sondern auch die Stammesleute in Unkenntnis lassen mußte; und wenn es uns gelingen sollte, den Schatz fünf Tage lang heimlich durch die Gebirgseinsamkeit zu transportieren, so mußte er immer noch vor den Schlichen des bösen Wesirs im Irak in Sicherheit gebracht werden.

Diese Gefahren wurden, außer durch den Reiz einer Schatzsuche als solcher, durch die unbestreitbare Tatsache aufgewogen, daß wirklich in diesen Gegenden schon viel Wertvolles gefunden worden ist. Es wird über die Grenze geschmuggelt, Händler kaufen es auf, die Spuren seiner Herkunft werden verwischt, und die Gegenstände verlieren jede Bedeutung für den Historiker.

So ist der große Schatz von Nihawand noch in jüngster Zeit verschleudert worden. Einen solchen Schatz in der ursprünglichen Höhle zu entdecken und aufzunehmen, konnte für den Altertumsforscher von hohem Wert sein.

Ich erklärte, ich wolle alles tun, um dorthin zu gelangen, Hasan sollte zwei oder drei Tage nach meiner Ankunft zu mir stoßen, wir wollten forttragen, soviel uns möglich war, und dann gemeinsam beraten, wie man die Verbindung mit einem Museum und mit der persischen Regierung aufnehmen konnte. Er hatte einen zuverlässigen Führer zu besorgen, und für den Notfall eine Verkleidung.

Je weiter die Verhandlungen mit dem jungen Luren fortschritten, um so mehr stellte sich heraus, daß die Hauptlast des Unternehmens mir zufallen würde und daß von einer großen Wahrscheinlichkeit des Gelingens nicht die Rede sein konnte. Es war ganz augenscheinlich nicht einmal auf seine Verschwiegenheit zu zählen. Die vielgerühmte Verschwiegenheit des Ostens ist meines Erachtens eine Legende. Charakteristisch ist vielmehr der Fall jenes Mannes, der so stolz darauf war, den Sohn seines Gastwirts umgebracht zu haben, daß er es nicht lassen konnte, davon zu erzählen und sich selbst zu entdecken. Das gleiche war, wie ich fühlte, von Hasan zu befürchten. Und der Feind hatte ohne Zweifel schon vor meiner Abreise Verdacht geschöpft und die Polizei dazu veranlaßt, den Paß des Burschen einzuziehen.

Trotzdem beschloß ich, die Fahrt anzutreten, und zwar so bald als möglich. M . . ., der seinerzeit das Ganze angeregt hatte, sollte nach Kräften behilflich sein; er hatte zunächst einmal dafür zu sorgen, daß der Bursche sich wirklich auf den Weg machte, und dann darauf zu sehen, daß der Wesir in meiner Abwesenheit nichts gegen uns unternahm. Wir versprachen Hasan, der sich vor Nervosität nicht zu lassen wußte, ihm seinen Paß wieder zu beschaffen und ihm auf den Weg zu helfen. Dafür sollte er auf Intrigen verzichten und aufrichtig sein, soweit ihm das möglich war. Er sollte nicht mit mir reisen – ein Umstand, der mich sehr erleichterte, da er wegen Aufwiegelei von der Polizei verfolgt wurde und im militärpflichtigen Alter war. Er schwor aber bei all seinen Göttern, in fünf Tagen bei mir zu sein. Er brachte mir die Skizze: ein schmutziger Fetzen Papier, auf dem ein mit Bleistift gezeichnetes Oval die Gärten des Stammes vorstellen sollte. Ein Fußweg führte in ein Tal und von dort wieder aufwärts. Er folgte einem Höhenzug und endete nach Überquerung von zwei Gießbächen an einem dritten, wo in einer Höhle, vor deren Eingang fünf Terpentinpistazien standen, der Schatz verborgen lag.

»Sie können nicht irregehen«, sagte Hasan. »Und wenn ich nicht da bin, so tun Sie selbst, was Sie können. Lassen Sie aber den Stamm nicht merken, daß Sie etwas Besonderes suchen!«

Diese letzte Bedingung ließ, zusammen mit der Unklarheit der Skizze, die Angelegenheit nahezu hoffnungslos erscheinen. Aber es war ein nicht zu verachtender Vorteil, eine Empfehlung an den Stamm zu erhalten; und wenn auch nichts aus der Sache werden sollte, so hoffte ich doch, meine ursprüngliche Reiseroute fortzusetzen und alte Begräbnisplätze in Tarhan zu entdecken.

Am Abend vor meiner Abreise erschien Hasan noch einmal: mit einem prächtigen, mit Blumen gemusterten Gewand, in dem ich, wie er behauptete, in den Kurdischen Bergen gar nicht auffallen würde. Ich hatte fünf Rupien für eine hellbraune goldgesäumte Abba und ein Paar Giwa-Schuhe mit Tuchsohlen geopfert. So fühlte ich mich jeder Lage gewachsen. Unser Gepäck war leicht: kein Bett, sondern nur ein Schlafsack; eine Satteltasche mit Wäsche und Medikamenten an der einen, eine zweite, mit Proviant, vor allem Tee und Zucker, auf der anderen Seite. Am folgenden Morgen traf Schah Riza, der Führer, ein. Er trug ein gelb und weiß gestreiftes Kleid, ein zerlumptes graues Jackett und einen blauen Turban, den er um seinen unordentlichen alten Kopf gewickelt hatte, und besaß überhaupt kein Gepäck.

Schah Riza ist seines Zeichens Deckenmacher, sieht aber aus wie ein Philosoph, was er in seiner Art auch wirklich ist. Seine Philosophie ist die eines passiven Widerstandes gegen die Pfeile und Schlingen des Geschicks, die ihn rundum bedrohen: Er sitzt in ihrer Mitte, als ob er an etwas ganz anderes dächte, ist aber in seiner stillen Art bereit, jede kleine Flaute im Sturm des Daseins zu seinen Gunsten auszunutzen. Als Diener ließ er viel zu wünschen übrig – ja, eigentlich alles, wenn man von einem Diener Dienste erwartet. Aber er war ein liebenswerter alter Mann, und er konnte stundenlang, wenn alles um ihn herum voller Unruhe war, sitzen und papierene Röhrchen mit heimischem Tabak füllen, dem Anschein nach in tiefster Resignation versunken, in Wirklichkeit aber der seligsten Tagträumerei hingegeben, weit von einer Welt der Mühsal, in der ich nach Schlüsseln, Vorräten oder anderen Dingen suchte, um die er sich eigentlich hätte kümmern sollen.

Sein erstes Versagen bestand darin, daß er am Morgen der Abreise ohne Paß erschien. Die Expedition wurde vertagt, und ich versuchte auf der persischen Gesandtschaft ein solches Dokument zu beschaffen. Vor Ablauf einer Woche sei auf Antwort nicht zu rechnen und diese sei durchaus zweifelhaft; der persische Gesandtschaftssekretär hantierte recht zögernd mit dem Porträt des Philosophen. Ich hielt es für das Richtige, mit oder ohne Paß so schnell als möglich aufzubrechen.

Wir packten unsere Habseligkeiten in einen Wagen und fuhren durch die Wüste von Kut nach Badrah an der persischen Grenze.

Der große und nahezu einzige Vorzug, den man genießt, wenn man eine Frau ist, besteht darin, daß man sich immer als dümmer ausgeben kann als man ist, ohne daß sich jemand wundert. Als die Polizei in Badrah unsern Wagen anhielt und fragte, wo wir wohnten, sagte ihnen der Fahrer, der es nicht wußte, sie sollten die Dame fragen.

»Das hat keinen Sinn«, sagte der Polizist. »Es ist eine Frau.«

»Richtig«, sagte der Fahrer. »Aber sie weiß alles. Sie spricht Arabisch.«

Der Polizist fragte mich. Ich hatte nicht die leiseste Idee, wo wir übernachten sollten, und sah ihm mit einem idiotischen Lächeln ins Gesicht, das er ganz natürlich fand. Darauf erhob sich der Philosoph und erklärte, ich werde in dem leeren Hause des Sohnes des Wali von Puscht-i-Kuh Wohnung nehmen.

Da weder die Polizei noch ich selbst gegen diese Erklärung etwas einzuwenden hatten, fuhren wir das von Geröll erfüllte Flußbett von Badrah hinauf, bis zur Linken Palmengärten erschienen und bei ihnen das kleine Landhaus mit seinen Nebengebäuden, von einer Lehmmauer umschlossen und von Bäumen beschattet. Der Fahrer schied von uns, ohne daß seine Neugier befriedigt worden wäre, Decken wurden ausgebreitet und mein Gepäck in einen kleinen gepflasterten Hof mit Palmenbäumen und einer Zisterne abgelegt; es dauerte nicht lange, so versammelte sich eine Gruppe von persischen Verbannten um uns, die zumeist mit Schah Riza verwandt waren.

Ich hatte die ganze Tiefe der Unfähigkeit meines Philosophen noch nicht ergründet und erwartete immer noch eine gewisse Aktivität von seiner Seite. Daher kam es, daß wir drei trübselige Tage hier zubrachten, die nur durch die Lektüre von Bunyans »The Pilgrim's Progress« etwas aufgeheitert wurden, die ich glücklicherweise bei mir hatte, und durch die Besuche der Dorfhonoratioren. Es war eine seltsame kleine Gesellschaft von Emigranten, immer bewegt von Gerüchten und Intrigen und illegalen Verbindungen mit den Männer des Ancien Régime im Puscht-i-Kuh. Ich erkannte bald, daß meine Freunde, wenn man mich jemals mit ihnen finden sollte, jeder persischen Behörde entschiedenes und berechtigtes Mißtrauen einflößen mußten.

Das Überschreiten der Grenze, mit oder ohne Paß, schien keine Schwierigkeit zu bieten. Die Führung sollte in den Händen eines Verwandten liegen, dem man zutrauen konnte, daß er einen nicht verriet. Der Schmuggel von Webwaren, Tee und Zucker ist hier so ausgedehnt, daß alle Wege bekannt und Packtiere leicht aufzutreiben waren. Schah Rizas Vetter Mahmud wollte zu einigen seiner Freunde gehen, die gleich auf der anderen Seite der Grenze zu Hause waren, und das Notwendige veranlassen.

Unterdessen planten sie bis tief in die Nacht hinein und setzten dem armen Schah Riza mit einander widersprechenden Ratschlägen zu, der sich den Mannigfaltigkeiten der Wahrheit gegenüber philosophischer denn je betrug. Sie hockten im Licht der Laterne am Wasser, Schah Riza mit trüben Blicken und gequältem Ausdruck in ihrer Mitte und von einem zum andern sehend, während sie ihm klar zu machen versuchten, daß er sich zwar ohne alles andere würde behelfen können, daß aber jeder, der nach Persien einreisen wolle, einen Pahlawi-Hut und ein Paar Hosen tragen müsse.

Auf seiner einen Seite saß der Haushofmeister des Wali, ein junger Mann mit dem Aussehen eines Rudolph Valentino, weißen Zähnen, sanften glänzenden Augen und schlanker Figur, dabei aber einem sehr wenig Vertrauen erweckenden Ausdruck unter dem großen Turban. Auf der anderen Seite befand sich der Onkel des Philosophen, der Dorfälteste, ein schlaues Bauerngesicht mit tausend kleinen Runzeln, von herablassender Freundlichkeit, solange ihm niemand widersprach. Vetter Mahmud hielt sich ein wenig für sich, mit seinen schweren schläfrigen Augen und dem hängenden Schnurrbart ein echter Lur, der es sich leisten konnte, den Augenblick des Handelns abzuwarten, während andere schwatzten.

Und es wurde sehr viel geschwatzt, so daß mir das ganze Abenteuer immer zweifelhafter wurde. Ein krimineller Akt, so mußte ich mir sagen, ist nie etwas Vergnügliches. Die Gefahr als solche ist verlockend und dem menschlichen Geist ein

Bedürfnis, aber eine Handlung, die allgemeine Mißbilligung erfahren wird, wenn sie offenbar wird, muß notwendigerweise etwas Demütigendes haben, wenn man nicht so abgebrüht ist, daß die Meinung anderer überhaupt keine Bedeutung mehr für einen besitzt. Nur ein Fanatiker kann sich als Verbrecher wohl fühlen. Ich stellte dem im Geist die köstlichen Gefahren des Bergsteigens oder einer Forschungsreise gegenüber, wenn kein geheimer Beweggrund das Gemüt belastet, und beschloß, in Zukunft die Finger von vergrabenen Schätzen zu lassen.

Die Gäste waren ihrer Wege gegangen, der Philosoph hatte sich in seine Decke gerollt und lag wie ein Kokon in tiefem Schlaf auf dem Pflaster, und Mahmud beschäftigte sich mit seiner Abendtoilette. Dazu gehörte vor allem, daß er sein Gewehr lud und es unter einen Zipfel seiner Decke am Fuß einer Palme legte. Eine zweite Decke legte er als Polster ans Kopfende. Dann wickelte er seinen Turban auf und wand ihn straffer aber weniger künstlerisch als tagsüber um seinen Kopf, tat einen Schluck aus der Bockshaut, die an einem Baum hing, und legte sich schlafen.

Die Datteln, die in dichten Trauben im Mondlicht an den Palmen hingen, zogen die Diebe an, und Mahmud erwachte bei dem leisesten Geräusch und streifte durch den Hof. Aber auch ohne dies wäre an Schlaf nicht zu denken gewesen. Denn der Mond verfinsterte sich, und das Rasseln von schweren Blechen von jedem Dach, das Jammern der Weiber, das Geheul der Hunde und ab und zu der hohe langgezogene Ruf des Schakals machten die Nacht zum Chaos. Ich setzte mich schließlich auf und versuchte Schah Riza das Sonnensystem auseinanderzusetzen. Er kauerte nachdenklich auf seinen gekreuzten Beinen und rauchte.

»Es soll der Schatten unserer Erde sein«, sagte ich unverbindlich, wie es einer so unwahrscheinlichen Theorie zukam, »der den Mond verbirgt.«

Dies traf sogar den Philosophen in seiner milden Weltentrücktheit.

»Das ist vollständig ausgeschlossen«, sagte er. »Jedermann kann ja von hier aus sehen, daß es ein Insekt ist, das den Mond frißt. Es ist lebendig. Es hat eine Seele. Es bedeutet kommende Unruhen und Krieg. Aber es ist nur ein Vorzeichen, und Allah wird es nicht so weit kommen lassen.«

Wie in Bestätigung seiner Worte, trat die schwach rötlich schimmernde Glutkohle des Mondes langsam wieder hervor. Die Schwärze des Himmels zerging wieder in leuchtende Räume. Das Rasseln der Bleche ließ nach. Und auch wir fanden wieder Schlaf, ohne das Problem des Sonnensystems geklärt zu haben.

Die Überlegungen des Vorabends waren nicht fruchtlos gewesen; es erschien ein junger Schmuggler von jenseits der Grenze. Er trug wollene Giwas, einen weißen wollenen Rock, der ihm bis auf die Knie hing und auf dem Kopf eine runde Filzmütze. Er trug einen handfesten Stock mit einem eisenbeschlagenen Knauf und behandelte die Frage der Grenzpolizei als nebensächlich.

»Wenn Sie aber lieber einen Paß möchten«, sagte er, »so habe ich einen Freund, der leicht einen für Sie kaufen kann. Die Reise ist für die Dame angenehmer, wenn man die Polizei nicht zu fürchten braucht.«

Der Vorschlag schien mir vernünftig und der Preis annehmbar.

»Wir wollen auf alle Fälle einen Paß kaufen«, sagte ich. »Und morgen früh wollen wir marschbereit sein.«

Der Rest des Tages ging damit hin, daß Maultiere beschafft wurden und daß man noch einen zweiten Mann ausfindig machte, einen finsteren Spitzbuben namens Alidad, der das linke Auge immer geschlossen hielt und bemerkte, »für die Briten ist Geld wie Wasser«. Schah Riza erhielt die Freiheit, sich um einen Anzug zu bekümmern, verschob dieses Geschäft aber bis zum nächsten Morgen, als wir uns gerade anschickten, aufzusteigen. Wir mußten also warten, bis er in den Bazar von Badrah gegangen war, von wo er nach mehr als einer Stunde mit einem Stückchen schwarzen Alpakkas, etwa von der Größe zweier großer Taschentücher, zurückkehrte. Daraus, meinte er, könne man unterwegs ein Paar Hosen anfertigen. Da wir unter allen Umständen nun die Reise antreten wollten, unterdrückten wir unsere Zweifel und stimmten ihm bei. Wir ritten über den letzten Wüstenstreifen auf die Berge im Nordosten zu.

Ein Sandsturm war im Anzug, und der erste Grenzposten lag kahl, verlassen und ohne jedes Anzeichen von Leben zwischen zwei ausgetrockneten Flußbetten. Wir trieben eilig an ihm vorbei und hielten uns im Schutz der Tamariskenbüsche, an den niedrigen Uferhängen des Kundschan Tscham, bis wir, in einer gegen jede Sicht gedeckten Mulde, auf persischem Boden anlangten. Hier, in einer kleinen Kolonie laubgedeckter Zelte, durch die der Sand trieb, war unser Schmuggler zu Hause. Sein Vater war das Haupt der Zeltgruppe und begrüßte uns, während die ganze Gemeinde an der Verschwörung Anteil nahm.

»Ein Paß«, meinten sie, »ist immer besser als keiner – und so leicht zu erlangen. Aber Schah Riza muß unter allen Umständen einen Pahlawi-Hut und Hosen bekommen.«

Schah Riza glaubte offensichtlich, daß seine gesellschaftliche Stellung an das lange gelbe Kleid gebunden war, und schien durch die Veränderung melancholisch gestimmt. Er brachte widerstrebend sein schwarzes Alpakkafell hervor, und die versammelten Ältesten, die ihre Zweifel hatten, aber sich nicht erfahren genug fühlten, riefen die Damen des Stammes herbei. Diese kamen in einem Schwarm aus dem Hintergrund des Zeltes und musterten den unzureichenden Überrest verächtlich. »Es reicht kaum für die Hälfte«, sagten sie. Sie knieten nieder und maßen es mit den Handflächen aus. Sie drehten es hierhin und dorthin. Als sie es alle der Reihe nach versucht hatten, gaben sie es als hoffnungslos auf, während Schah Riza bekümmert meditierte. Ich fragte mich, was schließlich daraus werden mochte, als ein junger Mann auftrat und ein überschüssiges und ganz präsentables Paar Hosen vor uns auf den Boden warf.

Aber auch jetzt noch drohte das Vorhaben zu scheitern. Der Philosoph befühlte das angebotene Bekleidungsstück mit Daumen und Zeigefinger und murmelte einige Bemerkungen über dessen ungenügende Schönheit. Inzwischen hatte ich aber mit ihm und seinen Kleidern die Geduld verloren. Ich erhob mich aus der Klausur des besten Teppichs, auf den man mich gebeten hatte, trat in den Kreis der Stammesleute, beugte mich über das

Gewand, um es sorgfältig zu prüfen, und erklärte, ich hätte nie ein besseres Paar gesehen, und auch keines, das sich besser für eine Reise durch Persien eignete. Die Anhänger des jungen Mannes stimmten mir im Chor bei. Auch ein Pahlawi-Hut fand sich und wurde dem Philosophen auf den Kopf gestülpt, was ihm einen Ausdruck unpassender Leichtfertigkeit verlieh. Seufzend stand er auf, zog ein Stöckchen aus dem Zeltdach, wickelte eine rote Schnur darum und zog es wie eine Schnürnadel durch den Bund seiner neuen Gewandung. Es blieb also nur noch die Frage des Passes zu regeln.

Wie das zustande kam, weiß ich nicht. Er ging mit dem Schmuggler zusammen fort, und nach vielen Stunden kamen sie beide zurück und hatten den Paß von zwanzig auf zwei Toman (ungefähr vier Mark) heruntergehandelt. Er war aus gelbem Papier, trug fünf Stempel und war ein in jeder Hinsicht eindrucksvolles Dokument. Der Nachmittag war schon vorgeschritten, und Fragen sind in derartigen Fällen nicht ratsam. Wir brachen also ohne viele Umstände auf und suchten im letzten Tageslicht durch dichtes Unterholz den Weg zur Zollstation.

Der Zollinspektor ging hier gerade mit seiner Frau und einem jungen Hündchen spazieren, das er trotz seiner langen Kette zärtlich auf dem Arm trug. Es war ein liebenswürdiger älterer Mann mit einem Kneifer auf der Nase und einem gewissen Air behaglicher Bürgerlichkeit, das an einem so einsamen windumtosten Platz sehr seltsam berührte.

»Es ist ein großer Mann. Sie müssen absteigen, bevor sie ihn begrüßen«, sagte Alidad und war offenbar auf Vorhaltungen gefaßt, als ich unbekümmert weiterritt. Aber der große Mann sah unsere Pässe gar nicht an. Er winkte uns zu seinen Untergebenen in dem rechteckigen Bauwerk, die unser bescheidenes Gepäck wohlwollend prüften und uns passieren ließen, als die Nacht hereinbrach.

Wir hatten nun anderthalb Stunden vor uns und ritten unter einem trüben Mond über das Flachland am Gawi Rud, bis in der Finsternis mit Erde bedeckte Haufen auftauchten, die wir beim Näherrücken als die in einer Reihe außerhalb des Lagers angeordneten winterlichen Strohvorräte für das Vieh erkannten.

Durch eine tobende Rotte von Hunden hindurch ritten wir auf die undeutlichen Umrisse der Zelte zu und stiegen in der Siedlung der Zarduscht von Mansurabad ab.

Wasserlose Berge

Diese ganze Nacht über raste der Sandsturm.

Müde des Geräusches menschlicher Rede, von dem der Tag mehr als gewöhnlich erfüllt gewesen war, verließ ich die Zarduscht frühzeitig und suchte die Zuflucht eines mit Lehmwänden abgeschlossenen kleinen Raumes auf, wo ich sicher war sowohl vor Stammesleuten, die draußen im Mondlicht auf ihren Teppichen saßen, wie auch vor ihren Frauen, von denen sich nur zwei oder drei aus ihrem Teil des Zeltes zu mir herüberwagten, um mir bei der Abendtoilette zuzusehen. Als ich mich entkleidet und gewaschen und, zu ihrem schaudernden Entzücken, die Wirkung meines Cold Cream an den Gesichtern zweier junger Frauen versucht hatte, blieb ich in Einsamkeit und Finsternis zurück, während der Sand in Schauern durch das trockene Laub des Daches zu meinen Häupten rieselte. Die schlichte Lehmwand wurde hier in der Weite ungeheurer Räume zum Inbegriff sicheren Schutzes. Die üppige Sicherheit eines Londoner Hauses mit den Laden und Vorhängen seiner Fenster und Türen, durch die kein Lüftchen dringt, hat mich nie ihren Schutz so tröstlich erleben lassen wie diese sechs Fuß aufgeschichteter Erde, an denen der arabische Wind zerrte. Nicht die Dinge selbst, sondern die gegensätzliche Empfindung anderer Dinge macht die Realität.

Am Morgen sah ich sehr früh hinaus und entdeckte dort drei Haufen rötlicher Erde, die vor meiner Hütte lagen. Im wachsenden Licht lösten sie sich auf in die schlafenden Gestalten meiner Gefolgsleute, die unter dem Wüstensand halb begraben lagen. Zur festgesetzten Zeit regten sie sich, krochen wie aus einer Larve, schüttelten ihre Turbane und waren zum Tee bereit, den die Damen bald herbeibrachten.

Immer noch strich der Wind vorbei. Ein unablässiges Geräusch feiner fallender Teilchen verriet seine unsichtbare Gegenwart. Einen Hut zu tragen, war ganz unmöglich. Ich wickelte mich in meine braune Abba, die ich unter dem Kinn feststeckte, kletterte auf das Maultier und kauerte mich mit dem Rücken gegen den Sturm auf das Gepäck. So machten wir uns über einen neuen Wüstenstrich auf ins persische Gebirge. Alidad, das eine finstere Auge geschlossen, führte uns und hielt mein Maultier an einem Strick.

Das Wetter, das uns die Welt verhüllte, verhüllte auch uns vor der Polizei. Wenn sie überhaupt unterwegs war, so steckte sie irgendwo hinter dem Vorhang aus Sand, der sich mit uns fortbewegte. Wir passierten Qual'a Seifi zur Rechten, eine verworrene Masse baufälliger Hütten, neben der der undeutliche Schatten eines Mannes, der an einem Graben arbeitete, für einen Augenblick auftauchte und wieder verschwand. In sanften, im Nebel festgebannten Wellen hob und senkte sich das Wüstenland, das mit Aghue- und Kameldornbüschen übersät war und auf dem die bitteren Koloquinten dicht an der Erde hinkrochen.

Neben dem breiten trockenen Bett des Gawi Rud erschien plötzlich die letzte Polizeistation, kahl und verlassen. Obgleich wir sie im Schutz des Nebels mühelos hätten umgehen können, meinten doch Alidad und der Schmuggler ganz richtig, wenn man nun einmal einen Paß habe, so solle man ihn auch so oft als möglich benutzen, und so gingen sie kühn auf einen jungen Menschen los, der in blauer Uniform gerade damit beschäftigt war, das Abendessen für die Garnison zu kochen.

Diese kleinen Posten sind mit sechs Polizisten besetzt, von denen sich aber die meisten in einem bewundernswerten Geist des gewissenhaftesten Optimismus auf eine Streife begeben hatten, um Schmuggler aufzuspüren. Der junge Mensch mit dem gerupften Huhn in der Hand warf mir einen Blick zu, und als er eine braune Abba über die landesüblichen Satteltaschen gebreitet sah, machte er sich weiter keine Gedanken. Ein Zollbeamter stößt sich immer nur an dem Unerwarteten, vermeidet man das, so hat man nichts zu befürchten. Pässe, auch wenn sie unleserlich sind, sind nichts Unerwartetes, und die niederen Grade der Ordnungsmacht sehen über die feineren internationalen Unterschiede hinweg. Mein Äußeres war normal; meinen »fränkischen« Hut trug ich diskret verborgen auf dem Schoß. Der Polizist lud uns zum Essen ein, nahm unsere entschuldigende Ablehnung freundlich auf und winkte uns zu, weiterzuziehen. So tauchten wir wieder in die Einsamkeit.

Diesen ganzen Tag über trafen wir auf kein menschliches Wesen, außer einem großgewachsenen, wilden, armen und zufriedenen Mann mit buschigen, vom Sand ganz weiß gefärbten Augenbrauen, dessen rote Lumpen von einer blauen Schärpe zusammengehalten wurden. Er zog etwa eine Stunde Wegs mit uns. Seine Schenkel waren nackt, und Kraft und Freiheit strahlten von ihm aus, wie er so mit seinem kleinen Esel durch das ungastliche Wetter schritt. Nachdem wir ihn verlassen hatten, stieg unser Weg an.

Der alte Wali hatte früher ein Wirtshaus am Ufer des Gawi Rud besessen, und in seinen Ruinen, zwischen den Trümmern eines Dörfchens, das sich um das Haus ausbreitete, hielten wir unsere Mahlzeit ab. Der Philosoph erwachte plötzlich aus den Tiefen seiner gewohnten Meditationen, um mir mitzuteilen, daß er viele Jahre hier gewohnt habe, fuhr mit erstaunlicher Beweglichkeit zwischen den Trümmern hin und her, indem er auf das und jenes hinwies, mit einer geradezu schamlosen Lebendigkeit, wie wenn ein alter steifgewordener Bock plötzlich wieder Sprünge machen wollte wie ein Zicklein. Die Nähe seiner Berge und der lange entbehrten Heimat erzeugten in Schah Riza wahre Anfälle von Begeisterung, während deren in seinen Augen, die in den Winkeln in den freundlichsten Fältchen zusammengezogen waren, ein strahlendes Lächeln tanzte, das seiner eigenen Vorstellung vom korrekten Betragen eines frommen und achtenswerten Deckenmachers so gar nicht entsprach.

In der Ruhestunde nach dem Essen, die von Wohlwollen und Verständnis für unsere Mitmenschen erfüllt sein sollte, ergab sich zwischen ihm und Alidad eine Meinungsverschiedenheit. Alidad kam auf mich zu, während ich in der Sonne döste, und fragte mich mit bestürzender Feierlichkeit, ob ich geruhen wolle, ihm die Hand zu schütteln. Ich vollzog diese Zeremonie mit Verwunderung und der Dinge harrend, die da kommen sollten, als die beunruhigende Verlautbarung erging, Schah Riza sei ein schlechter Mensch, aber er, Alidad, werde dafür sorgen, daß mir kein Leid geschehe. Ich nahm dieses Versprechen mit einer Fassung auf, die abkühlend auf die Atmosphäre wirkte, wartete dann, bis von den verlassenen Feldern ringsum ein Sack Stroh für die Abendmahlzeit der Pferde zusammengetragen worden war, und schließlich setzten wir unsern Weg durch ein steiniges Flußbett nach Nordwesten fort, zu beiden Seiten tiefe Schluchten, während sich die hohen kahlen Umrisse der Berge gegen den Schleier des Wüstensandes abzeichneten.

Dieser Weg nach Persien wird beinahe nur von Schmugglern benutzt. Er ist steil und kann mit schwer beladenen Tieren nicht begangen werden. Auf dem Rücken des hohen Walles liegt zwischen zwei runden Bergen der Gildar-Paß. Gegen Abend kletterten wir in diesen Höhen aufwärts und sahen über ein unwirtliches Land, ein Chaos von Gesteinsschichten und Mulden. Die flachen Höhenzüge, die sich friedlich über den Grund eines vorzeitlichen Meeres erstreckt hatten, waren gewaltsam nach oben getrieben und in seltsame Lagen geschleudert worden, waren bedeckt mit schwarzen Muschelfossilien, die den Meeresboden bewohnt hatten, und in öde Täler zerklüftet durch Gewässer, die im Frühjahr zerstörend hinabstürzen, im Sommer aber versiegen und nur da und dort Salz und ungenießbare Quellen hinterlassen.

Dieses Land gehört den Malikschah-Luren, die im Winter von den kälteren Höhen hier herab ziehen, wo ihre Herden das karge Gras abweiden können. Jetzt aber war die Gegend verlassen. Nur der Schmuggler passiert bei Nacht mit flüchtigen Schritten den unfreundlichen Steig. Als wir auf der Suche nach einem geeigneten Lagerplatz unter dem Abendhimmel dahinritten, der sein Blau mählich über uns in Nacht verwandelte, schien es mir, daß ich noch nie ein so gänzlich aufgegebenes Stück Erde gesehen hatte, eine leere Hülse, aus der das Leben längst entwichen war. Das langsame Sterben des Weltalls wurde hier sichtbar und unübersehbar. Selbst die gelben Grasmatten in den ausgetrockneten Gießbächen, die von fern so weich aussahen, verwandelten sich, als wir näher kamen, in vertrocknetes Dorngestrüpp.

Als die Dunkelheit hereinbrach, bogen wir unter einer steilen Felswand, dem Zamijjah Kuh, seitwärts ab und folgten dabei einer Falte des Geländes, um den Pfad für die Nacht den Malikschah-Schmugglern zu überlassen.

Ein kalter Wind schlich durch die Klüfte, nicht der wilde Zerstörer der Wüste, sondern ein tückisches Wesen, das einen bis auf die Knochen durchkühlte. Der Philosoph bemächtigte sich mit großer Findigkeit meines zweiten Burberry und legte ihn um seinen Körper. Alidad machte in einem ausgetrockneten Bachbett ein Feuer an. Schah Riza beantwortete meine Frage nach etwas Eßbarem mit der Bemerkung, wir hätten große Mengen Mehl bei uns, und die Maultiertreiber begannen, nachdem sie abgepackt und sich niedergelassen hatten, einige Handvoll mit Wasser zu mischen, einen runden, etwa einen Zoll starken Fladen daraus zu formen und ihn zum Backen in die Glut zu legen. Schah Riza, dessen Hantieren mit dem Burberry auf epikuräische Neigungen gedeutet hatte, gehörte also doch wohl zu den Stoikern, mußte ich mir sagen, und ich grub meinerseits in den Satteltaschen nach einer Büchse Sardinen.

»In Zukunft«, bestimmte ich, »wird in jede Wüste ein Huhn, tot oder lebendig, mitgeführt.« Die drei Männer gaben zu, daß weibliche Empfindsamkeit nicht ohne Grund die Erfüllung derartiger Gelüste fordern konnte. Sie säuberten eine ebene Stelle dicht am Feuer, auf der sie meinen Schlafsack ausbreiteten, richteten sich selbst auf der andern Seite ein, und bald waren wir ganz von dem hohen, dünnen nächtlichen Schweigen der Berge umhüllt.

Das Gesetz der Gastfreundschaft

Ein Erlebnis hatte den Philosophen einigermaßen aus der Fassung gebracht: Seine Mähre, ein bösartiger Grauschimmel, der auf einem Auge blind war, war bei unserem Abstieg vom Gildar-Paß den Hang hinuntergerutscht. Der Hang war nicht ganz senkrecht, und das Tier rutschte auf allen vieren, während der Schmuggler sich hinten angehängt hatte, den Schwanz als Steuerruder benutzend. Das Unternehmen fand sein Ende auf dem Grund einer kleinen Schlucht, nicht zum Schaden, aber zur erheblichen Überraschung aller Betroffenen; und obgleich der Philosoph in diesem Augenblick gerade nicht aufgesessen war, beeinträchtigte der Zwischenfall seine Stimmung. Als wir uns am andern Morgen wieder auf den Weg machten, waren seine Meditationen leicht melancholisch gefärbt.

Als wir unsern Lagerplatz verließen, stand über uns auf einer Felsspitze ein Steinbock, ein schönes Tier, die Hörner von der aufgehenden Sonne gerötet.

Wir ritten jetzt angenehmer, und Bäume begannen hie und da die Öde zu beleben. Die ersten zeigten sich hoch droben an den Berggraten, und sie zogen sich über den weißen bröckeligen Kalkstein stufenweise bis hinunter, wo unser Weg über kleine Bodenwellen dahinlief. Wir sahen Ginster, Tamarisken, Dornsträucher und Eichen, einen Baum mit kleinen Blättern, der Kheikum genannt wird, und die Terebinthen mit ihren breiten, duftenden Blättern und den pfauenblauen, schmackhaften Beeren. Diesen Baum betrachtete ich mit großem Interesse, da ja die Schatzhöhle an solchen Bäumen zu erkennen sein sollte.

Ich prägte mir den Umriß von Stamm und Krone wohl ein.

Wir begegneten jetzt Menschen, Malikschahs in ihren Filzkleidern, den Turban um die Mütze gewunden, die Schärpe, in der der Dolch steckte, über der Abba. Sie trugen das Haar noch lang, und die Delila der Regierung, die den persischen Stämmen die Locken schert, hatte sie offenbar noch nicht erreicht. Unsere Schmuggler erzählten, daß Polizisten diese Straße so gut wie nie nehmen. Nach Verlauf von etwa drei Stunden gelangten wir zu einer kleinen Anhöhe, die mit Steindenkmälern bedeckt war.

Wir erkannten an diesen Zeichen, daß wir uns in der Nähe einer heiligen Stätte befanden, und sahen uns um. Bald erblickten wir auch die Imamzadeh von Pir Mohammed mit vier weißen Minaretts und zwei blauen Kuppeln in einer Mulde über uns, in der Reisfelder glänzend grün in der Sonne schimmerten.

Es war erst neun Uhr morgens, aber Alidad hatte hier Freunde, und mit einer andern Rastgelegenheit war für diesen Tag nicht mehr zu rechnen. So ließen wir die Imamzadeh rechts liegen und stiegen bei einer Gruppe von Hütten aus Eichenzweigen ab, die in einem Stück Ackerland am Fluß lagen. Hier lagerten wir viele Stunden, während das Huhn, das nun als unentbehrlicher Bestandteil meines Menus galt, gefangen, enthauptet, gerupft, auf einen geschälten Ast gespießt und schließlich über dem Feuer gebraten wurde. Auch Brot wurde gebakken, und Schah Riza eröffnete die Verhandlungen für den Kauf eines neuen Maultieres mit einer beredsamen und weit ausgesponnenen Schilderung der Leiden, die er durch seine Mähre hatte ausstehen müssen. Die Seijjids der Imamzadeh, denen der Boden ringsum gehört, bildeten ein feierliches Tribunal. Endlich wurde ein braunes Maultier mit einem neuen Treiber beigebracht. Wir trennten uns mit Bedauern von unserem Schmuggler und wateten gegen halb zwölf Uhr weiter durch das durchsichtige Gewässer stromaufwärts.

Den ganzen Puscht-i-Kuh durchzieht wie eine Mauer von Nordwesten nach Südosten ein langes und hohes Gebirgsmassiv. Die beiden bedeutendsten Erhebungen, der Waland Tar und der Warzarin, sind etwas höher bzw. etwas niedriger als 2740 m; aber das Gebirge ist nicht so sehr durch seine absolute Höhe als durch die beinahe ununterbrochene Kammlinie des ungeheuren Massivs imposant, die sich ohne nennenswerten Einschnitt über viele Meilen auf einem Niveau von 2100 bis 2400 m hält. An klaren Wintertagen sieht man seine fernen Schneefelder von der Wüste des Irak aus, und während der vielen Monate, in denen Schnee liegt, können die Malikschah auf der einen und die Badra' auf der andern Seite nicht zusammenkommen – ein Umstand, der ihr Gemüt (nach dem zu urteilen, was sie übereinander sagen) nicht allzusehr beeindrucken dürfte.

Diesem Gebirge näherten wir uns nun durch einen vielfach gewundenen Korridor von Felsen und Schatten der Schlucht des Pir-Mohammad-Flusses hinauf. Frauenhaar wuchs in den Felsspalten. Weiter oben ragten Baumkronen ins Blau des Himmels hinein. Zwei Frauen blieben droben am Rand stehen und riefen zu uns herab; ihre schweren Turbane und die weiten Ärmel zeichneten sich verkürzt gegen das Blau ab wie die Figuren eines venetianischen Deckengemäldes. Und wenn wir wieder einmal über weiße Felsblöcke das Flußbett durchquerten, sahen wir in dem klaren Wasser die Fische mit den durchsichtigen Schweifen fächeln.

Der Pir Mohammad hätte uns bis an den Fuß des Großen Gebirges führen können, aber die meisten Schluchten, in denen diese Wildflüsse dahinbrausen, sind so unzugänglich, daß auch die Pfade der Luren ihnen nicht folgen können. Wir mußten also bald seitwärts abbiegen und die Schulter der Berge erklimmen. Sie waren in Schichten aufeinandergetürmt, wie wir sie wilder nie gesehen hatten, und doch herrschte dabei eine eigenartige Regelmäßigkeit vor, als ob Titanenhände die Steinblöcke zu einer phantastischen Architektur übereinander angeordnet hätten. Die Bäume zwischen den Felsen lösten die Strenge, verliehen ihnen Schönheit. Und gleich darauf verließen wir das Chaos der Schlucht und gelangten hinauf zu den glatteren Hängen, an denen Eichen wuchsen, nicht in Hainen, sondern jede für sich in ihrem eigenen Schatten auf dem nackten weißen Kies des Grundes. Hier gab es nicht Haus noch Hof, aber freundlicher Friede umfing uns. Und Holzfäller in ihren weißen Röcken trieben ab und zu ihre Esel auf dem Weg dahin. Im wachsenden Abend stiegen wir über eine Bergschulter nach der andern hinab, bis wir eine Ebene unter uns sahen, hinter der sich das Große Gebirge wie ein Vorhang aus der Dunkelheit abhob.

Tief unten sahen wir auf wohlbestellten Landstücken schwarze Zelte in Gruppen von zweien oder dreien sich erheben, sehr klein in ihrer Verlassenheit. Aber so weit ritten wir nicht mehr. Bei einer kleinen Quelle am Berghang trafen wir auf drei junge hübsche Frauen, die sich über das Wasser beugten, um ihre Ziegenfelle zu füllen, und die uns, als sie sahen, daß wir

Reisende waren, lebhaft aufforderten, den Schutz ihrer ärmlichen Zelte, die ganz in der Nähe lagen, mit ihnen zu teilen.

Es war eine kleine Kolonie von vier Zelten, die erste des Arkwaz-Landes, ohne einen Häuptling, der uns aufgenommen hätte. Die Leute waren so arm, daß sie weder Fleisch noch Hühner, Eier, Milch, Reis, Tee oder Zucker hatten; buchstäblich nichts außer dem unvermeidlichen Sack Mehl und einem winzigen Gartenstreifen mit Tomaten und Gurken, von denen sie nun auch wirklich jede einzelne mit der vornehmen Gastlichkeit ihrer Sitte für uns ernteten.

Die drei Frauen waren bezaubernd. Ich verließ die Männer vor dem Zelt und gesellte mich zu ihnen ans Feuer, an dem wir vor dem Nachtwind geschützt saßen. Eine ältere Frau mit einem lieblichen heiteren Gesicht war die Herrin des Zeltes. Es waren ihre Tochter, ihre Schwiegertochter und eine Freundin, die uns eingeladen hatten, und sie zeigten uns nun wie einen köstlichen Fund, den ein seltenes Geschick ihnen beschert hatte. Es wurde mir bald klar, daß sie mich in einem zauberischen Glanz sahen, der nicht mein eigen war, sondern sich von der großen Stadt Bagdad herleitete, aus der ich kam. Die beiden jüngeren Frauen hatten dort einige Monate zugebracht, während ihre Männer als Kulis arbeiteten, und die Erinnerung daran hatte in ihnen die Gestalt einer verklärten Vision angenommen. Sie streichelten meine Kleidung mit rührend schwermütiger Sehnsucht.

»Kahraba!« Elektrizität!! Ich schaltete meine Taschenlampe ein, und sie murmelten das Wort, als ob es ein von unerfüllbaren Wünschen übervolles Herz fasse. Die andächtige Verehrung des Ostens für technische Erzeugnisse erscheint uns bedauerlich und oberflächlich. Aber hier, vor einem so völlig kargen Hintergrund, offenbart sich erst die Maschine (etwas, das mühelosen Genuß verschafft an einem Ort, an dem die Erfüllung der primitivsten Bedürfnisse unsicher ist) in ihrem ganzen gleißenden Zauber. Hier am Zeltfeuer, das mit der Kälte der Nacht kämpfte, hatte das Licht, das ein Fingerdruck nach Belieben herbeirief, in der Tat etwas Göttliches, etwas von dem prometheischen Wesen des Blitzes, der dem Himmel entrissen und dem Willen des Menschen dienstbar gemacht war. So sahen es ihre Augen, richtiger vielleicht als die unsrigen, die nur ein seelenloses Ding aus Glas und Drähten erblicken.

Ich betrachtete die Schönheit der beiden Mädchen – die feine Schönheit einer alten Rasse, mit kleinen Händen, schmalen Lippen und langen ovalen Gesichtern. Sie trugen perlenbestickte Hauskäppchen, um die sie den bauschigen Turban schlangen. Auch um die Knöchel trugen sie Kettchen aus Glasperlen, die die scharlachroten Hosen, die mit wollenen Fransen über die nackten Fersen fielen, um das Fußgelenk zusammenhielten. Es ist eine praktische und dezente Kleidung für Frauen, die die ganze Zeit auf dem Boden kauern. Darüber trugen sie weite Gewänder aus bedrucktem Kattun, ähnlich dem blumigen Ding, das ich in meiner Satteltasche mitführte. Die Tochter des Hauses besaß auch einen weiten und vorne offenen Samtrock. In der Nase, über der Tätowierung auf der Oberlippe, trug sie einen Goldring mit einem Türkis. Ihre Hände und Füße waren nicht ungefällig mit blauen Palmzweigen tätowiert. Und um die Handgelenke trug sie schwere Silberreifen, die im Feuerschein blitzten, während sie den Teig für unsere Mahlzeit knetete.

Ich fragte mich, ob unter ihren Dichtern, die noch immer in der alten Weise von den Dingen singen, die sie kennen, wohl einer sein mochte, der die Pracht der Hände seiner Geliebten gepriesen hatte, wie sie mit ihren Silberkettchen bei dieser schönsten der Hausarbeiten in rascher anmutiger Bewegung das Brot einander zuwerfen. Als der Teig geknetet war, wurde ein gewölbter metallener Schild, Sadsch genannt, über die Flammen gelegt, die Teigfladen wurden einer nach dem andern auf ihn geworfen, und das Brot, noch heiß und etwas feucht, war in kürzester Zeit fertig.

Aber damit waren die Vorbereitungen zum Essen nicht erschöpft. Die Tomaten wurden in einem Topf gedämpft, während unser Hunger in der Zwischenzeit mit rohen Gurken besänftigt wurde. Unserem Mahl kam ganz offensichtlich die Bedeutung eines Banketts zu. Alle Augenblicke rührte die Familienmutter in dem Topf, probierte und nickte mit einer Befriedigung, die in Worten keinen Ausdruck mehr finden konnte. Vier Knaben saßen, überwältigt von ihren Erwartungen, schweigend in einer Reihe nebeneinander, während ein kleineres Kind mit zwei Schäfchen spielte, die in der Nähe des Feuerplatzes angepflockt und offenbar gewohnt waren, als Mitglieder der Familie behandelt zu werden. Das Töchterchen, das älteste Kind der hübschesten Frau, beschäftigte sich mit Hausarbeiten, wohl wissend, daß sie nicht daran denken durfte, an dem Festmahl teilzunehmen.

Und nun war das Essen gar. Die dampfenden Tomaten wurden aufgetragen. Leider hatten sie sehr an Umfang eingebüßt und sahen nicht mehr besonders stattlich aus auf den drei kleinen Zinntellern, eine für mich, eine für den Philosophen und eine für die beiden Maultiertreiber.

Indessen wurden sie so dargeboten, wie sie einmal waren, während die Familie in bewunderndem Schweigen zusah. Nur einer der Knaben, der seine Gefühle noch nicht völlig beherrschen konnte, verfolgte die Teller mit den Augen. Die Tränen stiegen ihm in die Kehle, und die Mundwinkel zogen sich schmerzlich herab. Seine Mutter, die sich schämte, gab ihm einen kleinen Klaps und hielt ihm dann heimlich den Finger, an dem noch etwas von dem Geschmack der Tomaten zurückgeblieben war, zum Ablecken hin.

Ich selbst war hungrig genug und hätte ohne die geringste Schwierigkeit alle drei Teller auf einmal leeren können. Aber wer hätte einem so herzzerreißenden Schauspiel widerstehen können? Etwas zu sagen war unmöglich. Dies hätte meine Gastgeberin unsäglich gedemütigt. Es blieb also nur übrig, einen Teil der Mahlzeit auf dem Teller zurückzulassen. Ich erklärte daher, ich sei satt, nachdem ich kaum die Hälfte des mikroskopischen Diners bewältigt hatte, und die vier Knaben schleckten die Reste auf. Was die Tochter betraf, so kannte sie bereits ihre Stellung in dieser Welt. Sie erhielt nichts und erwartete auch nichts.

Taubenfarbene Dämmerung stieg über die einsame Landschaft herauf und bändigte den hohen Gebirgskamm vor uns zu schattenhafter, gleichförmiger Zartheit; ebenso wie auch der menschliche Geist, der an Weisheit zunimmt, nach und nach durch das bloße Übermaß des Lichtes die Hindernisse unterdrückt und glättet, die vor ihm liegen.

Unser Hindernis war zugleich unser Ziel: die hohe Mauer, an der derjenige, der im Jahr 1923 das Land für den Survey of India vermessen hatte, sein Werk abbrach; hinter der, keiner Vermessung erreichbar, Schah Rizas Haus und der Schatz lagen. Ich blickte dort hinüber, über die Ebene hin, die noch schwärzlich grau im Morgenschatten lag und deren schwarze Zelte in ihren kleinen gleichmäßigen Reihen noch keine Spur von aufsteigendem Rauch oder erwachendem Leben zeigten. Ich fragte mich, hinter welchem der kleinen Einschnitte, die sich alle in einer Reihe gegen den Horizont abzeichneten, unser Weg führen mochte.

Schah Riza hatte diesmal weniger Zeit auf seine Gebete verwandt, und so war auch er marschbereit. Er war in meinen Burberry gehüllt, den er nun Tag und Nacht nicht mehr von sich ließ. Er verlieh diesem respektablen Kleidungsstück einen Schimmer von Eleganz, der ihm vom Schneider nicht mit auf den Weg gegeben worden war. Der Anblick von ihm und dem Burberry entfachte in mir jedesmal eine unvernünftige schweigende Wut. Was gab Schah Riza das Recht, sich meiner Sachen zu bemächtigen, ohne ein Wort darüber zu verlieren? Wenn ich einen schwachen Versuch machte, das Gewand wieder an mich zu bringen, bemerkte er nur: »Und ich soll also erfrieren?«; eine Antwort, die man, soviel ich weiß, technisch als rhetorische Frage bezeichnet.

Die Kräfte des Kommunismus setzen sich sofort unwiderstehlich durch, wenn die Kräfte der Natur sie begünstigen. Es seien eine hinreichend kalte Nacht und zwei Mäntel gegeben, so kann ein einzelnes menschliches Wesen natürlicherweise nicht mehr als einen beanspruchen. Der Eigentumsbegriff geht über Bord.

Soviel war ich durchaus bereit zuzugestehen. Wenn ich aber meinen Philosophen am hellichten Tag und bei wärmstem Sonnenschein an meinem Lieblingsstück festhalten sah, mit der unausgesprochenen Begründung, ein heiliger Mann habe das Recht, gut gekleidet zu sein, so war das denn doch etwas anderes. Schah Riza gab sich stets ein Air großer Heiligkeit. Er sprach immer gerade seine Gebete, wenn irgendeine Arbeit zu tun gewesen wäre. Eine geeignetere Anstandsdame war nicht vorzustellen, aber damit erschöpfte sich auch seine Nützlichkeit.

Ich hatte nichts gegen seine Gebete einzuwenden – obgleich er sich immer den besten Platz am Feuer aussuchte, um sie zu sprechen, und uns allen die größten Unannehmlichkeiten verursachte. Was mich ärgerte, war, daß er anzunehmen schien, Heiligkeit sei eine Tugend, für die andere Leute gern bezahlen sollten, und nicht eine Angelegenheit, die jeder mit sich selbst auszumachen hat. Mit dieser Ansicht stand ich jedoch allein. Schah Rizas Heiligkeit war ein Aktivum, das von allen anerkannt wurde. Er benutzte sie, um sich bei jeder Abendgesellschaft unaufdringlich in den Vordergrund zu schieben, und wenn ich ihn aufforderte, meinen Schlafsack herzurichten, die Reiseapotheke zu bringen oder sich einer andern weltlichen Mühewaltung zu unterziehen, so verkündete er gewöhnlich, daß er gerade seine Gebete spreche, und verwies mich und meine Zumutungen auf eine niedrigere Ebene.

Heute morgen jedoch brachen wir rechtzeitig auf. Die Damen erhoben sich schon bei Dunkelheit, um unser Brot zu backen. Um die Kälte der Stunde vor Tagesanbruch zu bekämpfen, wurden neue Eichenäste auf die Glut gehäuft, die die Nacht über im Zelt nach und nach erloschen war. Und um halb sechs ritten wir bergab auf die Ebene zu, während das Licht rasch wuchs, als ob es von Riesenhänden hinter der Gebirgsmauer in den Himmel hinaufgeschleudert würde.

Wir ritten gegen die Sonne, und die langen Schatten verkürzten sich, während wir vorrückten. Tief unter uns, zu unserer Rechten, funkelten im friedlichen Glanz der Morgenfrühe in kleinen Mulden die Quellwasser des Pir Mohammad, dem wir oberhalb seines Durchbruchs wieder begegneten. Hirten kamen aus den Zelten und führten ihre Herden hinaus, die in langen Reihen vor ihnen herliefen. Ihre Füße trommelten auf den Boden wie ein Sommerregen.

Das Große Gebirge hat, wie sich beim Näherkommen zeigte, ein Vorwerk in Gestalt niederer Vorberge, die mit Eichen bestanden sind. Diese Baumgattung hat hier größere Blätter als bei uns, ein mattes, unlebendiges Grün und größere Eicheln mit mächtigen krausen Bechern und spitzen Früchten, die gerade gelb wurden. In schlechten Jahren, wenn die Dürre die Ernte versengt hat, vermahlen die Luren diese Eicheln zu Mehl, wobei sie sie erst drei Tage in Wasser quellen lassen, »um ihnen das Herbe zu nehmen«. Sie rösten sie auch in der Asche und essen sie im Ganzen wie Kastanien. Sie sagen aber, daß diese Kost vielerlei Schmerzen und Krankheiten zur Folge hat. Die Eichenblätter dienen nicht nur als Dachbedeckung für die Sommerzelte, sondern auch als Futter für die Herden in der trockenen Jahreszeit. Diese Eichen überzogen die Vorberge in dichten Beständen und erreichten zu beiden Seiten beträchtliche Höhen, während wir uns im offenen Feld hielten und dem weißen Geröll eines Bachbettes folgten, das breit und gerade wie eine Allee auf das Gebirge zulief.

Die Harmonie der Morgenstunde, wenn so etwas überhaupt in dieser Welt zu finden ist, wurde gestört, als wir zu unserer Bestürzung entdecken mußten, daß niemand an das Huhn gedacht hatte. Und vor uns lag eine Tagesreise durch unbewohnte Gegenden. Schah Riza, dem die Aufgabe von Rechts wegen zugefallen wäre, ließ meine Vorwürfe geistesabwesend an sich herabgleiten, und Alidad gab einen kleinen Anlaß zum Tadel, da er nicht imstande war, ein Arkwaz-Zelt herbeizuzaubern, an einer Stelle, an der den Versprechungen nach eines hätte stehen müssen. Worauf die ganze Schuld für einen wahrscheinlichen Tag ohne Essen auf seine Schultern verlagert wurde, mit einer Konsequenz, die der Findigkeit unseres Philosophen alle Ehre machte.

Alidad nahm die Sache krumm. Er sonderte sich ab, schloß das eine Auge und schritt allein dahin, kochend vor Wut. Schah Riza hingegen thronte ein paar Schritte weiter rückwärts auf seinem Packesel und sprach in vorwurfsvollem Ton mit seiner Zigarette, wobei er die hungrigen Stunden beklagte, die die Lady noch vor sich hatte. Mittlerweile durchrannte der neue Maultiertreiber jedes der kleinen Tälchen und Schluchten auf der Suche nach einer letzten Siedlung, wo man noch ein Huhn ergattern konnte, bevor die kahlen Berge uns endgültig aufnahmen. Und wirklich, als wir um eine Biegung des Weges kamen, sahen wir ein schwarzes Zelt vor uns – ein heiser krähender Hahn mit gelben Augen wurde mitgenommen, und wir durften ihn für die Summe von fünfzig Pfennigen auf den Sattelknopf setzen. Wir gingen nun den Berg ohne jede Diplomatie an und kletterten hinauf bis in die Region, wo die Kalksteinnadeln sich aus den Geröllbetten hinaufschwingen. Lockeres Gestein und Muscheln knirschten unter dem Tritt der Tiere, während der Pfad sich aufwärts schlängelte. Die Eichen wurden seltener und waren mehr und mehr mit Kheikum untermischt, der im Herbst rot wird, mit Terebinthen und riesigen Traganthbüschen, die sich wie flache japanische Schirme dicht am Erdboden ausbreiteten. Die Grundstruktur des Gebirges wurde jetzt sichtbar: es türmte sich gegen den blauen Himmel auf in felsigen, ausgekehlten Rippen, die wie die vielfältigen Garben spätgotischer Pfeiler den runden Gipfel des Waland Tar mit einer Palisade von Lanzenspitzen umgaben.

Der Weg war so steil, daß wir absteigen mußten, obgleich die Tiere nur leicht beladen waren. In knapp zwei Stunden stiegen wir etwa 700 m.

»O bitteres Los, o Härte des Daseins für die Söhne Adams«, jammerte der neue Maultiertreiber, der hinter mir herging.

Drunten, unruhig wie ein Meer mit widerstreitenden Strömungen, lagen die niedrigen Berge, die sich in dem Dunst verloren, der über der westlichen Wüste lagerte.

Abgesehen von dem heiteren Gefühl bezwungener Höhe, bot die Aussicht keine besonderen Schönheiten, denn die Kronen entfernter Eichbäume geben dem Landschaftsbild etwas Fleckiges, Pockennarbiges und stören das natürliche Spiel von Licht und Schatten, und allein der Kebir Kuh hat in diesem ganzen Bezirk die Struktur eines echten Gebirges. Als wir aber in

2530 m Höhe den abgerundeten steinigen Grat erreichten, bot sich uns ein großartiges Bild: wir sahen über ein Land hin, das noch auf keiner Karte verzeichnet war, dessen gleichmäßige Höhenzüge wie ein Schwarm schwimmender Wale unter uns lagen, die alle in einer Richtung durch Wogen schattigen Waldlandes trieben, die bis in die Täler im Grund fortrollten. Steile Klüfte fielen dort hinab, und keine Siedlung war weit und breit zu sehen. Aber Schah Riza, dessen Augen vor Freude über den Anblick seiner Heimat ganz klein geworden waren, sagte, drunten im Haupttal sei eine Mühle, bei der wir die Nacht zubringen könnten, und von dort aus sei man in einem Tag bei seinen Leuten (und in der Region der Schatzhöhle).

In jedem Frühjahr treiben die Stämme ihre Herden an diesem großen Massiv des Kebir Kuh hin. Das Gras steht dann hoch. Die Ardschinah-Büsche, Krüppeldorn und Kheikum liefern Brennstoff. Und Wasser ist ein kleines Stück talwärts immer zu finden. Sie schlagen ihre Zelte auf und verbringen einen oder zwei Monate in der Bergluft. Und es wäre ein Irrtum, wollte man glauben, sie hätten keinen Sinn für die Schönheit der Landschaft und den Reiz hochgelegener Plätze: die bloße Erwähnung des Großen Gebirges läßt die Augen jedes Kulis in Bagdad vor Freude aufleuchten.

Alidad stammte nicht aus den Bergen, und als ich vorschlug, wir wollten unsere Mahlzeit auf dem höchsten Punkt einnehmen, war er ganz entrüstet. Ein persischer Führer betrachtet seinen Herrn nicht als ein menschliches Wesen. Er ist für ihn, wie jedes andere eingetragene Paket, ein Gegenstand, den er unbeschädigt an den Bestimmungsort zu bringen hat. Wann und wie, darüber zu bestimmen hält der Führer für seine eigene Angelegenheit. Alidad war ein zänkischer Mensch, der über die Stellung der Frauen im allgemeinen Weltplan seine eigenen, sehr bestimmten Ansichten hatte. Habe er mich vielleicht nicht mit beinahe übertriebenem Respekt behandelt? fragte er. Hatte er sich nicht sogar soweit gedemütigt, mir zu gestatten, meinen Fuß beim Aufsteigen auf seine Schulter zu setzen? Über was ich mich eigentlich beklagen wollte?

»Über nichts«, erklärte ich freundlich, aber bestimmt. »Was ich wünsche, ist, daß wir mit Blick über beide Seiten des Gebirges unsere Mahlzeit einnehmen.«

Alidad fand keine Worte. Aber er breitete die Arme aus, stöhnte tief auf im Angesicht der lauschenden Berge und sah zu Schah Riza hinüber. Der Philosoph indessen schien zu wissen, wann er eine entschlossene Frau vor sich hatte, und freute sich selbst am Anblick seiner Berge. Damit hoffte ich mein moralisches Übergewicht ein für allemal gesichert zu haben. Ich ließ mich nieder, obgleich ein frischer Wind den Kamm fegte, zog meinen Kompaß heraus und versuchte mit Hilfe der drei Stammesleute, Ordnung in dem Wirrwarr der Bergnamen zu schaffen.

Nacht in Garau

Wir mußten stundenlang über die nördlichen Hänge des Großen Gebirges abwärts ziehen, ehe wir die Mühlen von Garau im Tal erreichten.

Der Weg war steil und schlecht und um diese Jahreszeit wenig begangen. Er folgte einem Ausläufer des Gebirges, der durch eine tiefe Kluft von den Steilhängen getrennt war, die die Ostseite des Waland Tar abstützen. Dann senkte sich der Pfad und tauchte hinab in die Eichenwälder wie in ein erstarrtes Meer. Kein Lüftchen regte sich hier, kein Unterholz wucherte im Schatten, kein kleines Getier huschte zwischen den Stämmen und im Geäst. Die Blätter der Eichen sehen dunkel aus, als ob durch ein Versehen Schwarz in die Farbe geraten wäre. Ich erinnere mich dieses Tones noch schmerzlich von meinen kindlichen Malereien, wenn ich mit dem Malen des Laubwerkes begonnen hatte, bevor die Sepia, die ich für die Stämme verwendet hatte, gründlich aus dem Pinsel ausgewaschen war.

Wir kamen an einen Engpaß. Der Weg stieg ein wenig an, um sich dann durch eine Spalte zu zwängen, die so schmal war, daß wir die Satteltaschen abschnallen mußten. Und während ich wartete, sprangen unter uns acht Steinböcke, vier Kitze und vier

Ricken, über die Felsblöcke im Flußbett und stoben aufwärts ins Sonnenlicht, eine stark geneigte Gesteinsschicht entlang, die pfirsichfarben in den Himmel aufschoß. Der Fluß führte kein Wasser außer dem in einem oder zwei kleinen Tümpeln bei den Weiden, unter denen wir rasteten; aber weiter talwärts waren alle anderen Tümpel ausgetrocknet. Der Abstieg wurde jetzt sanfter, die Bäume standen nicht mehr so dicht. Rötliches Stoppelland erschien, in dem Männer aus dem kleinen Stamm der Ali Schirwan pflügten, denen der Garaufluß gehört. Ihre Zelte, kaum mehr als drei oder vier, lagen versteckt und außer unserer Sicht in einem Seitental. Auch der Garau war trocken, aber ein kleiner klarer Wasserlauf schlängelte sich zwischen feuchten erdigen Ufern vom Waland Tar herab, trieb die Mühle und bewässerte die Mais- und Bohnenfelder unterhalb der Anlagen.

> I ruscelletti che dai verdi colli
> Di Casentino scendon giuso in Arno,
> Facendo i lor canali e freddi e molli.

Es war erheiternd, in dieser ernsten Landschaft an die wohlbe-stellten und gepflegten Felder der Toscana zu denken, und es tat wohl, im milden Licht auf Zeichen des Menschen zu stoßen, wenn sie freilich auch in der Einsamkeit eingeschlossen waren wie der Stein in der Druse, denn die Mühlen von Garau und ihre Zelte haben nach allen Seiten auf viele Stunden keine anderen Nachbarn als Wälder und Berge. Nur eine Mühle war zu sehen: eine kleine Halbpyramide aus Steinen, die ohne Mörtel aufeinandergeschichtet waren, nicht groß genug, um mich für die Nacht aufnehmen zu können. Der Müller, ein Mann mit krausem Bart, grub sein Feld um. Er konnte uns kein Mehl geben, bestieg aber eine alte Mähre und galoppierte davon, um von den Zelten welches zu holen, deren Rauch hinter dem Berg aufstieg. Wir schlugen unser Lager im Freien unter einer Eiche auf. Der Hahn wurde geopfert, sauber hergerichtet, mit gestreckten Gliedern auf einen geschälten Stock gespießt, mit Salz bestreut, gebraten und im Namen Allahs verzehrt. Das mit Wasser geknetete Mehl wurde unter der Asche langsam fest. Unterdessen saß der Müller beschaulich mit seiner Pfeife unter uns und erzählte, daß er Vater von sieben Söhnen sei. Sie waren alle brauchbar und anstellig. Jetzt lagen sie in Sichtweite neben großen Feuern, die da und dort aufblitzten. Sie hielten Wache, um die wilden Schweine aus den Feldern zu halten.

Die Bevölkerung des Puscht-i-Kuh ist jetzt entwaffnet und verfügt über keine Mittel mehr, sich zu verteidigen. Und die ganze Nacht hindurch schrien die Burschen bald da bald dort: »Gebt acht, das Schwein! Wei khek, wei khek!« Der Ruf wurde dann von jedem der kleinen Außenposten aufgenommen. Und er erhöhte das Gefühl der Abgeschiedenheit, der Wildnis, die das Tal umgab, das von Felswänden ganz umschlossen war, zwischen denen selbst die Stimme des Wassers verstummte unter den wandernden Sternen.

Am andern Morgen hätten wir es nicht mehr weit, erklärte Schah Riza, der sich zu Hause fühlte. Es stellte sich aber heraus, daß noch ein Ritt von gut vier Stunden stromabwärts vor uns lag, bis wir seinen Stamm erreichten. Der Garau fließt nach Osten, und zwar folgt er einer Linie, die ungefähr dem Kamm des Großen Gebirges parallel läuft, der den Waland Tar und den Warzarin verbindet. Der letztere enthüllte sich, je näher wir ihm rückten, mehr und mehr als ein schöner Berg, in majestätische Hänge gekleidet und Gipfel über seine Abgründe emportragend, die nicht nadelscharf sind, aber doch scharf abgesetzt, wie es eine Woge an der Stelle ist, wo sie bricht. Auf diesen lag der Sonnenschein, der uns im Reiten blendete, bis wir in die Schlucht von Gawan eintraten und mühsam unsern Weg zwischen hellen Schatten und weißen Blöcken suchten.

Hier traf uns ein höchst peinliches Mißgeschick: Als wir nach Osten ritten, begegneten wir fünf Männern mit vier Gewehren, die in westlicher Richtung zogen und denen wir auf keine Weise ausweichen konnten. Sie kamen von den Zelten von Saidmarreh weiter unten im Tal und standen am Anfang des zweiten Tages einer dreitägigen Reise nach der Hauptstadt, wo sie, wie Alidad nach einem vertraulichen Gespräch mit einem untergeordneten Begleiter, der zu Fuß marschierte, festgestellt hatte, für einen ihrer Anführer eine Braut mit ihrer ganzen Aussteuer holen wollten. Es waren wenig sympathische Erscheinungen. Sie trugen Pahlawi-Hüte und europäische Röcke und ritten auf bestickten Sätteln mit Silberknäufen. Der Vornehmste unter ihnen hatte seinen Vater ermordet und war, wie Alidad sich ausdrückte, »kein guter Mensch«, was in einem Lande viel heißen will, in dem der Standard ohnehin nicht sehr hoch ist. Er musterte mich finster und drehte sich im Sattel um, nachdem wir einander passiert hatten, um mir ebenso finster nachzusehen und Alidad zuzurufen, er solle mir alles erklären. Beim Weiterreiten hatte ich das unbehagliche Gefühl, daß die Tage meiner Freiheit gezählt sein würden, wenn diese übelbeleumdeten Männer mit ihrer Erzählung in der Hauptstadt angekommen waren.

Auch Schah Riza sah erregt aus, seine grauen Haare flatterten in wilder Rebellion unter dem würdigen Oberbau seiner nationalen Kopfbedeckung, als er mir die so wenig erbaulichen Einzelheiten aus dem Vorleben des großen Mannes mitteilte. Es bedurfte eines halbstündigen Rittes die anmutige, waldige Schlucht hinunter, bis wir unsere friedliche Morgenstimmung wieder zurückgefunden hatten.

Ein schmales Tälchen mündete am Ende der Schlucht in das unsere und zeigte uns im Hintergrund den tafelförmigen Felsgipfel des Barazard, der gestern den ganzen Tag auf unserm Ritt vom Paß herunter vor uns gelegen hatte. Darin liegt der Reiz des Wanderns im Gebirge, daß man immer wieder von verschiedenen Punkten und in verschiedener Beleuchtung dieselben Landmarken wahrnimmt. Die Gestalt des Berges, die man zuerst in traumhafter Ferne gesehen hat, bestürzt den Wanderer, wenn er ihm näherrückt, sie geht wieder ganz verloren, wenn man die Vorberge und das Gewirr der Täler erreicht, und steht plötzlich wieder zu unserer Erschütterung vor uns, unerwartet wie eine neue Ansicht eines geliebten Antlitzes, gegen dessen Reize wir durch Gewohnheit stumpf geworden sind. Wie ein menschliches Wesen, so ist auch der Berg komplizierter Natur. Man kennt ihn erst, wenn man ihn von den verschiedensten Punkten aus hat betrachten können, und er belohnt dieses liebevolle Studium, wenn er den Namen eines Berges zu Recht führt, durch die stufenweise Entfaltung seiner Persönlichkeit, durch immer bedeutendere Eindrücke. Und schließlich, wenn man seine verschwiegensten Winkel und Falten ausgewandert hat, wird man sein unvergeßliches Bild mit sich in die Ebene zurücktragen, obgleich er von dort gesehen nur ein kleines blaues Flämmchen ist unter seinen Brüdern, die ihre zarten Umrisse dem Abendhimmel einprägen.

Nach einem bequemen Ritt durch die Gawan-Schlucht verlor unser trockener Fluß den Namen Garau und verwandelte sich in den (ebenso illusorischen) Fluß Khirr, nahm aber in den Klüften eines Engpasses namens Suratai ein so unverträgliches und schwieriges Temperament an, daß unser Weg ihn vernünftigerweise verließ und ein breites grasbewachsenes Plateau erkletterte, das für den größten Teil der Strecke gleichsam innerhalb des äußeren Felsrandes des Tales verlief. Hier fühlten wir für eine Weile unser Selbstbewußtsein gehoben, wenn wir von gleicher Höhe über das Tal hinweg zu dem gegenüberliegenden Plateau sahen, wo unter den Abstürzen des Warzarin an einem Orte namens Gandscheh der Schatz Nuschirwans und eines seiner Sommerhäuser am oberen Ende einer weiteren steilen und finsteren Schlucht gelegen sein soll.

Unser Plateau war da und dort von den Ali Schirwan besiedelt, obgleich wir niemand von ihnen draußen sahen. Indessen war der größere Teil mit verwelktem Sommergras bedeckt, das sich über den sanft welligen, hie und da mit einzelnen Eichen bestandenen Boden hinzog. Der Warzarin füllte den Horizont über ihnen aus. Nach einer Weile trieb das Plateau zwischen uns und dem Tal eine schmale langgezogene Anhöhe hervor, die die Aussicht verdeckte. Die Hitze wuchs.

Wenn ich Schah Riza in seinen Meditationen unterbrach, so erklärte er, wir seien nun im Gebiet seines Stammes, äußerte sich aber nur sehr unklar darüber, wie viele Stunden noch vergehen mußten, bis wir mit dem Auftreten von Stammesleuten rechnen konnten. Der Tag entfaltete sich in das trunkene Licht der Mittagsstunde.

Wir kamen an einer Art von Obelisk vorbei, einem spitzen Ding auf einem Piedestal, aus Stein und Mörtel aufgerichtet und dann verputzt, wie sie die Luren entweder als Landmarken oder als Denkmäler erbauen.

Dann erschienen rote Berge zu unserer Linken, und nicht ganz so hohe rote Berge zu unserer Rechten. Wir bogen um eine Ecke in einen Kessel und sahen auf dessen Grund Gemüsegärten, Aprikosen- und Granatbäume; ein paar Schafe und Ziegen lagen im Gras, und ein halbes Dutzend Zelte gehörten dem Stamm des Philosophen.

Der Stamm zu Hause

Es trifft sich unglücklich, wenn man an einem Nomadenzelt in Abwesenheit seines Besitzers anlangt.

Die Gesetze der Gastfreundschaft beruhen auf dem Grundsatz, daß der Fremde ein Feind ist, bis er das Heiligtum eines Zeltes betreten hat. Dann ist der Gastgeber verantwortlich, nicht nur für die Sicherheit des Gastes, sondern auch für das Risiko, das dessen Aufnahme für den Stamm bedeutet. Er wird zunächst mißtrauisch behandelt und erst nach Maßgabe seiner eigenen Erklärungen stufenweise freundlicher – nicht viel anders, als wenn er in eine Landgemeinde in England geriete, denn der primitive Geist reagiert in Luristan nicht anders als in Lincolnshire. Ist er aber einmal Gast, so steht seine Sicherheit außer Zweifel, außer vielleicht in den wildesten Teilen Lakistans. Allein auf der Grundlage derartiger Bräuche ist das Reisen im Bereich der Stämme überhaupt möglich. Aber damit wird auch die Aufnahme des Gastes zu einer verantwortungsvollen Entscheidung, die allein der Herr des Hauses oder ein einflußreicher Vertreter zu treffen willens ist.

Mein junger Komplize Hasan hatte mir zwei Briefe mitgegeben, einen an einen Onkel und den andern an einen Vetter. Beide waren aber für einen Tag auswärts, und wir wurden von einem geschniegelten, flotten jungen Mann empfangen, mit glänzenden schräg stehenden Augen, schmalen Lippen und einem mächtigen Schnurrbart, auf den er sehr stolz zu sein schien. Er trug einen weißen, in Mustern gesteppten Rock; ein Tabaksbeutel hing ihm an der Schärpe, und ein Turban aus bunter Seide saß ihm weit im Nacken.

Es war, wie ich später feststellte, der Verlobte der Tochter, und er nahm die Führung der Geschäfte auf sich. Er stelzte vor uns her zum Hauptzelt mit einer Haltung, die zu sagen schien »wir wollen später überlegen, was wir mit euch anfangen«, eine Haltung, die dem Philosophen sehr zu Herzen ging, der auf einen so kühlen Empfang von seiten seiner Landsleute nicht gefaßt war. Ich erwartete ihn sagen zu hören »Die Jugend hat keinen Anstand«, aber er war klüger und sagte gar nichts, sondern hockte sich unter das Zeltdach und konzentrierte sich darauf, losen Tabak in die Papierröhrchen zu füllen, die er den ganzen Tag rauchte.

Ein Begräbnis hatte unsere Gastgeber abgerufen, und niemand von einiger Bedeutung in dem kleinen Stamm war zurückgeblieben. Ein paar Knechte und Hirten kamen hinzu, die Frauen eilten aus dem Frauengemach und nahmen an der allgemeinen Neugierde teil. Schah Riza hob den Blick nicht von seinem Tabak, behandelte das Thema mit diplomatischem Abstand und erklärte, ich reise zu meinem Vergnügen und im Dienste der Wissenschaft und sei eine der großen Persönlichkeiten von Bagdad. Ich hätte einen Paß, fügte er hinzu, und auch die Polizei habe mich passieren lassen, offensichtlich eine große und ungewöhnliche Auszeichnung. Ich hätte Empfehlungsbriefe, mit denen ich mich überall hin begeben könne. Ich wolle alte Städte entdecken und über den Fluß nach Lakistan gehen.

Die Dame des Zeltes, eine noch junge Frau, aber mit dem illusionslosen Wesen des mittleren Alters, rauchte ihre kurze Tonpfeife und sah skeptisch zu Boden. Eine reizende Nase stand in anmutigem Winkel zu dem Turban, und sie hatte ein Lächeln, das dem eigensinnigen Gesicht eine anziehende Heiterkeit verlieh. Sie knüpfte sofort einen Zipfel ihrer Kopfbedeckung auf und brachte etwas Tee hervor, der dort in einem Knoten aufbewahrt wurde. Sie reichte ihn der Dienerin mit der einen Hand, während sie in der andern ihre Pfeife hielt, und begann eine Ansprache auf Kurdisch, in der sie Schah Riza, soviel ich verstand, erklärte, daß wir bis zur Rückkehr des Herrn nur geduldet seien.

Diese weibliche Beredsamkeit schien unter den Männern, die zur Toleranz geneigt waren, einiges Mißbehagen zu erregen. Ihre Tochter, ein scheues feines Geschöpf von vierzehn Jahren, betrachtete mich mit einem schüchternen freundlichen Lächeln. Der junge Mann behielt seine überlegene Art bei und machte Tee. Die Damen zogen sich zurück. Die geringeren Besucher wurden gesprächig und freundlich. Nach Lakistan könne ich ohne Schwierigkeit gelangen, sagten sie. Männer, die auf der andern Seite Verwandte hatten, könnten mich geleiten. Sie wüßten auch schon am Tag zuvor, wo die Banditen sich aufhielten und wie man ihnen aus dem Weg gehen könnte. Das käme alle Tage vor. Alle Straßen seien von Schmugglern begangen. Ob Schah Riza glaube, daß ich bereit sei, bei meiner Rückkehr in den Irak etwas Opium über die Grenze zu schmuggeln? Das könne ich nicht, erklärte ich mit Bestimmtheit. Schah Riza hatte bereits meine Satteltaschen benutzt, um ohne mein Wissen zwölf Pakete Zündhölzer und unzählige Päckchen mit Zigarettenpapier durchzubringen. Es hätte mir wenig gefallen, Opium darin zu finden. Ich hoffte, zu diesem Zeitpunkt genügend eigene Verstöße gegen das Gesetz organisieren zu müssen. Der Verkauf und der Kauf von Opium, bemerkte ich, sei etwas Unmoralisches. Die Stammesleute, die diesem Laster nicht frönen, stimmten mir bei und wurden noch freundlicher. Aber ich war nun müde. So hüllte ich mich von Kopf bis Fuß in meine Abba, legte den Kopf auf die Satteltasche und schlief ein.

Die Fähigkeit, inmitten einer Gesellschaft zu schlafen, ist eine der nützlichsten Eigenschaften, die man erwerben kann. Sie erfordert eine gewisse Übung, und eine Abba kann dabei sehr dienlich sein. Sie bietet auch in einem überfüllten Zelt eine gewisse Abgeschlossenheit, und mit der Zeit stört einen das Gemurmel der Stimmen, die über dem Feuer die Anwesenheit des Gastes erörtern, nicht mehr als das Rauschen des Wassers die Anrainer eines Flüßchens.

Als ich am späten Nachmittag erwachte, saß mir gegenüber am Feuer ein schwerer Mann mit kurzen, bauschigen, schwarzen

Hosen und einem gestreiften schwarzen Rock, in Gesellschaft von drei Freunden. Da er sehr groß war, hatte er eine etwas gebeugte Haltung angenommen, und sein großes knochiges Gesicht war von einer edlen Stirn überwölbt, die eine Narbe verunstaltete. Das Gesicht wäre schön zu nennen gewesen, hätte nicht unbeherrschte Gewalttätigkeit die Züge verheert und die Blindheit des einen Auges einen düsteren Zug hineingebracht. Er lauschte Schah Rizas Ausführungen, und Hasans Empfehlungsbrief lag geöffnet auf dem Boden. Es war Mahmud, mein Gastgeber.

Er begrüßte mich ohne Überschwenglichkeit, aber höflich, als ich erwachte, und setzte seine Unterredung mit dem Philosophen fort. Er hatte gegen meine Reisen, wohin sie mich auch führen mochten, offenbar nichts einzuwenden, solange ich nicht mit der Polizei in Konflikt geriet. Die Polizei spielt im Puscht-i-Kuh die Rolle des Menschenfressers im Märchen: Taucht sie irgendwo auf, ist man auf jegliches Unheil gefaßt. Sie hatte den ganzen Verkehr zum Erliegen gebracht, der früher über die Pässe gegangen war, und den ganzen Handel als illegal erklärt, und alles was die Stämme mit der allgemeinen Stagnation erkauft hatten, war die Sicherheit auf Straßen, auf denen nichts mehr transportiert wurde, das der Sicherheit bedurft hätte.

Obgleich mein Paß in Ordnung war, nahmen Mahmud und seine Leute es als gegeben an, daß ich mit ihnen in dem Wunsch einig ging, so wenig Polizisten als möglich zu begegnen. Vielleicht war Schah Rizas Erzählung von unserm diplomatischen Verhalten in Badrah die Ursache. Es war jedenfalls ein freundschaftliches Band, das uns verknüpfte.

Am Spätnachmittag begleitete ich meinen Gastgeber hinab zu einer Stelle, wo Mauerreste die Lage eines alten Dorfes anzeigen. Auf einem Begräbnisplatz erbeutete ich nichts als eine Münze aus der Zeit der Sassaniden, die, wie man mir berichtete, in einem der runden Krüge gefunden worden war, in denen die Leichen beigesetzt werden. Die Mauerreste selbst aber waren offenbar weit jüngeren Datums. Sie entstammen wahrscheinlich einer Zeit vor wenigen Jahrhunderten, als dieses ganze Gebiet entlang seinen Flüssen noch dicht besiedelt gewesen sein mußte.

Wir diskutierten diese Probleme, während wir die Mulde mit ihren Gärten an einem roten Berghang entlang umschritten, den die Schafe und Ziegen ganz kahl gefressen hatten.

Wir kamen an dem Zelt des Vetters vorbei, an den der zweite Brief gerichtet war. Als wir nicht mehr weit davon waren, verabschiedete sich Mahmud mit fühlbarer Kälte von mir, woraus ich auf mangelnde Harmonie innerhalb der Familie schloß, ein Verdacht, den die beiden Brüder bestätigten, die mich mit beinahe übertriebener Herzlichkeit empfingen. Sie hatten gar nicht mit meinem Besuch gerechnet. Hätte ich nicht darauf bestanden, wäre es nie dazu gekommen. Ihr Benehmen war weniger schroff als das meines Gastgebers. Der Bruder hatte einige Jahre in Bagdad im Vermessungsamt der Regierung als Träger gearbeitet. Er kannte ein oder zwei Worte Englisch und hatte einen sympathischen, offenen Ausdruck, der Vertrauen einflößte. Sie wollten alles für mich tun, was in ihrer Macht stand, erklärten sie. Sie waren unverheiratet und wohnten in einem kleinen Zelt, das nur zwei Räume hatte, von denen der eine durch die übliche Palisade aus Schilf und Wolle abgeschlossen war, während der andere sich wie eine Veranda öffnete, auf der die Gäste beim Tee hocken und schwatzen konnten.

Ich war noch nicht lange unter dem Zeltdach gesessen, als ein altes Männlein mit einem grauen Bart erschien, das nichts am Leibe hatte als ein sehr zerlumptes Hemd und kurze schwarze Hosen. Der Alte murmelte etwas zu den geringsten und am weitesten entfernten Mitgliedern des Kreises, der uns umgab, und sah zu mir mit dem hoffnungsvollen Blick hinüber, den man rasch an denen erkennen lernt, die um Medikamente bitten. Die Ärmeren dieser Bittsteller werden gewöhnlich weggescholten, bevor es ihnen gelingt, ihren Kummer vorzutragen, wenn man sie nicht bemerkt und ihnen Fragen stellt.

Es stellte sich heraus, daß dieser Mann einen kleinen Sohn von ungefähr zehn Jahren hatte, der vor acht Wochen von einer Schlange gebissen worden war. Er war ein Auswärtiger, gehörte zu einem Stamm, der vier Meilen von hier lebte, und besaß unter meinen Gastgebern weder Verwandte noch andere natürliche Verbündete. So lebte er in der äußersten Armut am entgegengesetzten Hang des Tälchens. Ich kletterte mit ihm zu einer Gruppe von Zelten hinauf, und dort, in einem Kreis lärmender Besucher, lag auf dem Erdboden das kranke Kind, das sich mit aller Lebenskraft seines Alters gegen ein Siechtum wehrte, das einen europäischen Erwachsenen schon längst dahingerafft hätte. Man berichtete mir, daß die Schlange den Jungen in den Finger gebissen hatte, als er die Hand unter einen Stein steckte. Das Gift hatte sich dann aufwärts gezogen, und erst war die Hand, dann der Unterarm weggefault, so daß vom letzteren nur noch der Knochen im Gelenk hing. Jetzt hatte das Gift auch den Oberarm bis zur Schulter hinauf angegriffen, und die Nachbarn hatten diese geschwollene Masse rohen Fleisches mit einem Brei fauliger Eichenblätter und einem schmutzigen Leinenfetzen bedeckt. Der Puls des Kindes schlug 120 Schläge in der Minute, das Gift war offenbar durch den ganzen Körper getragen worden und trat nun in kleinen Schwären am Rücken und an den Seiten hervor.

Trotz allem zeigte der Knabe, nachdem er die erste Furcht vor meiner Berührung überwunden hatte, einen gewissen rührenden Stolz, sich so als Zentrum der allgemeinen Aufmerksamkeit zu fühlen. Im hohen gleichförmigen Ton des Fiebernden erzählte er mir, wie alles geschehen war, während die Stammesleute sich um uns drängten und den Namen Allahs anriefen.

Ich gab ihm höchstens noch zwei Tage zu leben, tat aber, was ich konnte, indem ich den Arm, von dem ich jede Spur des Laubumschlages entfernt hatte, mit einer starken Permanganatlösung wusch.

Als das getan war, blieb mir von meinem kleinen Vorrat an Gaze und Binden nicht viel mehr übrig, und ich mußte noch obendrein mein Gesichtstuch opfern, da die zu behandelnde Fläche so groß war. Während die Mutter des Kindes mich nach Hause geleitete, weinte sie und küßte meine Hand, suchte aber die Gelegenheit noch besser auszuschlachten, indem sie mich um Kleider und sonstige Dinge bat, die ich entbehren konnte. Angesichts einer solchen Armut darf es einen nicht wundernehmen, wenn sie mit beiden Händen zugreifen, sobald sich etwas bietet; aber es bleibt doch immer ein entmutigendes Erlebnis, und als ich mich losgemacht hatte, war mir übel zumute über der allgemeinen Erbärmlichkeit der Menschheit.

Unter dem Vordach von Mahmuds Zelt wurden wir jedoch jetzt freundlich aufgenommen. Mein alter Philosoph hatte offenbar keine Zeit verloren und, sich selbst überlassen, seine Beredsamkeit zu meinen Gunsten spielen lassen, wobei er die Geheimnisse der Archäologie aus zweiter Hand erklärt hatte. Aus dem Zelt heraus, wo das Brot gebacken wurde, begrüßten mich die Damen mit Herzlichkeit. Die junge Kaltuma, die Tochter des Hauses, brachte mir, ihre schönen Augen scheu zu Boden gesenkt, Wasser in einem langgeschnäbelten Krug, um es mir vor dem Essen über die Hände zu gießen. Auch ein zweiter Vetter war inzwischen gekommen, ein hübscher, hellhäutiger junger Mann, den man für einen Engländer hätte nehmen können, hätte er nicht einen schwarzen Samtrock getragen, der von einer weißen Schärpe zusammengehalten wurde, in der vorne ein geschwungener Dolch steckte. Er spielte mit einem kräftigen Stock, den er in der Hand hielt und dessen Knauf an einem Ende mit gerieftem Eisen beschlagen war, eine nicht zu verachtende Waffe, die sich im Puscht-i-Kuh eingebürgert hat. Um seinen Kopf tanzten die Troddeln eines Turbans in Schwarz, Grün und Purpur. Hinter ihm lehnte ein Gewehr, denn er war der einzige, der einen Waffenschein hatte, und er versprach, für das Essen des nächsten Tages Rebhühner zu liefern. Die kleine Waffe eignete sich nicht für größeres Wild.

»Warum haben Sie nicht auch einen Waffenschein, Mahmud?« fragte ich.

»Es hat seine Nachteile«, sagte mein Gastfreund mit einem einnehmenden Lächeln, wie es selten sein ernstes, dunkles Gesicht erhellte. »Wenn ein Missetäter des Weges kommt und ich habe ein Gewehr, so erwartet man, daß ich etwas unternehme, und ich muß mich rechtfertigen. Und wenn ich etwas unternehme, so bekomme ich Schwierigkeiten und Streitereien mit seinem Stamm, der natürlich seine Partei ergreift. Wenn ich aber unbewaffnet bin, kann die Polizei nicht erwarten, daß ich Hilfe leiste; jeder, der sich in irgend etwas verwickelt hat, kann sich in meinem Gebiet aufhalten, ohne verhaftet zu werden, und wir bleiben auf freundschaftlichem Fuß, wenn die Polizei gekommen und wieder gegangen ist. Gewehre brauchen wir nur für die Wildschweine.«

»Kommt die Polizei oft?«

»Etwa einmal im Monat, oder auch nur alle zwei Monate. Nicht oft, wenn man ihr nicht irgend etwas zuträgt.«

»Und wie ist es mit Lakistan drüben, jenseits des Flusses? Kommen sie dort überhaupt jemals hin?«

»Kaum. Es ist eine schlimme Gegend. Aber wir können Sie hinüberbringen. Eine Tante meiner Frau lebt dort.«

Ganz abgesehen von dem Schatz und dem Gebiet jenseits des Flusses hätte ich gerne das Land der Götzenanbeter im Süden und das Gebiet der Schirwan im Norden besucht. Ich beschloß also, zwei vorläufige Expeditionen in diesen beiden Richtungen zu unternehmen, bis mein Komplize aus Bagdad eintraf.

Nach dem Essen besprachen wir den Plan über einem Glas Tee im Halbdunkel, während die Stammesleute zu zweien und dreien hereinkamen, nachdem sie ihre Tiere versorgt hatten. Die Dame des Hauses saß nach den Mühen des Tages mit der Tonpfeife in der Hand in der Zeltöffnung, beteiligte sich von Zeit zu Zeit an der Unterhaltung, wahrte aber durchaus den gebührenden Abstand. Die Männer kannten alle Wege und Stege, die jetzt mehr benutzt werden, seitdem der Schmuggel wieder zugenommen hat.

Ich entschied mich dafür, mich von ihnen nach Südosten ins Gebiet der Larti und Hindimini führen zu lassen und nach einem dreitägigen Ausflug zum Stamm zurückzukehren. Mittlerweile mußte Hasan eingetroffen sein, wenn er überhaupt noch zu erwarten war.

Aber das Begräbnis, das große Thema des Augenblicks, sollte morgen den ganzen Tag über fortgesetzt werden, und der Philosoph bat mich, meine Reise solange aufzuschieben, bis er die Zelte der Toten besucht hatte. Ich stimmte zu und zog mich zum Schlafen unter das Vordach zurück. An der einen Seite öffnete sich die Veranda der Dunkelheit und den undeutlichen Gestalten der Pferde und Rinder und ihrer Hirten. Von der andern, hinter dem Vorhang aus Schilf, beobachteten mich die

Augen unsichtbarer, flüsternder Frauen, während ich mich aus-
zog. Das Dach bestand aus trockenen, schmutzigen Eichenblät-
tern, und während der Nacht schritten schwere Kühe daher, um
das Laub über meinem Kopf abzuweiden. An den Rändern des
Lagers veranstalteten Hunde, die Wölfe und Wildschweine
jagten, einen nicht endenden Tumult. In diesen kleinen Oasen
herrscht nie völlige Stille. Und früh am Morgen, noch vor
Tagesanbruch, um mich ungestört bewegen zu können und die
Hirten nicht durch den Anblick seidener Pyjamas zu entsetzen,
erhob ich mich, kleidete mich an und legte mich dann noch
einmal zum Schlaf nieder, bis die Sonne aufging und die Feuer
für den Tee angezündet wurden.

Es wurde ein fauler, köstlicher Tag. Der Philosoph ging mit
Mahmud fort, und ich saß auf Decken zurückgelehnt unter dem
Zeltdach und sah zu, wie der stolze junge Bräutigam ein
Maultier zähmte. Die beiden schienen viel Ähnlichkeit miteinander zu haben und sahen einander mit dem gleichen Ausdruck
unzuverlässiger, leicht entflammbarer Wildheit in die Augen. Er
näherte sich vorsichtig, indem er den straffen Zügel langsam
verkürzte und beschwichtigende lurische Laute murmelte,
denen das Maultier offenbar ohne großes Vertrauen lauschte,
bis er ganz nahe und sein Arm schon gespannt war, um dem
Rücken des Tieres die erste Last überzuwerfen, ein buntes Stück
grüner und rotgelber Weberei. Aber das Maultier beobachtete
ihn aus dem Augenwinkel: es bäumte sich, schnaubte, und
wieder war die volle Länge des Zügels zwischen den beiden.
Und der Vormittag glitt vorbei.

Am Nachmittag nahm ich ein Bad. Die Frauen des Stammes
brachten einen Kessel zum Sieden des Wassers und verhängten
mitten in dem Zelt, in dem sie saßen und wo sie aus schwarzer
Ziegenwolle Seile drehten, einen Platz mit Decken. Eine Kupfer-
schale wurde gebracht, in die ich mich stellen mußte, und eine
zweite Schale, mit der ich mir das heiße Wasser über den Leib
gießen sollte. Dann zogen sie sich zurück, kehrten aber bald
wieder, sahen gespannt über den Rand des Vorhangs, als ich
wehrlos war, und murmelten unter vielen »Allah sei gelobt!«, wie
weiß und weich meine Haut doch sei, während sie zugleich die

Ärmel ihrer Gewänder zurückschlugen, um mir den Gegensatz zu ihrer dunkleren Haut begreiflich zu machen.

In diesem Zelt tranken wir dann Tee in der behaglichen Muße, die in einem Harem herrscht, wenn der Herr und Meister abwesend ist. Meine Gastgeberin warf ihren Turban ab und enthüllte ein zierliches, mit gepreßten Locken beklebtes Köpfchen und eine häßliche Narbe über den Augenbrauen. Sie hatte versucht, Mahmud und einen Vetter bei einem Streit zu trennen, und Mahmud hatte ihr diese Wunde versehentlich zugefügt. Er schämte sich dessen einigermaßen, und seine Frau war entschlossen, die Situation entsprechend auszunutzen, indem sie des öfteren die Hand stöhnend an die Stirn führte, worauf Mahmud sich für irgendeinen entfernten Teil der Gegend zu interessieren schien.

Es war schon spät, als er mit dem Philosophen zurückkam, und sie saßen noch tief in die Nacht hinein und sprachen über Politik. Ein gebeugter alter Mann, dessen Augen von Fältchen umgeben waren und der eine väterlich-würdevolle Haltung einnahm, gesellte sich zu ihnen. Es war der Kadkhuda oder Älteste des Stammes. Sie setzten fest, daß ich am andern Morgen die weiße Stute Mahmuds reiten sollte. Sie hatte grünes Lederzeug und einen silbernen Sattelknauf, und die Scheuklappen waren malvenfarben und grün bestickt. Der Philosoph auf der zweiten Stute sollte das wenige Gepäck mit sich führen, das wir benötigten, und Sa'id Dscha'far, der Vetter, wollte uns den Weg zeigen.

Aber als der Morgen kam, setzte sich niemand in Bewegung. Der Philosoph fuhr nach vielen Gebeten und vielen Gläsern Tee unerschütterlich und nachdenklich fort, seine kleinen Zigarettenröhrchen zu füllen. Die Pferde waren noch immer ungesattelt. Die Familie saß gemütlich plaudernd beieinander. Ein Führer aus dem Stamme der Dusan, durch dessen Gebiet wir ziehen sollten, war bereit, sich uns anzuschließen. Der junge Mann im Samtrock sagte, er gehe ebenfalls mit, weil er ein Gewehr habe. Aber niemand gab das Zeichen zum Aufbruch. Ich verließ sie und ging den Berg hinauf, um mich nach dem Kind mit dem Schlangenbiß umzusehen. Sein Puls raste noch immerfort, aber das vergiftete Fleisch sah gesünder aus. Nachdem ich die Wunden gewaschen und neu verbunden hatte und für mein Gefühl eine beträchtliche Zeit verstrichen war, kehrte ich zu Sa'id Dscha'fars Hütte zurück, fand aber die Dinge unverändert. Wir riefen und schrien. Sa'id Dscha'far selbst war bereit. Er sagte deshalb, meine Ungeduld sei nur allzu berechtigt. Endlich erschien der Philosoph, eine graue Locke hinter jedes Ohr gestrichen, eine schwellende Satteltasche unter jedem Knie, verdrehte die Augen in lebhafter und verwunderter Überraschung und fragte, was die Hast solle.

»Hier gibt es überall Zelte«, sagte er. »Wir werden nicht in der Wüste zu schlafen brauchen, auch wenn wir erst am Nachmittag aufbrechen.« Ein Mangel an unternehmender Gesinnung, der für eine Reise nicht viel Gutes verspricht.

In diesem Augenblick drehte er aber den Spieß um, denn es stellte sich heraus, daß ich den Paß nicht mitgenommen hatte.

»Ein Paß ist *immer* von Nutzen«, sagte Schah Riza bedeutungsvoll und schickte sich langsam an, die Bewegungen zu machen, die den Vorbereitungen zum Absitzen unmittelbar vorausgehen. Ich war jedoch entschlossen, ihn unter keinen Umständen den Weg zu den Zelten zurück machen zu lassen. Er war glücklich einmal »aufgezogen«, und es wäre einfach verhängnisvoll gewesen, ihn wieder »abspannen« zu lassen.

»Reite weiter«, sagte ich. »Ich komme nach.«

Ich rannte zurück, so rasch ich konnte, ohne an die Hunde zu denken, die sich, sobald sie etwas erblickten, das sich schnell bewegte, in geschlossenem Haufen auf mich stürzten und innerhalb von wenigen Sekunden meinen Rock in Fetzen gerissen hatten. Die Stammesleute schleuderten Erdklumpen und Flüche auf sie, während ich unbeweglich im Bereich ihrer drohenden Rachen blieb, und dann kamen die Männer heran, indem sie sich mit entsetzten Gesichtern an die Brust schlugen.

»Daß so etwas bei unseren Zelten passieren mußte!« jammerten sie immer wieder. Die Hunde zogen sich knurrend zurück.

Ich fand das Aufsehen, das ich so unfreiwillig noch einmal erregte, äußerst lästig, begab mich finster schweigend zum Zelt, bestrich einen kleinen Kratzer an meinem Bein mit Jod und machte mir die allgemeine Bestürzung, die selbst die Frauen um mich in starres Schweigen versetzt hatte, zunutze, um mich so rasch als möglich wieder zu empfehlen. Die Besucher vor den Hunden zu schützen, ist eine der vornehmsten Pflichten des Gastgebers. Ich war immer zerstreut und verursachte gerade dadurch, daß ich mich von Natur aus vor Hunden nicht fürchte-te, dauernde Ungelegenheiten. Und nun war ich wirklich gebis-sen worden. Es war ausschließlich meine eigene Schuld, aber dessen ungeachtet hatten sie das Gefühl, daß ihre Ehre als Gastgeber befleckt worden war. Nur mein Philosoph sah die Sache von der andern Seite an, als ich zurückkehrte und ihn mit Sa'id Dscha'far auf mich warten fand.

»Warum laufen Sie?« sagte er. »Sie lassen sich von den Hunden beißen und machen mir Sorge!«

Die Schlucht der Ungläubigen

Wir ritten nun, nachdem das seelische Gleichgewicht wieder hergestellt war, gemächlich an den Granat- und Aprikosenbäu-men der Mulde entlang, bis wir den Garten des Stammes hinter uns ließen und wieder auf das wilde Weideland hinauskamen, das sich zwischen den Hängen der roten Berge dehnt.

Der niedrige Höhenzug, der das Haupttal des Khirr (oder Garau, wie er die Tage zuvor geheißen hatte) abschloß, senkte sich zu unserer Rechten rasch bis auf das Niveau der Ebene, und wir sahen uns bald in dem sich öffnenden Haupttal, und vor uns lag wieder im dunstigen Blau des späten Vormittags die stattli-che Barrikade des Kebir Kuh. Zu unserer Linken erhob sich steil und nah und baumlos eine unzugängliche rote Wand mit Spritzern weißen Kalksteins. Hier war die Straße, die zu dem Schatz führte. Ich sah sie, wie sie sich durch brüchiges Kalkge-stein schlängelte, und eine rasch aufgenommene Orientierung bestätigte meine kleine Kartenskizze.

Dieser Teil des Abenteuers indessen war uns für später vorbehalten, wir ritten für heute geradeaus, bis wir aus dem

Gebiet der Musi in die Bezirke eines kleinen Stammes arabischer Herkunft gelangten, der den Schrein einer der Heiligen von Medina, eines gewissen Dschabir, der in diesem Teil unter einem weißen Obelisken bestattet ist, behütet und von ihm auch den Namen trägt. Unansehnliche Reste alter Baulichkeiten und mohammedanischer Grabsteine umgaben den Obelisken in seiner Einsamkeit.

Aus irgendeinem Grunde erinnerte mich die Aussicht an das, was ich mir unter einer tibetanischen Landschaft vorstelle: die runden und unschönen Berge im Hintergrund, und der kleine Turm, der sich in polygonen, etwa fußhohen Stufen mit schmutzigem, mißfarbenem Verputz über dem halb unterirdischen Bau des Grabes selbst erhebt. Name und Zeit der Erbauung sind längst verschollen, aber der Ort ist wahrscheinlich sehr alt. Etwas Geheimnisvolles umwittert ihn, die Geister eines Lebens, das nun seit langem unter dem Boden ruht. Der Dusaniführer und der junge Mann im Samtrock stiegen die Staffeln zum Grab hinunter, um ihre Gebete zu verrichten, während Schah Riza sich das Ansehen eines Archäologen gab, zwischen den Trümmern umherstelzte und Tonscherben auflas, wie er mich das hatte tun sehen.

Nachdem wir diese alte Andachtsstätte verlassen hatten, senkte sich unser Weg zum Flußbett hinab, das flach wie eine Tischplatte dalag, zwischen dem langgestreckten Kamm des Kalkberges zu unserer Linken und dem ersten Gipfel des Siah Pir zur Rechten, eines Berges, den wir auf unserm Ritt den Garau hinunter als blaßblauen Fleck am Horizont bemerkt hatten. Unser theoretischer Fluß hieß jetzt Rua: er hatte sich den Namen eines Wasserlaufes zugeeignet, den wir im Westen in steilen finsteren Schluchten und stufenförmigen Durchbrüchen vom Maimah-Paß im Kebir Kuh herabziehen sehen konnten. Etwas rückwärts, nicht weit von der Stelle, an der wir ins offene Land hinaustraten, bewässerte er Reisfelder: sie leuchteten neben den schwarzen Zelten ihrer Besitzer, der Dusani, in der Sonne.

Sand und Tamarisken erfüllten jetzt das breite Flußland, aber im Frühjahr tobt das Wasser, alles überflutend, herab und reißt wochenlang alles mit sich, was ihm in den Weg kommt. In der

Mitte des öden Schwemmlandes befindet sich ein merkwürdiges, kreisrundes Kraterloch, dessen Boden, etwa dreihundert Fuß im Durchmesser, von einem schmutzigen aber heiligen Teich namens Zem-Zem bedeckt ist. Hier war vor Zeiten der heilige Dschabir (als er mit einer Ziegenhaut voll Wasser dahinwanderte, wie es noch heute hierzulande der Brauch ist) Schaddad, dem Sohne Nuschirwans, begegnet, dessen Burg stromabwärts in der Schlucht gelegen war.

»Hast du Wasser in deiner Ziegenhaut?« fragte der Königssohn.

»Ah!«, sagte der fromme Alte, ängstlich bedacht, nicht zu lügen, aber ebenso sehr darauf erpicht, nicht etwa einem Ungläubigen einen Trunk zu spenden.

»Ist es kalt?« fragte der Königssohn.

»Nicht kalt und nicht warm«, antwortete der Heilige.

»Ist es süß?« fragte Schaddad.

»Nicht süß und nicht bitter«, war die Erwiderung.

Der Sohn Nuschirwans bat um einen Trunk, aber der Alte steckte zwar ein Schilfrohr in den Ziegenschlauch, an das er seinen Mund setzen konnte, aber gleichzeitig legte er in das Schilfrohr einen Granatkern, so daß kein Tropfen die heidnischen Lippen netzte. Schaddad warf die Ziegenhaut ärgerlich zu Boden, und das verströmende Wasser bildete den Teich Zem-Zem in Luristan, an dessen Ufern seit jenen Tagen hohes Schilf wächst und auch ein Granatbaum, wenn ich gleich nicht behaupten könnte, ihn gesehen zu haben. Und das Wasser ist weder süß noch bitter, weder kalt noch warm und jahraus, jahrein das gleiche. Aber es sah nicht sehr verlockend aus.

Ein schwachsinniger Knecht des Musi-Häuptlings hatte sich zu uns gesellt, um nach den Pferden zu sehen, und hatte die Aufgabe, mein Tier an einem Strick über die Unebenheiten des Bodens zu führen. Die Notwendigkeit solcher Hilfe ergab sich aus dem Umstand, daß ich mit der lurischen Art, mit ihren Pferden umzugehen, nicht vertraut war. Um das Tier in Gang zu setzen und auch in Bewegung zu halten, war es erforderlich, sein Gebiß ruckartig anzuziehen und seinen Rücken beständig mit einem langen, geflochtenen Riemen zu peitschen, der die Verlän-

gerung des Zügels bildete. Ein dreimaliges energisches Anzie-
hen des Zügels sollte das Tier in Galopp versetzen – meine,
wahrscheinlich nur etwas lahmen, Versuche in diesem Sinne
hatten lediglich zu Folge, daß die müde Mähre vollends stehen
blieb. Ein widerwilliges Pferd, ein Kind, das sich mitziehen läßt,
und eine Frau, die darauf besteht, ihre Beweggründe auseinanderzusetzen, sind die drei Dinge auf der Welt, die am ehesten
geeignet sind, einen Menschen aufzureiben. Ich erfaßte rasch
den Vorteil eines Mannes, der voranging und im Gehen auto-
matisch am Zügel riß, wenn die Stute nachdenklich wurde,
während ich selbst unterdessen Notizen über die Landschaft
machen konnte. Dieser Auftrag wurde also dem Schwachsinni-
gen gegeben. Er lächelte gutmütig und dumm und schlotterte in
der zerfahrenen Art seiner Gattung voraus.

Solche Menschen werden von den Stammesleuten liebevoll
behandelt, und das Leben muß für sie angenehmer sein als für
manchen europäischen Anstaltsinsassen. Diesem Spezimen
hatte man erst kürzlich eine Frau verschafft, wie mir die jungen
Männer mit größtem Ergötzen erzählten, was den Gründer der
Liga für Erbgesundheit veranlaßt haben würde, sich im Grabe
herumzudrehen. Den Strick lose in der einen Hand, während er
in der anderen meinen offenen Sonnenschirm so hielt, daß er
seinen Zweck nicht erfüllte, schweifte der Schwachsinnige, fröh-
liche Liedchen vor sich hinlallend, »durch Dickicht und Dorn«,
ohne Rücksicht auf die Hindernisse, die sich dem überraschten
und empörten Gaul hinter ihm in den Weg stellten. Wir kamen
langsamer voran als jemals und mußten über jeden Busch, wenn
wir auf ihm aufgelaufen waren, eine besondere Beratung abhalten. Schah Riza, der hinter uns ritt und dem das Tempo sehr
angemessen erschien, weil es ihm erlaubte, zwischen je zwei
Anläufen seine Zigarettenpapierchen zu füllen, sah mich erstaunt an, als ich etwas über die Langsamkeit unserer Reise
bemerkte.

»Kein Grund zur Hast«, sagte er. »Hierzulande kann man
überall nächtigen.«

Nur der Tatsache, daß der Dusani noch am Abend zu Hause
eintreffen wollte, verdankten wir es, daß unsere Reisegeschwin-

digkeit sich schließlich doch etwas erhöhte, denn dieser energische, biegsame junge Mann kam voller Ungeduld zurück und sagte: »Schah Riza bewegt sich wie ein Trauerzug!« Damit ergriff er den Strick meines Schlachtrosses und führte uns in einem sich steigernden Halbtrab durch das Flachland der Rua bis an die Stelle, wo die Schlucht der Ungläubigen sich in die Ebene öffnet: hier lag in Ruinen die alte Stadt Schaddads und neben ihr ein Zeltlager der Dusan.

Ein paar melancholische Trümmerhaufen an einem kahlen Berghang bezeichneten die Stelle, wo einst die berühmte Stadt des Königs gelegen hatte. Zwischen ihnen zeigten im grellen Mittagslicht die schwarzen Zelte ihre ganze schmutzige Verkommenheit. Knurrend kamen uns die Hunde entgegen. Esel und Maultiere, die zwischen den Zeltseilen im Gras lagen, erhoben sich mit Hufgeklapper. Der Sand stäubte von ihren Rücken. Aus den schiefen und baufälligen Häusern, die aussahen wie schwarze Felsblöcke, die in seichtem Gewässer unordentlich hingestreut liegen, während ein wenig Schaum – Kinder, Kochtöpfe, Zicklein, junge Hunde – sich unablässig an ihren Rändern brach, sahen die Dusan neugierig nach uns, als wir auf das Hauptzelt zuritten.

Ich ließ mich nicht abhalten, sofort die Schlucht und die Burg Schaddads zu besichtigen. Das Essen sollte bis zu unserer Rückkehr bereitgehalten werden. Die Eingangskluft, ein steiles, schwarzes, natürliches Tor, lag nur zwei Steinwürfe unter uns. Unter ihren Felsmauern wurde der Rua-Fluß aus einem glänzend weißen Bett neu geboren: ein tiefer Teich entließ ihn nach seiner unterirdischen Reise als blauen und braunen Strom die Schlucht hinab. Er war etwas reguliert, um eine Mühle zu treiben, die letzte kleine Spur von Menschenwerk, kaum mehr sichtbar unter den gewaltigen Bauten, die die Natur ringsum errichtet hatte.

Wie beinahe all diese Schluchten des Puscht-i-Kuh sah auch diese aus, als ob Titanen mit riesigem Messer das Gebirge aufgeschlitzt hätten. Die freiliegenden Schichten zu beiden Seiten verliefen beinahe waagerecht wie die Ränge eines Theaters, leicht geschwungen, zwischen ihnen ein schmaler Korridor von etwa fünfzig Fuß Breite, in dem Schilf, Oleander und Weiden wucherten – und aus dem das halbverborgene Tosen des Flusses heraufdrang.

Der Weg war schlecht, und obgleich er für Pferde gangbar war, stiegen wir ab und wanderten. Der Dusani nahm mich auf lange Strecken auf den Rücken und watete mit mir durch den Fluß, ein Verfahren, das mir jedesmal sehr mißfällt. Genau in der Mitte der Schlucht, etwa fünfzehn Minuten stromabwärts, stieg der Weg zur Burg Schaddads auf der Höhe auf. Quer über den Pfad liegt ein mächtiger Block, der noch heute die Vertiefungen zeigt, in denen seine Knie ruhten, als die Hoheit Alis ihm das Haupt abschlug. Auch der Schwertstreich selbst ist am Fels verewigt. Die Spuren von Alis Schwert sind in ganz Persien freigebig verteilt, und es ist nicht am Platz, sie zu ernst zu nehmen. Interessanter war schon ein Stück Mauerwerk, das da und dort am gewachsenen Fels klebte: offenbar die Reste eines ausgebauten Weges, der wahrscheinlich in früheren Zeiten durch ein Derbend oder Tor an der strategisch so günstigen Talschlucht gesperrt worden war.

Sie erklärten, außer dem Bruder des einen jungen Dusani, der uns begleitete, habe noch nie jemand den Burgfelsen erstiegen. Dieser Bruder war in Bagdad in einem Tuchgeschäft angestellt, verbrachte aber immer noch unangemessen lange Ferien in Luristan, wo er als der beste Bergsteiger seines Stammes galt. Er hatte dort oben, wie mir erzählt wurde, die Reste von Kammern, einen Kochherd, einen Gang und Reste von Wänden gefunden, hatte aber alles zertrümmert, weil es den Ungläubigen gehört hatte. Wir kletterten ein Stück hinauf, wobei mich Schah Riza bei jedem Schritt wie ein sehr nervöses und struppiges Huhn anflehte, nicht weiter zu gehen. Der alte Weg lief am Abgrund hin und war sehr schmal. Er verschwand zuletzt völlig im Fels, zuvor aber geleitete er uns an eine Stelle, an der mehrere Gräber lagen, die aufgebrochen worden waren. Man hatte aber offenbar nichts darin gefunden. Ich schloß aus dem allen, daß von dem Sassanidenschloß nicht mehr viel übrig war, und gab nicht ohne Bedauern den Plan einer Ersteigung auf.

Der Dusani versprach, während unserer zweitägigen Abwe-

senheit zu graben. Als wir heimkehrten, hatte er eine Karneolperle und einen Brocken Stuckarbeit zutage gefördert, ein
zierliches Stück Säule mit einem Blattmuster. Es war zu vermuten, daß es ursprünglich mit Bronze überzogen werden sollte,
denn das Material war ein sehr brüchiger Gips. Zwei zerbrochene Dolche und drei leichte bronzene Lanzenspitzen wurden
herbeigeschleppt, die angeblich vor einiger Zeit an der Sied-
lungsstelle im Grund der Schlucht gefunden worden waren.
Diese mageren Ergebnisse bestätigten immerhin die Annahme
eines festen Platzes der Sassaniden in diesem Tal, wie sie sich
aus den alten Legenden heraus gebildet hatte.

Wir kletterten hinunter und folgten der Schlucht bis zu ihrem
Ausgang, wo sie auf die Ufer des Saidmarreh stößt: rostrote
Bergflanken, mächtig in ihrem Faltenwurf, liegen hier hinterein-
ander in der Sonne wie Flußpferde nach der Tränke. Unserm
Rastplatz gegenüber erschien in einer kleinen Zickzacklinie der
Sargatsch-Paß und die Straße nach Tarhan. Dazwischen schlängelte sich der Fluß mit seinem grünlichen Wasser. Das tief
eingeschnittene Bett war von Tamarisken, Kurf, Ginster und
Oleander gesäumt. Es ist ein warmes Tal – die halbstündige
Wanderung durch die Schlucht der Ungläubigen bringt einen
aus dem Sommer in den Winter. Vier Wochen später würden
sich auf viele Meilen an diesen Ufern hin in kleinen Trauben die
schwarzen Zelte der Dusanis des Westens und der Tarhanis des
Ostens ausbreiten. Jetzt aber war außer der verfallenen Straße
und den geöffneten Gräbern am Wegrand nichts zu sehen, was
an Menschen erinnert hätte. Das Land ist noch kaum erforscht
und nicht vermessen. Das Uferland des Flusses ist gefährlich,
man ist nie vor Überfällen von Süd oder Ost, vor den Sagwand
und den anderen Stämmen Lakistans, sicher. Ein wenig zu
unserer Rechten, jenseits des Saidmarreh, zog sich, schwarz wie
Tinte im Sonnenlicht, an der Straße von Schirwan nach Tarhan
noch eine weitere Schlucht, Tang-i-Berindschan, zum Ufer
herab. Der kluge Reisende vermied diesen Weg, denn seit
einiger Zeit hatten sich die Banditen in den Klüften dort ver-
schanzt. Die schlafenden Riesenberge, die unmenschliche Leere
des Landes und das Schweigen, erregten ehrfürchtigen Schau-

der in uns. Ein Eisvogel drunten am Wasser und die Gestalten meiner Gefährten, die in ihren Baumwollschuhen und mittelalterlichen Röcken zwischen dem Gestein kletterten, wirkten seltsam friedvoll in einem Land ohne Gesetz und Ordnung. Dann traten wir wieder in den Schatten der Schlucht zurück und gelangten um die Essenszeit zu den Zelten der Dusanis.

Die Stadt der Larti

Die Dusanis versprachen beim Abschied, mit aller Energie, deren sie fähig waren, die Jagd nach Altertümern zu betreiben. Wir unsererseits verpflichteten uns, auf der Rückreise den gleichen Weg zu nehmen, und setzten uns in der Nachmittagshitze nach Süden, ins Gebiet der Beni Parwar, in Marsch. Dieser Stamm von Ackerbauern bewohnt die breite Mulde, die sich, halb Tal, halb Ebene, nördlich an den Kebir Kuh anschließt. Das wogende Ackerland strahlte lachenden Wohlstand aus. Es lag jetzt herbstbraun vor uns, und doch war es von der schlichten Schönheit menschlichen Wirkens geprägt. Über einen niedrigen Rücken, der den Kamm des Siahpir abschließt, tauchten wir mählich hinunter. Der Fluß mit seinen wilden, einsamen Ufern war jetzt unsern Blicken verborgen, er strömte von uns weg gegen Südosten. Wir erblickten nichts als sanftgeschwungene Bodenwellen, die vom Gang des Pfluges gestreift waren und sich bis zu den bewaldeten dunkeln Vorbergen des Großen Gebirges hinaufwölbten, das wie eine zinnenlose Mauer den Horizont sperrte.

Die Vorberge bildeten eine Kette für sich, die in geringerer Höhe dem Hauptkamm parallel verlief, so daß beide im Schnitt wie die fallende Kurve einer Fiebertabelle aussahen. Dieser Höhenzug trug den Namen Kuh Siah, das Schwarze Gebirge, und setzte den Gebirgsstock fort, den wir schon in dem Tal unterhalb Garau erkannt hatten. Auch hier war er, ganz wie dort, in Abständen von finsteren Schluchten unterbrochen. Die Larti und die Hindimini, die beiden Stämme, denen wir einen

Besuch abstatten wollten, lebten jeder im Schatten der Gebirgsmauer in einer dieser Schluchten. Die offene Ebene zwischen
ihnen und uns war mit weißen und roten Hügelchen salzhaltigen
Gesteins in unregelmäßigen Reihen getupft. Unsere Straße, die
am Nachmittag von unterwegs sich befindenden Arbeitern
wimmelte, führte schnurgerade auf die Berge zu, vorbei an
einem kleinen Friedhof mit kuppelüberwölbten Gräbern in der
offenen Ebene, vorbei an den Obelisken, wie sie die Luren gerne
zur Erinnerung aufrichten.

Der Dusani-Führer befand sich nun nicht mehr weit von zu
Hause, aber die Dunkelheit drohte hereinzubrechen, bevor an
Ankunft zu denken war, und in diesem Lande hat niemand Lust,
die Nacht im Freien zuzubringen. Als die Sonne sank, hielten
wir an der einzigen Quelle der Gegend, dem »Auge der Bitter-
keit«, die aus einer Kalksteinhöhle heraus in eine grüne Senke
strömt, um die Pferde zu tränken. Das Wasser fließt reichlich, es
ist kalt und hat einen angenehmen, leicht salzigen Geschmack.
Als wir die Quelle hinter uns gelassen hatten, schlängelte sich
der Weg schon zwischen den Hügelchen. Die Äcker hörten auf,
sie wurden von grasigem Hügelland abgelöst, und auf einer
kleinen Erhebung stießen wir auf ein Lager der Dusanis, gerade
als die letzten Frauen bei einem Wasserloch drunten im Abendschatten ihre Ziegenschläuche schulterten.

Hier war von zögernder Aufnahme nicht die Rede, denn
unser Dusani fand sich unter Stammesgenossen, und auch Sa'id
Dscha'far war ein geachteter und wohlbekannter Mann, wenn er
auch einem anderen Stamm angehörte. Der Ort war hochgele-
gen und windumtost. Aus der Zelttür sah man im Westen den
Warzarin, im Osten aber das offene Stromland, hinter dessen
Horizont der unsichtbare Saidmarreh floß. Im Norden konnten
wir den Reiseweg des heutigen Tages übersehen, den Berg, in
dessen Falten der Schatz lag, und jenseits die Gebirgskämme
von Lakistan.

Ein dünner Bergwind, unmerklich in den reinen, lichterfüllten
Räumen über uns, regte die Blätter des Daches, als wir auf
unsern Decken unter dem Vorzelt Platz genommen hatten. Das
Feuer wurde mit Eichenzweigen genährt und strahlte eine köstli-

che Wärme aus. Schah Riza hatte es sich in meinem wasserdichten Umhang bequem gemacht und begann, seine Gebete zu verrichten, während ich versuchte, mit Hilfe einer kleinen Feldapotheke, die ich als höchst erwünschtes Geschenk bei meiner Abfahrt in Bagdad erhalten hatte, die verschiedenen medizinischen Probleme des Lagers zu lösen.

Unser Gastgeber war ein Mann mittleren Alters mit rundem, klugem, blatternarbigem Gesicht. Er litt an irgendeiner inneren Krankheit. Er hatte das Krankenhaus in Bagdad aufgesucht, wo man ihn vier Tage beobachtet und dann mit einer Reihe von Vorschriften entlassen hatte, deren Nützlichkeit dadurch stark herabgesetzt war, daß er die Sprache nicht verstand, in der sie abgefaßt waren. Ich schrieb ihm einen kleinen Zettel, den er beim nächsten Mal abgeben sollte, und empfahl ihm, wenn er wieder ins Krankenhaus ginge, doch einen arabischen Dolmetscher mitzunehmen. Er war ein welterfahrener Mann mit einigem Besitz an Schafen und Ländereien, was ihm etwas angenehm Weltmännisches gab. Er verfügte über Matratzen und Kopfpolster, die er hinter einer Scheidewand nicht weit vom Feuer für mich ausbreiten ließ. Dort legte ich mich zur Ruhe, sicherer als in Chicago, ein Wanderer nicht nur durch den Raum, sondern auch durch die Zeit, der ich an einem Leben Anteil nahm, von dem die meisten Menschen heute nichts mehr wissen.

Wir standen so zeitig auf, daß wir den ersten Sonnenstrahl den Gipfel des Warzarin röten sahen. Wir kehrten ihm jedoch den Rücken und ritten dürres, baumloses Hügelland auf und ab, bis zu den mit einzelnen Eichen bestandenen Vorbergen des Kebir Kuh und zu der Stelle, an der das Wildwasser des Larti aus dem Quelltrichter eines steilen und waldigen Tales herabstürzt. Hier bogen wir ab und führten unsere Pferde an dem schwierigen Steilhang zwischen Felsblöcken und Baumwurzeln hin, bis die Schlucht unter uns sich teilte und zwischen zwei Betten aufeinandergetürmter Blöcke die verfallene Stadt der Larti auf einem Felsen umschloß.

In Badrah hatte uns ein alter Barbier zum erstenmal von den Larti und ihrem Schwesterstamm, den Hindimini, die ihnen an

Altertümlichkeit gleichkamen, erzählt. Es seien, wie er sagte, die ältesten Stämme des Puscht-i-Kuh, die letzten Nachfahren der Götzenanbeter, zu denen sie einst alle gehört hatten. Sie waren vor den Eindringlingen geflohen, hatten sich immer höher hinauf in die Bergfesten ihres Landes zurückgezogen, bis sie schließlich nichts mehr besaßen außer diesen beiden Hochtälern unter der unzugänglichen Mauer des Großen Gebirges. Diese türmte sich 1000 Meter und mehr über uns auf, schwarz und unüberwindlich für jeden, der nicht ein geübter Kletterer war. Allerdings erzählte man uns, es führe an den senkrechten Abstürzen hin doch ein Weg für Fußgänger. Ein feiner Wasserfaden versprühte sich über die ungeheure Flanke, die dadurch an dieser Stelle wie poliert aussah. Wenig über uns brach der Steilhang ab und ging in sanfteres, mit Geröll und einzelnen Bäumen bedecktes Gelände über. Hier stand auf einer von Felsnadeln umkränzten Bergnase die verfallene Stadt, die sich mit den Resten der Mauern und den Ruinen der Häuser wie das Gebiß eines alten Weibes gegen das Gebirge im Hintergrund abzeichnete.

Wir mußten erst auf den Grund der Schlucht hinabsteigen und dann wieder hinaufklimmen, um entweder die Stadt oder das augenblickliche Zentrum der Larti, eine Ansammlung von sieben Zelten auf der gegenüberliegenden Bergnase zu erreichen. Der Stamm war von einem widerwärtigen Geschick verfolgt worden. Fehden und Kriege hatten ihre Zahl stark vermindert, und der größte Teil der Überlebenden war geflohen und hatte sich in Kermanschah angesiedelt, während die Dusanis das freigewordene Land in Besitz genommen hatten. Indessen erwiesen sich die wenigen Larti, die wir noch vorfanden, so freundlich, als es mit den Umständen zu vereinbaren war. Sie betrieben drunten im Tal zwei kleine Mühlen, die von einem Bach mit sanften, lehmigen Ufern gespeist wurden. Bergterrassen zeigten sich als die letzten Spuren früher blühender Gärten an den Hängen. Droben wohnte jede der Larti-Familien um eine Eiche geschart, deren Krone ein natürliches Dach bildete, deren Äste als Garderobe und Speisekammer zugleich dienten, während die Wände von einer Palisade aus geflochtenem Schilf gebildet wurden. Eine einfachere Form der Behausung war nicht zu denken, und auch die Bewohner waren einfache Menschen, die in Lumpen gekleidet gingen. Um die Kinder flatterten diese Fetzen mit jener der Naturgesetze spottenden Freiheit, die man auf den Bildern von Göttern und Göttinnen bewundert, wobei man sich immer fragt, wie es kommt, daß das Zeug sich überhaupt am Leibe hält.

Und ganz wie in dem Goldenen Zeitalter, das die Dichter uns schildern, lebten diese Menschen von Eicheln. Diese Diät hatten sie jedenfalls für den Winter zu erwarten, denn die Dürre hatte die Ernten vernichtet. Sie konnten aber noch ein wenig Brot und ein Kürbisgericht zu unserer Bewirtung aufbringen und breiteten beides vor uns auf dem Boden aus.

Wir waren nicht die einzigen Gäste. Ein zivilisierter Lure aus Bagdad verbrachte seine Ferien hier oben. Er besaß in der Großstadt einen Laden und hatte geglaubt, sich mit Engländerinnen auszukennen, bevor ich ihm vorgestellt wurde. Meine (wenn auch nach dem Erlebnis mit den Hunden so sehr in Stücke gerissene) Genügsamkeit stellte allzu hohe Anforderungen an seine gute Erziehung. Er betrachtete mich, schlug sich immer wieder auf die Knie und rief aus: »Allah!«

»Gefällt es Ihnen hier so gut wie in Bagdad?« fragte er.

»Besser«, entgegnete ich. »Hier ist die Luft kühl, das Wasser gut, es gibt Feuerholz und Schatten.«

Die Bewohner der sieben Eichbäume stimmten mit ein. Der völlig geschlagene Städter schwieg fassungslos.

Nach dem Essen kletterten wir hinunter und dann wieder zu der Larti-Stadt hinauf. Als wir den Quelltrichter des Tales überquerten, tauchten wir in köstlichen Schatten ein, den Obstbäume und Weinreben über ein Wasser breiteten, das kalt wie Eis und schwarz wie Samt zwischen dem Gestein aus der Bergwand sprang und wahrscheinlich die Ursache war, daß sich hier in vorgeschichtlicher Zeit Siedler festsetzten.

Ein alter Bauer, der sein ganzes Leben in dieser Gegend zugebracht hatte, begleitete uns und sagte, er kenne die Lage der Grabstätten. Er hatte einen kurzen, weißen Bart und blaue Augen, die in der Erregung ganz hell wurden. Auf der Schulter trug er einen metallenen Trog, in dem man hier das Brot bäckt (Sadsch), und einen Pickel für die Grabungen. So schritt er vor uns her, ein Filzmützchen auf dem Kopf, um das sich seine grauen Locken ringelten, und ließ sein altes Hemd und seine Baumwollhosen unbekümmert um sich flattern. Er sprach die Hoffnung aus, ich möchte von der magischen Brille Gebrauch machen, die ich, wie jedermann wußte, mit mir führte, um durch die Erde der verfallenen Stadt hindurch die vergrabenen Schätze zu sehen. Seiner Auffassung nach war er der Arm, ich das kommandierende Gehirn – eine Einstellung, die mich einigermaßen in Verlegenheit setzte angesichts der Tatsache, daß ich nur einen Nachmittag vor mir hatte und meine Grabungen auf keinerlei Ortskenntnisse stützen konnte.

Wo die Anhöhe der Stadt sich an den Berghang lehnte, führt eine Höhenstraße nach Ost und West von Gandscheh und Kulm und den Pässen von Puneh und Maimah an der Flanke des Kebir Kuh entlang zum Saidmarreh. Diese Hochstraßen folgen in aller Welt beinahe unveränderlich den ältesten Siedlungen, sei es, daß sie, weniger zugänglich als die unteren Straßen, den Bewohnern sicherer erschienen, sei es, daß ihre Anlage in so schwierigem Gelände nur einem über lange Zeiträume hin bestehenden Bedürfnis zu danken sein kann.

Ich habe jedenfalls immer wieder die Feststellung gemacht, daß es die älteren und hochgelegenen Straßen sind, die den Forscher in die Nähe der bedeutenden Fundstellen führen. Hier senkte sich der Weg über eine Bergschulter zu uns herab, wo, wie uns der Alte versicherte, in Tonkrügen bestattete Skelette gefunden worden waren. Er führte uns indessen auf den Bergvorsprung selbst, wo wir einen mohammedanischen Friedhof fanden, auf dem aufrecht stehende Steinbilder um einen weißgetünchten Altar aus Steinen und Mörtel angeordnet waren, unter dem sich ein Grab befindet, dessen Heiligkeit bezeugt wurde durch eine Sammlung großer Kiesel und einige der großen schwarzen Versteinerungen des Landes, die man hier Peristeine nennt und die als Opfergaben niedergelegt worden sind.

Der mohammedanische Friedhof interessierte uns nicht, und wir ließen ihn andächtigerweise unberührt. Statt dessen stiegen wir über den Unterbau einer verfallenen Straße zwischen den Ruinen von Häusern abwärts. Ich schätzte die Fläche der Stadt auf etwa zwei Hektar. Der obere Teil ist mit kleinen Plätzen übersät, auf denen mohammedanische Grabsteine halb im Sand versunken liegen; die überladene Ornamentik der Schrift ließ darauf schließen, daß sie nicht sehr alt waren. Aus einigen wenigen Tonscherben, die wir zwischen den Häusern auflasen, bestimmte ich das dreizehnte oder vierzehnte Jahrhundert als Blütezeit der Stadt. Die Straßenführung ergab sich aus Feldsteinen, die einmal die erste Schicht der Gebäude gebildet haben mußten. Terebinthen und Pappeln sowie Eichen wuchsen über und zwischen den Trümmern und erhöhten mit ihrer vergänglichen grünen Schönheit das Gefühl der schwindenden Jahre. Da und dort bemerkte ich in der Erde runde, etwa achtzöllige Löcher mit steinernem Boden und kam zu dem Schluß, daß sie dazu bestimmt waren, die Türpfosten zu tragen, wie sie das heute noch bei den steinernen Türstöcken des Dschebel ed-Drus in Syrien tun.

Rund um die Nordseite der Stadt, wo sie über dem Felsabsturz hängt, sind die Mauern noch schwach sichtbar, und wir verfolgten ihren ehemaligen Verlauf bis dahin, wo Tor und Torhaus von Nordwesten her eine ausgebaute Straße aufnehmen, die sich vom Tal her unter der Felswand heraufwindet. Das Grab, von dem der Alte gesprochen hatte, lag weiter unten an einer trockenen Stelle im Schutz des Steilhangs wie unter dem Bug eines Schiffes. Es war von je einem Stein zu Häupten und zu Füßen bezeichnet, einmal geöffnet und dann sorgfältig wieder zugeschaufelt worden. Der Alte sagte, die »Sachen« seien drinnen. Er arbeitete mit seinem Pickel und benutzte dann sein Hemd und die Brotmulde, um die Erde herauszuschaufeln. Alles, was er zutage förderte, waren Knochensplitter, eine Scherbe primitiver Keramik und ein dreieckiger, wie ein Feuerstein behauener Steinbrocken. Seine Hoffnungen galten, um die Wahrheit zu gestehen, nicht so sehr den Gegenständen selbst als vielmehr dem, was ich darin sehen mochte – ein Glaube, den ich leider in keiner Weise bestärken konnte, denn ich war enttäuscht.

Als wir so, von einer Staubwolke eingehüllt, neben dem Grab saßen und beobachteten, wie die Arbeit fortschritt, tauchte plötzlich und geräuschlos eine Gestalt unter uns auf. Es war ein junger Mann in einem alten grünen Rock, der um die Hüften von einer Schärpe zusammengehalten wurde, in der ein Dolch steckte. Der Tritt seiner braunen, nackten Füße in den Baumwollschuhen war unhörbar. Sein helles Kopf- und Barthaar war beinahe von der gleichen Farbe wie die kleine spitze Filzmütze, die er auf dem Kopf trug, verschossen und gelbbraun wie die Wälder und die Felsen. Er schien der genius loci und sah mit freundlichem Lächeln in den Schacht des Grabes hinunter, dessen enge Wände aus mörtellosem Mauerwerk bestanden und groß genug waren, um die ausgestreckte Gestalt eines Menschen gerade aufnehmen zu können. Wir bückten uns eifrig, um hinabzusehen, fanden aber nur ein Steinchen und zwei rötliche Tonscherben am Kopfende. Und als wir uns aufrichteten, war unser schweigender Gast unter den sonnenhellen Baumkronen der Schlucht verschwunden.

»Ist es wahr«, sagte unser wackerer Gräber, während er sein Gerät auf die Schulter nahm, um sein Glück an einem andern Grab zu versuchen, das er kannte, »ist es wahr, daß man das Skelett eines Mannes gefunden hat, dem Hörner aus der Stirn wuchsen?«

Schah Riza, der sich für Märchen begeisterte und für den die Archäologie eine beglückende Entdeckung gewesen war, in der er sich nun ganz als Experte gab, spitzte die Ohren und trat näher. Er war in Ungnade und trieb sich im Hintergrund herum. Er hatte meinen behauenen Stein, den einzigen Fund des Nachmittags, in die Hand genommen, leichthin die Spitze abgeschlagen und geschwafelt: »Das taugt nichts!« Der Sturm berechtigter Empörung, der seine Ohren umtost hatte, verwunderte ihn, brachte ihn aber nicht aus der Fassung. Frauen waren in seinen Augen so untergeordnete Wesen, daß sie sagen konnten, was sie wollten, ohne daß irgend jemand es ernst nahm. Er murmelte lediglich von Zeit zu Zeit vor sich hin: »Es taugt nichts!«, ging mir indessen klugerweise doch aus dem Weg.

»Das fragen Sie am besten Schah Riza«, beantwortete ich die

Frage nach den Hörnern. »Er scheint sich auf alles besser zu verstehen als irgend jemand anders.«

Der Philosoph lächelte in einer entwaffnenden Art, wies indessen den Ruhm der Allwissenheit in keiner Weise zurück und unterließ es auch nicht, als wir auf dem nächsten Grab wieder kleine Knochensplitter und Scherben bargen, jedes Mal seine Ansicht über ihren Wert sehr entschieden zu äußern. Wir waren hier nicht glücklicher. Das Grab war von der gleichen Art, ebenfalls im Schutz der Felswand und der Stadtmauer angelegt, und hatte die Form eines engen Schachtes, in dem das Skelett auf dem Rücken lag, den Kopf nach rechts gedreht und die Füße nach Ost-Nord-Ost weisend. Unter dem Ellbogen lag ein behauener Stein, eine Scherbe am Kopf, und das war alles. Es war schon nach vier Uhr, und vor uns lag noch ein gutes Stück Weges bis in das Tal der Hindimini im Osten. Ich schenkte dem blauäugigen Alten einen halben Schilling und sagte ihm, er solle für den kommenden Tag, an dem wir wieder zurück sein wollten, neue Ausgrabungen vorbereiten. Dann stiegen wir wieder zu Sa'id Dscha'far und den Pferden und unserem ungeduldigen Dusani-Führer am oberen Ende der Schlucht hinauf.

Von hier aus ritten wir querfeldein ostwärts über ein ebenes, aber sehr steiniges Plateau des Kebir Kuh, tauchten in kleine Gründe hinab und wieder daraus hervor, hielten uns aber im wesentlichen immer auf der Höhe der Larti-Stadt, etwa 1500 Meter. Die große Mauer erstreckte sich unabsehbar vor und hinter uns, nah und überwältigend wie eine Welle, die sich über dem Kopf eines tief unten schwimmenden Insekts bricht.

Unter uns zur Linken und jenseits des offenen Landes erblickten wir in seinen vollen Umrissen den kleineren, mit Bäumen übersäten Zug des Siah Pir, der von vielen Spalten in einzelne Berge aufgeteilt wurde. Blau und lockend lag in der Ferne Lakistan vor uns. Sa'id Dscha'far, einer der angenehmsten Reisegefährten, plauderte über dies Land und seine Art.

»Die Frauen sind dort grausamer als bei uns die Männer«, sagte er. »Als sie im vergangenen Jahr mit der Regierung im Krieg lagen, bekam eine von ihnen ein Kind. Als ihr Mann das Kind sehen wollte, rief sie: ›Das ist keine Zeit für Kinder!‹, packte es bei den Füßen und warf es gegen den Felsen. Viele von ihnen verstehen mit dem Gewehr umzugehen und ziehen als Krieger mit ihren Stämmen aus.«

Sa'id Dscha'far erzählte mir auch vom Saidmarreh, worunter man ebensowohl ein Lager und einen Stamm wie den Fluß versteht. Das Lager ist gut mit Wasser versorgt und liegt, von Reisfeldern umgeben, in einer weiten Ebene. Es ist gewissermaßen ein Regierungssitz – ein Vorposten gegen Lakistan, obgleich es außer den schwarzen Nomadenzelten hier keine Häuser gibt.

Ich fragte ihn nach dem heidnischen Gottesdienst der beiden Stämme, die wir besuchen wollten, aber mit diesen Dingen halten es die Leute wie Mrs. Langtry mit der Geschichte im allgemeinen: Sie lassen die Vergangenheit ruhen. Und möglicherweise wissen auch nur noch die allerältesten Männer wirklich etwas davon zu sagen.

Die Sonne ging unter, und wir befanden uns immer noch hoch oben im Gebirge. Der Dusani-Führer, der voranschritt, bemerkte nochmals, der berittene Schah Riza komme einem Leichenbegängnis gleich, und beschwor mich, in Trab überzugehen. Ich kam der Bitte nach und hob mich in meinen mit Silber eingelegten Steigbügeln wie auf einer Tribüne, rings von Troddeln und Quasten umflattert. Diese Steigbügel sind, wie die meisten Dinge, die eigens für das Land erfunden worden sind, in dem sie gebraucht werden, an Ort und Stelle außerordentlich praktisch. Die scharfen Kanten, die weit über die Fußbekleidung des Reiters hinausragen, schützen ihn gegen unzählige Zusammenstöße mit den Felswänden enger Gebirgspfade.

In der Abenddämmerung stiegen wir in die Schlucht der Hindimini hinab. Umgeben von einem Chaos ungeheurer Felsblöcke, die amphitheatralisch aufgeschichtet sind, entspringt hier eine klare Quelle, die in hölzerne Tröge gefaßt ist, aus denen eine halbe Herde gleichzeitig trinken kann. Wir nahmen unsern Pferden das Geschirr ab und ließen sie den Trunk nach Herzenslust genießen. Die beiden andern Reisenden, ein brauner, schwarzbärtiger Bursche und sein Gefährte, waren ebenfalls auf dem Abstieg begriffen. Der Dusani-Führer, der bemerkt hatte, daß einer meiner Füße aus den zerfetzten Resten meines baumwollenen Giwa-Schuhes hervorsah, machte mich darauf aufmerksam, daß dies der Mann sei, mir noch heute ein neues Paar Schuhe zu machen. Die Hindimini, sagte er, genießen den Ruhm, die besten Giwas zu machen und die schönsten Mädchen zu besitzen. Wir hatten das Geschäft schon beinahe abgeschlossen, als der Philosoph, der aus der Ferne Unheil witterte, herbeitrabte; in seiner Angst fuchtelte er mit den Ellbogen, um das Pferd zu größerer Eile zu bewegen.

»Du wirst sie nie zu sehen bekommen!« schrie er, als er kaum in Hörweite war. »Warum sollten wir etwas kaufen, das wir ebenso gut selbst machen können? Kann ich nicht schon seit meiner Kinderzeit Giwas machen? Bei der Hand Gottes, warum glaubst du den Menschen, was sie dir sagen?!«

Der Dusani-Führer war ein einsichtiger Mann. Er kannte die Grenzen des Möglichen. So ließ er den schwarzbärtigen Fremden ohne ein weiteres Wort stehen und schritt voran, den steilen Hang hinunter, der die Ostseite der Schlucht bildete. Auch ich folgte ihm, ebenfalls zu Fuß. Das Licht schwand rasch während unseres Abstiegs. Tief drunten auf einem kleinen Bergvorsprung erblickten wir die ersten Hindimini-Zelte, etwa vier oder fünf. Als wir näher kamen, begannen ihre Feuer in der dunkelnden Luft aufzuglühen. Die Schafe waren schon eingetrieben. Als wir inmitten einer Schar knurrender Hunde die Siedlung betraten, waren die Schäfer beim Melken. Ein behaarter Mann mit einem glänzenden Messingdolch in der Schärpe sah aus dem Meer der wollenen Leiber zu uns hinüber. Er stellte uns keine Fragen.

»Wo ist das Zelt?« sagte der Dusani. Der Mann machte eine Bewegung mit der Hand und setzte seine Beschäftigung fort.

Und wir stellten uns dem Scheich der Hindimini vor.

Dieser Tag hatte den Hindimini eine Menge Gäste gebracht. Sie saßen alle im Freien, an den drei Seiten eines Vierecks, das aus Teppichstreifen bestand. Auf dem Ehrenplatz saß mit gekreuzten Beinen ein Derwisch. Hinter ihm im Boden steckte ein vier Fuß langer Stab, an dem die aus Messing ausgeschnittene Hand Abbas' befestigt und über seiner Schulter sichtbar war. Sein Gefährte war ein Inder mit einem feisten, liebenswürdigen Gesicht, der mit Engländern und Amerikanern den Irak bereist hatte.

Ich wählte meinen Platz in möglichst großer Entfernung von dem Derwisch, um ihn nicht in allzu nahe Berührung mit der Unheiligkeit meines Geschlechts zu bringen, und grüßte ihn mit der gebührenden Achtung. Neben mir saß ein dunkelhäutiger Mann mit schmalem Gesicht, Mitglied einer Familie namens Malak, was er als eine Art Adelstitel ansah, als Beweis einer noch aus prä-islamitischen Tagen stammenden Überlegenheit. Er kam aus dem Osten, reiste mit einem Söhnchen und übernahm sogleich die Führung des Gesprächs. Der Derwisch hatte freundliche, kluge, an die Beobachtung von Dingen und Menschen gewöhnte Augen. Ich fragte ihn, warum er auf Reisen sei.

»Um zu betrachten«, sagte er.

»Wir sind alle auf der Reise«, bemerkte ich, »auch wenn wir zu Hause bleiben.«

Dieser philosophische Beitrag wurde mit beifälligem Gemurmel aufgenommen, und ich wurde akzeptiert als ein Mensch, mit dem eine vernünftige Unterhaltung nicht unmöglich war. Es gebe heilige Stätten im Gebirge, sagte der Derwisch. Er wandere von einer zur andern. Es war kein gewöhnlicher Mensch. Ich fragte mich, was ihn wohl ursprünglich aus den hergebrachten Lebensverhältnissen gerissen haben mochte. Nicht die Religion: von ihr sprach er beinahe mit der Gleichgültigkeit eines Katholiken in den weltlichen Tagen Roms. Auch nicht die Wissenschaft, denn er schien kein Gelehrter zu sein. Er ruhte hier wie ein Buddha in bauschigen Gewändern, der anerkannte Herr der

Gesellschaft. So »betrachtete« er die Welt mit ruhiger Überlegenheit und duldsamer Unberührtheit.

Diese Nacht war geräuschvoller als üblich. Die Hunde stürzten hierhin und dorthin, mit höllischem Gekläff auf der Jagd nach Wölfen oder Schweinen. Hähne krähten. Noch vor Tagesanbruch machten sich der Derwisch und sein Inder auf den Weg, nachdem sie sich zuvor Brot für die Weiterreise gebacken hatten. Und in der ersten Dämmerung gingen die Frauen mit ihren Ziegenhautschläuchen zur Wasserstelle hinunter. Als ich nach all diesem erwachte, gewahrte ich die schmächtige Gestalt des Philosophen gegen den Morgenhimmel. Meinen Burberry lose um sich gelegt, verrichtete er bereits seine Gebete.

In diesem Lager der Hindimini lernte ich zum erstenmal den Webstuhl kennen, den die Stammesleute zum Weben ihrer Teppiche bauen. Er stand vor einem der Zelte, war so groß wie ein Galgen und sah in der Tat im Dämmerlicht einem solchen nicht unähnlich. Es war ein grob aus Eichenästen zusammengezimmerter, hochgestellter Rahmen, an dem die jungen Mädchen auf einer hohen Bank saßen. Sie flüchteten mit affektiertem Entsetzen vor meiner Kamera, aber ich denke mir, daß die Hindimini auf dem Grunde ihres Herzens noch ein gutes Stück Heidentum bewahren, dem die Frauen einen anmutigeren Ausdruck verleihen, als es im strengen Islam der Brauch ist.

Auf dem kleinen Bergvorsprung, an dessen Absturz das Lager hing, lagen ringsum unter halbversunkenen Felsblöcken Gräber, aber der Herr des Zeltes hielt sie für mohammedanisch und schien den Gedanken eines Sakrilegs zu scheuen. Die Stadt der Ungläubigen, sagte er, liege drunten in der Schlucht.

Diese Schlucht war auf ihrem Grund sehr schmal. Sie war zur Linken von einem bewaldeten Hang begrenzt, während rechts, wo wir hinunterstiegen, über unsern Häupten eine Steilwand in horizontalen Schichten überhing, an deren Rand die Weiden begannen, über die wir gestern geritten waren. Unter diesem Vordach führten uns die jungen Männer des Stammes, die auf einem unsichtbaren Pfad an einer flachen Leiste entlang vor uns hersprangen, bis wir an eine Stelle kamen, an der unter einer Höhlung des Felsens Häuser gebaut worden waren, die wie die

Zellen eines Stockes wilder Bienen an der Wand der Schlucht klebten. Die Häuser waren sehr primitiv aus kleinen Feldsteinen mit Mörtel aufgeschichtet und sahen aus, als ob sie weder bequem noch schön oder fest gewesen seien. Sie waren auch nicht sehr alt. Wahrscheinlich handelte es sich um die letzten Teile der Stadt der Hindimini, die bewohnt worden waren, bevor sie gänzlich verfiel. Grabsteine, die mit einer persischen Schrift verziert waren, lagen umher. Im Larti-Tal gibt es außer den Grabsteinen noch eine Felsinschrift, so daß es keine Schwierigkeiten bereiten dürfte, die Daten dieser beiden Städte festzulegen, deren Blüte und Untergang wahrscheinlich in die gleichen Zeiten fällt.

Die Atabegs von Luristan haben bekanntlich im ganzen Lande viel gebaut, und es ist wahrscheinlich, daß diese Plätze in ihren Tagen bewohnt waren. Aber obgleich ich kein Schrift-Experte bin, so meine ich doch, daß die Schriften, die ich gefunden habe, einer späteren Zeit angehören. Schwermut befällt den Reisenden, der diese früher einmal volkreichen Plätze besucht, die von blühenden und seßhaften Gemeinschaften begründet worden sind, während jetzt im Umkreis vieler Tagesritte nur der Nomade sein schwarzes Zelt bewohnt.

Unterhalb der in den Felsen gebauten Häuser ziehen sich die Ruinen einer älteren Stadt in Terrassen bis auf den Talgrund. Die Reste einer guten Straße, die auch heute noch benutzt wird, führen aus der Ebene von Dusan herauf und zeigen eindringlicher, als es die Trümmerhaufen zu tun vermöchten, daß hier einmal ein bedeutender Ort gelegen hat. Unter dem nachlässig aufgeschichteten Mauerwerk jüngerer Zeiten erschienen Reste eines machtvolleren primitiven Stils. Wie bei den Larti waren auch hier für die Grundmauern mannshohe Blöcke benutzt worden, deren Anordnung die Führung der alten Straßen zeigte, die hier oben parallel zum Talboden verliefen. An einer vielversprechenden Stelle, die sich ein Druide als Begräbnisplatz hätte aussuchen können – unter einer Eiche bezeichneten drei Felsblöcke das Grab –, begannen wir unsere Arbeiten. Wir waren durch zu viele Helfer behindert: elf junge Männer und dazu noch die verschiedensten Berater und Zuschauer beteiligten sich, und ich hielt eilig Ausschau nach weiteren Gräbern, um ihre Energie etwas zu verteilen. Trotzdem wurden wir enttäuscht.

Nachdem wir etwa zwei Fuß tief gegraben hatten, stießen wir auf die horizontalen Platten, die gewöhnlich das Grab bedecken. Wir gruben vorsichtig weiter, bis wir alles freigelegt hatten, und hoben dann den Deckel. Mit Stöcken und mit den Fingern, damit uns ja kein Schatz entginge oder in seiner Lage verändert würde, legten wir nun das Skelett frei, das genau wie diejenigen der Larti ausgestreckt in seinem Grabe lag, den Kopf auf die Seite gedreht, die Füße nach Südosten, aber sonst war nichts zu finden. Ein paar unglasierte Tonscherben; ein Stück Mörtel, das offensichtlich nicht aus prähistorischer Zeit stammen konnte – sonst nichts zwischen den sorgfältig gebauten Wänden der engen Ruhestätte. Gräber waren hier noch nie geöffnet, noch nie Bronzen gefunden worden. Ich kam mehr und mehr zu der Überzeugung, daß die Bronzen der Bevölkerung angehörten, die den Flüssen folgte und sich immer in der Nähe der Wasserläufe hielt. Wenn diese Täler wirklich, wie es den Anschein hat, zum Zufluchtsort der ersten Einwohner des Landes geworden sind, so haben sie vermutlich ihre rohe und primitive Lebensweise lange noch beibehalten, nachdem die Stromländer schon zivilisiert waren.

Die Gräber, die wir fanden, mögen dem frühen Islam angehören. Unsere Arbeiter hatten Bedenken, weil die Leichen in der vorschriftsmäßigen Richtung beigesetzt waren.

»Bist du sicher«, fragten sie mich, »daß es Gräber von Ungläubigen (Gabri) sind und nicht Gräber der Kinder Adams?«

Sie stellen sich unter den prä-islamitischen Parsen keine menschlichen Wesen, sondern ein Geschlecht von Giganten vor, denn sie bevölkern die Erde wie die meisten primitiven Kulturen mit einer ursprünglichen Gesellschaft von Titanen, die durch das Erscheinen Jupiters zerstört worden sei. Und Schah Riza, der inmitten der Staubwolken hockte, die die Arbeiter aufwühlten, und seine Zigarettenröhrchen füllte, blinzelte ab und an zu den seltsam geformten Baumwurzeln hinunter, zwischen denen die Knochen lagen, als ob er erwartete, nun wirklich die Hörner zu

Gesicht zu bekommen, die auf den Stirnen der Ungläubigen wuchsen.

Es war halb elf Uhr geworden, bevor wir unsere Arbeit beendet und eine befriedigende Sichtung vorgenommen hatten zwischen denen, die für Mitarbeit bezahlt werden mußten, und denen, die nichts getan hatten, aber trotzdem auf Bezahlung hofften. Wir gingen nicht den alten Weg zurück, sondern hielten uns westlich, indem wir die Seitenwand der Schlucht bis zu den Weiden hinaufkletterten, die wir an einem tieferen Punkt als gestern wieder erreichten. Dann ritten wir in ebenerem Gelände gemächlich dahin und erfreuten uns an der Welt, die sich um uns breitete. Das Flachland der Dusanis und der Beni Parwar dehnte sich tief unter uns zur Rechten, und dahinter erhob sich der Siah Pir. Über seiner Schulter sahen wir deutlicher als je die Berge von Lakistan. Eichen tupften die Landschaft wie einen Park, und gegen den blauen Himmel, der sich über uns wölbte, erschienen ihre Blätter ganz weiß und bewegungslos wie die Flügel eines Spielzeugdrachens in der Sonne.

Der Dusani-Führer kannte hier auf dem Hochplateau ein Hindimini-Lager, dem wir uns um die Mittagszeit näherten. Wir bogen ab und sahen die Zelte um einen großen Schlafpferch liegen, der mit Eichenästen abgesteckt war. Kinder, die noch nackter schienen in ihren Lumpen, als wir es nun schon gewohnt waren, sammelten sich in einer kleinen Schar in schüchterner Entfernung, während der junge Herr des Zeltes, das so ärmlich war, daß die Zweige der Mitteleiche nicht einmal überdacht waren, heraustrat, um mir beim Absteigen den Steigbügel zu halten.

Und doch hätte alles, was man sich vorstellen mag, ihn nicht mehr erfreuen können, als seinen ganzen Besitz zu unserer Bewirtung ausbreiten zu dürfen. Er hatte ein sympathisches braunes Gesicht, dessen Augen offen und frei blickten, und bewegte sich elastisch und adrett. Er hatte mehrere Jahre in Bagdad und Basra gelebt und wußte, wie zivilisierte Menschen sich benehmen. Als ich mir es auf einem Teppich bequem gemacht hatte und Wasser für meine Hände gebracht wurde, kniete er neben mir nieder und brachte aus seiner breiten

Schärpe ein kleines Stück Seife hervor. Er reichte es mir mit einer Geste bescheidenen Triumphes. Kein Zweifel, daß er sich wie ein Engländer fühlte, der sich auf einer Station im Dschungel zum Abendessen umkleidet. Es war ein Symbol für einen anderen Lebenskreis, ein kleiner Schatz, den man unter den Mühseligkeiten des Nomadenlebens als Erinnerung an ein höheres Dasein bewahrte, das sonst in Vergessenheit geraten mochte. So hatte sich vielleicht im Untergang Roms in der Tiefe der Wälder des Nordens noch ein Rest kaiserlicher Pracht erhalten, der in seiner ganzen Gebrechlichkeit noch Ideen verkörperte, die längst gescheitert und untergegangen waren.

Welch zartes Pflänzchen ist unsere Kultur, dachte ich, als ich im Kreis der Stammesleute im Schatten saß, in jener kurzen Minute des Schweigens, die im Osten zum guten Ton gehört. Man könnte meinen, daß diese Menschen, die das Leben in den Städten mit seinen Annehmlichkeiten einmal kennengelernt haben, versuchen, es nach ihrer Rückkehr in die heimischen Berge in gewissem Sinn fortzusetzen. Weit entfernt! Sie kehren zurück und leben weiter so, wie sie seit zweitausend Jahren gelebt haben. Die Macht primitiver Verhältnisse ist stärker als sie. Und diese Annehmlichkeiten gehören eben nicht, wie Freiheit, Religion, Herrschaft und Muße, zu den unentbehrlichen Notwendigkeiten der Menschheit.

Der Vater unseres Gastgebers war ein alter, beinahe ganz erblindeter Patriarch, der in so vielfältige Lumpen gekleidet war, daß offenbar nur ein Gesetz gegenseitiger Anziehung sie um seinen Körper zusammenhielt. Er trug diese Fetzen mit der heiteren Würde eines Alters, in dem allein schon die Tatsache, daß man noch am Leben ist, einen Anspruch auf Nachsicht und Respekt verleiht. Sein Sohn, offenbar ein Mensch von echter innerer Freundlichkeit, lauschte mit großer Ergebenheit, während der alte Scheich die Kärglichkeit des Mahls entschuldigte und uns bat, alles, was der Stamm besaß, als unser Eigentum zu betrachten. Schließlich wurde ein Kürbisgericht und ein Hühnchen gebracht, das in brauner Butter schwamm, eine Speise, die nach einem anstrengenden Ritt von einer Woche durch die Bergluft von Luristan mehr Appetit erregt, als man glauben möchte. Im kommenden Winter, sagten sie, werde es nichts als Eicheln geben, da es nicht genügend geregnet habe.

Wir beschleunigten den Abschied, um Zeit für weitere Grabungen bei den Larti zu gewinnen. Ich hatte dem Alten von gestern versprochen, wiederzukommen und mir anzusehen, was er in meiner Abwesenheit vielleicht gefunden haben mochte, und widerstand allen Bemühungen Schah Rizas, der lieber auf das Rendezvous verzichtet und sofort den Heimweg angetreten hätte.

Wir erreichten dementsprechend die Larti-Schlucht wieder etwas unterhalb der Stadt und suchten zwischen Bäumen und Felsblöcken den Eingang. Ein fuchsgesichtiger Alter schritt hinter mir her den Berg hinunter. Es war der Älteste der Larti, der Kadkhuda.

»Du gehst gut in den Bergen«, sagte er, nachdem er mich gegrüßt hatte.

»Ich bin auch in den Bergen zu Hause«, erklärte ich.

»Du läufst so leichtfüßig wie ein Rebhuhn«, sagte er. »Ist denn England nicht eine Stadt?«

Sa'id Dscha'far, der die Pferde angebunden hatte und ebenfalls zu Fuß hinabging, schaltete sich ein.

»Du kommst vielleicht aus Schottland?« sagte er. »Als ich in Bagdad war, marschierten Soldaten durch die Stadt. Ich sah sofort, daß sie anders waren als die, die zuvor da gewesen waren. Ich sagte zu mir selbst: ›Diese Menschen kommen ganz gewiß aus den Bergen. Sie gehen besser und sind angezogen wie wir im Puscht-i-Kuh. Vielleicht sind es Vettern von uns.‹ Und als ich fragte, sagte man mir, es seien Schotten aus den Bergen.«

Die Gräber der Beni Parwar

Der alte Mann aus Larti wohnte in einem Häuschen aus Schilf und Laubwerk drunten bei der Mühle im Tal. Es war ein etwas abgelegener Wohnsitz in einer Reihe von drei Hütten, deren jede aus einem einzigen Raum und einer Veranda bestand. Die Tiere

– Hühner, Ziegen und Esel – grasten die weiten Stoppelfelder ab, die den Talgrund füllten.

Der Alte war nicht da. Er hatte nicht nur nicht gegraben, sondern war geschäftlich ins Gebiet der Beni Parwar abgerufen worden. Das Einhalten von Verabredungen bleibt in Persien immer eine einseitige Angelegenheit, die Zeit, Geduld und eine philosophische, friedliebende Veranlagung erfordert. Schah Riza trug zu meinem Ärger obendrein dadurch bei, daß er erklärte, er habe das alles kommen sehen. Seine angeborene Vorliebe für tugendsame Plattheiten veranlaßte ihn jedoch, meine Gewissenhaftigkeit trotzdem zu billigen, ein moralisches Gesprächsthema, dessen er sich noch an manchem Abend im Kreis um das Feuer bedienen sollte.

Inzwischen mußten wir uns entscheiden, ob wir auf den Alten warten wollten oder nicht. Von seinen Plänen war nichts bekannt, aber seine »Familie«, eine dralle Braut, die etwa dreißig Jahre jünger war als er selbst, drängte uns, zu bleiben. Der Nachmittag war schon vorgerückt, wir hätten ohnehin nicht mehr weit kommen können. So nahmen wir den Vorschlag an und richteten uns vor seiner Hütte für die Nacht ein.

Unser Dusani-Führer nahm nun von uns Abschied. Er war überrascht und ein wenig bekümmert, daß ich meinen Kompaß als ausreichenden Ersatz für seine Begleitung ansah, denn er hatte gehofft, uns auf dem schnellsten Weg mit sich zu seinem eigenen Stamm zurückbringen zu können. Er gab aber mit guter Manier nach und nahm freundlichen Abschied. Mich sah er wohl weniger als eine fremde Engländerin an als vielmehr als eine Frau, die Sinn für die Berge hatte, eine durchaus kreditfähige Auszeichnung.

Kaum war er gegangen, als sich über die Bergnase die heitere, flotte Gestalt eines Mannes der Tür unserer Hütte näherte. Er trug eine gesteppte Jacke, die in einem kleinen Kaschmir-Muster gewebt war, und zwei Messer in der Schärpe. Der Turban saß ihm ganz schief über der kahlen Stirn. Er war glattrasiert, seine glänzenden, beweglichen Äuglein standen sehr dicht, und er hatte eine ungeheure Nase. Sein Mund war zum Lächeln ebenso bereit wie seine Augen. Er bewegte sich mit kecker, entschlossener Miene und trug sein Gepäck in ein Taschentuch eingeknüpft an einem Stock. Er rief uns einen Gruß zu, überflog mich mit einem Blick und ging dann über den Bach auf uns los. Es war, wie man mir erzählte, ein Malikschahi von der andern Seite des Kebir Kuh. Er hätte sehr gut Modell zu einem Bild »Der Glücksritter« stehen können.

Obgleich die Badra' am Osthang des Kebir Kuh von den Malikschahi im Westen immer nur als von gesetz- und rechtlosen Geschöpfen niederer Ordnung reden, schien dieser Wandersmann sowohl mit den Larti wie auch mit Sa'id Dscha'far auf gutem Fuß zu stehen. Das Land ist so öde, daß jeder bekannt ist, der überhaupt etwas darstellt, und es ist ein schwerer Irrtum, zu glauben, eine einsame Gegend eigne sich dazu, mit einem Geheimnis unterzutauchen. Gewiß könnte man monatelang im Puscht-i-Kuh reisen, ohne daß die Behörden etwas davon ahnten, aber nur, wenn man die Stämme ins Vertrauen gezogen hat und mit ihnen im Bund steht.

Das Problem des Augenblickes, als wir auf den armseligen Teppichen vor der Hütte saßen und Tee tranken, waren meine Giwas. Ich hatte mir im Bazar in Bagdad ein elegantes Paar gekauft, aber die Berge waren über ihre Kraft gegangen, und meine Zehen traten in unschuldiger Nacktheit das Geröll, denn an Strümpfe war bei einem täglichen Verbrauch von einem Paar auch nicht mehr zu denken. Die Larti sind keine Giwa-Macher wie die Hindimini, es traf sich aber, daß der kleine Junge in der Nachbarhütte gerade für sich selbst ein Paar herstellte. Im Gegensatz zu dem städtischen Zeug waren es solide Schuhe. Der Oberteil war aus grobgewebtem Wollstoff, die Sohlen aus Lederstreifen gemacht, die hart wie Holz waren. Die nötige Biegsamkeit erhielten sie durch dasselbe Prinzip wie der Deckel eines Rollschranks, und ganz nach dem Brauch der Berge standen sie auf allen Seiten einen halben Zoll über. Sie waren zu groß für mich, aber Schah Riza fragte mich in seiner pathetischen Art, ob es vielleicht nicht sein Beruf sei, jedermann Kleider anzupassen, und zog aus seiner Tabaksdose eine ungeheure Packnadel, die bereits dazu gedient hatte, mein von den Hunden zerrissenes Hemd wieder zu flicken. Den Pahlawi-Hut unglaublich verwegen über das eine Auge gezogen, saß er im Schatten des Laubdaches und nähte unermüdlich um die runde Öffnung des Schuhs, bis der mir mehr oder weniger unverlierbar um den Knöchel baumelte. Als er fertig war, erinnerte das Produkt an einen Schneereifen, und der Gouverneur von Puscht-i-Kuh hat bei meinem späteren Besuch seine Freude daran gehabt. Der Preis dieses Paars Schuhe betrug sieben Kran oder eine Mark und zwanzig Pfennige.

Wir waren noch mit dieser Arbeit beschäftigt und hörten uns die Erzählungen des Malikschahi über Gräber im Gebiet der Beni Parwar an, als der Alte zurückkam, liebenswürdig und vergnügt und offenbar in keiner Weise durch den Gedanken bedrückt, wir könnten erwartet haben, daß er eine Verabredung einhielte.

»Ihr habt gewartet?« sagte er. »Nun, das macht nichts. Morgen wollen wir graben.« Und er wollte sich gerade zu einer behaglichen Unterhaltung über ein paar Gläsern Tee niederlassen, als ich ihn durch die Erklärung aufstörte, daß wir jetzt sofort mit dem Graben beginnen wollten, ehe die Dunkelheit hereinbrach.

Er gab mit guter Miene nach, und nachdem wir erst die Grabsteine in der alten Stadt untersucht und zu dem Schluß gekommen waren, daß es sich um mohammedanische Grabstätten handelte, die nicht geöffnet werden durften, fanden wir ein weiteres Grab am Fuß der Felswand, die sich gegenüber der vom Vortage erhob. Der Alte machte sich hoffnungsvoll an die Arbeit. Das Ergebnis war das gleiche. Der gleiche enge, aus rechteckigen Platten aufgebaute Schacht. Das Skelett mit dem Kopf nach Westen. Zwei behauene Steine (aber kein Feuerstein, wenn auch wie solcher bearbeitet) unter Kopf und Knien, und sonst nichts. Die Gebeine waren unbeschädigt, und ich nahm den Schädel auf und wickelte ihn in meinen Burberry, sehr zum Leidwesen meines Philosophen, der sich seines Festkleides beraubt fühlte. Als die Dunkelheit hereinbrach, stolperten wir durch die verwüsteten Gartenterrassen der Stadt zu der Hütte am Flüßchen zurück.

Es wurde ein schlechter Abend, denn der Gastgeber war sehr arm und seine Teppiche voller Wanzen. Die Gerstenernte war dieses Jahr mißraten, und er willigte darein, daß ich ihm zwei Kran gab, mit denen er bei glücklicheren Nachbarn die Abendmahlzeit für unsere Pferde einkaufte. Darüber hinaus wollte er nichts annehmen.

»Was ich habe, gebe ich dir, was nicht da ist, kannst du nicht haben«, sagte er mit der unbewußten Würde, die echter Gastfreiheit entspringt. Wie groß die Armut der kleinen Familie war, erlebte ich an der Frau, die meinen halben Shilling in eine Falte ihres Kleides gesteckt hatte, aus der er herausfiel und verlorenging: Als ich ihr beim Brotbacken zusehen wollte, fand ich sie schluchzend, als ob ihr das Herz brechen wollte.

Und doch hatten diese armen Menschen zwei Gäste, die noch ärmer waren als sie selbst, eine Witwe und ihre Tochter aus Lakistan von jenseits des Flusses. »Die Witwe, die Waise und der Fremde.« Unter den Nomaden erlebt man die tiefe Sorge, die die Heilige Schrift mit diesen Worten verbindet; die völlige Schutzlosigkeit, das Erkalten der Mildtätigkeit, wenn die Verpflichtungen, wie sie die verwandtschaftlichen Beziehungen und die Gesetze der Gastlichkeit festlegen, nicht mehr zählen. Diese beiden Frauen erarbeiteten sich auf den Feldern rings umher ihren kleinen Anteil am Brot des Haushalts, bis sie wieder auf die Wanderschaft gehen mußten, schwach, hilflos, gleichgültig gegen ihr eigenes Schicksal wie Treibholz.

Sie gehörten einem wenig sympathischen Typus an. Sie hatten die schmalen fuchsigen Gesichter und die unruhigen Augen, deren ich mich aus dem nördlichen Luristan erinnere – sehr unangenehm an einem erfolgreichen Briganten, aber noch zehnmal peinlicher, wenn der Mensch zu einem sich krümmenden Opfer des Geschicks geworden ist. Irgendein Krieg oder Überfall hatte sie aus ihrer Heimat vertrieben: Sie betasteten meine Habseligkeiten, um sich zu erbetteln, was sie konnten, dabei aber bereit, zu stehlen, wenn sich die Gelegenheit ergab. Das Wenige, das ich ihnen gab, regte nur ihre Gier an. Die junge Hausfrau, die Seite an Seite mit ihrem alten Gatten der Armut tapfer ins Auge sah, betrachtete sie geduldig, verstehend und mit Verachtung.

Am andern Morgen konnten wir uns wieder erst spät losma-

Nomadenfrauen vom Volk der Kaschgai, 1969

chen. Wir hatten beschlossen, auf den Friedhöfen der Beni
Parwar Grabungen anzustellen, da unser Malikschahi-Freund
hier einen Bruder hatte, der einen Platz kannte, und da auch
unser Gastgeber von Plätzen in der Ebene berichtete, an denen
Gräber mit Tonkrügen gefunden worden waren sowie Perlen
und Bronzen. Als es aber soweit war, zeigte sich allgemeines
Widerstreben; nur mit einer Stunde Verzögerung brachen wir
auf, und dabei zeigte sich, daß die Männer außer ihren Händen
keine Werkzeuge mitgebracht hatten. Sie mußten also zurückgehen und holen, was sie an schlechtem Gerät besaßen. Ich
übernahm die Führung das Tal hinab und hielt mich an unsern
Weg von vor zwei Tagen, so daß wir wieder da, wo ein
baumloser Hang sich hinabsenkt, in die Ebene kamen.

Ein Flüßchen, der Ab-i Makula, strömt im Frühjahr durch das
Gebiet der Beni Parwar und der Dusanis und ergießt sich
schließlich jenseits des sichtbaren Horizontes in den Saidmarreh. Im Sommer ist das Bett des kleinen Wasserlaufes jedoch
völlig ausgetrocknet. Die Ernten des ganzen bebauten Landes

sind vom Regen abhängig, und die seltenen Lager entnehmen ihr Wasser den lehmigen Erdlöchern.

Und doch haben hier die Menschen der Bronzezeit gesiedelt, und ihre Lager oder Gräber findet man an allen Hängen der kleinen Gipshügel, die die Ebene durchfurchen. Wir versuchten es an zwei Stellen und fanden bearbeitete Feuersteine, die offensichtlich von weiter her gebracht worden waren, Bronzesplitter, primitive rote Keramik, Mörtel und einen behauenen Stein, der wahrscheinlich bei der Zurichtung von Häuten benutzt worden war. Knochen fanden wir nicht, und unter der Erdoberfläche zeichneten sich schwache Umrisse alter Gebäude ab. Meine Arbeitsgruppe war aber etwas niedergeschlagen angesichts des gewaltigen Umfangs der Blöcke, die weggeschafft werden mußten. Hier im offenen Gelände war es schon am Vormittag sehr heiß. Die lächerliche Haue, die die Männer mitgebracht hatten, löste sich immer wieder vom Stiel, und die Reparatur beanspruchte immer längere Pausen. Die Aussicht auf Bezahlung hatte keinen Reiz für einen Menschen, der von den Arbeiten in der Larti-Stadt her bereits einen halben Shilling in der Tasche hatte. Vergeblich sprach ich zu dem Alten von vergrabenem Gold und Silber. Er spuckte nur in die Hände und lächelte.

In diesem Augenblick ritt ein anderer alter Mann auf einem Esel über die gelbe Ebene daher. Er hatte einen langen Bart, der ihm in einer flachgedrückten silbernen Woge auf die Brust fiel, wie auf einem sumerischen Steinbild. Er hatte eine Adlernase, und die stetige, kluge Energie des Alters strahlte aus seinen Augen. Als er, wie sich von selbst verstand, abstieg, um sich unsere Geschichte erzählen zu lassen, wußte ich, daß für diesen Vormittag an Ausgrabungen nicht mehr zu denken war, denn er und Schah Riza hockten sich nieder und begannen in jenem geselligen Schweigen zu rauchen, das stets das Vorspiel zu einer unendlichen Plauderei ist. Der Malikschahi und unser alter Gastfreund hatten sich daneben niedergelassen, die Hacke zwischen sich gelegt, und waren bereit, ins Gespräch einzufallen. Der Philosoph ließ sich nun auf die Erzählung unserer Odyssee mit einer trägen Einsilbigkeit ein, die jedes Gefühl ungebührlicher Hast Lügen strafte. Der fremde Alte paffte eine selbstgefertigte Tonpfeife in der Form eines kleinen Sarges und warf mir von Zeit zu Zeit einen prüfenden Blick zu, wie um festzustellen, ob meine Erscheinung die merkwürdige Geschichte bestätigte, die ihm vorgetragen wurde, und die Sonne stieg höher und höher. Es war mir klar, daß es keinen Sinn hatte, sich länger hier aufzuhalten. Ich notierte den Ort als vielversprechenden Jagdgrund für künftige Archäologen und kündigte an, daß ich aufbrechen wolle.

Auch Schah Riza war bereit. Er mußte hungrig sein, denn bald setzte er seine Mähre in Trab und bog vom Weg ab gegen eine kleine Zeltgruppe in einer kahlen Mulde. Sa'id Dscha'far und ich zogen gemächlich hinterher. Als wir anlangten, war die Begrüßung bereits arrangiert. Der Herr der Zelte hielt mir den Steigbügel. Unter einem wollenen Zeltdach war ein Platz für mich mit Teppichen ausgelegt worden. Und wir schickten uns gerade zu den einleitenden Liebenswürdigkeiten an, die die Höflichkeit gebietet, als das plötzliche Erscheinen dreier berittener Polizisten am Horizont uns in Bestürzung versetzte.

Gefangen

Tiefes Schweigen zeigte an, wie ernstlich wir alle betroffen waren.

Die Polizisten ritten in die Mulde hinab, und der Herr der Zelte beeilte sich, einen jüngeren Mann in sauberer Khaki-Uniform zu begrüßen, wie es schien, den Offizier. Sein kräftiges Kinn war unrasiert. Seine Begleiter gehörten der Nazmijjeh an, sie waren ganz in Blau gekleidet, trugen Gewehre und Pistolen und zahlreiche Patronengürtel. Sie beugten sich vom Sattel herab, um ihre Fragen zu stellen. Der Herr der Zelte verwies auf mich. Schah Riza warf mir einen Blick zu, der sein Unbehagen ausdrückte. Ganz unmerklich hatte der freundliche Kreis der Stammesleute um uns sich aufgelöst. Cäsars Feind hat in Persien keine Freunde, wenn Cäsar sich irgendwo sehen läßt.

Ich war selbst etwas in Unruhe, doch entschlossen, mir nichts anmerken zu lassen.

»Kommt die Polizei oft in die Gegend?« fragte ich ohne großen Nachdruck.

»Nie«, sagte einer der Stammesleute. »*Du* mußt wissen, warum sie gekommen sind.«

»Nun, sie haben wohl von mir gehört und möchten meinen Paß sehen«, entgegnete ich.

»Du hast einen Paß?« riefen sie erstaunt und erleichtert. Die zwei Toman in Badrah waren gut angelegt gewesen.

Während wir sprachen, kam noch eine Überraschung über den Rand der Mulde geflattert. Es war der alte Kadkhuda der Musi, unser Freund, in größter Erregung. Er stieg ab und ging direkt auf mein Zelt zu.

»Sie haben mich dir nachgeschickt«, brach er heraus, kaum ein Wort zum Gruß findend. »Sie dachten, du seiest über den Fluß entflohen, und machten mich dafür verantwortlich, daß du wieder ergriffen würdest. Sie wollten mir nicht glauben, als ich sagte, du kämest zurück.« Auch er sah wie die andern offensichtlich in größter Angst auf mich. Ich sprach ihm mein Bedauern aus, daß er einen so langen Ritt habe unternehmen müssen.

»Das hat nichts zu bedeuten«, sagte er. Viel Schlimmeres, schien er sagen zu wollen, werde sich in nächster Zukunft ereignen.

Inzwischen hatten die Polizisten ihr Verhör abgeschlossen. Der Leutnant schritt mit offizieller Miene auf mich zu, das Krummschwert in vorschriftsmäßigem Winkel in der Schärpe und bereit, der Majestät des Gesetzes mit ganzer Kraft Geltung zu verschaffen. Es war eine kitzlige Situation. Ich begrüßte ihn mit dem ganzen Zeremoniell, dessen ich fähig war, und lud ihn ein, auf dem gegenüberliegenden Zipfel meines Teppichs Platz zu nehmen. Das Zelt, das wollte ich zu verstehen geben, gehörte für den Augenblick mir, er sei mir aber als Gast durchaus willkommen. Der Leutnant, der anders darüber dachte, konnte diesem Gedanken doch nicht wohl Ausdruck verleihen. Er verbeugte sich nachlässig und begann Fragen zu stellen.

Nachdem er uns von Huseinabad aus – wo, wie ich seinerzeit

150

schon gefürchtet hatte, die Hochzeitsgäste von so übler Vorbe-
deutung die Nachricht von meiner Reise verbreitet hatten – drei
Tage lang durch die Einöden des Puscht-i-Kuh verfolgt hatte,
war der Polizeileutnant völlig überzeugt, daß wir keinesfalls
einen Paß besaßen. Warum sollten wir sonst hier sein, unange-
meldet und unbekannt? Als ich ihn aus freien Stücken fragte, ob
er nicht meine Papiere zu sehen wünsche, schien er jedenfalls
überrascht zu sein.

Er hatte offenbar bereits bei sich erwogen, wie er eine so
höfliche Person wie mich davon unterrichten könne, daß er
gekommen sei, mich in Gewahrsam zu setzen. Er nahm meinen
Paß nicht ohne Verwirrung entgegen. Der war in jeder Hinsicht
in Ordnung und an der Grenze von persischen Beamten
gezeichnet worden. Was aber beinahe noch verwunderlicher
war: auch Schah Rizas Papiere waren in Ordnung. Gewiß,
Schah Riza verriet eine erbärmliche Nervosität während der
Prüfung, aber das mochte der allgemeinen Wirkung zuzuschreiben sein, die in Persien jeder, der ein Beamter ist, auf jeden
ausübt, der es nicht ist. Der Leutnant studierte das Papier von
allen Seiten, sagte, es sei sehr sonderbar, wunderte sich, daß
man uns gestattet hatte, die Grenze an einer so einsamen und
ungewöhnlichen Stelle zu passieren, und kam schließlich wieder
auf die Methode des direkten Verhörs zurück. Ich suche nach
einem vergrabenen Schatz, stellte er fest. Er warf einen Seitenblick auf meine Satteltasche. Ob er sehen wolle, was ich gefunden hatte, fragte ich. Wir hatten an drei verschiedenen Stellen
gegraben, aber ich hatte nichts von Interesse mitgenommen als
einen Schädel. Der Leutnant, der immer mehr in Verwirrung
geriet, sah mit langem Gesicht zu, als das Stück aus meinem
Burberry gewickelt wurde. Ich reichte es ihm hin. Ich wolle es,
erklärte ich ihm, in das Irak-Museum bringen, wo man sich auf
solche Dinge verstehe.

Für den Augenblick hatte ich den Leutnant in der Hand.
Nachdem er hatte feststellen müssen, daß seine Annahmen
falsch waren, hatte er nichts an ihre Stelle zu setzen als das, was
ich ihm bot. Und kein Motiv konnte an einem Menschen
verwunderlich erscheinen, der mit einem Schädel reiste. Er hörte

mich an, während ich versuchte, ihn in die historischen Probleme seines Landes einzuführen, und fragte, was meine weiteren Pläne seien. Ich wolle die Friedhöfe von Schirwan und Tarhan aufsuchen, entgegnete ich. Es habe mich außerordentlich gefreut, festzustellen, daß es auf den Straßen des Puscht-i-Kuh keine Gefahren gebe: man reise sicherer als im Irak. Das gefiel dem Polizeileutnant. Ganz Persien, sagte er, sei von einem Ende zum andern sicher. Es sei dies der einzige Punkt gewesen, bemerkte ich, der mich unter Umständen von einer Reise nach Luristan hinein hätte abhalten können. Nun er mich aber darin beruhigt habe, könne mich nichts mehr an der Weiterfahrt verhindern. Der Leutnant sagte mir, entgegen der Wahrheit, daß ich frei sei wie der Vogel in der Luft, mich zu begeben, wohin ich wolle.

Ich bedaure es noch heute, daß ich ihn nicht beim Wort genommen habe und sofort über den Saidmarreh gegangen bin. Ich wußte damals, daß ein Zögern die ganze Reise gefährden konnte.

Aber ich erwartete immer noch meinen Komplizen und war überzeugt, daß ich nie wieder Gelegenheit haben würde, das Tal des Schatzes zu besuchen, wenn ich die Gegend einmal wieder verlassen hatte. Ich sagte dem Leutnant zu seiner großen Erleichterung, daß ich heute abend zu den Musi zurückkehren werde. Er wolle mir mit seinen Begleitern folgen, sagte er (um sich zu vergewissern, daß ich das auch wirklich tat). Sie wollten ein paar Stunden rasten und uns dann auf ihren schnelleren Pferden einholen.

Der Herr der Zelte erschien jetzt mit einem gebratenen Huhn, das er an seinem hölzernen Spieß daherbrachte. Der Leutnant zerlegte es mit zierlichen Fingern und überreichte mir die eine Hälfte. Ich opferte eine der noch übrigen drei Sardinenbüchsen und teilte sie mit meinem Wächter, der bald davonritt, um, wie ich später entdeckte, bei den Stämmen der Schluchten weitere Erkundigungen über unser Treiben einzuziehen. Ich selbst schlief ein Stündchen, während die Pferde ihr wenig schmackhaftes Mahl von Häcksel verzehrten, und machte mich dann mit einem etwas niedergeschlagenen Gefolge auf den Weg, der zur

Schlucht der Ungläubigen führte. Die kleine Siedlung blieb in beklommenem Schweigen zurück.

Wir ritten nun am Spätnachmittag das Tal der Rua hinab, im schrägen Licht der Sonnenstrahlen, die uns von links trafen. Unsere Freunde aus dem Lager der Dusanis begrüßten uns schon von weitem. Sie waren am Vormittag von der Polizei gründlich verhört worden und hatten offenbar erwartet, uns in Handschellen zu sehen. Nun unsere Wächter außer Sicht waren, zeigte sich, daß ein Weg zu wirklicher Popularität unter den Stämmen über die Ungnade des Gesetzes führt. Wohin wir auch kamen, wurden wir herzlich willkommen geheißen. Die Frauen kamen herbei, schlugen mir auf die Knie, bewunderten meine neuen Giwas und baten mich, doch zur Nacht zu bleiben. Unser Führer brachte das Ergebnis seiner Ausgrabungen hervor, einen Brocken von einer Stuck-Säule und eine Karneolperle aus dem Innern der Schlucht. Drei Lanzenspitzen, die vor einiger Zeit dort gefunden worden waren, wurden der Ausbeute beigefügt. Wir lehnten es ab, zu bleiben, da es schon spät war, sondern lenkten unsere Pferde wieder heimwärts, das Tal hinauf, und ritten in flottem Trab zwischen den Tamarisken des Flußbettes dahin.

Wir waren kaum auf das nördliche Ufer übergesetzt, als die Polizisten und der alte Kadkhuda in einiger Entfernung auftauchten und uns zuriefen, wir sollten unser Nachtlager aufschlagen. Es war mir immer noch nicht klar, daß ich tatsächlich eine Gefangene war. So hielt ich auch diese Aufforderung für eine bloße Höflichkeit, winkte ihnen freundlich zu und ritt unter dem Abendhimmel weiter auf die Berge zu, die nun dämmerungsblau vor uns lagen. Bei Einbruch der Nacht würden wir zu Hause sein, meinte Schah Riza, während er gemächlich dahinschaukelte. Sa'id Dscha'far dagegen war unruhig und beschwor uns, uns zu beeilen, bevor die Dunkelheit hereinfiel.

»Wir sind hier in der Wildnis«, sagte er. »Hier ist man nicht sicher wie in der Stadt.«

Aber Schah Riza beeilte sich nie, außer wenn es zum Essen ging, und ich selbst genoß den kühlen Frieden der Abendluft. Und gleich darauf bot sich Gelegenheit zu einem neuen Aufenthalt in Gestalt eines alten Mannes auf einem Esel, der meinen Philosophen aufmerksam betrachtete und dann ausrief, bei der Hand Gottes, dies müsse Schah Riza sein. Und nachdem sie einander nach jahrelanger Trennung wiedererkannt hatten, umarmten sich die beiden alten Männer, küßten sich wieder und wieder mit reizender Zärtlichkeit und schaukelten dann unter Gesprächen von der Vergangenheit langsamer denn je voran.

Als wir endlich den Schrein Dschabirs erreichten, waren seine dreizehn Pagodensäulen in der Nacht schon völlig unsichtbar. Wir kletterten einen Felshang entlang und mußten uns darauf verlassen, daß die Pferde klug genug waren, nicht über den Rand zu treten, denn zu sehen war nichts. Der Esel, dessen wackelnde Ohren in der Dämmerung gerade noch sichtbar waren, wandelte bald da, bald dort vor unsern Füßen und hielt uns auf, während sein Herr und der Philosoph weiterplauderten und Sa'id Dscha'far, den die Wildnis beängstigte, schweigend voranritt. Das unbewohnte Tal schien kein Ende nehmen zu wollen. Als wir die engste Stelle passierten, verkündete ein Klirren und Klappern hinter uns die Polizisten und den Kad-khuda. Der Leutnant ritt geschäftig und ärgerlich heran.

»Warum haben Sie unbedingt weiterreiten wollen?« fragte er. »Haben Sie nicht gesehen, daß die Nacht schon hereinbrach?«

»Ich reite gerne in der Dämmerung«, sagte ich wahrheitsgetreu. »Die Luft ist angenehm kühl.«

Auch der Kadkhuda fiel jetzt mit Vorwürfen ein. Bei Nacht sich draußen aufhalten, war, wie es schien, das Äußerste an Unschicklichkeit. Wir eilten, so rasch wir konnten, über das unebene Gelände und erfüllten das Tälchen mit dem Klirren des Geschirrs und den Funken, die die Hufe der Pferde aus den Steinen schlugen. Das Gewehr, das der vor mir reitende Polizist über die Schulter geworfen hatte, hob sich undeutlich gegen das dunkle Blau des Himmels ab. Die Pferde im Dunkeln erregten in mir ein köstliches Gefühl der Heiterkeit und der Bewegung, das ich mich jedoch hütete laut werden zu lassen, denn ich merkte, daß ich in Ungnade stand.

Als endlich die Feuer der Musi-Zelte am Berghang aufleuchteten, hob sich die Stimmung der Gesellschaft sichtlich.

Der Leutnant brachte mich bis zu meinem Zelt, verbeugte sich und zog sich mit dem Kadkhuda und seinen Polizisten zurück, und ich wurde der freundschaftlichen Begrüßung Mahmuds und seiner Familie überlassen, die offenbar der Ankunft der Gesetzeshüter die gleichen Gefühle entgegenbrachten wie ich.

Harmloser Zusammenstoß mit Banditen

Diese Nacht, während die Kühe kamen und im Finstern an meinem Dach knabberten, versuchte ich, meinen Plan auszuarbeiten.

Hasan war nicht aus Bagdad erschienen. (Er saß im Gefängnis, in das ihn sein Feind, der Wesir, gebracht hatte, um seine Abreise zu verhindern. Aber das konnte ich damals noch nicht ahnen.) Fest stand, daß ich mich ohne ihn behelfen mußte.

Die nächste Aufgabe war, in das Schatzgebirge hinaufzusteigen, um festzustellen, ob die Karte stimmte. Dann hieß es, womöglich die Polizei abzuschütteln und über den Fluß nach Lakistan zu gehen. Ich entschied, daß das erste dieser beiden Ziele das wichtigere war und daß das zweite ihm, wenn nötig, geopfert werden mußte, nach dem Grundsatz, daß man immer nur einen Plan auf einmal verfolgen soll. Die Polizei würde sich wahrscheinlich nicht abschütteln lassen. Sie hatten davon gesprochen, mich am nächsten Tag nach Huseinabad zu begleiten, und nur die Versicherung, daß ich zu erschöpft sei, um am andern Tag schon wieder einen zweitägigen Ritt antreten zu können, hatte den Plänen des Leutnants einen Dämpfer aufgesetzt.

Bei Tagesanbruch hatte ich meine Taktik festgelegt. Als der Kadkhuda erschien, vom Feind ausgeschickt, um mich zu befragen, machte ich sozusagen eine Erkundung, indem ich sagte, ich sei entschlossen, über den Fluß zu gehen, etwa zehn Tage in Lakistan zuzubringen, dann über Huseinabad zurückzukehren und auf der Heimreise den Gouverneur aufzusuchen. Daraufhin wartete ich, was geschah. Ein ominöses Kopfnicken des Kadkhuda und der Häuptlinge der Musi folgte dieser Erklärung. Mahmud sah mit sehr ernstem Gesicht zu Boden. Kurz darauf, als er gebührenden Bericht empfangen hatte, stattete mir der Leutnant einen Besuch ab, nahm auf dem Teppich Platz, sprach salbungsvoll über Religion und fragte mich, ob ich ernstlich beabsichtige, über den Fluß zu gehen.

»Ich hatte daran gedacht«, sagte ich. »Meine Pläne sind noch recht unbestimmt. Solange ich interessante Ruinen in dieser Gegend besichtigen kann, macht es mir wenig aus, wohin ich gehe. Was empfehlen Sie mir?«

Der Leutnant zuckte die Achseln. »Wie Sie wollen«, sagte er. »Ich möchte Ihnen nur behilflich sein. Sie können gehen, wohin Sie wollen.«

Mein Herz hob sich. Für ein paar Stunden gab ich mich wieder der Hoffnung hin, das Schatztal aufsuchen und dazu den Fluß überschreiten zu können. Am andern Morgen wies ich Schah Riza an, die Pferde zu satteln. Nach einer angemessenen Pause kam Schah Riza, um mir zu sagen, der Stamm verfüge zur Zeit über keine Pferde.

»Keine Pferde?« sagte ich, empört über die salbungsvolle Zweideutigkeit meines Philosophen. »Und was ist mit denen, die wir gestern geritten haben?«

»Sie mußten heute früh weggeschickt werden.«

Ich kam gerade von einem Besuch bei meinem kleinen Patienten zurück und nahm mir Mahmud hinter seinem Zelt vor.

»Was ist das für eine Geschichte mit den Pferden?« fragte ich.

»Was für Pferde?« sagte er.

»Ich habe ihr gesagt, daß keine Pferde mehr da sind«, sagte Schah Riza in offensichtlicher Verlegenheit.

Mahmud sah von seiner ganzen Höhe und den hängenden Schultern zu mir herab. Er schien sich tatsächlich zu etwas zu entschließen.

»Du sollst so viele Pferde haben, wie du willst«, sagte er. »Schließlich sind es meine Pferde. Und morgen werden wir dich nach Tarhan bringen, wenn du möchtest, ohne Rücksicht auf das, was andere Leute sagen.«

Dieses wahrhaft tapfere Angebot rührte mich außerordentlich. Ich dankte Mahmud.

»Ich hatte mir schon gedacht, daß Schah Riza log«, sagte ich. Der Philosoph sah sehr unglücklich aus.

»Ich habe es zum Besten meiner Angehörigen getan«, erklärte er. »Der Leutnant sagte dir das eine, aber uns bedroht er mit Strafen, sollten wir dir ein Pferd geben oder dich führen, wohin du gehen möchtest. Mahmud ist unvorsichtig. Er ist zu allem fähig. Aber er muß dann auch bezahlen, und du bist dann längst über alle Berge.«

Das war nur allzu richtig, und ich gab auf der Stelle jeden Gedanken daran auf, diesmal über den Fluß zu setzen. Ich beschloß, kein Risiko auf mich zu nehmen, für das andere schließlich bezahlen mußten, und durch liebenswürdiges Nachgeben meine Aussichten zu verbessern, wenigstens einen Tag im Tal des Schatzes für mich zu haben. Als wir später wieder beim Tee um das Feuer saßen, sagte ich, ich hätte es mir anders überlegt. Wenn der Leutnant einen Tag auf mich warten wollte, so würde ich gerne die gute Gelegenheit seiner Gesellschaft benutzen und zuerst unter seiner Führung nach Huseinabad gehen und von da, nach einem Besuch beim Gouverneur, nach Tarhan. Ich benötigte nur einen Tag hier, um alte Ruinen in der Gegend, von denen man mir erzählt habe, zu besichtigen. Dann sei ich zum Aufbruch bereit. Der Leutnant war bezaubert. Er war ohne Zweifel angenehm überrascht, daß seine Wünsche mit den meinen so glücklich übereinstimmten. Eine Verzögerung von einem Tag war für ihn bedeutungslos. Er machte sich nicht einmal die Mühe, darauf zu bestehen, mich zu meinen Ruinen zu begleiten.

Aber jetzt drohte eine andere Schwierigkeit.

Ich schickte zu Sa'id Dscha'far mit der Bitte, er möge uns am nächsten Tag führen, und als Sa'id Dscha'far hörte, welche Richtung ich einschlagen wollte, erklärte er, das werde er nicht riskieren, selbst wenn er fünf Stammesleute als Verstärkung mitbekäme.

»Der Weg führt ein Stück weit ganz eben dort hinauf. Er ist zwischen zwei Höhenzügen versteckt, und meilenweit gibt es dort keine Zelte. Und immer lauern Räuber in der Gegend. Sie kommen vom Fluß herauf und legen sich in den Hinterhalt. Du weißt, daß wir wehrlos sind. Wenn ich eine Waffe hätte, würde es mir nichts ausmachen.«

»Die Vorsehung hat es gefügt«, sagte ich. »Wir werden den Leutnant bitten, uns einen Polizisten mitzugeben. Dann brauchen wir nichts zu fürchten.«

Ich schrieb ein Briefchen und ließ es in das Zelt des Kadkhuda bringen. Die Antwort wurde uns von einem jungen Polizisten übergeben, der uns selbst begleiten sollte. Ich flehte Schah Riza an, seine Gebete am nächsten Morgen kurz und zeitig zu verrichten. Und in dem Gefühl, alles getan zu haben, was unter diesen Umständen möglich war, verließ ich die Gesellschaft und kroch in meinen Schlafsack, um die Einzelheiten des Abenteuers zu überdenken, dessen schwierigster Teil immer noch vor mir lag.

Am andern Morgen zog ich mich vor Tagesanbruch in der üblichen Weise an, nicht ohne kleine Abänderungen an meiner Ausrüstung. Ich leerte den Kartenbehälter, den ich um die Hüften trug, und ersetzte seinen gewöhnlichen Inhalt durch eine Taschenlampe, eine Kerze, eine Schachtel Streichhölzer und ein kräftiges Messer, das geeignet war, Schatzkisten zu öffnen, wenn wir auf solche stoßen sollten. Einen kleinen Kopfkissenbezug, der sich unter meinen Sachen fand, steckte ich unter dem Rock fest. Und dann betrachtete ich noch einmal die Bleistiftskizze und versuchte, sie mir fest einzuprägen. Wenn das Glück mir günstig war und es mir gelang, den Polizisten und die Stammesleute loszuwerden und die Höhle zu entdecken, war ich gerüstet, unbeobachtet ein paar Proben von dem Schatz mitzunehmen. Sie würden jedenfalls ausreichen, um ein Museum oder einen Kenner zu interessieren. Der nächste Schritt konnte dann mehr in der üblichen Weise mit der Hilfe von Fachleuten getan werden. So machte ich mich voll Hoffnung und freudiger Unternehmungslust auf, um die Partie um mich zu sammeln.

Schah Riza, das war beschlossene Sache, mußte zu Hause bleiben. Sein Verantwortungsgefühl war so groß, daß es mir nie gelungen wäre, ihn unterwegs abzuschütteln. Seine archäologische Begeisterung hatte sich jedoch in den letzten Tagen etwas gelegt, und es fiel mir nicht schwer, ihm begreiflich zu machen, daß er der Ruhe zur Wiederherstellung seiner Gesundheit bedürfte.

»Die Khanum denkt an alles: sie sorgt besser für mich als ich selber.« Ich widersprach dem unverdienten Lob nicht und wartete nicht ohne Unruhe ab, wer von den andern sich anschließen würde.

Sa'id Dscha'far stand schon bereit, in schwarzen Baumwollhosen, die seine Schenkel halb bedeckten, und mit Giwas an den bloßen Füßen im Hinblick auf eine größere Wanderung. In der Hand trug er die landesübliche Waffe, den schweren, eisenbehangenen Stock. Husein und Ali, zwei von Mahmuds Knechten, der eine in schwarzem Kattun, der andere in weißem Filz, vervollständigten die Partie. Sobald wir fertig waren, ließen wir den Polizisten kommen. Sie waren alle zu Fuß, denn die Straße galt als schwierig. Nur für mich stand die graue Stute bereit. Ein Wassersack, der am Sattelknopf hing, mußte für den Tag ausreichen.

Ich hatte die Stammesleute vorbereitet, indem ich ihnen erzählte, ich hoffe, auf der Höhe die Ruinen einer Befestigung aus der Zeit Nuschirwans zu finden, so daß sie, wenn es mir nicht gelang, sie ganz loszuwerden, nach den Trümmern suchen würden, während ich nach der Höhle Ausschau hielt, und doch wenigstens etwas zu erreichen war. Im übrigen überließ ich meine Taktik der Zeit und den Umständen und kontrollierte während der Wanderung, wie sich die Landschaft in meine Skizze fügte.

Wir wanderten das Tal hinauf, den gleichen Weg, den wir gekommen waren, bis wir nach einer halben Stunde, wie Hasan es beschrieben hatte, an einen Pfad kamen, der sich über salzweiße Kalkeinsprengungen im Gestein den Hang des Gebirges hinaufwand. Das Pferd kam hier nicht recht voran. Der weiße Fels bröckelte unter seinen Hufen wie Pulver, und der Pfad nahm keine Rücksicht auf die Steigung. Unter gewöhnlichen Umständen wäre ich abgestiegen. Mein Plan war aber darauf aufgebaut, daß ich meine Begleitung erschöpfte, während ich selber frisch blieb, und so blieb ich sitzen und sah die Männer mit dem leichten Schritt des Älplers den Berg hinansteigen. Der Vormittag war schon vorgeschritten, und die Sonne brannte. Der weiße, mit Ginster und kleinen Sträuchern getupfte Hang gleißte in der Sonne. Wieder einmal tauchten wir ein in die herzerfreuende Einsamkeit der Berge. Über den langgestreckten Kamm des Gebirges läuft eine wichtige Straße von einer Imamzadeh an den Ufern des Saidmarreh über das Plateau hin und wieder hinunter in die Ebene von Schirwan im Nordwesten. Der Weg verläuft etwas nördlich des Kamms bis zu einer Stelle, wo dieser sich senkt und dann wieder zu einem zweiten, parallelen, höheren und gleich langgestreckten Kamm aufsteigt. So ruht die Straße über eine einsame Strecke hin gleichsam in einer Hängematte zwischen den beiden Bergen, von nirgends her einzusehen als von ihren verlassenen Gipfeln. Dies war der Ort, wie Sa'id Dscha'far sagte, der meist von Straßenräubern heimgesucht war. Als wir die Stelle erreichten, sprang ein Mensch aus einer kleinen Schlucht unter uns und eilte über die Felsen hin. Unser Polizist riß sein Gewehr von der Schulter und gab einen Schuß auf ihn ab.

Es war, wie ich bei mir dachte, das erste Mal in meinem Leben, daß ich einen Briganten sah, und ich kann nicht behaupten, daß ich etwas anderes empfand als eine angenehme Erregung. Ein Stück die Straße hinunter hatte sich eine kleine Bande von ihnen eingenistet, und unser Polizist, Sa'id Dscha'far und Ali näherten sich ihnen schnell, aber mit Vorsicht, als ob sie erwarteten, beschossen zu werden. Weiter im Hintergrund schlugen sich zwei Männer mit ein paar Geißen, so schnell ihre Beine sie tragen wollten, den Berg hinunter. Blitzartig fuhr mir durch den Sinn, daß dies ein seltsamer Troß für eine Räuberbande war, aber ich war zu sehr vertieft in das Geschick unserer eigenen kleinen Gruppe, als daß ich solchen Einzelheiten nachgegangen hätte. Ich hielt mein Pferd unter einem kleinen Dornbaum an und beobachtete die Operationen wie das Edelfräulein einer mittelalterlichen Romanze in der Hoffnung eines Gefechtes.

Die Briganten zögerten einen oder zwei Augenblicke, beschlossen dann aber, unsern Vormarsch nicht abzuwarten, und liefen in großen Sprüngen wie Gazellen den Berg hinunter. Sa'id Dscha'far und der Polizist schrien mir etwas zu. Ich galoppierte zu ihnen, sprang ab, hob den Ballast des Wassersacks vom Sattel, während der Polizist sich aufschwang und über die lange grasbewachsene Schulter des Berges die Verfolgung aufnahm. Husein rannte hinterher. Die beiden andern blieben bei mir stehen und sahen ihnen nach, bis sie verschwunden waren.

Sie blieben ungefähr vierzig Minuten weg, und ein köstlicher Friede, eine tiefe Einsamkeit lag wieder um uns. Ich fürchtete nachgerade, daß der Polizist erschossen worden war. Sa'id Dscha'far glaubte das nicht. Er hielt die Flüchtigen für Amateure. Berufsbanditen, sagte er, tragen Weiß, um in den Felsen nicht aufzufallen. Dagegen betreiben viele durchaus ehrenhafte Stammesleute ab und zu ein wenig Räuberei an einer Straße, die so einsam und so berüchtigt ist wie diese, besonders, da sie kaum jemals einen bewaffneten Gegner zu fürchten haben. Hier sah man sich nie einem plötzlichen, gewaltsamen Angriff gegenüber, erklärte mir Sa'id Dscha'far. Die Sache spielt sich mit Regelmäßigkeit folgendermaßen ab: Wenn man gegen die Paßhöhe zieht, taucht ein Mann aus einer der kleinen Schluchten auf, wie das auch eben geschehen war, und fragt einen, ob man sich damit einverstanden erklärt, ausgeplündert zu werden. Stimmt man zu, so kann man seines Weges ziehen, entblößt, aber sonst unbelästigt. Leistet man aber Widerstand, so kehrt der Räuber um, und es gelingt ihm gewöhnlich, in dem ungleichmäßigen Gelände zu entkommen. Man setzt dann seinen Weg mit der Karawane in scheinbarer Sicherheit fort, bis man den Paß erreicht: Dies ist gewöhnlich ein schmaler Durchbruch zwischen Felsen, und hier macht dann ein Enfilierfeuer der Hartnäckigkeit des Reisenden ein Ende.

Sa'id hatte eben seine Darstellung der Technik des Nationalspiels in Luristan beendet, als zwei Wanderer auftauchten, die auf der einsamen, ebenen Strecke der Straße auf uns zu kamen. Der eine war ein älterer, der andere ein junger Mann, und beide trugen den eisenbeschlagenen Knüppel in der Hand. Sa'id Dscha'far und Ali gingen ihnen entgegen, bevor sie mir allzu nahe gekommen waren. Es war sehr erheiternd, sie sich einander nähern zu sehen, denn beide Parteien hegten offenbar die schwärzesten Vermutungen übereinander. Aus sicherer Entfernung riefen sie sich einen Gruß zu. Dann rückten sie behutsam näher, immer mit bereitgehaltenen Stöcken. Sie fragten einander nach dem Namen ihres Stammes und natürlich nach dem Ziel der Reise.

Nachdem befriedigende Erklärungen gegeben worden waren, lockerte sich der Griff um den Prügel, man hielt die Distanz nicht mehr so sorgfältig ein, und auch mir wurde gestattet, auf Gesprächsweite heranzukommen.

Die beiden Wanderer sagten, sie hätten die Männer gesehen, die die Aufregung verursacht hatten. Es seien keineswegs Räuber, sondern Angehörige eines Hindimini-Stammes.

»Warum sind sie dann aus den Felsen heraus auf uns zugesprungen?« fragte ich.

Dies schien man allgemein ganz natürlich zu finden.

»Entweder haben sie *uns* für Räuber gehalten und wollten sich eine günstige Ausgangsstellung sichern«, sagte Sa'id Dscha'far, »oder sie hofften vielleicht, daß wir unbewaffnet wären, und dann hätten sie uns selbstverständlich überfallen, ob es nun Räuber waren oder nicht.«

»Das beweist wieder einmal«, sagte ich, »daß man, wenn man mit einem Polizisten unterwegs ist, immer jemand findet, auf den man schießen kann. Wie gut, daß der Mann nicht getroffen worden ist.«

»Nun«, meinte Sa'id Dscha'far, »es war seine eigene Schuld. Er hätte stehenbleiben müssen, als er den Polizisten sah, und ihn nicht meilenweit galoppieren lassen sollen. Da kommen sie zurück.«

Der Polizist trabte auf uns zu, Husein hielt sich an seinem Steigbügel, und die alte Stute schüttelte die Mähne, als ob sie den Ausflug genossen hätte.

Er war den Hindimini sehr gram. Sie hatten ihn den halben Berg hinunter galoppieren lassen, bevor er sie erreicht hatte, und dann hatte sich herausgestellt, daß es enttäuschend respektable, ruhige Leute waren.

»Und der Naib (Leutnant) wird denken, daß ich umsonst eine Patrone geopfert habe«, fügte er hinzu.

»Mach dir nichts daraus«, sagte ich, »es war eine herrliche Tamascha.«

Darin waren wir uns alle einig und setzten unsere verzögerte Expedition in bester Laune fort.

Die Höhe des Kammes, die wir nun erreichten, war ein köstliches Stück Erdboden. Wohlgewachsene Eichen, rund wie Kohlköpfe, die einzeln über das Land hin verteilt waren, warfen Schattenmuster über das Gras wie Stücke chinesischer Stickerei auf einem Tafeltuch. Die gelben Wiesen dehnten sich in sanften Wellen beinahe auf gleicher Höhe vor uns hin. Von dem Rand zur Rechten aus zeigte sich über der Senke, an der wir am Vormittag entlanggezogen waren, nur ein einförmiger Höhenzug. Der andere Rand des Plateaus hing schwindelnd über dem Leeren. Hier fiel der Fels steil ab wie eine Woge, bevor sie zusammenbricht; und man sah über den Saidmarreh-Fluß, der sich wie ein Streifen grüner Farbe durchs Tal schlängelte. Hinter uns setzte sich die Woge fort und senkte sich in baumgetupften Hängen zur Ebene von Schirwan hinab, aus der Äcker und Felder heraufschimmerten. Dieser Teil des Gebirgsrückgrats hieß Warag Husil. Wir hatten seine andere Seite vom Paß von Milawar aus gesehen. Von Nordwesten zog sich der Fluß die Ebene entlang und durchlief in großen Schleifen ein Band flachen Landes, in dem die überwinternden Stämme ihr Korn säen. Zwischen niedrigen Felsabstürzen hatte er sich dort ein mit Tamariskendickicht gefülltes Bett gefressen.

Zur Zeit war das Land leer, abgesehen von einem Stückchen Ackerland der Rudbar-Araber zu unserer Rechten. Lange, mit flachen Felsplatten gepanzerte Berge lagen jenseits des Flusses einer hinter dem andern wie eine Flotte vor Anker, bewegungslos und klar zum Gefecht. Von dorther sah eine Bergwand namens Barkus zu uns herüber. Nicht ein Grashalm schien dort zu gedeihen. Die rostigen Kesselplatten der Felsen waren in flache Rinnen aufgespalten, in denen das Wasser herabsickerte, und das Fundament war mit einer Reihe sehr regelmäßiger rot-weißer Dreiecke verziert, wo kleine Wasserläufe, die in parallelen Gießbächen hinabstürzten, in so drolliger Symmetrie die unteren Kalksteinschichten der Formationen bloßgelegt hatten. Die Vorberge zwischen dem Barkus und dem Flachland des Flußufers waren alle salzhaltig, und Sa'id Dscha'far sagte, daß dort nichts Grünes gedeihe. Aber man sah da und dort Spuren niederer Lehmmauern, die im Winter die Zelte der Luren umgeben und schützen, denn die Stämme wohnen hier auf dem höher gelegenen Land über ihren Feldern am Fluß. Die Straße von Lakistan, auf der sie in etwa vier Wochen ihre Wanderung antreten würden, lief von Tarhan her über diese Vorberge. Wir sahen, daß sie sich immer in einer gewissen Höhe hielt und der gefährlichen Schlucht von Berindschan auswich, in die wir von hier aus hinabsahen. Ein zweiter schwarzer Einschnitt in der Landschaft zeigte in der Ferne den Tang Siah, den Schwarzen Engpaß, den man, wie sie mir erzählten, bewältigen muß, bevor man nach Tarhan gelangt, dem fernen, romantischen Land, das sich im Sonnendunst verlor.

Wir setzten uns nieder, um diesen Rundblick zu genießen. Ich mußte jetzt fürchten, nie über den Fluß zu gelangen, aber es bedeutete doch etwas, so den unbekannten Lauf vor sich zu sehen und die Straße am andern Ufer mit dem Blick zu verfolgen. Ich zweifelte nicht mehr daran, daß irgendwo längs dieser großen Wasserstraße die alten Kulturen zu suchen waren. Ein natürliches Gesetz verknüpft ihre fruchtbaren Ebenen wie in einer Kette, die sich wahrscheinlich ununterbrochen von Kermanschah im Norden bis nach Susa im Süden erstreckt.

Ich hatte diesmal selber für mein Essen gesorgt, in der sicheren Annahme, daß ein Stück Brot, das sie im Gürtel verstaut hatten, alles sein würde, was die Männer meiner Eskorte zur Ernährung beitragen könnten. Indessen hatte Sa'id Dscha'far darüber hinaus an zwei Granatäpfel gedacht. Von allem andern abgesehen, war ich daran interessiert, daß sich meine Leute so glücklich und schläfrig wie möglich fühlten. Ich fütterte sie mit Lammzunge in Büchsen, Gelee, Brot und Tee, dem allerdings das Wasser aus dem Ziegenschlauch einen etwas üblen Geschmack verlieh. Bevor ich die Lammzunge gekauft hatte, hatte ich mich erkundigt, ob ein Moslem sie essen dürfe, und nachdem ich so ihre frommen Zweifel beschwichtigen konnte, sah ich ihnen zu, wie sie sich den Inhalt der Büchsen begeistert einverleibten. Nachdem wir gegessen und unsern Tee getrunken hatten, übergab ich ihnen ein Päckchen Zigaretten und bemerkte, da sie zu Fuß hatten gehen müssen, während ich geritten war, dürften sie sich nun auch ein wenig ausruhen, während ich für mich allein eine kleine Wanderung antrat, um mich nach den Ruinen umzusehen. Wenn sie Lust hätten, könnten sie später nachkommen.

Alles ging gut. Niemand zeigte Neigung, sich in Bewegung zu setzen. Husein erbot sich, mich zu begleiten, wenn ich mich beunruhige, war aber offensichtlich erleichtert, als ich erklärte, nachdem die Gegend ja sicherlich nach den Ereignissen des Vormittags für acht Tage von Banditen gereinigt sei, wolle ich allein gehen. Ich trollte mich langsam, bis ich außer Sicht war. Dann begann ich zu laufen, so rasch ich konnte. Im Nordwesten mußte der Wadi des Schatzes liegen.

Zwanzig Minuten lief der Höhenrücken in breiter parkartiger Symmetrie dahin. Die Einsamkeit war so groß, daß sechs Steinböcke, die auf den Hinterbeinen standen, um die niedrigen Äste einer Eiche zu erreichen, erst spät bei meiner Annäherung aufschraken. Es war halb drei Uhr, als ich meine Begleiter verließ. Mehr als zwei Stunden durften nicht bis zu meiner Rückkehr verstreichen, und es war durchaus möglich, daß die Männer schon eher nach mir suchten. Und noch war kein Wadi zu sehen.

Ich begann allmählich an der Zuverlässigkeit der Skizze zu zweifeln, als sich eine Kluft zeigte, die an der Nordseite des Berges zum Fluß hinunterführte und deshalb von Süden während unseres Aufstieges nicht zu sehen gewesen war. Hier mußte eigentlich der Schatz liegen. Ein schwarzer Felsen sollte von links überhängen, wenn man hinabstieg. Eine Gruppe von vier Terebinthen und eine Eiche sollten den Eingang markieren. Zwischen dem Felsen und den Bäumen sollte dann die Pforte zur Schatzhöhle liegen.

Teils infolge des hastigen Gehens, teils auch von der Erregung schlug mein Herz heftig, meine Knie und meine Hände zitterten. Ich machte mich in größter Eile an den Abstieg und hielt bei jeder Felsengruppe an, um mich nach der Höhle umzusehen. Die Schlucht, zuerst ein seichtes grasbewachsenes Becken, verwandelte sich bald in eine Art Trichter mit überhängenden Felsen, einer Reihe kleiner granitener Amphitheater, die sich übereinander auftürmten und von denen jedes leicht ein halbes Dutzend Höhlen enthalten mochte. Und Bäume, Terebinthen wie Eichen, wuchsen überall. In fünf Minuten war ich eine Strecke hinabgeklettert, die mich beim Aufstieg das Vierfache an Zeit kosten mußte. Und die Schlucht wurde immer schwieriger. Und es wimmelte von schwarzen Felsen, die mich mit Öffnungen möglicher Höhlen narrten.

Ich erinnerte mich an ein Märchen aus meiner Kinderzeit. Die Liebste des Prinzen war von einer Hexe nach Lappland entführt und in ein Heidekraut verwandelt worden. Sie mußte in der Winternacht erfrieren, wenn sich nicht jemand des Wortes erinnerte, mit dem sie entzaubert werden konnte. Das Wort war aber vergessen. Allein in der Dämmerung auf dem weiten Moor, während die tödliche Nacht hereinbrach, konnte der Prinz unter so vielen gleichen die kleine Pflanze, die er liebte, nicht erkennen. Er versuchte Wort auf Wort. Erst im allerletzten Augenblick fand er das rechte, und die Gestalt der Geliebten erstand im Zwielicht.

Ich aber fand das Wort nicht. War ich nicht weit genug hinabgestiegen? Oder hatte ich die richtige Stelle im Gewirr der Felsen verfehlt? Ich weiß es nicht. Aber die Frist war nun endgültig abgelaufen, und ich wagte es nicht, die Suche fortzusetzen. Irgendwie mußte ich nun versuchen, den oberen Rand der Schlucht wiederzugewinnen und, ohne Argwohn zu erregen, wieder zu den Meinigen zu stoßen. Es war schon so viel Zeit verstrichen, daß ich, selbst wenn ich die Höhle jetzt gefunden hätte, keine Gelegenheit mehr gehabt hätte, sie zu untersuchen. Und ich kletterte, wie ich nie zuvor geklettert war, den steilen Hang der Schlucht hinauf.

Die zwei Stunden waren um, bevor ich den Grasboden der

hochgelegenen Mulde erreichte. Ich sah Husein gegen den Horizont näherkommen und nach mir Ausschau halten und kauerte mich einen Augenblick nieder, bis er vorbei war. Dann rannte ich wieder weiter, im Ohr das Klopfen meines Herzens und bei jedem Schritt das Gefühl, als ob ich keinen weiteren würde tun können. Ein kleiner Fliegenschwarm, der meinen Kopf umschwirrte und mit mir weiterrückte, nahm mir beinahe alle meine Kraft. Sie setzten sich auf meine Lippen und stürzten jedesmal in meine Kehle, wenn ich nach Atem ringend den Mund öffnete. Die zusätzliche Anstrengung, sie zu verjagen, brachte ich nicht mehr auf. Ich kam zu dem Schluß, daß die Dürre der ganzen Gegend sie zu solch einer schlimmen Plage machte. Meine Lippen waren das einzige in dieser Öde, was Feuchtigkeit enthielt, und ganze Scharen ließen sich auf ihnen nieder.

Als ich die Kammhöhe wieder erreicht hatte, widmete ich fünf Minuten einer letzten Übersicht. Ich erkletterte eine Anhöhe, von der aus ich sehen konnte, wie das Ende dieses Kammes sich auf der einen Seite zum Saidmarreh, auf der andern zur Ebene von Schirwan hinabsenkte. Im Osten starrte die Nordmauer der Schlucht der Ungläubigen, durch die wir geritten waren. Der obere Rand dieses Steilhangs war noch eben sichtbar. Ich notierte mit Sorgfalt die Hauptpunkte der Landschaft und ihre Lage zu einander und rannte dann, nachdem ich wieder etwas zu Atem gekommen war, auf der Kammlinie zurück. Ein Hase sprang auf, stolperte unter meinen Füßen über das Geröll. Ein Häher kreischte im Geäst. Ich konnte nicht denken, zählte jedoch meine Schritte, um überhaupt in Gang zu bleiben. Und nach Stunden, wie mir vorkam, erblickte ich den Polizisten und Sa'id Dscha'far, die immer noch behaglich unter einer Eiche rasteten, und die graue Stute, die in der Nähe graste.

Das war das Ende der Schatzsuche. Und was in der Berghöhle ruhen mag, bleibt noch immer ein Geheimnis.

Sa'id Dscha'far und der Polizist waren unruhig geworden. Bald kehrte Husein zurück und zeigte sich sehr erfreut und überrascht, mich hier zu finden. Er konnte nicht begreifen, daß er mich oben auf der Höhe verfehlt hatte. So schnell wir konnten, denn wir hatten keine Zeit zu verlieren, traten wir den Heimweg an. Und wir waren schon am Fuß des Berges angelangt und auf der Straße nach Schirwan, als Ali und ein zweiter Polizist uns mit der schönen Fuchsstute des Leutnants und einem zweiten Wassersack entgegenkamen, eine Aufmerksamkeit, die wir zu schätzen wußten.

Der letzte Teil des Abstiegs zog sich in die Länge, und der weiße Kalkstein erwies sich bergab als ebenso schwierig für die Hufe des Pferdes wie bergauf. Während wir so, immer wieder ausgleitend, die Straße hinunter ritten, wurde das Abenteuer mit den Banditen in der Erzählung noch einmal zum Leben erweckt. Unser eigener Polizist, ein netter, gesunder Bauernbursche aus Kermanschah, zeigte seinen Patronengurt mit der fehlenden Patrone. Er war zufrieden und erleichtert, weil der Leutnant Worte des Lobes gesandt hatte. Ich nahm wenig Anteil an dem allem, denn mein Herz sprengte mir noch immer fast die Rippen nach dem tollen Rennen. Gleich darauf wurde ich aber von dem Mann, der mit Ali gekommen war, mit der Frage aufgestört, ob ich die Höhle gesehen habe.

»Welche Höhle?« fragte ich. »Ich interessiere mich für Höhlen.«

»Ganz drüben auf der andern Seite, eine große Höhle in der Nähe des Flusses.«

»Eines Tages«, sagte ich, »komme ich wieder, und du führst mich dann dorthin. Bist du selbst drin gewesen?«

»Gewiß«, sagte er. »Es ist eine große Höhle, aber es ist nichts drin.«

Und das war das letzte, was ich von dem Ort des Schatzes hörte, bevor ich nach Bagdad zurückkehrte.

Die Familie Mahmuds war an diesem Abend am Feuer ausnehmend freundlich. Meine offen bekundete Abneigung dagegen, mit einer Eskorte zu reisen, war wohl daran nicht unschuldig. Sie haßten die Polizei mit einer Inbrunst, die niemand geahnt hätte, der nur ihre unterwürfigen Manieren in Gegenwart des Leutnants kannte.

Der Leutnant schien ein aufgeblasener Hohlkopf zu sein, aber nicht eigentlich ein schlechter Mensch, der eine so heftige Feindschaft verdient hätte.

»Er ist ein Schwätzer!« rief Mahmud mit einer Heftigkeit, die erfrischend wirkte in einem Lande, wo ein Übermaß an Redseligkeit nicht gerade als bemerkenswert angesehen wird. »Er spricht diese ganzen Gebete, aber sie sind nichts wert.« Es stimmte, daß der Leutnant stets sehr gewissenhaft den Schirm seiner Mütze nach hinten rückte und sich auf einen Teppich niederwarf, den seine Polizisten für ihn ausbreiteten. Schah Riza, der sich gewöhnlich sehr zurückhielt, wenn eine Autorität im Spiele war, mochte sie göttlichen oder menschlichen Charakters sein, stimmte diesmal mit seinem Landsmann überein.

Die Angelegenheit mit den Pferden bedrückte sein Gewissen schwer. Ich ließ es ihn in dem geselligen Kreis des Abends fühlen, zum großen Vergnügen aller Stammesleute, die ab und zu doch widerspenstig wurden, wenn er sich gar zu salbungsvoll gab.

»Er begleitet mich als Führer«, sagte ich, »um mir in einem fremden Land behilflich zu sein, und bei der ersten Gelegenheit, bei der ich ihn wirklich brauche, als es sich darum handelt, zwischen mir und einem völlig fremden Polizeioffizier zu wählen, beschwindelt er mich, um dem Polizeioffizier gefällig zu sein.«

»Hört, hört!« oder ähnliches riefen die Stammesleute unter großem Gelächter.

Auch der Philosoph lächelte, aber etwas geniert. Er fühlte sich wirklich unglücklich.

»Khanum«, sagte er, »Du mußt mir verzeihen. Ich wollte meine

Leute vor Schlimmem bewahren. Ich kenne Mahmud. Ihn kümmert es nicht, was er anstellt. Er wäre in Streit mit ihnen geraten, und sie kennen keine Bedenken. Sie wären gekommen und hätten ihm alles weggenommen, was er besitzt.«

»Das hättest du mir sagen sollen!« gab ich zurück. »Dann hätte ich, wie ich es ja auch getan habe, den Gedanken an meine Reise aufgegeben. Es ist schlimm, wenn man seinen eigenen Herrn belügt, weil ein fremder Polizist das von einem verlangt.«

Schah Riza hätte sich noch weiter verteidigt, aber die Versammlung war gegen ihn.

»Sag es ihm nur!« sagte die Dame des Hauses, die Tonpfeife in der Hand. »Es schadet ihm nichts, daß er es einmal hört.« Und als die Männer über die Veranda hinausgingen, um die heimkehrenden Herden zu versorgen, klopften sie ihm mächtig auf die Schulter und sagten, nun wisse er, was die Khanum von ihm hielt.

Die Schatzsuche dieses Tages hatte mich einigermaßen erschöpft, und ich nahm mir vor, erst nach dem Abendessen meinen kleinen Patienten mit dem Schlangenbiß aufzusuchen. Aber der Perser ist zu sehr an menschliche Gefühllosigkeit gewöhnt, als daß er nicht jedesmal alle Vorkehr treffen würde, die ihm geboten scheint. Während ich mich auf der Veranda ausruhte, zog eine rührende kleine Prozession heran: Der Alte, der sein Söhnchen auf dem Rücken eines Esels festhielt, und die Mutter, die ihnen folgte. Ich war ärgerlich, weil sie das Kind hatten aufstehen lassen, anstatt zu warten.

»Wir haben dir den Weg ersparen wollen«, sagten sie, während sie ihm von dem Esel halfen.

Obgleich sein Puls noch immer raste, sah der Arm ohne Zweifel besser aus. Er hatte jetzt die Farbe gesunden Fleisches angenommen, und der Junge schien nicht schwächer geworden zu sein. Der Leutnant, der sich erst gleichgültig gezeigt hatte, war beeindruckt, als er sah, daß ich meinen Besuch bei *ihm* aufschieben wollte, um den Kranken zu sehen, und begriff offenbar, daß Philantropie die Losung des Tages war. Er meinte, der Regierungsarzt werde ihn kurieren, wenn man ihn nach Huseinabad brächte.

»Wie könnten sie ihn dorthin bringen?« sagte der alte Kadkhuda. »Allein die Hinreise würde zwei Tage beanspruchen, und
sie besitzen nicht einen Pfennig, um einen Esel oder ein Pferd zu
mieten.«

»Daran soll es nicht fehlen«, sagte der Leutnant. »Wenn sie ein
Tier auftreiben können, so will ich es bezahlen und ihnen einen
Brief an den Doktor mitgeben.«

Dieses Anerbieten schien mir großzügig, und ich erwartete,
daß das Tier erschiene. Aber es geschah nichts. Als es Abend
wurde, fragte ich, ob man nicht etwas in der Sache tun wolle.

»Du glaubst doch nicht etwa, daß er es ernst gemeint hat?«
fragten mich die Stammesleute. »Wenn wir ein Pferd fänden, so
würde er sicher nicht dafür bezahlen. Und wenn der Junge nach
Huseinabad käme, würde der Doktor ihn nicht umsonst behandeln. Er redet nur, um vor dir groß dazustehen.«

Es widerstrebt mir heute noch, so schlecht von dem Polizisten
zu denken. Aber es war ganz klar, daß niemand etwas unternahm.

»Wenn der Leutnant nicht bezahlt, so werde ich es tun«, sagte
ich. »Sobald ich sehe, daß der Junge wirklich unterwegs ist, gebe
ich zwei Toman. Damit kann er bis Huseinabad kommen, und
auch für das Essen bleibt noch etwas übrig. Und ich will selbst
dafür sorgen, daß sich ein Arzt um ihn kümmert.«

»Dein Herz ist voll Mitgefühl«, sagten sie. »So Gott will, finden
wir vielleicht ein Pferd.«

Als sie jedoch am Abend mit dem Jungen kamen, war immer
noch nichts getan worden. Da ich am nächsten Morgen abreisen
wollte, gab ich die zwei Toman in dem Bewußtsein, daß sie nie
für den Zweck ausgegeben würden, für den sie bestimmt waren.
Aber man kaufte ohne Zweifel Nahrungsmittel, und es bestand
durchaus die Möglichkeit, daß der Junge auch ohne ärztliche
Behandlung mit dem Leben davon kam. Als ich die Wunde
frisch verbunden hatte, sah mir die Familie mit demütigem Neid
beim Essen zu. Der Alte wahrte seine ruhige bewundernswerte
Würde und sah ohne Pose, nur mit einer natürlichen Melancholie ins Leere. Die Frau dagegen verfolgte jeden Happen, den ich
aß, mit den Blicken, und ich ertrug es nicht länger. Meine

Gastgeber ließen sie am Ende doch auch noch am Essen teilnehmen. Nicht um ihrer selbst willen hatte sie die ungeschriebene Etikette des Ostens, nach der kein Gefühl den Menschen mit sich reißen darf, verletzt. Sie sah den Knaben mit einer Art wilder Liebe essen, mit einer animalischen Urwüchsigkeit, während sie zwischen den Brotbrocken aus dem Napf, der vor ihr stand, die saftigeren Fleischstückchen für ihn aussuchte. Es war in keiner Weise eine Diät für Rekonvaleszenten. Ich sagte mir aber, daß er längst hätte tot sein müssen, wenn er gegen solche Kleinigkeiten empfindlich gewesen wäre, und vermutlich bedurfte er einer kräftigen Mahlzeit mehr als irgendeiner andern Hilfe. Er aß und aß. Schließlich leckte er mit einem Seufzer die letzten Reste von seinen Fingern. Ich hatte ihm eine kleine Spielzeuguhr geschenkt, an der er viel Freude hatte. Er sprach nun wieder mit hoher fiebriger Stimme, und was er sagte, war seltsam gemischt aus Knabenhaftigkeit und dem harten Stoizismus der Armen. Er habe zwei Brüder, die beide Lastträger in Bagdad seien. Auch er wolle Lastträger werden, wenn er am Leben bliebe.

»Ich habe keine Angst vor dem Sterben«, sagte er. »Aber ich finde es häßlich, daß mein Körper verfault und stinkt, bevor ich tot bin.«

»Das wird er nicht tun«, sagten wir. »Siehst du nicht, daß dein Arm schon viel besser aussieht, seitdem du ihn mit dem roten Wasser gewaschen hast?«

Er sah den armseligen Stumpf mit Abscheu an. »Gott weiß es«, sagte er. »Aber ich kann nie wieder mit einem Gewehr schießen oder mit einem Messer schneiden.«

Es war spät, und es dunkelte schon. Der Alte hielt den Esel, und zwei Stammesleute hoben den Knaben hinauf. Ich sagte nichts mehr von Milch oder Eiern oder ähnlichen Unmöglichkeiten, ja, nicht einmal etwas von der Fahrt zum Doktor. Besiegt überließ ich alles Allah, nach der Art des Ostens.

Am andern Morgen um halb acht war der Leutnant bereit, und ich nahm Abschied von meinen Freunden. Mahmud hatte der grauen Stute das beste Geschirr angelegt und wies Husein an, mich in die Hauptstadt zu begleiten. Er hoffte, daß ich nach einem Besuch beim Gouverneur doch noch über Schirwan zurückkehren und meinen ursprünglichen Plan werde durchführen können. Sie wollten alle warten und sich bereithalten, mich nach Wunsch überallhin zu führen. Sie drängten sich alle zu herzlichem Abschied um mich. Dem Leutnant schien das nicht sehr zu behagen. Er stand etwas abseits mit dem Kadkhuda, der sich ihm nicht entziehen konnte, während diese freundschaftlichen Zeremonien stattfanden.

»Nichts als Lügen«, sagte er, sobald wir uns auf dem Weg befanden. »Mahmud ist ein schlechter Mensch. Er ist nur an den Geschenken interessiert, die Sie ihm geben.«

Wir ritten den Weg zurück, den wir gekommen waren: über die Mühlen von Garau. Es war mir nicht unlieb, nach Huseinabad zu gehen, denn dieser Weg ist auf den Karten noch nicht verzeichnet, und das obere Garau-Tal war mir, wie den meisten Europäern, völliges Neuland, obgleich wahrscheinlich die russische Kavallerie diese Straße gezogen ist, als sie während des britischen Vormarsches auf Kut von Kermanschah nach Amara rückte.

Ich ritt mit einer Gemächlichkeit dahin, die die Polizisten zur Verzweiflung brachte, denn ihre Pferde waren viel besser als die meinigen. Der Leutnant erbot sich immer wieder, mein Tier auszuwechseln, aber mir lag daran, später noch einige Peilungen durchzuführen, und ich hatte nichts dagegen, langsam zu reiten, um ihn womöglich so zu ermüden, daß er sich von mir trennte, entweder um zurückzubleiben oder um vorauszutraben.

Das Tal war heiß und wasserlos wie bisher, aber es war nicht mehr so unbewohnt; da und dort sahen wir pflügende Männer. Sie gaben unseren Polizisten einen Trunk aus ihren Wassersäkken. Die Polizei scheint in diesem dürren Lande nie mit einem so nötigen Ausrüstungsgegenstand versehen zu sein, wie es eine Wasserflasche ist. Als wir durch die Schlucht, in der uns seinerzeit die Hochzeitsgäste begegnet waren, nach Garau hineinkamen, ging uns ein alter Mann entgegen, der seinen Pflug auf der Schulter trug. Er war ganz aus Holz und hatte eine stumpfe hölzerne Schar, die vom Gebrauch glatt und glänzend geworden war. Mit einem Lächeln der schlauen Bauernäuglein unter dem schlichten Haar und der kleinen Filzmütze schritt er an uns vorbei, eine Erscheinung der Vorzeit wie das Gerät, das er trug.

Wir trafen auf die Vorhuten der Stämme, die in ihre Winterquartiere einrückten: ein Zug müder Menschen, Esel und kleiner schwarzer Ochsen, die mit Kochtöpfen, Teppichen und Zelten beladen waren – ganz oben auf der Last ein paar Hühner. Frauen, deren weite Gewänder ihnen jeden Schritt erschwerten, gingen vornüber gebeugt, die Kleinen auf dem Rücken. Die Tagesleistung eines Stammes auf dem Marsch muß sehr gering sein. So versteht man es, warum ein Luren-Stamm, der mit Gewalt in Ostpersien angesiedelt worden war und sich durch feindliches Gebiet nach Hause durchschlagen wollte, zunächst einmal sich des beschwerlichen Trosses entledigte, indem er vor Antritt des Marsches die eigenen Familien massakrierte.

Schah Riza hatte selbstverständlich die weltliche Sorge für eine Mahlzeit wieder einmal außer acht gelassen, obgleich er rechtzeitig daran erinnert worden war.

»Wie verderbt«, sagte er, ohne einen Augenblick zu zögern, als ich ihn danach fragte, »wie verderbt ist die Frau Mahmuds, daß sie einen Gast ohne Nahrung in die Wildnis ziehen läßt.«

»Sie hat es vergessen«, sagte ich, »aber doch nur einmal. Du dagegen vergißt es jeden Tag. Was sollen wir jetzt tun?«

»Khanum«, sagte er wie ein Mensch, der einem andern freundlich Vernunft zusprechen will, »bei der Allmacht Gottes, kann ich Nahrung in einem unbewohnten Land schaffen?«

Ich gab den Kampf mit meinem Philosophen auf und wandte mich an die Polizisten. Sie hatten mich zu einer Reise veranlaßt, an die ich nie gedacht hatte. So mochten sie sich auch darum bemühen, mir etwas zu essen zu beschaffen! Und ich muß zugeben, daß sie dies bereitwilligst taten, obgleich ich den Verdacht nicht unterdrücken kann, daß sie selten für das bezahlten, was wir verzehrten. Als die Essensfrage angeschnitten wurde, schickte der Leutnant einen Mann zur oberen Mühle von Garau, oberhalb unseres alten Lagerplatzes, während wir selbst langsam nachfolgten.

Der Leutnant erwartete Nachrichten aus Huseinabad. Ich

vermutete, daß er gleich nach der Begegnung mit mir einen Boten abgeschickt hatte und immer noch auf Anweisung wartete, was er zu tun habe. In dem Augenblick, als wir von der Hauptstraße ab in ein kleines Seitental einbogen, wo die Mühle tief unter den Nadeln des Waland Tar an einem klaren, winzigen Flüßchen lag, sichteten wir eine Gruppe, die das Tal hinabritt. Der Leutnant ritt ihnen entgegen, während ich die Richtung auf die Mühle beibehielt und mich an dem kleinen Wasserlauf im Schatten erquickte. Eine ausgebaute Ufermauer aus mörtellosen Feldsteinen leitete ihn in eine Mulde, in der die Mühle stand, eine abgestumpfte Pyramide, etwa fünfzehn Fuß hoch bei einer Grundfläche von zehn Fuß im Quadrat wie alle Mühlen in Luristan.

Hier breiteten die Polizisten an einer schattigen Stelle Teppiche aus, und die Bewohner der drei ärmlichen Zelte begrüßten uns sehr schüchtern und zurückhaltend. Gleich darauf erschien der Rest der Gesellschaft und erfüllte die Mulde mit dem Lärm einer ganzen Kavalkade.

Der Führer der Gäste war ein junger Zolloffizier aus Huseinabad mit blauen Augen, einem schwarzgrauen europäischen Anzug und intelligenten Zügen. Er brachte seine Zeit damit hin, Steuern einzutreiben und Schmuggler aufzugreifen, kannte das Land gut und berichtete mir Einzelheiten von den Burgen und Ruinen im Bezirk von Schirwan, die ich zu besuchen hoffte.

»Es gibt da eine Burg namens Schirawan«, sagte er, »die auf einem Felsen steht und deren Wasserleitungen, die vom Tal heraufführen, heute noch zu sehen sind. Und in Schirwan selbst, der Stadt Nuschirwans, können Sie Wasserleitungen sehen, die von Haus zu Haus gelegt sind.«

Er war jetzt unterwegs, um Steuern einzutreiben, und erwartete noch eine zusätzliche Leibgarde, die ihn auf dieser unpopulären Reise begleiten sollte. Er verfügte bereits über fünf Schützen, Deliwand aus Saidmarreh, wo sich das Hauptquartier des Korps befindet. Es sind Freiwillige, die für ihre Dienste etwas Geld und ein Stück Land erhalten. Es waren hübsche Kerle mit buschigen Schnauzbärten und energischen Zügen, und sie trugen weiße wollene Abbas, die über die Schulter aufgebunden waren, Turbane, Schärpen, in denen vorne zwei Messer staken, und auf dem Rücken eine Flinte. Ihr Anführer war ein dürftiges kleines Stadtpflänzchen, im Pahlawi-Hut, sehr jung, dessen Vater von der Regierung eine runde Summe erhielt, für die er eine bestimmte Anzahl dieser Leute zu stellen hatte.

Das Heer und die Beamtenschaft sonderten sich zur Einnahme ihres Mahls ab und diskutierten offenbar meine Gefangennahme, denn sie warfen ab und zu einen Blick in meiner Richtung. Ich schlief, bis ich durch eine Botschaft vom Leutnant aufgestört wurde: Er hatte einen plötzlichen Fieber- und Ruhranfall und sah tatsächlich sehr schlecht aus. Ich ließ ihm Chinin und Opiumpillen geben und hoffte nur, daß er mir nicht gerade auf dieser einsamen Strecke meiner Reise unter den Händen starb. Als ich erwachte, setzten sich die Freiwilligen vom Saidmarreh eben als Vorhut in Marsch. Sie zogen den Weg hinab, den wir gekommen waren. Wenn die Offiziere nicht zu sehen waren, gaben sie sich so freundlich, wie man es nur wünschen konnte, und wie sie so dahin ritten, hoben sie sich in feinen Umrissen vom Horizont ab und sahen einer Gruppe von Steuereinnehmern so unähnlich wie nur möglich.

Ich hielt es nun auch für mich an der Zeit, aufzubrechen. Es lag mir daran, am Milleh-Pendschah-Paß oben im Taltrichter genügend Zeit zu haben, um Peilungen vorzunehmen und meine Karte zu überprüfen. Von dem Leutnant im besonderen und der Polizei im allgemeinen hatte ich mehr als genug genossen. Schah Riza seinerseits hatte mich gereizt, indem er damit herauskam, daß er seine Zündhölzer zwischen meiner Wäsche in der Satteltasche untergebracht hatte, wo, wie er naiv erklärte, kein Mensch Schmuggelwaren suchen werde. Dort zog er sie nun hervor, nicht ohne die Reste meiner Garderobe in größte Unordnung zu bringen. Ich ließ ihn inmitten des Durcheinanders stehen, und er protestierte heftig, während ich davon ging. Auch die alte Frau in dem Zelt protestierte, als sie mich scheiden sah. Die Polizei, sagte sie, habe das Huhn nicht bezahlt und werde das auch nie tun. Ich gab ihr 50 Pfennig, den normalen Preis, und fühlte mich nicht mehr als Gast, sondern als Eindringling.

Die Wälder von Aftab

Es war halb drei, als ich mich los machte, und eine Stunde lang wanderte ich einen köstlichen Weg entlang, der uns bergauf, bergab durch freies Feld und grüne Lichtungen auf einen höher gelegenen Talabsatz hinführte, wo die wildzerrissenen Türme des Waland Tar in die Vorberge übergehen. Unter uns lag ganz übersichtlich der Talgrund mit dem Fluß und der Hauptstraße von Milleh Pendschah. Ein Grab mit gelber Kuppel und das gepflügte Stoppelfeld waren die einzigen Zeichen von Menschenhand, denn zwischen den Mühlen von Garau und den ersten Aftab-Lagern gibt es auf einer Strecke von sechs Stunden keine Zelte. In seiner oberen Hälfte bezog sich das Tal nach und nach mit einem dichten Gewand von Eichengrün, prächtigen, vom Sonnenlicht gesprenkelten Baumkronen, und der niedrige Paß stieg unter ihrem Schatten zu einer sanften Kammlinie hinan. Stille und Einsamkeit umlagerten uns in köstlichem Frieden.

Einsamkeit, dachte ich sinnierend, ist ein tiefes Bedürfnis des menschlichen Gemüts, dem unsere Sitten niemals Rechnung tragen. Man betrachtet die Einsamkeit als eine Bußübung oder Strafe, nie aber als unentbehrlichen Bestandteil eines gesunden Lebens, das sie doch ist, und diese mangelnde Anerkennung verursacht die Hälfte unserer privaten Schwierigkeiten. Furcht vor einem ununterbrochenen tête-à-tête, sollte man meinen, müßte jeden Mann hindern, sich zu verheiraten. (Frauen sind davon nicht ebenso betroffen, da sie ja den größten Teil des Tages allein zu Hause verbringen können, wenn sie es nur wollen.) Auch unsere moderne Erziehung nimmt keine Rücksicht auf das Bedürfnis nach Einsamkeit. Daher der Verfall der Religion, der Literatur, die Verderbtheit aller tieferen Gemütsregungen: eine krankhafte Sucht, immer etwas zu tun, als ob man niemals ruhig sitzen und das Marionettentheater vor sich abrollen sehen könne. Eine Unfähigkeit, sich dem Wunder und dem Geheimnis hinzugeben, während um uns, wie eine Welle, die uns zu neuen Ufern trägt, die Weltgeschichte sich entfaltet. Das waren meine Gedanken, als Husein, außer Atem und die graue

Stute aus Leibeskräften mit dem geflochtenen Riemen schlagend, hinter mir her kam und mich fragte, wie ich es denn aushalten könne, über eine Stunde allein zu gehen, während hinter mir alles in Unruhe gerate.

Husein steig ab, um mich aufsitzen zu lassen. Er ging voraus, die Muskeln spielten unter der braunen Haut seiner Waden, und ein paar Fetzen alter Giwas hingen an seinen Füßen. Die beiden Talwege vereinigten sich und liefen über einen engen Kalkstein-Paß, der den verlockenden Namen Dschalau Geringeh, »vorgeschobener Punkt, an dem man gefangengenommen wird« trägt. In früheren Zeiten, ehe der Frieden ins Land gezogen war, war diese Stelle durch ihre Banditen berüchtigt. Hier schlängelt sich ein Flüßchen, der Tschubid, in einer tief eingeschnittenen Rinne vom Waland Tar herunter, der nun hoch über uns hing. Es ergießt sich in den Garau, der als Ab Barik beginnt und unter Bäumen verborgen von der niederen Wasserscheide herabströmt. Bäume verdecken die Landschaft. Wenn es nicht gänzlich an Unterholz gefehlt hätte, so hätte man glauben können, durch einen Wald in England zu reiten. Aber die kahlen Flächen, die nur von Felsen unterbrochen waren, vermittelten ein ärmliches und ödes Landschaftsbild, und sie waren wohl auch der Grund dafür, daß sich kaum ein Tier hier aufhielt. Nur da und dort ein Häher oder eine Wildtaube, die von Baum zu Baum flatterte.

Zwei Gruppen kamen uns entgegen: die erste, ein weiterer Schützentrupp, der sich den Steuereinnehmern anschließen wollte, hatte offenbar durch Gerüchte in Huseinabad von meiner Expedition erfahren. Die andern waren Fremde, die ebenfalls von der Hauptstadt aus in diese Bergfesten heraufzogen. Der Pahlawi-Hut verlieh ihnen ein modisches Aussehen. Sie sahen mir erstaunt nach, während Husein etwas zurückblieb, um mit ihnen zu sprechen. Als er mich wieder eingeholt hatte, befanden wir uns in der tiefsten Abgeschiedenheit des Waldes. Goldenes Spätlicht sickerte durch die Baumkronen. Husein brachte mein Pferd zum Stehen, indem er es am Zügel nahm, und sah mich mit einem Lächeln an, das mich höchlichst beunruhigte: So leicht demoralisiert die Einbildungskraft.

»Ich bin müde«, sagte Husein. »Ich bin ›tinim‹.«

»Tinim« mußte ein lurisches Wort sein. Ich hatte keine Ahnung, was es bedeuten mochte. Er erwartete offensichtlich, daß ich etwas dagegen tun sollte, und wiederholte das Wort, wobei er näher kam. Dann nahm er meine Wasserflasche und trank daraus.

Ich war sehr erleichtert und schlug ihm vor, eine halbe Stunde zu rasten oder zurückzubleiben und sich von Schah Riza mitnehmen zu lassen.

»Das ist nicht nötig«, sagte er, ganz erfrischt. »Wenn ich neue Giwas hätte, würde ich für dich um die ganze Erde laufen.«

»In Huseinabad sollst du neue Giwas haben, und ich werde sie dir schenken«, sagte ich voller Gewissensbisse über meinen unwürdigen Verdacht. Unter diesem moralischen Anreiz schritt Husein wieder wacker voran, und wir erreichten die Paßhöhe noch rechtzeitig, um alle notwendigen Peilungen vornehmen zu können, bevor der Leutnant uns mit seinen Polizisten einholte.

Der Paß von Milleh Pendschah trennt die Badra von den Mischkhas, einem großen und reichen Stamm, dem die ganze Gegend von Aftab gehört, nach der er auch im allgemeinen benannt wird. Der Stamm baut hauptsächlich Tabak an und ist berühmt durch seine Schafzucht, woher sie denn auch mit ihrer gewöhnlichen etymologischen Naivität den Namen Mischkhas ableiten (Misch gleich Mutterschaf). Erst zwei oder drei Stunden unterhalb des Passes beginnt das bebaute Land, und wir ritten noch immer durch die Wälder, die jetzt das flachere Land, von vielen Lichtungen unterbrochen, überzogen. Mehrere ausgetrocknete Flußbetten des A-bi-Baliaqin hatten wir zu überqueren die von rechts herab das Waldland durchliefen. Sie halten sich später an den Fuß des Kebir Kuh, nehmen weiter westlich den Aftab in sich auf und brechen sich schließlich in mehreren Schluchten ihren Weg zum Irak, wo sie den Namen Kundschan Tscham führen. Wo sich der Wald da und dort lichtete, konnten wir vor uns sehen, wie der Gebirgszug des Kebir Kuh sich seinem Ende zu dehnte. Jenseits lagen vereinzelte, weniger klar umrissene Berge, die sich in unregelmäßigen Abständen aus der Ebene erhoben. Ein kleines vielgestaltiges Massiv, der Sardab

Kuh, lief zu unserer Rechten mit, hinter dem sich die langen Felsabstürze von Saiwan und Barazard verbargen. Die Sonne ging unter. Der Leutnant galoppierte voran, stieg ab und warf sich nieder, um am Wegrand das vierte Gebet zu verrichten, während ein Polizist sein Pferd hielt. Er stolzierte dann wieder mit einer Miene auf mich zu, in der eine Tugendhaftigkeit zum Ausdruck kam, die der Demut entbehrte.

»Gebet ist gut«, bemerkte er. »Wir Moslems sind verpflichtet zu beten.«

»Alle Kinder der Heiligen Schrift lernen beten«, gab ich zurück.

Der Leutnant pflichtete mir bei, als ob er damit ein Zugeständnis mache. Er fragte mich dann, ob ich einverstanden sei, wenn man die ganze Nacht durch reite, um am andern Morgen vor Einsetzen der Hitze in Huseinabad zu sein. Er fühle sich so schwach, daß er es nicht noch einen Tag aushalten könne.

Wir waren bereits acht Stunden geritten, und die Pferde hatten nichts als Häcksel bekommen. Ich schlug indessen vor, um zwei Uhr morgens aufzubrechen, sofern sich Hafer für die Pferde auftreiben ließe. Bislang war aber weit und breit noch keine Spur einer menschlichen Behausung wahrzunehmen.

Wir wandten uns nun nach Norden über den Baliaqin und ritten auf die kleinen Berge zu. Im letzten Schimmer des Tages gelangten wir zu einer sehr süßen Quelle, die den Namen Tschasmah Qal'a Malik, Quelle der Königsburg, trug. Sie ergoß sich zwischen grüne Rasenufer, und hier konnten unsere Pferde trinken. Husein blieb zurück, um meine Wasserflasche zu füllen. Wir glaubten, er sei nachgekommen, aber als es völlig dunkel geworden war und wir bereits mitten in dem Gewirr der Berghänge und plötzlichen Wegbiegungen des Sardab-Gebirges steckten, fragte Schah Riza unvermutet von hinten, wo denn Husein geblieben sei. Er war nicht bei uns.

Wir warteten und riefen. Keine Antwort. Die Nacht lag wie Samt um uns, nur die Milchstraße zu unseren Häupten und vor uns ein schmaler Streifen Kalkstein schimmerten undeutlich in der Finsternis. Der Leutnant war dafür, weiterzureiten. Aber das war unmöglich, und auf meinen Protest hin sprengte er mit einer

Miene galanter Ritterlichkeit zurück, und wir hörten seine und Schah Rizas Stimme durch die Wälder schallen.

Husein aber blieb verschwunden (und stieß erst am Morgen wieder zu uns). Nach einiger Zeit kam der Leutnant zurück. Es blieb nun nichts übrig, als weiter zu reiten und zu hoffen, daß Husein seinen Weg allein fand. Die Nacht war so finster, daß wir kaum die Formen der Berge am Horizont unterscheiden konnten. Ein unbestimmtes Gefühl sagte uns, daß es bergab ging. Der feuchte nächtliche Brodem bebauter Felder zog aus der Tiefe, und bald vernahmen wir das Rauschen eines Wassers, vertrauter süßer Ton in der Nacht. In großen Abständen über ein weites, offenes, von Wasserläufen durchzogenes Becken verteilt, schimmerten da und dort die Feuer der Aftab. Wir stolperten bis zu dem ersten von ihnen hinunter und stellten fest, daß die Besitzer Reisende waren wie wir selbst, eine Karawane, die im Freien kampierte, und daß sie nicht eine Handvoll Futter irgendwelcher Art für die Pferde hatten.

Das nächste Zelt war sehr klein und ärmlich. Unsere Gesellschaft hätte darin keinen Platz gefunden: zwei Gestalten, die innen kauerten, verwiesen uns weiter in die Mulde hinein. Wir wateten durch Wasser. Mein Pferd, nervös vom Rauschen der auf allen Seiten plätschernden Gewässer, weigerte sich, über einen Mühlgraben zu setzen, auf den wir stießen und der dem Abhang parallel verlief. Schah Riza beschwor mich, abzusteigen. Er hüpfte selber von seiner Mähre und flatterte wie eine Henne oder wie der Geist eines Abgeschiedenen in der Finsternis vor mir her, versetzte mein Pferd in Erregung und fragte, ob ich, bei der Hand Gottes, nicht seinem Schutz anvertraut sei. Ich grub die Füße in die Winkel meiner ungeheuren Steigbügel und kam schließlich hinüber, wobei ich mit einem Schwung in die unsichtbare Finsternis des jenseitigen Ufers hinein setzte, der bei meinem Philosophen beinahe einen Herzanfall verursachte. Ich habe ihm nie begreiflich machen können, daß er sich um mein leibliches und nicht um mein geistliches Wohl zu sorgen hatte.

Nach der Aufregung dieses Flußübergangs gelangten wir zu einem Zelt, das etwas ermutigender aussah, und fanden hier einen langbärtigen Alten in einer Abba, umgeben von knurrenden Hunden. Der Alte sagte, er habe keinen Platz. Seinen Worten wurde indessen keine Beachtung geschenkt, und ich wurde angewiesen, durch die Zelttür einzutreten. Innen kauerte ein altes Weib neben einem neugeborenen Kalb an einem rauchigen Feuer. Es war denkbar armselig, und als der Leutnant nachgekommen war, erklärte er, das Zelt sei unmöglich. Wir wußten, daß in einer so großen Siedlung auch bessere Zelte sein mußten. Wir gingen in die Nacht hinaus und sagten dem Alten, er solle uns führen. Das lehnte er jedoch ab. Er sagte, er mache sich Feinde auf Lebenszeit, wenn er irgend jemandem die Polizei auf den Hals lade. Und er könne es sich nicht leisten, sich mit Leuten zu verfeinden, mit denen er gezwungen sei, zusammenzuleben, nur um uns einen Gefallen zu tun, uns, die er in seinem Leben nie wieder zu sehen bekomme. Der junge Polizist aus Kermanschah, derselbe, der dem Banditen nachgeritten war, packte ihn beim Kragen seiner Abba und schüttelte ihn wie einen nassen Pinsel. Der Alte rief die Namen sämtlicher Propheten an, weigerte sich aber standhaft, uns zu führen.

»Heraus mit dir«, sagte der Polizist und zerrte ihn neben sich her. »Du Sohn eines verbrannten Vaters, du Hundesohn, wir bezahlen es dir, wenn du kommst. Willst du uns denn die ganze Nacht unter freiem Himmel stehen lassen?«

Aber der Mann blieb unerschütterlich. Er ging mit, weil er mitgeschleift wurde, aber sein Geist blieb unbezwungen, und er war durch nichts zu bewegen, uns zu sagen, welches der vielen Feuer, die über die Ebene funkelten, zu einem Zelt gehörte, das Gäste aufnehmen konnte. Wir gingen also auf das nächste Zelt zu und fanden in ihm nur zwei Frauen und einen kleinen Jungen. Auch sie wären uns am liebsten wieder losgeworden.

»Zu uns könnt ihr nicht kommen. Wir sind nur Frauen«, sagten sie. Die Entschuldigung war von der Art, daß ein gesitteter Moslem nicht über sie hinweggehen konnte. Aber der kleine Junge ließ sich schließlich dazu bewegen, uns zu führen. Der Alte wurde brummend, zerzaust und unter Fluchen entlassen, und wir zogen zwischen Scharen von Hunden zu einem großen Zelt am Abhang.

Aus ihm trat wieder ein alter Weißbart, der uns aber aufs liebenswürdigste empfing.

»Hosch ati, hosch ati, herrlich ist eure Ankunft«, sagte er, bewegte erst das eine und dann das andere Auge mit den Fingern seiner Hand zum Gruß.

Das Zelt war geräumig, aber kahl und kalt, ohne jede Ausstattung mit Matratzen oder Satteltaschen. Aber sein Sohn beeilte sich, in einem neuen Herd, einem hastig mitten im Zelt in den Boden gekratzten Loch, ein Feuer anzulegen. Seine alte Frau lächelte freundlich. Filzmatten wurden herbeigeschafft, auf die wir uns niederlassen konnten, und eine hübsche Tochter kam mit dem Mehlsack, um Brot zu backen. Der Leutnant verließ uns, um ein anderes Zelt ein Stückchen bergauf zu beziehen, und nach dem Abzug der Polizei wurde die Stimmung entschieden herzlicher. Obgleich ich selbst nie einen Akt polizeilicher Willkür erlebt habe, so ist die Ablehnung der Polizei im ganzen Puscht-i-Kuh doch so allgemein, daß der Verdacht sich aufdrängt, es müsse, wenn nicht die Augen eines Ausländers zu befürchten sind, gelegentlich Veranlassung dazu gegeben werden.

Es war inzwischen so spät geworden, daß im Manzil nicht mehr lange geplaudert wurde und ich mich bald in meinen Schlafsack verkroch, um mich zu erwärmen. Draußen vor dem Zelt regten sich Ziegen und Schafe, und der heulende, verlorene Schrei von Wölfen drang durch die Nacht, gefolgt von furchtbarem Gebell und Toben der Hunde. Niemand weckte uns, so daß ich mit Befriedigung darauf schloß, daß der Gedanke an einen Nachtmarsch aufgegeben worden war. Und am andern Morgen regte sich tatsächlich nichts in den höher gelegenen Zelten. Ich beschloß, vorauszureiten. Wir setzten uns zum Tee nieder, der Gastgeber trank die erste Tasse, wie es die gute Sitte gebietet, und wir erzählten uns in Abständen immer aufs neue, wie sehr wir uns freuten, einander kennenzulernen. Er war liebenswürdig und uneigennützig, denn er nahm keine Bezahlung an, gestattete mir aber, seinen beiden jüngeren Söhnen Taschenmesser zu schenken. Seine Stammesgenossen zogen im Winter den Kundschan Tscham entlang bis in die öden, kahlen Gegenden östlich von Zurbatijja, durch die wir gekommen waren. Vor etwa zehn Jahren sei ein Engländer nach Aftab gekommen, um kartographische Aufnahmen zu machen. Er reiste mit sieben Zelten und einer Frau, und er brachte seine Zeit damit zu, »die Berge zu messen«. Damals hatte es mehr Wasser gegeben, wie er sagte, und viele der auf der Karte verzeichneten Flüsse liegen jetzt trocken.

Mittlerweile hatten die Pferde ihr aus Stroh bestehendes Frühstück verzehrt, und wir brachen auf, nur noch etwa eine Minute aufgehalten durch zwei schöne Mädchen in langen roten Gewändern, Samtröcken und großen Turbanen, die uns nachliefen und mich baten, doch noch einen Augenblick zu verharren, damit sie mich ansehen konnten.

Nach der Hauptstadt von Puscht-i-Kuh

Das große Becken von Aftab war fast völlig von Tabakplantagen erfüllt, und neue Berge, die bisher unsichtbar gewesen waren, umstanden es ringsum. Wir verließen es aber sofort und betraten eine Landschaft gleißenden Kalksteins, zwischen deren unbedeutenden Tälern und Höhenzügen wir den Vormittag zubrachten. Um die Ausläufer eines Tafelberges namens Schalam schlugen wir einen Bogen nach Norden. Diese Berge mit ihren abgeplatteten Felsgipfeln sind charakteristisch für die Gegend, die aussieht, als sei sie früher ein riesiges Plateau von der Höhe ihrer jetzigen Berge gewesen und dann zu einem Chaos kleinlicher, ungeordneter Formationen zerfressen worden, infolge der Einwirkung des Wassers auf die weiche, rückgratlose Struktur der Berge. Nur der Kebir Kuh, der aus anderem, härterem Gestein besteht, sieht aus, als ob die Natur ihn von Anfang an als Berg gemeint habe.

Wie wir so nach und nach eine nördliche Richtung einschlugen, hatten wir zur Linken die Grenzgebirge des Irak um Mandali, denselben unwirtlichen Landschaftsgürtel, den wir weiter unten von Badrah her durchquert hatten. Aus der Ferne gliederte sich das Gebirge in Zacken und Wellen. Aber das Hügelland vor uns verlief zu flachen, moränenähnlichen Schnauzen. Der Weg war weiß wie die Felsen im Umkreis. Die Eichen versengt und verkrüppelt, die Wasserläufe leere Rinnen, in denen nur die gelegentlichen Regenfluten sich talwärts ergossen. Und nicht eine Blume war zu sehen, außer der Herbstzeitlosen, die blasse, blattlose Blüten aus dem Sand trieb.

Um elf stiegen wir bei einer lange angekündigten Quelle ab, einem schwärzlichen Rinnsal, das wie vergossene Tinte zwischen den glühenden Felsen dahinsickerte und um das eine Eiche ihren staubigen Schatten warf. Kaum hatten wir aber begonnen, den Tieren ihre Lasten abzunehmen, als der Leutnant mit seinen zwei Polizisten herankam und uns inständig bat, doch noch ein Stück weiter bis zu einer Reihe von Zelten auf einer Anhöhe zu reiten.

Der Leutnant fühlte sich so schlecht, daß er kaum imstande war, überhaupt zu Pferde zu sitzen. Er hing im Sattel, versuchte, sich mit meinem Schirm vor der Sonne zu schützen, und murmelte von Zeit zu Zeit kläglich, er müsse sterben, während seine Leibgarde teilnahmsvoll vor und hinter ihm ritt.

Sie führten uns eine kleine Steigung hinauf bis an den Rand der offenen Ebene von Huseinabad oder Deh Bala, wie es allgemein genannt wird. Da nun hatten wir zum ersten Mal, seitdem wir den Irak verlassen hatten, im Norden einen flachen Horizont vor uns, die Plateaus westlich Kermanschah. Lange Tafelberge schlossen uns von rechts und links ein, aber sie waren so weit entfernt, daß das ebene Land dazwischen uns das Gefühl der Unbegrenztheit vermittelte. Ein einziges hohes Massiv im Nordwesten, der Manischt Kuh, beherrschte noch die Aussicht. Die Ebene war blühend und mit Ackerland ausgefüllt. Wohlausgebildete Eichen wuchsen da in weiten Abständen, so daß jeder Baum genügend Sonne und Boden um sich hatte. Ein warmes Lüftchen, das über dem ebenen Land spielte, trieb Wolken durch das Blau. Sobald wir die Anhöhe erklommen hatten, führte unser Polizist uns vom Weg ab nach rechts, und wir gelangten zu drei Zelten, die ärmlich und klein dicht beieinander unter Bäumen standen.

Der Leutnant ließ sich bei einem der Zelte niedersinken, ich selbst richtete mich mit meiner Gesellschaft neben einem andern zum Essen ein. Und während das Huhn gefangen und im Namen Allahs massakriert wurde, traten zwei reizende kleine Waisenmädchen, die ganz mit Glasperlen und Ringen behangen waren, zu uns, um zu schwatzen und in ehrfürchtigem Staunen mit dem Reißverschluß meines Reitanzuges zu experimentieren. Sie waren von der Frau im Zelt adoptiert worden. Sie sah freundlich lächelnd zu ihnen hinüber, als ob es ihre eigenen wären – aber Trauer mischte sich in das Lächeln, denn die Familie war sehr arm, und der Bruder war gerade am Tag zuvor als Soldat eingerückt. Wir waren ihm auf unserm Weg mit den Schützen von Saidmarreh begegnet. Ich verteilte Sicherheitsnadeln, denn sie hatten nichts, um ihre Gewänder um den Hals zu befestigen, und diese Gabe wäre schon als ausreichende Vergütung unseres Vespers angesehen worden.

Vor dem Weiterreisen ging ich zu dem Zelt des Leutnants hinüber und fand ihn in so schlechtem Zustand, daß ich vorschlug, ich wolle allein weiterreiten und einen Arzt aus Huseinabad kommen lassen. Er lehnte das jedoch ab und ließ sich nur herbei, mit Schah Riza das Pferd zu tauschen, um auf dem Packsattel zurückgelehnt sitzen zu können, während ich sein Pferd bestieg und die Führung der Expedition übernahm, voll Mitgefühl für meinen Wächter, aber erheitert durch den Gedanken, so in die Feste des Feindes einzuziehen. Der Polizist aus Kermanschah gesellte sich zu mir, um mir den Weg zu zeigen. Noch vor drei Jahren war die Hauptstadt von Puscht-i-Kuh eine bewegliche Zeltstadt. Nur ein oder zwei befestigte Gebäude sollten ihre Würde nach außen bekunden. Im Jahre 1931 taufte die Regierung die Siedlung um und begann, eine Stadt aufzubauen. Als ich ankam, waren schon vier oder fünf Boulevards angelegt, die von der Polizeikaserne am einen Ende der Stadt, einem alten Bauwerk mit runden Ecktürmen, zum neuen Palast des Gouverneurs am andern Ende führten. Es gab vielleicht zwanzig Läden, und am Fuß des Hügels war ein Platz angedeutet, wo inmitten eines lediglich ornamentalen, wasserlosen Burggrabens ein hohes, unvollendetes Piedestal auf eine

Statue des Schahs zu warten schien. Der ganze Ort dehnt sich über einen sehr sanften Abhang hin, entlang der Straße, die dicht hinter der Stadt die Bergmassen des Manischt Kuh und des Schalam voneinander trennt. Die Häuser an den Boulevards waren einstöckig und meist noch nicht fertiggestellt. Die Straßen wurden von Maurern als Schuttabladeplätze benutzt. Die ursprüngliche Zeltstadt war noch nicht gewichen, sondern stand in schmutzigen, kompakten Reihen, wie eine Kolonie von Wochenendhäuschen, außerhalb der neu errichteten Pracht.

Die alte Sommerresidenz des Wali liegt vier oder fünf Meilen weiter westlich, wo man sie zwischen Bäumen schimmern sieht, und ist wegen ihres guten Wassers berühmt. Huseinabad selbst ist dürr und schattenlos, und die Hänge hinter der Stadt sind nur spärlich bewaldet. Es war vor kurzem an das übrige Persien durch eine Autostraße angeschlossen worden, deren glatte Fläche ein paar Meter unterhalb des Place De La Concorde plötzlich abbrach. Sie wurde höchstens zweimal in der Woche von Wagen benutzt.

All dies lag plötzlich vor uns, als wir an den Rand der Ebene herangeritten waren. Ich wartete hier mit den Polizisten auf den geschwächten Leutnant, da ich annahm, daß es ihm nicht angenehm sein dürfte, seine Gefangene vor sich her in die Stadt einziehen zu sehen. Als er herangekommen war, ritten wir alle langsam einen steinigen Weg hinunter. Die ersten Zeichen der Kultur in Gestalt kleiner, mit Wassermelonen beladener Esel begegneten uns. Wir ritten den Haupt-Boulevard entlang, bis wir durch das dichte Laubwerk der Pappeln hindurch die hellblaue Uniform einer Polizeiwache vor dem Fort gewahrten. Weitere Polizisten strömten zusammen. Ein adretter kleiner Mann in Khaki mit blauen Achselschnüren trat hinzu. Alles grüßte. Er ging auf den Leutnant zu, offensichtlich etwas überrascht, ihn auf einem Packtier zu sehen. Sie wechselten ein paar Worte, dann trat er zu mir, grüßte mich mit großer Zuvorkommenheit und bemerkte, der Gouverneur erwarte meinen Besuch.

Nichts, entgegnete ich, könne mir erwünschter sein als ein Besuch beim Gouverneur. Meine ganze Reise habe nur diesem Ziel gegolten. Ich müsse mich jedoch zuerst waschen.

Der Polizeikommandant oder Adschusan, wie er hier genannt wurde, überflog mein Äußeres mit einem Blick und schien zu dem Schluß zu kommen, daß ich recht hatte. Er erklärte sich ohne weiteres einverstanden und führte mich durch ein Portal über eine der neuen Straßen in den Hof seines eigenen Hauses. Drei nebeneinander liegende Räume sahen auf einen Portikus und einen elenden kleinen Hof mit einer schmutzigen Zisterne. Alles war aber neu und erst vor kurzem getüncht. Aus einem Raum, an den sich ringsum Nischen anschlossen, wurden alle Habseligkeiten des Adschusan entfernt, ausgenommen sein Krummschwert, das man an einem Nagel hängen ließ. In einer Ecke stand ein Feldbett. Nach Ablauf einer gewissen Zeit erschien ein Knabe namens Iskandar mit heißem Wasser, einem Tablett und einem Becken. Ich versuchte, eine gewisse private Abgeschlossenheit herzustellen, indem ich Baumwollvorhänge vor die türlosen Eingänge hängte: zum ersten Mal, seit ich den Irak verlassen hatte, genoß ich das Alleinsein innerhalb der eigenen vier Wände.

Aus den Tiefen meiner Satteltaschen konnte ich ein zerknittertes Kleid und eine Puderquaste bergen, aus denen ich das Beste zu machen versuchte, um schließlich meinem Gastgeber doch noch, mehr oder weniger, als Dame entgegenzutreten.

Er erwartete mich mit einem Freund, einem weichen, schlaffen Perser von der schlimmsten Sorte, unter dem Portikus. Der Adschusan selbst indessen war ein Mann von Welt, sehr auf seiner Hut, aber immer liebenswürdig und offenbar entschlossen, mir meine Geheimnisse in Güte abzulocken. Dagegen hatte ich nichts einzuwenden. Wir ließen uns zu einer allgemeinen Vorbesprechung nieder wie zwei Fechter, die die Klingen des Gegners prüfen.

Vier Punkte waren es, die ganz natürlicherweise die Behörden von Huseinabad veranlaßten, meine Expedition ungnädig und mißtrauisch zu betrachten. Es war möglich, daß ich als Spion vom Irak herübergekommen war, im Dienst der Intrigen, die bekanntermaßen zugunsten des Wali von Puscht-i-Kuh angesponnen wurden. Die Tatsache, daß ich mit Schah Riza zusammen reiste, der im Hause des alten Potentaten erzogen worden war, stellte für mißgünstige Augen einen Hinweis in dieser Richtung dar. Zweitens mochte ich zwar, wie ich erklärte, an Altertümern interessiert sein, vermutlich aber nur, um die verborgenen Schätze des Landes auszugraben und über die Grenze zu schmuggeln. Drittens konnte ich eine harmlose Reisende sein, die viel mehr über den allgemeinen Zustand des Landes und über die Unruhen in Lakistan erfuhr, als den Persern lieb war. Und viertens, von alledem ganz abgesehen, konnte es passieren, daß ich im Machtbereich des Adschusan irgendwelche Unannehmlichkeiten hatte oder sogar umgebracht wurde, was dann zu internationalen Verwicklungen führen konnte.

Für den Adschusan war es peinlich, daß von all diesen ausgezeichneten Gründen die beiden ersten nicht wohl erwähnt werden konnten, ohne daß man gegen den guten Ton verstieß, während die beiden letzten einander ausschlossen. Er fragte, ob es mich nicht beängstige, so schutzlos in den Bergen zu reisen.

»Sie müssen mindestens zwei Nächte in der Wildnis im Freien geschlafen haben«, sagte er.

»Ja, das ist richtig«, sagte ich. »Im Irak könnte man an so etwas nicht im Traum denken: Aber hier wurde mir gesagt – und ich habe festgestellt, daß es stimmt –, daß man in völliger Sicherheit reisen kann, wohin man will.«

»Irak«, sagte der Adschusan, indem er prompt in die Falle ging, »Irak ist ein noch völlig unzivilisiertes Land, hier hingegen hat der Schah Wunder gewirkt, so daß es Banditen in unserm Land praktisch nicht gibt.«

»Das habe ich gehört«, sagte ich. »Und es ist eine Freude, hierher zu kommen und sich so frei bewegen zu können. Die Leute verbreiten immer die beunruhigendsten Gerüchte. So sprechen die Iraker vom Puscht-i-Kuh, als ob es da von Banditen wimmle. Aber die Art, wie sich die Polizei hier führt, zeigt deutlich, daß sie das Land in der Hand hat.«

»Vollkommen«, sagte der Adschusan. »Trotzdem«, fügte er etwas lahm hinzu, wohl in dem Gefühl, daß das Gespräch sich nicht ganz in der gewünschten Richtung bewegte, »trotzdem ist es gewagt, wenn eine Dame allein . . .«

»Ich bin schon in vielen Ländern gereist und habe nie ein

Wagnis darin gefunden«, bemerkte ich durchaus wahrheitsgemäß. »Das Studium der Vergangenheit führt notwendigerweise in einsame Gegenden.«

»Ist es wahr«, fragte er, »daß Sie einen Schädel in Ihrer Satteltasche mit sich führen, wie ich gehört habe?«

Ich gestand diese Absonderlichkeit ein und brachte den fraglichen Gegenstand zum Vorschein. Der Adschusan betrachtete ihn höchlich verwundert von allen Seiten. Ich erfuhr später, daß man ihm berichtet hatte, ich hätte Knochen von purem Gold in den Gräbern gefunden. Er war aber ein intelligenter Mensch, und dieser Ureinwohner Luristans, dessen Reliquie er staunend betastete, belehrte ihn offensichtlich über die Unglaubwürdigkeit einer Reihe von Legenden, die über mich im Umlauf waren. Er stellte mir Fragen über meine archäologischen Arbeiten und führte das Verhör mit äußerster Zuvorkommenheit, aber nicht, ohne es darauf anzulegen, jede schwache Stelle in meiner Verteidigung ausfindig zu machen. Und ich muß gestehen, daß ich nie in meinem Leben mit soviel Scharfsinn verhört worden bin und aus einer so gründlichen Kenntnis der vielen Möglichkeiten heraus, die den Verhörten dazu bringen können, sich selbst preiszugeben. Der Perser, der stets in einer Atmosphäre von Unwahrheit lebt, erwirbt sich eine natürliche Erfahrung in den Methoden, Aussagen gegeneinander abzuwägen, und ich habe es immer wieder erlebt, daß es selbst gegenüber ganz einfachen Menschen keinen Sinn hat, auf Kenntnisse Anspruch zu erheben, die man nicht besitzt.

Das in Form einer Unterhaltung geführte Verhör dauerte zwei Stunden und erschöpfte mich außerordentlich. Es brachte mich aber in den sicheren und gänzlich unverdienten Ruf einer Archäologin, der mir in den Schwierigkeiten der kommenden Tage von Vorteil sein mußte. Der Adschusan und sein Freund verließen mich und erschienen erst wieder zum Essen, das sie in der höflichsten Weise für mich bereiten ließen und bei dem ich den ungewöhnlichen Luxus eines Klapptisches und einer Anzahl Feldstühle genoß. Am andern Morgen geleiteten sie mich zum Gouverneur.

Der Gouverneur bewohnte den neuen Palast, an dessen korin-
thischer Fassade, die einen schmalen Außenhof abschloß, ein
von Stuckornamenten umgebenes Porträt des Schahs hervor-
trat. Der Hof hatte nach persischer Sitte zwei lange Wasserbehälter. Petunien, Nelken und kleine Granatbäume ergaben ein
fröhliches und gefälliges Bild. Ein kleines Boudoir, das vier Fuß
höher als der Hof lag und auf ihn hinabsah, war der Empfangs-
raum. Hier erschien der Gouverneur.

Es war ein hochgewachsener, kräftiger, jüngerer Mann in
Khaki, in dessen stark gerötetem Gesicht graugrüne Augen
unter schwarzen Brauen standen. Die ganze Gestalt sprach
Schlichtheit und Humor aus. Man fühlte sich erfrischt, einen
Mann nicht der Worte, sondern der Tat vor sich zu sehen. Wir
saßen in abgemessenem Kreis auf Polstersesseln; Zwiebäcke
wurden gereicht und Tee in Gläsern mit silberner Fassung, ein
erquickend kultivierter Anblick für den Wanderer. Der Gouverneur war in bester Stimmung. Obgleich er sich zu beherrschen
suchte, tanzten seine Augen, während er mich fragte, wie ich in
den Bergen gelebt und gehaust habe.

»Es ist nicht verwunderlich«, sagte er höflich, »daß Ihre Nation
so mächtig ist. Bei Ihnen unternehmen Frauen Dinge, an die sich
bei uns nicht einmal die Männer heranwagen.«

Nach wenigen Augenblicken sprach er den Wunsch aus,
meinen Führer kennenzulernen. Schah Riza, der mehr denn je
wie eine Vogelscheuche aussah, erschien in Begleitung eines
Polizisten im Zustande höchster Erregung an dem Fenster, an
dem ich saß.

»Was ist dein Beruf?« fragte ihn der Gouverneur barsch.

»Deckenmacher«, entgegnete der Philosoph errötend, aber
voll Würde.

Die unerwartete Antwort brachte den Gouverneur nahezu
zum Lachen. Er warf seinem Adschusan einen Blick zu, der auch
diesen zur Aufgabe seines Ernstes aufzufordern schien. Der aber
sah finster zu Boden, mit einem Ausdruck, der darauf berechnet
war, die Beklemmung meines Führers noch zu steigern.

191

»Und was sind die Geschäfte eines Deckenmachers in der Wildnis des Kebir Kuh?« fragte der Gouverneur, indem er sich Mühe gab, den amtlichen Ton beizubehalten.

Schah Riza, dessen Schuldgefühl sich in jeder Bewegung ausdrückte, hatte nichtsdestoweniger eine wohlpräparierte Geschichte zu erzählen und einen Paß, dessen glücklicher Besitz ihn jetzt ohne Zweifel vor sehr unerfreulichen Erlebnissen bewahrte. Der Paß wurde durch das Fenster hereingereicht und sorgfältig geprüft. Die Hüter der Ordnung fanden nichts zu beanstanden und waren sehr verdutzt.

»Die Grenzposten scheinen den Verstand verloren zu haben«, murmelte der Gouverneur und fragte uns noch einmal, bei welcher Station wir die Grenze überschritten hätten. In bezug auf das Vergangene war unsere Stellung, wie ich bald feststellen konnte, nun gesichert. Die Zukunft erschien schon problematischer.

Ich sagte dem Gouverneur, ich wolle die alten Friedhöfe und Städte von Tarhan jenseits des Saidmarreh besichtigen. Wenn eine Genehmigung nötig sei, so wolle ich sofort nach Teheran schreiben, wo man meinen Namen kenne und von wo ich mit postwendender Antwort rechnen könne. »Schreiben Sie unter allen Umständen«, sagte er höflich, aber ich spürte, daß er mich ohne alle Rücksicht auf die Antwort niemals nach Lakistan werde reisen lassen. In Wirklichkeit waren die Verhältnisse so ungeordnet, daß nicht einmal die Polizei wußte, was auf dem Ostufer vor sich ging. Sie hätten mir keine Eskorte über den Fluß mitgeben können, und ohne Eskorte würde man mich jedenfalls nicht mehr reisen lassen. Sie planten, mich zunächst in Huseinabad festzuhalten, bis sie aus Teheran weitere Anweisungen erhalten hatten, und redeten mir deshalb zu, zu schreiben und auf Antwort zu warten, während sie dafür Sorge trugen, daß meine Briefe nie befördert wurden, wobei ich meinerseits dafür Sorge trug, daß in diesen Briefen genau das stand, was ich sie wissen lassen wollte.

Auf dieser etwas künstlichen, aber erträglichen Basis gründete sich in den nächsten vier Tagen mein Aufenthalt in Huseinabad.

Der Adschusan war die Liebenswürdigkeit selbst. Er wies mir ein neu erbautes kleines Haus an, das er mit einem Tisch und zwei Stühlen möblierte. Der Eigentümer des Hauses war ein Lure namens Mirza Farhad, ein früherer Wesir des Wali, der jetzt für den Gouverneur arbeitete. Er hatte die Engländer in guter Erinnerung. Seine Frau ließ mir Matratze, Kopfkissen und Steppdecke bringen sowie alles, was für eine provisorische Haushaltsführung vonnöten war; und am Abend, als ich mich einigermaßen eingerichtet hatte, besuchte sie mich mit ihrer Tochter, einem schönen, olivenhäutigen Geschöpf mit glänzenden, schrägstehenden Augen unter einem ungeheuren juwelenbesetzten Turban.

Es waren Menschen von natürlicher Anmut, heiter und von echter Herzlichkeit, die mich offenbar als Gefangene in der Fremde bemitleideten. Die Mutter, fett, hübsch und mit frischem Teint, erklärte, sie besuche mich um der Mutter Maria willen, »einer Frau, die man ehren müsse«, und beschwor mich, sie und ihre Töchter oft aufzusuchen.

»Wenn man uns nicht verdächtigte, zu englandfreundlich zu sein, würden wir mehr für dich tun. Es ist nicht unser Herz, das sich verschließt!« sagte sie und lud mich in ihr nahe gelegenes Haus ein.

»Ich habe kein gutes Zimmer«, entschuldigte sie sich. »Jedesmal, wenn mein Mann eine neue Frau heiratet, muß ich in ein schlechteres Zimmer umziehen, und er hat jetzt schon drei Frauen neben mir. Es ist nicht sehr angenehm.«

Erst seit einem Jahr, erklärte sie, hatten sie überhaupt ein Haus. Sie hatten bis dahin wie alle Welt in Zelten gelebt und waren im Winter nach Mansurabad an die irakische Grenze gegangen. Aber jetzt hatten sie einen festen Wohnsitz, »und es ist nicht mehr das alte Leben«, seufzte sie. Der Städter begreift nie, wie sehr der Ortswechsel in Winter und Sommer alle Nachteile eines Nomadenhaushalts aufwiegt.

Zweimal täglich kam der Adschusan zu mir, um zu plaudern und zu rauchen, wobei ihm ein Diener mit einer Karaffe mit Zitronenschale gewürzten Branntweins folgte, die er auf den Tisch setzte.

»Sie trinken so etwas nicht, ich weiß«, bemerkte er in der üblichen Art der Männer, die Entsagung als weibliche Tugend voraussetzend.

Er habe sich in Rußland daran gewöhnt, sagte er, wo er zweimal gereist sei. Dort habe er auch europäische Damen kennengelernt und eine sogar beinahe geheiratet. Sie habe ihn aber dann abgewiesen. Jetzt habe er eine persische Frau, die er aber nie sehe. »Sie zählt nicht«, bemerkte er, als ob er von einer Hypothek spräche.

In den Pausen zwischen diesen gesellschaftlichen Verpflichtungen besichtigte ich die Stadt und stellte fest, daß sie wenig Anziehendes zu bieten hatte, wenn freilich auch jemand, der Ausgrabungen machte, wahrscheinlich vieles Interessante finden würde. Die Anhöhen im Norden sehen ganz so aus, als ob es dort viele alte Gräber gäbe, und in der Tat hört man auch überall von ihnen sprechen, und beim Ausgraben der Fundamente für die neuen Häuser ist vieles gefunden worden, was die Einwohner aus Ängstlichkeit nicht zeigen. Zur Zeit saßen zwei von ihnen im Gefängnis, weil sie Altertümer verkauft hatten, die die Regierung ausschließlich für sich in Anspruch nimmt. Obgleich mir jedermann von den zahlreichen Funden erzählte, leugnete der Adschusan ihre Existenz standhaft und bemühte sich sehr, mir nichts derartiges zu Ohren kommen zu lassen.

Ich wanderte ein Stück die Paßstraße hinauf, die im Osten hinter der Stadt den Schalam und den Manischt Kuh voneinander trennt und bei Hizil nach Schirwan hineinführt. In der Stadt selbst stieß ich auf eine alte Kuppel, dem Vernehmen nach die Moschee des Mahdi b-Illah, ein unbedeutendes mohammedanisches Bauwerk.

Ich erwiderte den Besuch der Gattin Mirza Farhads, die ich in einem geräumigen, sonnigen Haus traf, das mit einer offenen Terrasse die Ebene beherrschte. Einige von ihren Mitfrauen und verschiedene Freundinnen waren bei ihr und begrüßten mich. Sie zeigten mir alte Siegel und Glasperlen, die sie in der Gegend gefunden und in den schweren Falten ihrer Gewänder verborgen hatten. Sie drängten mich jedoch, dem Adschusan nichts von dem zu erzählen, was ich gesehen hatte. Obgleich wenig darüber gesprochen wurde, mußte ich aus allem auf eine große Animosität gegenüber der Regierung und den Persern im allgemeinen schließen, und ich könnte mir vorstellen, daß man im Fall eines Rückschlags an anderer Stelle den Beamten und Ladeninhabern von Kermanschah übel mitspielen würde. Eine Stadt bleibt in diesem Lande immer eine fremde Einsprengung. Ihre Bewohner, die gewöhnlich von auswärts zugezogen sind, sehen mit Verachtung auf die Zelte, die sie umgeben, und die Bewohner der Zelte ihrerseits geben diese Verachtung zurück. Mirza Farhad glaubte sich entschuldigen zu müssen, daß er ein Haus bewohnte.

»Ich muß das tun, weil ich der Regierung angehöre«, erklärte er. Ich habe nie erlebt, daß der echte Stammesangehörige die Achtung vor der Zivilisation hat, die der »Effendi« immer voraussetzt, außer in bezug auf die Bildung, vor der die Nomaden einen großen Respekt haben. Die Familie des Mirza hatte außerdem noch einen besonderen Grund zur Verstimmung, denn die schöne Tochter war im geheimen verheiratet, wagte aber nicht, es bekannt zu machen, und konnte keine Genehmigung erhalten, zu ihrem Mann zu reisen.

Endlich, am vierten Tag meines Aufenthaltes, kamen die Anweisungen von Teheran. Ich solle mit größter Zuvorkommenheit behandelt, mit einer Eskorte von vier Mann ausgestattet und auf dem schnellsten Wege an die irakische Grenze gebracht werden. Nur mit größter Schwierigkeit konnte ich wenigstens den Adschusan dazu bringen, mich die neue Straße den Gangir-Fluß entlang nach Mandali nehmen zu lassen, anstatt der etwas kürzeren nach Zurbatijja. Die Abreise wurde auf den folgenden Tag festgesetzt.

Die letzten Vorbereitungen verursachten die übliche Verzögerung, als der Sergeant erschien, der die Eskorte kommandierte: ein rothaariger, schneidiger Mann mit dünnen Beinen, Goldzähnen und einem rötlichen, von der Oberlippe nach außen gebürsteten Schnurrbart. Er grüßte mit ausladenden Armbewegungen, die den ganzen Horizont einzubeziehen schienen. Hinter ihm hielten drei Polizisten mit nicht ganz so soldatischer Eleganz, jeder sein Pferd beim Zügel führend. Einer von ihnen war der Bursche aus Kermanschah, der uns hierher gebracht hatte. Der Adschusan inspizierte die kleine Truppe mit einiger Feierlichkeit. In ein paar wohlgesetzten Worten schärfte er ihnen ein, mit welcher äußersten Hochachtung sie mir zu begegnen hätten. Mit Hochachtung behandelt werden heißt für einen weiblichen Reisenden nur allzu oft, nicht das tun zu können, was man möchte.

»Müssen es denn vier Mann sein?« fragte ich den Adschusan. »Ich würde mich viel lieber mit einem einzigen begnügen.«

»Drei Mann und ein Sergeant«, entgegnete er, »sind das Mindeste dessen, was wir Ihrer Ehre schuldig sind.«

Wir schüttelten uns mit freundlichen Empfindungen und ohne einander etwas nachzutragen die Hände. Ich wandte meine Aufmerksamkeit von der Pracht meiner Eskorte ab und meinem bescheidenen Maultier zu, das an einem Wollstrick von der Hand eines schmalgesichtigen lurischen Treibers geführt wurde, der von Amts wegen bei einem wenig ermunternden Lohn zu dieser Arbeit kommandiert worden war. Schah Riza, der bereits auf seinem Packsattel thronte, zerstreute jeden militärischen Eindruck, den unsere Kolonne etwa hätte erwecken können. Der Adschusan begleitete uns bis an den Stadtrand. Dort bestieg er seinen hübschen Araber und sah uns mit schmerzlicher Belustigung auf dem Gesicht nach.

Der Weg nach Mandali

Die neue Autostraße nach Kermanschah beginnt in Huseinabad mit einer gewaltigen Linkskurve durch die Ebene von Arkwazi (die nicht identisch ist mit den Arkwazi, von denen wir herkamen). Wir schlugen jedoch einen kürzeren, etwas unregelmäßigeren Weg ein, näher dem Zentrum des Kreises, dessen Angelpunkt der Manischt Kuh bildet. Die Straße führt über schiefrige Geschiebemassen auf und ab, weißgraue Hügelhänge, die teilweise so steil sind, daß sie bei nassem Wetter unpassierbar werden. In den Kronen der spärlich über das Land verteilten

Eichbäume saßen Hirtenknaben, die die Zweige abschnitten und sie den unten wartenden Schafen hinabwarfen. Während wir einen kleinen Hang nach dem andern bewältigten, rutschten unsere Pferde beinahe in die Tälchen hinunter, die Hinterbeine als Bremse benutzend.

Vermittels ununterbrochener Zurufe und Stockschläge von hinten konnte mein Maultier dazu gebracht werden, mit der Eskorte Schritt zu halten, von der ein Mann voraus, drei hinter mir ritten. Aber Schah Riza, der ein so rasendes Reisetempo nicht gewohnt war, geriet in kürzester Zeit außer Sicht. Wir erblickten ihn erst wieder, als wir auf die Hauptstraße zurückkamen, die jetzt auf dem Grunde eines dichtbewaldeten Tales hineinlief, das vom Manischt Kuh abgeschlossen wurde, der nach allen Seiten schmale, langgestreckte Ausläufer wie die Fangarme eines Polypen aussandte. Einer von diesen, der Kuh Ranu, läuft nordwärts und wendet der Ebene eine messerscharf geschliffene Felswand zu. Die Straße erklomm die Höhe und durchstieß die Wand in einem 30 Meter langen Tunnel. Gruppen von Arbeitern waren immer noch am Werk, den Felsen auf dieser ganzen gebirgigen Strecke wegzuräumen und dabei die Straße zu erweitern, rauhe Gesellen der Berge, die weniger proletarisch aussahen als europäische Straßenarbeiter. Ihr Trinkwasser erhielten sie in Ziegenhäuten, die auf dem Rücken barfüßiger Träger heranschaukelten. Ein Wagen voll Soldaten kam von der anderen Seite herauf. Er kam auf der unebenen Straße und zwischen den Arbeitergruppen kaum voran. Und Schah Riza mit seinem Maultier bildete für einige Minuten ein verschüchtertes, zappelndes Hindernis. Aber der Wagen zwängte sich durch und fuhr langsam weiter, ein sichtbares Symbol der militärischen Bedeutung von Straßen in einem wilden Land. Während wir weiterzockelten, erzählte mir der Sergeant, wie sehr der Bau des Tunnels die Landbevölkerung erschreckt hatte und wie ein Chauffeur aus Kermanschah hatte bestochen werden müssen, um als erster seinen Wagen hindurchzufahren.

Die Landschaft Aiwan, ein breites, flaches Tal, das in unserm Rücken von Manischt Kuh abgeschlossen wurde, lag im Abendschein. Wir ritten über dem Tal dahin, den Hang unterhalb des Ranu entlang, während sich vor uns der runde Rücken des Bani Kuh quer über das offene Tal legte und in der Ferne schon das Ziel des Tages, die Polizeistation Sarab Bazan, sichtbar war. Sie stand, ein kleiner, eckiger Kasten, auf einer sanften Anhöhe inmitten des offenen Tales. Selbst aus so großer Entfernung zeigten graue Mauerreste, die halb im Boden vergraben lagen, daß dort eine versunkene Stadt gestanden hatte. Als wir näher kamen, sank die Sonne. Das Wasser, nach dem Sarab seinen Namen trägt, quillt in drei stetigen Flüßchen, auf denen das Abendlicht spielte, aus den Steinen. Herden zogen in langen Prozessionen zur Quelle. Frauen füllten ihre Wasserschläuche. Meine vier Polizeileute in ihren hellblauen Uniformen störten das Bild nicht, als sie absaßen, um ihre Pferde zu tränken. Der Posten vor der Polizeistation hatte sie erblickt. Das Fähnchen flatterte im leichten Nordwind von der Spitze des Turmes. Schon seit den ältesten Tagen des Steinbaus hat eine Kette solcher Türme, die einander im Abstand von bequemen Tagesreisen folgten, diese Täler mit der Regierung des Landes in Verbindung gesetzt. Nur so kann dieses Land überhaupt gehalten werden. Und wahrscheinlich hat ein solcher Posten von seiner abendlichen Türschwelle auf die Herden und die Stämme in dem baumlosen Kornland der Nomaden schon länger hinabgesehen, als wir es uns vorstellen können.

Die Zelte der Aiwan waren in zwei oder drei Reihen über die Stoppelfelder hin angeordnet, und der Führer des Stammes, der das erste und schönste besaß, trat heraus, um uns zu begrüßen, und hieß uns mit einer Herzlichkeit willkommen, wie ich sie noch nicht erlebt hatte, seitdem ich mit einer Eskorte reiste. Ich beobachtete hier einen großen Unterschied im Charakter der Stämme und stellte ein wesentlich größeres Maß an Servilität fest, als bei den Badra' oder Malikschah. Und der Sergeant gab mir am andern Tag auch die Erklärung für diese Tatsache: Diese Stämme sind nicht, wie im Kebir Kuh, die Eigentümer des Landes, auf dem sie sitzen. Grundherr ist der Schah, der alljährlich seine Verwalter schickt, die ein Drittel der Ernte für ihn in Anspruch nehmen. Sie haben viel von der Ursprünglichkeit der freien Stämme verloren, und etwas vom Fronbauern hat sich in ihr Wesen eingeschlichen. Ich bedauerte das, obgleich man solche Untertanen natürlich leichter regieren kann.

Es ist ja nicht eigentlich die Wildheit der Stämme, die man bewundert, sondern vielmehr die Tugenden, die sich mit dieser Wildheit untrennbar verquickt finden. Ihr Schatz ist die Freiheit ihres Geistes. Verlieren sie diese, so haben sie alles verloren. Und wenn Kultur ein Gleichgewichtszustand ist, in dem ein ungefesselter Geist sich freiwillig unter das Gesetz beugt, so sind Freiheit und Zucht die beiden Säulen, auf denen sie ruht. Der Stammesangehörige fügt sich Gesetzen, die seiner eigenen Lebensauffassung entspringen, aber auch seine Verteidiger müssen zugeben, daß die Zucht bei ihm die weniger entwickelte der beiden Grundforderungen ist. Seine Freiheit ist ungebundener, als sie es sein sollte. Aber sie ist echt. Sie entbindet sein ganzes Wesen, und durch sie

Metus omne et inexorabile fatum
Subjecit pedibus, strepitumque Acherontis avari.

Und die Disziplin, die der Halbzivilisierte ihm gegenüber ins Feld führt, ist keineswegs echt, sie ist keine konstruktive Selbstbeschränkung, sondern lediglich ein Kind der Furcht. Der Stammesangehörige läßt sich durch nichts von der Überzeugung abbringen, daß die Freiheit, seine ihm eigene Tugend, in der Ordnung aller Dinge an erster Stelle steht. Sie kann, wenn es zum Äußersten kommt, auch allein bestehen, während die Schönheit von Gesetz und Recht zweiten Ranges ist und der ersten als Grundlage bedarf. Im Grunde gibt auch der schlechteste Politiker das stillschweigend zu, wenn er auch mit seinen vielen und großen Worten darüber hinweggleitet. Der Stammesangehörige empfindet die Falschheit des ihm fremden Kodex und zieht ganz mit Recht von den beiden sich ergänzenden Tugenden seine eigene vor.

In vielen Fällen lehnt er gewisse Vorteile ab, die mit festen Wohnsitzen verbunden sind, weil er sein geistiges Erbe entschieden über materiellere Gesichtspunkte stellt. Er ist Aristokrat. In unserem komplizierten Dasein besteht der Vorzug der Aristokratie darin, daß man fähig ist, freiwillig Entbehrungen auf sich zu nehmen, die den Menschen, die in weniger glücklichen Umständen leben, ohne Wahl aufgezwungen werden. Von Brot und Wasser zu bestehen, weil die Not es gebietet, deprimiert; es aus freien Stücken zu tun, ist in gewissem Maß der Seele heilsam. Reichtümer als Kulturmensch beherrschen heißt, sich freiwillig von ihnen unabhängig machen. So weit geht der Nomade freilich nicht. Aber er zieht seine magere Unabhängigkeit den Fleischtöpfen einer bürgerlichen Lebensweise vor. Das macht ihn zu einem unerträglichen Nachbarn, aber aufrechten Menschen.

Demgegenüber haben die Aiwan bereits damit begonnen, ihre Seelen zu verkaufen. Sie bewohnen ein ansehnliches Stück Land, das sich den Gangir entlang von der irakischen Grenze bis in sein Quellgebiet hier oben in Bazan und weiter hinauf bis zu den Frühjahrsweiden am Manischt Kuh erstreckt. Und die Regierung hat sie dazu gebracht, in dem flachen Tal kleine Häuschen zu bauen, die sie jedoch nie bewohnen, sondern nur als Kornspeicher verwenden. Die ältere Methode, die auch heute noch bei weitem vorgezogen wird, besteht darin, eine Grube auszuheben, sie gehörig mit Häcksel auszufüttern, mit Korn zu füllen und erst mit einer Schicht Stroh, dann mit einer Schicht Erde zu bedecken. Das geschieht sofort nach der Ernte, bevor der Stamm stromabwärts in die Winterquartiere zieht; und wenn man im Frühjahr zurückkehrt, liegt der Vorrat bereit. Die Luren im Puscht-i-Kuh kennen es nicht anders.

Meine Eskorte gab Anweisung, aufs beste für meine Unterbringung zu sorgen, bestellte ein Huhn für das Abendessen und verließ mich dann, um für die Nacht in die Polizeistation zu ziehen. Ich selbst machte mir's bequem und schloß Freundschaft mit dem Stamm, während Schah Riza langsam sein verlorenes Prestige wiedergewann. Ich verteilte wie gewöhnlich Medikamente und ließ mir von den Altertümern des Tales erzählen, in dem es mehrere große Grabhügel gibt und, wie man mir berichtete, auch sehr viele Gräber, in denen Bronzen gefunden worden sind. Auf dem Gipfel des Bani Kuh sollten die Ruinen einer alten Stadt zu sehen sein, nicht weit von der Stelle, wo eine Quelle aus dem Boden springt. Auch bei den Asiman, die das Paralleltal im Osten bewohnen, sollten Ruinen zu finden sein.

Als wir am andern Morgen der neuen Straße folgten, sah ich zwei Grabhügel. Der eine zu unserer Linken hieß Qal'a Nargisij-jeh, der zweite, bei Sarneh, lag an der Straße, aber wir gelangten nicht bis zu ihm, da wir etwa drei Stunden hinter Bazan nach Westen abbogen. Wir hielten eine kleine Mahlzeit, während hoch über uns ein Sandsturm mit Regenböen dahinfuhr, der das trockene Eichenlaub des Lagers, bei dem wir rasteten, sprenkelte.

Wir hielten uns nun scharf westlich und stießen auf den Lauf des Gandir, wie er von hier ab erst genannt wird, wo er sich bereits als ansehnlicher Fluß zwischen Schilfufern dahinwälzt. Vor dem feinen Hintergrund des Manischt Kuh grasten Herden von Schafen und Ziegen.

Im Reiten erzählte mir der Sergeant von den Luren in Lakistan, zu denen er Verwandtschaftsbeziehungen hatte, eine bessere Rasse und kriegerischer als diese hier, wie er sagte, und mit prachtvollen Frauen. Er erzählte mir die Geschichte von Qadam Kheir, einer Frau aus dem Stamm der Kuliwand von Tarhan, die vor fünf Jahren im Krieg mit der Regierung lag. Sie war eine schöne Frau und mit ihrem Vetter verheiratet. Sie zogen zusammen ins Gefecht, und sie ritt und schoß wie ein Mann. Schließlich unterwarf sie sich der Regierung und ließ sich inmitten ihres Stammes zu einem ruhigeren Leben nieder.

Noch drei andere Heldinnen waren unter den Frauen Lakistans bekannt geworden, von denen aber nur eine, Naz Khanum, die jetzt in einem Schloß bei Harsin lebt, ein höheres Alter erreicht hat. Gasja von Alischtar, die Schwester des Rebellenführers Mir Ali Khan, bei dessen Bruder ich mich seinerzeit im Norden aufgehalten hatte und der vor einigen Jahren entführt und gehängt worden war, brachte sich selbst ums Leben, als ihr Mann sich von ihr scheiden ließ. Sie war wie ein Knabe erzogen worden und machte jeden Ritt mit ihrem Bruder und mit dem Stamm, dessen Verehrung sie genoß. Und Kak-Ali, vom Stamme der Kuli-Ali, wurde nach einem langen

Krieg mit der Regierung endlich überredet, Frieden zu machen. Sie sollte den Sohn des früheren Schahs heiraten; als sie ihn aber sah, erklärte sie, »nichts könne sie dazu bewegen, sich mit einem halben Mann zu begnügen«, und sie blieb unverheiratet bis zu ihrem Tod.

»Die Frauen der Kakawand«, schloß mein Wakkil-Baschi seine Erzählung, »sind nicht wie die Frauen hier. Hier geraten sie in Schrecken, wenn abends ein Fremder in ihr Zelt kommt. Eine Kakawand-Frau würde sich freuen, wenn dreißig Reiter des Weges kämen, und sie wüßte ihnen einen Empfang zu bereiten.«

Der Wakkil-Baschi schien sich über den Weg nicht im klaren zu sein. Er meinte, wir hätten jetzt das letzte Lager vor einem langen Wüstenstrich erreicht. Es war ein ausgedehnter Platz mit ein oder zwei Häusern, die als Kornspeicher dienten: der Ort hieß Sar-i Tang, weil er beinahe am Eingang einer Schlucht lag, in die der Gangir hinunterstürzt. Und die ganze Bevölkerung war auf den Feldern, um die Ernte zu schätzen und zu verteilen. Der Verwalter des Schahs überwachte zusammen mit dem jeweiligen Besitzer des Feldes die Verteilung. Der Anteil der Regierung wurde bereits aufgehäuft. Was dem Bauern verblieb, wurde in Säcke gefüllt und von schwarzen Ochsen nach dem Dorf getragen, wo es in Mieten vergraben wurde. Aus den zwei Dritteln des Bauern mußte auch das Saatkorn für die nächste Ernte entnommen werden.

Wir erkundigten uns nach dem Weg, und die Männer von Sar-i Tang sagten uns, wir erreichten noch vor Einbruch der Dunkelheit Bani Tschinar. So ritten wir, die Schlucht Schamiran zur Linken, über einen Höhenzug weiter, auf dem noch Eichen wuchsen, die aber auf dem wärmeren Boden bereits verkrüppelt waren.

Über dem Schamiran sollten, wie wir hörten, die Trümmer einer Burg liegen. Auch Gräber mit Bronzen werden in dem ganzen Tal gefunden. Das Tal muß zu allen Zeiten ein wichtiger Verkehrsweg gewesen sein, denn die Natur bot hier einen günstigen Durchlaß vom Tal des Saidmarreh hinüber zu den Ebenen des Irak. Und man stößt das ganze Tal entlang immer wieder auf Trümmer mohammedanischer Bauten. Als wir die

Höhe der Bergschulter erreicht hatten, durch die sich der Fluß seinen Weg gebrochen hat, breiteten sich sieben Bergketten vor uns aus: die roten, dürren Berge des wasserlosen Grenzgürtels. Die Schmuggler kennen sie wohl und schlüpfen in den ausgedörrten Schluchten ein und aus. Sie werden abgefangen – aber nicht allzuoft.

»Sehe ich nicht immer woanders hin?« hatte der Leutnant, der mich gefangengenommen hatte, den Kadkhuda gefragt, als dieser sich darüber beklagt hatte, wie schwer es sei, heutzutage im Puscht-i-Kuh Tee und Zucker zu bekommen.

Etwas weiter südlich wartete in den Bergen ein Hinterhalt auf Schah Riza und mich, ohne daß wir es ahnten. Der vergrabene Schatz hatte, wie es aus den Geschichten bekannt ist, den bösen Wesir veranlaßt, sechs Mann auszuschicken, die meine Rückkehr verhindern sollten. Sie nahmen an, daß ich denselben Weg einschlagen würde wie bei meinem Auszug, so daß das Eingreifen der Polizei und die damit verbundene Änderung in unsern Reiseplänen doch etwas für sich gehabt hatte. Aber bevor wir nach Bagdad kamen, wußte ich von diesen Vorbereitungen nichts, und so ritt ich inmitten meiner vier Polizisten dahin, ohne mich sicherer oder weniger sicher zu fühlen, als wenn ich mit Schah Riza und meinem Maultiertreiber allein meines Weges gezogen wäre.

Das Gangir-Tal

Im letzten Licht des Tages kamen wir nach Bani Tschinar und sahen in eine Senke zwischen den Bergen hinab, die mit Mais- und Reisfeldern und den brodelnden Ausdünstungen des Abends erfüllt war. Der Fluß strömte hier unter dichtem buschigem Schilf, das noch den Reiter überragte, und die Zelte waren auf dem andern Ufer an einer kahlen Stelle aufgebaut. Wir mußten übersetzen. Ein alter Bauer, der mit einem Spaten wirtschaftete, wies uns die Richtung einer Furt, weigerte sich aber, uns zu führen. »Vater eines Hundes!« schrien sie ihn an, und alle vier Polizisten begannen auf ihn einzureden, wobei sie um so heftiger wurden, als der Erfolg völlig auszubleiben schien. Schließlich setzte sich der Alte in Bewegung. Wir gingen über den Fluß. Er flutete in einer kühlen eigenartigen Atmosphäre beinahe bis zu den Bäuchen der Pferde herauf. Minze und Herbstmargeriten wuchsen zwischen den Weiden und dem Schilf mit seinen weißen Federbüschen, und ein Moorhuhn schwamm in den Schatten des Laubwerks, stille Kreise auf dem Wasser hinter sich lassend.

Von den fünf Zelten des Lagers sah eines über den Rand der Senke zur nächsten Bergkette. In dem blassen, klaren Himmel darüber segelte eine einzige rötliche Wolke. Der Abend tauchte mild und erquickend ins Mondlicht ein. Es war die letzte Station, bei der Eichenzweige für das Feuer zu Gebote standen. Die Männer schichteten sie hoch auf und erleuchteten ihre hübschen »chits«, die mit bunter Wolle wie kaukasische Teppiche verwobenen Schilfvorhänge. Als die Polizei in sicherer Entfernung in einem Zelt in der Niederung untergebracht war, zeigte der Gastgeber verschiedene Bronzefunde, die er besaß. Er versprach, uns am andern Tag zu den Ruinen zu führen, aber sie waren eine Besichtigung nicht wert, und der Sergeant sprach sich gegen jede Verzögerung aus.

Am Abend am Feuer sprachen die Männer wie gewöhnlich davon, wie schwierig es sei, hierzulande ohne ein Gewehr auszukommen. Sie erzählten von einem, dem man das Gewehr weggenommen hatte und der drei Tage und Nächte ohne etwas zu genießen auf der Polizeistation geblieben war und gejammert hatte, bis man ihm schließlich die Waffe zurückgab, um ihn nur wieder loszuwerden.

Am andern Morgen zeigte uns der Älteste des Lagers, der kein anderer war als unser alter Führer vom Abend zuvor, unter den freundlichsten Entschuldigungen den Weg talabwärts.

Wir hatten einen langen Tag vor uns und verlängerten ihn noch dadurch, daß wir versuchten, Fische zu schießen. Verlockend nah und fett schwammen sie in den klaren Gewässern des Gangir und der verschiedenen Gräben, die das Wasser vom Hauptstrom ableiteten. Den Polizisten machte es Spaß, ihre

Gewehre abzufeuern, und endlich drehte auch wirklich ein dicker, etwa 40 cm langer Bursche seinen fetten Schieberbauch nach oben und ward zum Lunch eingeholt. Wir hatten ihn bei seinem eigenen Frühstück unterbrochen, und die Hälfte eines kleineren Fisches hing ihm noch aus dem Maul. Ein Anblick, der uns alle ausrufen ließ, daß Gott groß ist. Dann setzten wir uns ernstlich flußabwärts in Marsch.

Diesen ganzen Tag ritten wir durch ein unbeschreiblich ödes Land, den Gangir entlang. Wieder und wieder setzten wir über den Fluß, verloren ihn dann und wann im Gewirr der roten Berge und fanden ihn wieder, eine riesige Raupe in einem Kokon aus Schilf, unter dessen schattigen Gängen wir kurze Strecken dahinreiten konnten.

Aus der Ferne schimmerten kleine Reisfelder, neben denen Hütten standen: bei Sepa gab es eine weitere fruchtbare Mulde; bei Kainmaru (unterhalb dieses Ortes führt die Straße an einem prähistorischen, zum Teil ausgeplünderten Friedhof vorbei) und bei Gangir trafen wir auf kleinere Malariaherde. Die Hütten waren jetzt nicht mehr mit Zweigen gedeckt, sondern in primitiver Weise aus Schilfrohr errichtet, das zu Kegeln aneinander gelehnt war, so wie wohl die frühesten Menschen gewohnt haben mochten.

Obgleich keine sichtbaren Nebenflüsse sich mit dem Strom vereinigten, wurde dieser breiter. Das blaue Gewässer wirkte in dieser durstigen Einsamkeit wie eine platinblonde Frau in einem Mönchskloster, aber ohne jede Spur fruchtbaren Landes an den Ufern. Die Berge traten nach und nach zurück und überließen dem Fluß ein breites, flaches Bett. Hier und da fanden sich am Wegrand Mauerreste, alte Wasserleitungen oder Brücken. Oberhalb von Sar-i-Gatsch wies ein offener Platz auf eine alte Stadt hin. Die Flora wandelte sich, Tamarisken, Kapern und Oleander traten auf. In Sar-i-Gatsch stießen wir wieder auf Zelte und Ackerland, das letzte Lager der Aiwan.

Dort kamen wir nach Sonnenuntergang an, hofften auch die Nacht da zu verbringen und wurden von den Aiwan freundlich aufgenommen. Aber die Wasser des Gangir, die eine kurze Strecke unterhalb der Siedlung in die Reisfelder geleitet wurden, summten unter Wolken von Moskitos, und die Saumar, der letzte persische Stamm, siedelten etwa zwei Stunden von hier. Der Wakkil-Baschi schlug deshalb vor, nach dem Abendessen noch ein Stück zu reiten, um diese schwüle, fieberschwangere Gegend nicht bei Tage durchqueren zu müssen.

Wir rasteten also und brachen um halb neun Uhr wieder auf. Wir ritten im Mondlicht über das unebene Gelände, während ein Polizist und mein Treiber, die als Pfadfinder vorausgingen, kurdische Lieder sangen, süße Klagen in der Nacht. Nach dem heißen Tag umfächelte uns die Luft weich und kühl.

Das Land wurde flach. Die Berge traten zu beiden Seiten noch weiter zurück. Die Ebene von Irak schiebt hier den Fluß entlang einen Keil nach Persien vor, der von kleinen Kanälen durchschnitten ist, die man nicht sieht, die man aber an den Feldern zu beiden Seiten erkennt. Große Tiere wühlten in den Maisgarben zu unserer Linken. »Schweine!« rief der Polizist aus Kermanschah, ritt unbekümmert querfeldein und trieb an der andern Seite des Ackers fünf bucklige, plumpe Silhouetten ins Land hinein. Gegen halb elf kamen wir bei den Zelten von Saumar an, die schon in tiefem Schlaf lagen. Der Mann, der quer vor dem Eingang lag, wurde aufgescheucht, während uns eine wilde Schar von Hunden umtobte, die die lagernden Herden bewachten. Die Leute spannten rasch ein Stück »chit« aus, um ein Schlafgemach für mich abzuteilen, Matratze und Kissen wurden herbeigebracht, und so schliefen wir ein, ohne unsere Gastgeber von Angesicht gesehen zu haben, nach zehn und einer halben Stunde im Sattel.

Als ich am anderen Morgen zu einem stürmischen Tag erwachte, sah ich, daß wir in der Wüste waren. Ringsum lagen die Hütten von Saumar, aus Schilf gebaut und mit Schilf gedeckt, dessen Büschel wie Zinnen über den Hütten gegen den Himmel ragten. Einige davon waren regelrechte Häuser mit drei guten Zimmern und einer Veranda.

Auf einem Erdhügel in einiger Entfernung lag die Polizeistation. Das Zollamt und eine Unterkunft für Beamte befanden sich weiter unten. Hier war auch der Garten des Schahs gelegen, von dessen Pracht man im Irak erzählte. Ich fand indessen nichts als ein vier Morgen großes, etwas unordentliches Grundstück, auf dem eben erst junge Palmen, Aprikosen und Granatbäume gesetzt worden waren, unter denen ich wandelte, während unsere Pässe geprüft wurden.

Vier weitere berittene Polizisten erschienen zu meiner Bewachung. Sie gesellten sich zu meiner Eskorte und verstärkten den Eindruck einer Kavallerie-Patrouille, als wir den Gangir entlang bis zu dem runden Turm ritten, der auf einem Felsvorsprung die Grenze des persischen Reichs bezeichnete. Hier nahmen wir Abschied. Meine sorgsam vorbereiteten Geschenke wurden zurückgewiesen. Statt dessen sprachen wir von der Pracht und Schönheit des persischen Reiches und von unserm Bedauern, es verlassen zu müssen. Ich hätte gerne etwas Greifbareres für meine Freunde getan, denn sie hatten mich mit größter Liebenswürdigkeit behandelt, und obgleich mich ihre Unbestechlichkeit mit Achtung erfüllte, hatte ich doch das Gefühl, daß ich es vielleicht nicht richtig angefangen hatte. Und ich habe seitdem nie wieder Gelegenheit gefunden, ihnen ein Geschenk zu schikken. Ich möchte aber, anders als die meisten neueren Reisenden, ausdrücklich feststellen, daß ich mich dankbar und in Freundschaft der persischen Polizei erinnere; sei es auf ehrlicher Straße oder auf Schleichwegen gewesen, ich habe sie immer als verbindlich, gefällig und zuverlässig kennengelernt, und bereit, ihre Dienstvorschriften soweit als irgend möglich zu meinen Gunsten auszulegen.

Nachdem wir uns von ihnen getrennt hatten, setzten Schah Riza und ich unsere Reise in Richtung Mandali fort. Wir waren wie immer darauf aus, unsere Pässe auch zu zeigen, aber wir verfehlten die irakische Grenzstation. Zwischen Palmengärten zogen wir, bedrückt durch die schwüle Luft des Tieflandes, weiter, bis wir das Haus des Naqib erreichten, das Land der Autostraßen und schließlich Bagdad.

Als ich in Bagdad ankam, hatten spätere Erlebnisse die Schatz-
angelegenheit etwas in den Hintergrund gedrängt. Einen Tag
genoß ich schwelgerisch die frische Wäsche und das Baden nach
vierwöchigen Entbehrungen, dann rief ich bei M. an, um ihm
meine Rückkehr anzuzeigen und ihn zu fragen, übrigens ohne
besondere Neugier, aus welchem Grunde – wenn überhaupt aus
irgendeinem – Kamerad Hasan nicht zu dem Rendezvous
erschienen war.

Zu meiner Überraschung vernahm ich am andern Ende der
Leitung eine Art Röcheln. Es war M.'s Stimme, die sagte: »Gott
sei Dank, daß Sie in Sicherheit sind!« Und dann erklärte, er
komme sofort zu mir herüber, um mir alles zu erzählen. Ich will
hier als Epilog eine kurze Zusammenfassung der absonderlichen
Ereignisse geben, deren Wahrheit oder Unwahrheit, so wie sie
uns berichtet wurden, wir nie ganz klären konnten.

Hasan, der Lure, hatte nicht zu mir kommen können, weil er
im Gefängnis saß. Obgleich ich insgeheim davon überzeugt bin,
daß er nie ernstlich die Absicht gehabt hatte, zu kommen, hatte
ihm jedenfalls sein Feind, der Ex-Wesir, die Sache aus der Hand
genommen: er hatte kaum die ersten unsicheren Gerüchte von
unserer Expedition vernommen, die in den Bazaren umliefen, als
er auch schon den Burschen des Diebstahls eines Kästchens mit
Schmuckstücken bezichtigte und ihn ins Gefängnis werfen ließ.
Dieses Juwelenkästchen scheint nun tatsächlich gestohlen worden zu sein. Hasan erklärte, die Schmuckstücke seien sein, der
erste Fund aus der Schatzhöhle, den er dem Wesir zu treuen
Händen übergeben habe und den dieser sich nun herauszugeben weigere. Die Anzeige wegen Diebstahls konnte jedenfalls
nicht aufrechterhalten werden, aber sie hatte, im Verein mit einer
Reihe von guten »Beziehungen«, genügt, um Hasan in Bagdad
zurückzuhalten.

M. erfuhr zwei Tage nach meiner Abreise von diesen Vorfäl-
len, setzte sich sofort in Bewegung und erreichte es, daß Hasan
gegen Kaution auf freien Fuß gesetzt wurde. Inzwischen war ich
aber nicht mehr zu verständigen, und Hasan durfte die Stadt

nicht verlassen. Man konnte nichts Besseres tun, als einen Vetter Hasans mit einem Brief hinter mir drein zu schicken, der aber nie in meine Hände kam, da der Überbringer an der persischen Grenze von der Polizei aufgehalten und als Agitator ins Gefängnis geworfen wurde.

Das nächste war, daß eines Morgens Hasan im Zustand größter Erregung in M.s Arbeitszimmer erschien. Der Wesir habe, so erzählte er, von meiner Abreise Kenntnis erhalten. In der Befürchtung, ich könnte mit dem Schatz zurückkehren, habe er sechs Kulis aus den Bazaren geworben und sie mir mit dem Auftrag nachgeschickt, meine Rückkehr zu verhindern. Jeder Kuli hatte 400 Rupien erhalten (oder sie waren ihnen doch versprochen worden), ein schmeichelhafter, aber etwas unwahrscheinlicher Kopfpreis. Der Befehl ging dahin, sie sollten die Wege zwischen Arkwaz und Zurbatijjah besetzen, die Route, von der es am wahrscheinlichsten war, daß jemand auf ihr eine wertvolle Last befördern würde. Und Hasan vertrat ganz richtig die Auffassung, daß in dieser völlig unbewohnten Gegend ein Mord ohne weiteres begangen werden konnte, ohne daß es jemals gelang, den Mörder ausfindig zu machen. Mein Schicksal schien also besiegelt, wenn ich nicht einen andern Rückweg einschlagen sollte.

Im Besitz dieser furchtbaren Erkenntnis konnte doch M. nicht das Geringste unternehmen. Eine Nachricht konnte mich nicht mehr rechtzeitig erreichen, und sowohl die englischen wie die irakischen Behörden waren jedenfalls nicht in der Lage, auf persischem Boden einzugreifen. Engländer, mit denen er von dem Fall sprach, boten nicht nur keine Hilfe an, sondern bestärkten ihn in seinen düstern Gedanken, als sie sagten, er habe das voraussehen müssen, und bemerkten, die englische Armee sei besser beraten, wenn sie weibliche Reisende von derartigen Unternehmen abschrecke, als wenn sie sie darin noch ermutige. »Sie können sich keine Vorstellung davon machen, was ich in diesen Tagen ausgestanden habe!« sagte mein gequälter Freund.

Seine Unruhe hatte sich vermehrt, als ich tatsächlich nicht zur vorgesehenen Zeit zurückkehrte. Wenn Hasan wie verabredet

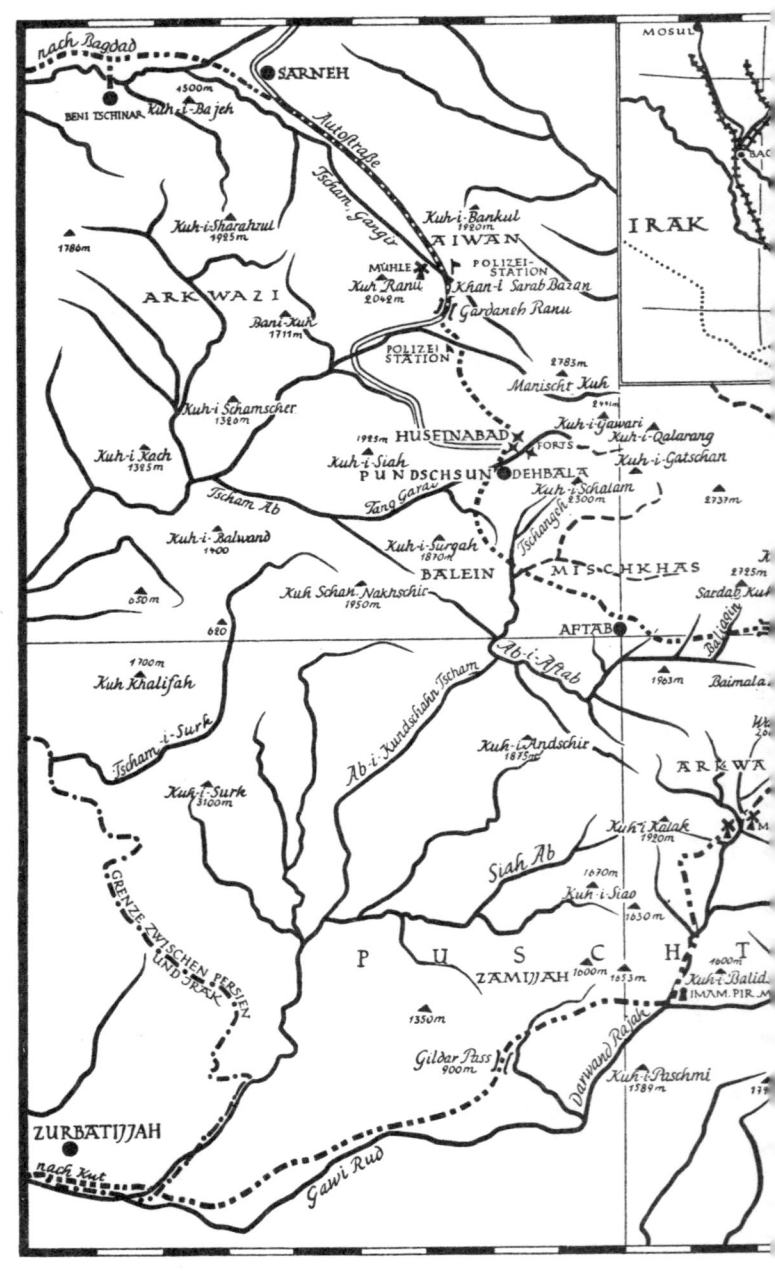

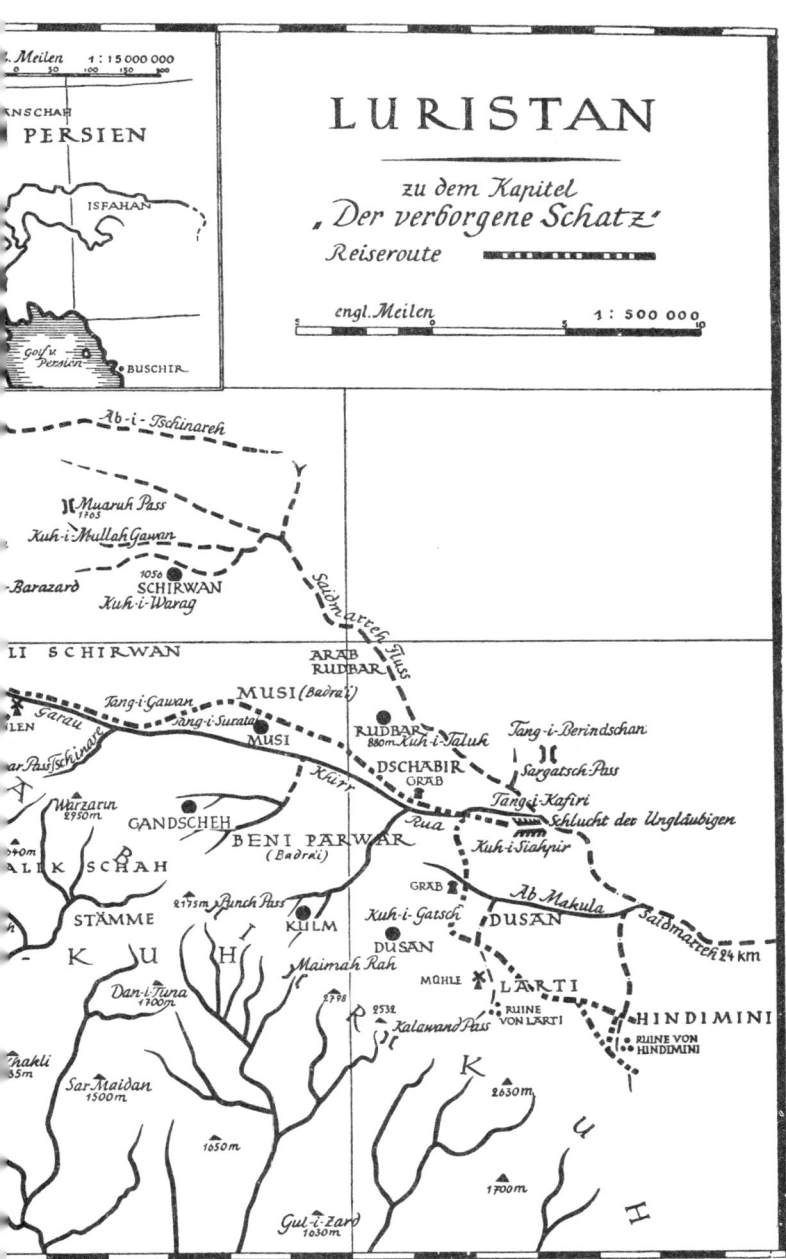

LURISTAN

zu dem Kapitel
„ Der verborgene Schatz"
Reiseroute

engl. Meilen
1 : 500 000

PERSIEN

ISFAHAN

Golfu
Persien
BUSCHIR

Ab-i-Tschinareh

Muaruh Pass
1705
Kuh-i-Mullah Gawan

Barazard   1056
                  SCHIRWAN
Kuh-i-Warag

LI SCHIRWAN   ARAB
                     RUDBAR
                     MUSI (Badrai)
Tang-i-Gawan   Tang-i-Suratat   Tang-i-Berindschan
Garau   Tang-i   RUDBAR
ar Pass Schirwar   MUSI   880m Kuh-i-Taluk
                           DSCHABIR   Sargatsch-Pass
Warzarin   GRAB   Tang-i-Kafiri
2950m   Rua   Schlucht der Ungläubigen
GANDSCHEH   Kuh-i-Siahpir
940m   BENI PARWAR
ALIK SCHAH   (Badrai)   GRAB   Ab Makula
                                               Saidmarreh 24 km
STÄMME   2175m Punch Pass   Kuh-i-Gatsch   DUSAN
                     KULM   GRAB
K   U   H   DUSAN
              Maimah Rah   MÜHLE   LARTI
Dan-i-Tuna   2798   RUINE
1700m   2532   VON LARTI   HINDIMINI
nakli   Kalawand Pass   RUINE VON
35m   HINDIMINI
Sar Maidan   K   2630m
1500m
              1650m

                    1700m
Gul-i-Zard
1030m

211

gekommen wäre und wir den Schatz gefunden hätten, so wären wir sofort umgekehrt und in etwa 14 Tagen schon wieder im Irak gewesen. Da ich aber den Schatz nicht gefunden hatte, sah ich keinen Grund zur Eile, und es war nur dem Eingreifen des Polizeileutnants zu danken, daß ich nicht den Fluß überschritten und noch weitere zwei Wochen am Ostufer zugebracht hatte. Aber auch ohne dies hatte M. in den letzten zehn Tagen fest an meine Ermordung geglaubt.

Und seine Sorgen waren keineswegs beendet, als ich wieder in Bagdad war. Es hatte sich bald das Gerücht verbreitet, ich sei mit dem Schatz zurückgekehrt. Der Wesir glaubte, daß Hasan einen Anteil erhalten habe. Hasan glaubte, daß ich alles für mich behalten wolle. Und selbst Schah Riza murmelte etwas davon, daß ich einen Berg hinuntergeklettert sei mit einem Sack auf dem Rücken, den ich kaum habe schleppen können. Der Bericht, der der persischen Polizei zukam und von dort zurücksickerte zu dem Stamm, bei dem ich mich aufhielt, lautete, daß ich Gräber geöffnet und in ihnen die Schädel von Ungläubigen gefunden hätte, die mit Gold ausgegossen seien. Das Ergebnis dieses ganzen erregten Geflüsters war, daß M. eines Tages selbst vor einen Untersuchungsrichter in Bagdad geladen wurde und beinahe auch noch in Hasans unentwirrbare Privatangelegenheiten verwickelt worden wäre.

Hasan kam indessen völlig herunter. Er trank Arrak und machte einen Selbstmordversuch im Tigris. Er überfiel den Sohn des Wesirs in der Hauptstraße von Bagdad und schlug vor, zwanzig Zeugen zu kaufen und einen Gegenprozeß anzustrengen. Ich mußte unfreundliche Bemerkungen darüber hören, daß alle meine Freunde im Gefängnis säßen oder doch nächstens dorthin verbracht würden. Und als wir schließlich hörten, daß Hasan wieder ergriffen worden war und zwischen vier Wänden in Sicherheit saß, nahmen wir diese Nachricht nicht ohne Erleichterung auf.

Was den Schatz betrifft, so ist über seine Existenz noch nichts Sicheres ausgemacht. Und der Berg und seine Höhle warten noch immer auf ihren Entdecker.

Anmerkung: Der Schädel aus dem Larti-Grab ist glücklich nach Bagdad gelangt. Er wurde dem dortigen Museum überlassen und folgendermaßen beschrieben:

»Das von Miss Stark dem Bagdader Museum überlassene Fundstück besteht aus einem Schädel und einem Unterkiefer. Die Teile sind in einem Grab am Fuß einer überhängenden Felswand im Tal der Larti, im östlichen Teil des Puscht-i-Kuh in Luristan, gefunden worden. Der Schädel ist außerordentlich brachycephal, der Index beträgt 88.6. Das Gesicht fehlt vollständig, der Unterkiefer ist jedoch vorhanden, und der Schädel ist intakt. Die Hauptschädelmaße und Indices sind folgende:

Schädellänge	167 mm
Schädelbreite	148 mm
Radius v. vord. med. Punkt	
d. Hinterhauptloches zum Bregma	137 mm
Geringste Stirnbreite	97 mm
Radius v. vord. med. Punkt	
d. Hinterhauptloches z. Nasenwurzel	102 mm
Schädelindex (Länge/Breite)	88,6 mm
Längen-Höhen-Index	80,3 mm

Ein armenoider Typus mit ausgesprochener Abflachung des Hinterhauptes. Die post-aurikulare Länge beträgt nach roher Schätzung etwa ein Drittel der Gesamtlänge. Die tubera parietalia sind breit, mehrere Nahtknochen vorhanden. Die Überaugenwülste sind kräftig ausgebildet, die Knochensubstanz schwer, die Orbitalränder dick und glatt. Es handelt sich also um einen männlichen Schädel, vermutlich den eines Mannes in jugendlichem Alter, denn nur die Sagittalnaht ist geschlossen, und die Zähne sind noch kaum abgenutzt. Das Gesicht ist direkt unter der Nasenwurzel abgebrochen, nur die äußersten Backenzähne sind vorhanden. Das Alter des Fundes kann nur nach archäologischen Gesichtspunkten aus Typus und Lage der Grabstätte bestimmt werden.«

Das Grab war eines von vielen, die sich unter der Felswand fanden. Es war lang und schmal, mit flachen Steinen gleichmäßig ausgekleidet und mit flachen Felsblöcken bedeckt. Das Skelett lag auf dem Rücken, der Kopf war nach rechts gedreht. Unter dem Ellbogen befand sich ein Stein (Kalkstein wie die Felswand darüber), der zu einer primitiven Spitze behauen war. Ein zweiter dreieckiger Stein lag oberhalb des Kopfes. Außerdem enthielt das Grab einige Reste roten, schlecht gebrannten Töpfergutes, das mit Stroh verunreinigt war. Die Extremitäten waren gut erhalten. Die Füße zeigten etwa nach Südwesten. Auch die anderen Gräber scheinen in der gleichen Richtung angelegt zu sein. Jedes Grab war durch Felsblöcke kenntlich gemacht.

ZWEITER TEIL
MASANDERAN

Eine Reise in das Tal der Assassinen
Die Assassinenburg von Lamiasar
Der Thron Salomos

Eine Reise in das Tal der Assassinen

Die Assassinen waren eine persische Sekte. Sie waren ein Zweig der Ismaelijjah-Schule, ihrerseits ein Zweig der Schiiten, die heute noch praktisch ganz Persien beherrschen und Ali, dem Schwiegersohn Mohammeds, und den Imams aus seinem Hause besondere Verehrung zollen. Die Ismaelijjah haben sich in einem Streit um eine Nachfolge Dscha'fars, des siebenten Imams, von ihnen getrennt. Sie interessieren aber nicht so sehr durch ihre theologischen Anschauungen als durch ihre Politik. Sie wurden von einer fähigen und skrupellosen persischen Familie ausgebeutet, die damals in Palästina saß und sich der Untergrabung und langsamen Zerstörung jeder Art von Glauben widmete. Sie bedienten sich dabei eines hierarchischen Systems von Weihen, das auf alle Stufen des Aberglaubens und der Frömmigkeit abgestimmt war und für den obersten Kreis offenbar in völligem Freidenkertum gipfelte. Sie führten den Grundsatz unbedingten Gehorsams gegenüber einem bestimmten Mitglied ihrer Familie als den Inbegriff der göttlichen Weisheit ein, und nachdem sie sich unter dem Namen der Fatimiden auf den ägyptischen Thron geschwungen hatten, wuchsen sie an Reichtum und Macht, förderten die Wissenschaften um ihrer selbst willen und übten als einzige unter den Nationen ihrer Zeit religiöse Toleranz.

Für kurze Zeit wurde Ägypten zu einem bedeutenden Zentrum der Kultur, und man traf von Marokko bis China überall auf ismaelitische Missionare. Ein solcher kam auch mit einem jungen persischen Schiiten aus Rei namens Hasan i Sabbah in

Verbindung, der im Jahre 1071 in die Sekte eintrat. Er sollte der erste Großmeister der Assassinen werden.

Solche Abenteurer hat es in Persien zu jeder Zeit in großer Zahl gegeben. Aber der junge Hasan erreichte doch mehr als die meisten seiner Art, denn er führte, offenbar aus eigener Initiative, eine neue Idee in die Staatswissenschaft seiner Zeit ein und behandelte den Mord wie die Suffragetten den Hungerstreik, indem er ihn zu einer anerkannten politischen Waffe machte.

Schon zu seinen Lebzeiten erwuchs ihm daraus eine Macht, die von Nordpersien bis zum Mittelmeer wirksam war. Der geheime Garten, in dem er seine Anhänger berauschte und an sich fesselte, wurde durch die Chroniken der Kreuzfahrer in Europa bekannt, die uns auch das Wort assassins oder Haschischin brachten. Seine Nachbarn fürchteten und haßten ihn. Da sie sich an ihn nicht heranwagen konnten, entluden sie ihren Haß auf die ganze Anhängerschaft der Ismaelijjah, die ihre Verbrechen noch dadurch vermehrt hatten, daß sie die Gruppe der blutgierigen Karmathier in Ost-Arabien gründeten. Die nachlässige und passive Ablehnung der Orthodoxen verwandelte sich in heftige Gegnerschaft, als die Bewegung gefährlicher wurde. Die Brudersekte in Ägypten und die Kalifen aus dem Hause der Fatamiden, die sie vertraten und die jetzt sehr zusammengeschmolzen waren, mußten für die Unbeliebtheit ihrer Abkömmlinge bezahlen, indem sie sich völlig den Seldschuken und der Familie Saladins unterwarfen.

Die Assassinen indessen breiteten sich weiter aus. Sie hatten einige ismaelitische und andere feste Plätze in Syrien übernommen, die sie nun als halb-unabhängige Kolonien von Persien aus regierten, und dort kamen sie auch in Berührung mit den kreuzfahrenden Fürsten Europas. Es ist nie ganz klar geworden, wie viel die Organisation der großen christlichen Ritterorden dieser unchristlichen Brüderschaft verdankte. Man hat vermutet, daß der Templer-Orden sich in gewissem Ausmaß auf die Prinzipien seiner Gegner aufgebaut hat. Ein Vergleich der Hierarchie und der allgemeinen Verwaltungsgrundsätze der beiden Vereinigungen zeigt erstaunliche Übereinstimmungen. Das mag zu den Gerüchten und Anklagen beigetragen haben, die später den Niedergang der Templer herbeiführten, als ihre Reichtümer das Interesse der Ratgeber Philipps des Schönen auf sich zogen. Damals zählten die Assassinen aber bereits nicht mehr zu den großen politischen Mächten.

Die Fedawiden in Syrien, die ihre Unabhängigkeit verloren hatten, degenerierten von Märtyrern zu Berufsmördern. In den Tagen des Ibn Battuta wurden sie für ihre Verbrechen im voraus bezahlt. Kamen sie mit dem Leben davon, so konnten sie ihren Verdienst genießen, andernfalls kam er ihren Familien zu. Jetzt sind sie friedliche Landleute, die offen über alles plaudern außer über ihren Glauben.

Aber nach Persien drangen die mongolischen Heere und nahmen unter Hulagu Khan die Assassinenfestungen, eine nach der andern. Der zentral gelegene feste Platz von Alamut hätte gehalten werden können. Er liegt in einem unzugänglichen Tal südlich des Kaspischen Meeres in dem sagenumwobenen Gebirge der frühesten persischen Könige. Hierhin hatte sich Hasan zurückgezogen, als er – bald vierzig Jahre alt, gescheitert und von den türkischen wie von den ägyptischen Gerichten verfolgt – beschloß, ohne Hilfe seinen eigenen Weg zu gehen und neun Jahre hindurch in ganz Persien und Khorasan für sich warb. Und die Sage geht, daß er als Gast des Gouverneurs die unangreifbare Stärke der Festung erkannt habe, zurückgekommen sei und sie im Jahre 1091 auch durch friedliche Mittel erhalten habe. Er soll sie bis zu seinem Tode vierunddreißig Jahre später nicht wieder verlassen haben. Dort oben wohnte er, mit seinem geheimen Garten und umgeben von seinen treuen Fedawiden, und verband Meuchelmord mit der Ausübung der freien Künste in seiner wirksamen Art. Aber nach beinahe zweihundert Jahren kamen Wahnsinn und Schwäche über die Herren von Alamut. Rukneddin, als Geisel unter den Mongolen, befahl der widerstrebenden Besatzung, sich zu ergeben, bevor Mangu, der Großkhan, ihn ermorden ließe, während er als Gefangener über die Gebirgspässe getrieben wurde. Und seine Nachkommen, die südlich nach Qum und von da nach Sindh zogen, behielten die geistige Herrschaft über die Ismaelijjah, die immer noch über Indien und Persien bis nach Sansibar verstreut leben. Seine Hoheit, der Agha Khan, zieht als Haupt der Sekte den Zehnten ein, der von Hasan-i-Sabbah festgesetzt worden ist. Das Recht seiner Familie auf diese Abgabe ist in einem Prozeß vor dem Obergericht in Bombay im Jahre 1866 geprüft und bestätigt worden. In diesem Prozeß wurde seine unmittelbare Abstammung von dem Alten vom Berge nachgewiesen. Wohl kaum ein Lebender und gewiß keine der heute herrschenden Familien der Welt kann sich einer so romantischen und ungewöhnlichen Ahnenreihe rühmen. Aber das Tal der Assassinen und der Felsen von Alamut wissen nichts mehr von ihren alten Herren.

Ich hatte schon immer gewünscht, einmal dorthin zu reisen. Aber es stellten sich allerlei Hindernisse in den Weg. So zum Beispiel konnte ich das Tal nicht auf meiner Karte finden. Es gab da zwar einen Bezirk Alamut, aber kein Dorf Alamut, und es gibt auch in Wirklichkeit keines, wie ich entdeckte, als ich das Tal erreicht hatte.

Auf Grund genauer Untersuchungen stellte ich fest, daß Alamut schon mindestens acht oder neun Mal von Europäern besucht worden ist. Der Anmarsch beginnt in Kazwin. Man überquert das Talaghan-Gebirge und reitet bis zum Alamut-Fluß. Die Burg befindet sich dann links an einem Ort, der Quasir Khan genannt wird. Das war alles, was ich wußte. Und damit packte ich an einem Maimorgen mein Feldbett und meine Satteltaschen und fuhr von Hamadan nach Kazwin in einem Wagen, der außer von mir von einem Perser, zwei verschleierten Damen und einem kleinen Mädchen benutzt wurde, die sich auf der Rückreise nach Rescht befanden.

Der Tag war schön, die Reisegesellschaft angenehm. Um Mittag nahmen wir unsere Mahlzeit am Wegrand unter jungen Pappeln ein und kauften einem Alten, der im Sand saß, Eier ab. Meine Mitreisenden hatten am Begräbnis eines Bruders in Hamadan teilgenommen.

Sie nahmen nun sein Töchterchen mit sich, das später ihr Söhnchen heiraten sollte. Zuerst wollten sie sie aber in die Schule schicken, wie sie erklärten.

»Wenn man sie bei uns zu früh verheiratet, sterben ihre Kinder frühzeitig«, sagte ich, in dem Bestreben, mein Bestes für die kleine Braut zu tun. Sie war sieben Jahre alt.

»Wir werden noch fünf Jahre warten«, sagten sie.

Die alte Dame, die Mutter des Bruders, nach der Mode ihrer Jugend in ungeheure, bauschige, schwarze Hosen gekleidet, die unten in schwarze Strümpfe eingenäht waren, so daß sie ganz und gar eingehüllt war, machte ihre erste Reise. Dies galt auch für Fatima, und sie war darüber vergnügt wie ein Vögelchen. Wir beide amüsierten uns, indem wir in dem lichten Schatten der jungen Bäume eine Hühnerfamilie fütterten. Der Onkel reichte uns Gläser mit hellem Tee. Auf der staubigen Landstraße jagten Wagen vorbei: zwei englische Offiziere in Tropenhelmen. Sie hätten es wohl kaum verwunden, wenn sie mich hier wie eine Zigeunerin hätten sitzen sehen. Glücklicherweise schenkten sie mir keine Beachtung. Diese Dinge war ich los. Um mich die weiten persischen Ebenen, die aufgetürmten Gebirge: die schöne Welt voll von Überraschungen, ins Unbekannte durch den Raum geschleudert, sie war mein, und ich konnte eine Weile nach meinem Willen in ihr wandern.

Am gleichen Abend ließ ich im Grand Hôtel in Kazwin meine Empfehlungsbriefe abgeben.

Der eine machte mir den Wirt selbst dienstbar, einen alten Parsen mit schlauen Äuglein und einem erstaunlichen Geschmack für Schiras-Weine. Auf den zweiten erschien Mr. Sookias von der A. P. O. C., der mich im Hause seiner Frau in die Armenische Gesellschaft einführte und an meiner Unternehmung den freundlichsten tätigen Anteil nahm. Der dritte Brief stammte von Bahai-Freunden aus Bagdad und vermittelte mir meinen reizendsten Bekannten in ganz Persien, Dr. As'ad el Hukuma, dem mich die Hand der Fortuna selbst blind zugeführt haben muß, denn er und sein Bruder sind die gegenwärtigen Eigentümer des Felsens von Alamut.

Abgesehen von diesen Persönlichkeiten erfuhren auch die maßgeblichen Männer der Stadt, die die lokale Politik machen und im Speisezimmer des Grand Hôtels über den Tageszeitungen gestikulieren, von der Neuigkeit und diskutierten historische Probleme und praktische Ratschläge. Konnte ich doch diesmal ausnahmsweise meine Reisepläne ausreichend und vernünftig begründen. Von Hasan-i Sabbah wußten sie und fanden es ganz natürlich, daß jemand aus England kam, um sich seine Burg anzusehen. Der persische Geist kennt, wie die Miniaturen ihrer Handschriften, keine Perspektive. Ereignisse von vor zweitausend Jahren sind für ihn, wenn er etwas von ihnen weiß, ebenso erregend wie etwas, das sich vorgestern abgespielt hat. Und das Land ist voll von unbekannten Verehrern von Führern und Propheten, von denen die übrige Welt längst nichts mehr weiß.

Auch kann man im Osten noch ohne konkretes Ziel reisen, lediglich um sein Wissen zu erweitern, und ich habe Zugang zu einer Moschee gefunden, in der Christen sonst nicht gerne gesehen sind, weil ich erklärte, ich sei ein »Sucher der Wahrheit«. Der Polizei freilich darf man mit solchen Gründen nicht kommen. Als der Kommandant von Kazwin bei seinem abendlichen Apéritif von diesen Dingen hörte, sah er sehr mißtrauisch zu mir herüber. Wenn ich nicht von dem größten Teil der Mitglieder des Stadtrats umgeben und unterstützt worden wäre, hätten sich Unanehmlichkeiten ergeben.

Am andern Morgen schickte mir einer der Enthusiasten einen Diener. Ich wußte nicht, was ich mit ihm anfangen sollte, denn ich brauchte ihn nicht. Er war klein und verkümmert und hatte ein leichenfarbenes Aussehen. Alles, auch seine Haut, hing nur lose um ihn herum. Er fand es so unangebracht, überhaupt zu existieren, daß er offenbar bemüht war, sich aus seinem eigenen Körper in ein noch unbedeutenderes Nichts zurückzuziehen. Wenn man das Bedürfnis gehabt hätte, ihn an einen Nagel zu hängen, um ihn zu vergessen, ein Bedürfnis, das sich gewiß bald eingestellt haben würde, so hätte man auch dazu an dem ganzen Mann nichts Haltbares gefunden, außer seinem steifen Kragen.

Der Doktor rettete mich. Er allein war wirklich schon einmal im Tal von Alamut gewesen und versicherte mir – wie ich mir das schon gedacht hatte –, daß ein Diener aus der Stadt bei den Bergbewohnern nur Verstimmung und Unruhe hervorrufen würde. Er brachte mir einen Mann von sich, Kerbelai 'Aziz aus Garmirud, einen Tscharwardar oder Maultiertreiber, der sein

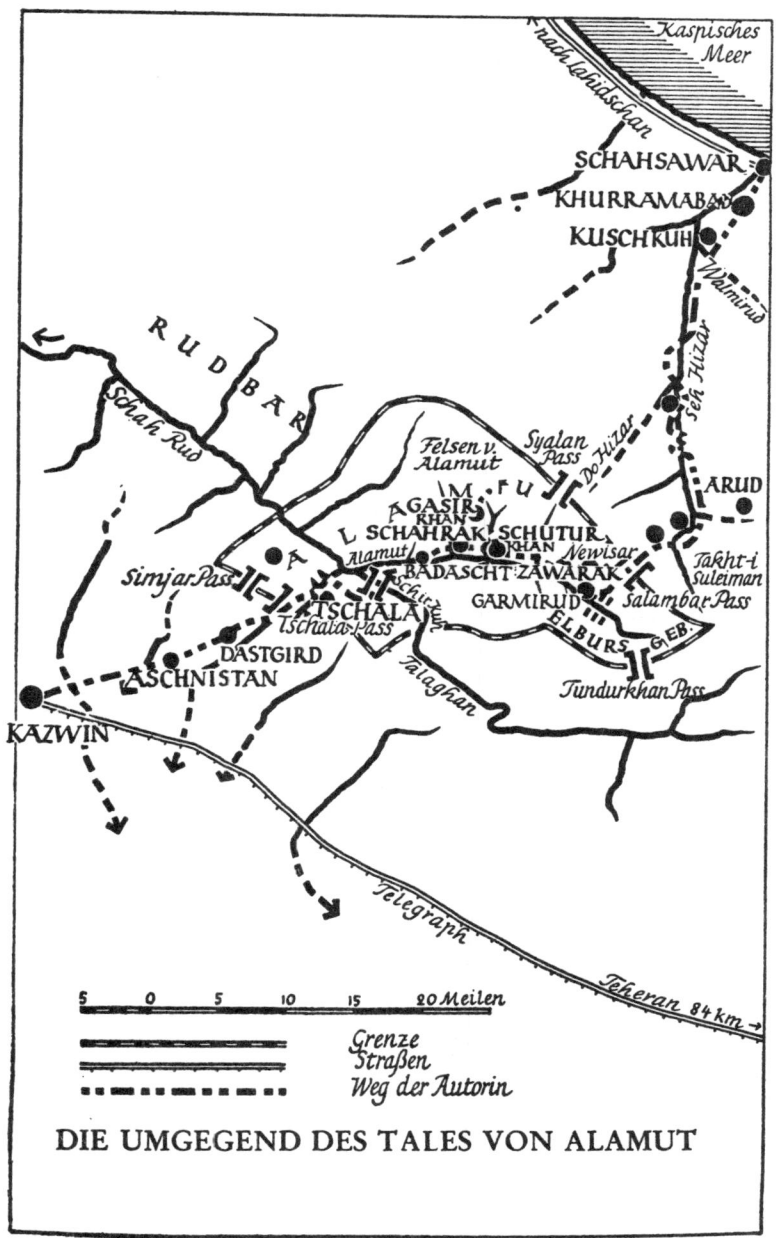

DIE UMGEGEND DES TALES VON ALAMUT

Leben zwischen den Pässen am Kaspischen Meer zubringt und für meine Sicherheit und eine bequeme Reise sorgen sollte: ein ganzer Mann, mit gerader Nase und klugen, kleinen Augen, aus denen die gute Laune sprach, die ich später an ihm kennenlernte. Er wolle mich »wie eine Mutter« behüten, sagte er und drehte seine häßliche Schirmmütze in den Händen, während der Doktor, würdevoll, artig und langsam, einen Empfehlungsbrief für mich an seinen Bruder in Schutur Khan schrieb.

Am andern Morgen brachen wir auf. Die Karawane war größer, als ich geahnt hatte. Nicht nur, daß 'Aziz einen Mann namens Ismail und »Den bei Allah Zuflucht Nehmenden«, zwei Untertreiber aus Alamut, mitgebracht hatte, die die Arbeit tun sollten, während er selber als Kavalier nebenher ritt: seine Mutter, eine alte Frau mit scharfem Adlerprofil unter einer weißen baumwollenen Tschadur, und sein krankes Söhnchen waren ebenfalls auf der Rückreise nach Garmirud begriffen. Ich hatte dagegen nichts einzuwenden. Ich bezahlte zwei Toman täglich und mußte dafür, solange ich das wünschte, mit allem Nötigen, einschließlich der Lebensmittel, versorgt werden. Und die Gesellschaft der alten Dame war mir willkommen. Sie war immer heiter und freundlich, sprang über einen Bach, als ob sie siebzehn und nicht siebzig Jahre zählte, und widmete sich nach einem Tagesritt durch die Berge der Zubereitung eines Pilav, voll von Mandeln und Rosinen, von denen ich, wie Dr. Johnson von seinen Zitronen auf den Hebriden, immer einen reichlichen Vorrat in meiner Satteltasche mitführte.

Der kleine Mohammad schien in den letzten Zügen zu liegen, er war unfähig, auf einem Maultier zu reiten und hartgekochte Eier und Tschupattis zu essen, und ich befürchtete, wir müßten ihn am Wegrand begraben. Ich gab Ratschläge, denen man melancholisch zustimmte, ohne sie indessen durchzuführen: er nahm meine Zwiebäcke und aß sie auf wie alles übrige – und seltsamerweise ging es ihm von Tag zu Tag besser. Seine Großmutter hielt ihn bei sich auf ihrem schwankenden Hochsitz über dem verschnürten Gepäck, und jedesmal wenn ich mich umsah, erblickte ich sein spitzes Gesichtchen vor der zurückweichenden Landschaft der Ebene von Kazwin.

Die Stadtmauer zerfällt dort langsam zwischen Weinranken und gelben Rosen. Wir wandten uns nach Nordosten, verließen die Straße und schlugen einen schlechten Weg durch die blühende Einöde nach Aschnistan in den Vorbergen ein. Ein ferner Gipfel, von dem schmelzender Schnee herüberglänzte, ragte über dem näheren Höhenzug auf, dessen langer ununterbrochener Kamm braun und eben von Westen nach Osten lief. Wir rückten ihm auf einer sanften Steigung am Rande der Ebene langsam näher.

Weit auseinander liegende Dörfer standen wie Inseln inmitten ihrer Kornfelder. Schwarze Ochsen zogen den Pflug. Die Rufe der Bauern drangen zu uns herüber, wenn sie am Ende der Furche wendeten.

Das Steppengras, das schon dem Sommer zu welkte, war übersät mit Blumen aller Art, so daß es ein Vergnügen war, darüber hin zu gehen; und 'Aziz, der neben mir schwitzte, da er viel zu höflich war, um zu reiten, während ich zu Fuß ging, bat mich vergebens, aufzusteigen.

Über Aschnistan hinaus führte die Straße zu einem Wallfahrtsort. Wir verließen sie aber und blieben auf der Gemarkung des Dorfes, um während der heißen Stunden bei einem Graben mit fließendem Wasser zu rasten. Von hier aus lag das Dorf selbst mit flachen Dächern und einem Lehmtor auf einer Anhöhe, mit seinen Weinstöcken, Obstbäumen und einer Wiese mit alten Maulbeerbäumen, unter denen die Raben stolzierten, wie die Saatkrähen in einem englischen Park, verborgen hinter Pappeln und Weiden.

Ich schickte Ismail aus, um Weißkäse zu kaufen. Der Dorfälteste begleitete ihn zurück und brachte uns die Speise ohne große Herzlichkeit in einer blauen Schüssel. Ich war Christin, und er lehnte es ab, mein Mahl zu teilen. Seine beiden Frauen indessen riskierten nach und nach ihre weniger wertvollen Seelen mit einem Hühnchen, während die Männer rauchten und ich im Gras lag und bedauerte, nicht die Namen all der Vögel zu kennen. Die Bauern waren nicht unfreundlich. Meine Bergbewohner verachteten sie jedoch und brachten das auch zum Ausdruck.

»Morgen«, sagten sie, »sind wir bei unsern eigenen Leuten in den Bergen!«

Ich dachte an den Kadi von Kazwin, der in den Tagen der Assassinen ein Panzerhemd zum Schutz gegen die Bergbewohner trug, wenn er die Stadt verließ. Die gegenseitigen Gefühle von Hochländern und Tiefländern sind sich ohne Zweifel gleich geblieben.

Der fruchtbare Boden von Aschnistan hört mit der Plötzlichkeit auf, die dem Osten eigentümlich ist, und den ganzen Nachmittag hindurch stiegen wir mäßige Hänge in den Gründen unbebauter, sehr öder Tälchen hinan. Außer zwei Wanderern, Männern aus den Bergen, mit Stöcken und losen Baumwollhosen, begegneten wir keinem menschlichen Wesen. Ein Adler auf einem Felsen drehte uns seinen flachen Kopf und die gelben Augen zu, regte sich aber nicht, bis Ismail sich an ihn heranschlich und ihn mit einem Steinwurf erschreckte. Ismail aber sprang wieder herunter und war sehr verwundert über meine Vorwürfe.

Meine Eskorte gefiel mir. Sie hatten noch nie mit Europäern zu tun gehabt. Sie begegneten mir mit ungezwungener, anmutiger Höflichkeit und versuchten, mich mit Geschichten, schleppenden melancholischen Balladen und mit Blumen zu erfreuen, die sie mir mit ausgestreckten Armen in der hübschen persischen Geste darboten, in der sicher noch der Handschlag der Huldigung aus der Feudalzeit fortlebt.

Als wir an einem kleinen Rinnsal vorbeikamen, das unter Königskerzen aus dem Hang sickerte, füllte der »bei Allah Zufluchtnehmende« seine Filzmütze wie eine runde Schale und bot sie mir wie der Ritter in der Ballade seinen Helm. Schwarzes Haar fiel ihm über die Ohren und bildete einen wilden Rahmen für seine hohe, kahl geschorene Stirn, die glänzenden Augen und die zusammenstoßenden Brauen. Das enge blaue Baumwollwams, eine schmutzige, alte Schärpe, die sie um die Hüften geschlungen hatten, hinten eine lederne Scheide für das Messer und die seltsamen schwarzen Mützen, die aussahen wie übermächtige Sturmhauben, machten aus diesen Männern Figuren aus einem italienischen Gemälde des fünfzehnten Jahrhunderts.

Sie waren ungebändigt, einfach und friedfertig. Sie hatten
noch nicht den Bewußtseinsgrad erreicht, bei dem das Wunderbare sich vom Alltäglichen losgelöst hat, und waren noch bereit,
in dieser unendlichen und merkwürdigen Welt alles für möglich
zu halten. Es waren die gleichen Menschen, an denen der
Philosoph von Rei seine Künste versucht und denen er für die
Hoffnung des Paradieses ihr Leben abgehandelt hatte. Sie waren
treu und zugleich fromm. Für sie zerfiel die Welt in zwei Teile,
deren einer das Alamut-Tal war. Vom dritten Tage an gestanden
sie mir wohl das Bürgerrecht dieses ihres Weltteils zu. Sie
übernahmen die Sorge für mein Geld und meine sonstigen
Habseligkeiten mit größerer Hingabe, als ich es selbst hätte tun
können, und wenn wir in einem fremden Dorfe der Ebene
übernachteten, so lagerten sie sich auf dem Boden um mein
Feldbett, die Köpfe auf den Satteltaschen, um meinen Schlaf zu
behüten – eine Fürsorge, die mich, die Wahrheit zu gestehen,
erheblich belästigte.

'Aziz stand eine Stufe höher als die beiden andern, im
wesentlichen infolge eines kleinen Schatzes von Kenntnissen,
die er sich während seines Aufenthaltes in Kazwin und
Khurramabad an der Küste – oder Tanakabun, wie der ortsübli-
che Name lautet – erworben hatte. Zwischen diesen beiden
Brennpunkten bewegte sich sein Dasein wie ein Weberschiff-
chen hin und her. Er hatte einen Laden, konnte lesen und
schreiben und war vier Wochen lang von Station zu Station über
die Hochflächen und durch die Gebirge Persiens und schließlich
durch die trostlosen Ebenen Mesopotamiens gewandert, auf der
Wallfahrt zu den vier heiligen Städten des Irak. Er war es auch,
der sich an eine Sardine aus meiner Büchse wagte, nicht ohne
Nervosität und unter den ängstlichen Blicken der ganzen Gesellschaft und einiger Dorfbewohner. Daß ein Mensch diese Fische
mit sich ins Gebirge nehmen konnte, schien allen etwas so
Wunderbares, ja, etwas an Magie Grenzendes, daß mir des
öfteren versteckt mißtrauische Blicke zugeworfen wurden, von
Leuten, die von meiner Harmlosigkeit nicht so überzeugt waren
wie meine eigenen Tscharwardar.

Am Spätnachmittag langten wir in Dastgird, am Fuß der

ersten Bergkette an. Unterhalb der schwellenden Vorberge erschien jetzt im Süden wieder die Ebene von Kazwin. Unsere Maultiere waren nur fünf Stunden marschiert, die gemächliche Leistung eines ersten Tages, aber die Einsamkeit und die langsame, träumerische Wanderung in der Sonne hatten uns der geschäftigen Welt entrückt, und wir fühlten uns wie in einem kleinen Nebenarm des Stroms der Zeit.

Das Dorf war klein und ärmlich und nur spärlich mit Wasser versorgt, so daß die Weinstöcke und die Aprikosen verkümmert wirkten. Und die Bevölkerung war fanatisch und beschwor 'Aziz flüsternd, er solle nicht aus meiner Tasse trinken – ein Ratschlag, gegen dessen Befolgung ich nichts einzuwenden gehabt hätte.

Die Imams von Kadhimein scheinen ihre Familien über diese Gegend verstreut zu haben. Musas Sohn Jakob besitzt hier eine kleine Moschee. Ein zerfetztes grünes Tuch umgibt das Grab, die Hand Abbas' ist in Blech ausgeschnitten, und das Ganze macht einen ärmlichen und vernachläßigten Eindruck. Aber hinter der niedrigen Mauer des grasbewachsenen Friedhofs, über die eine Sykomore ihren Schatten wirft, steht die blaue Ferne, und das verleiht den kahlen und schmutzigen mohammedanischen Gräbern eine friedvolle Schönheit, die ihnen sonst nicht eigen ist.

'Aziz führte mich durch das Dorf zurück; ein sanftmütiges Huhn, das für den Pilav bestimmt war, kuschelte sich in seinen Arm, und die Dorfältesten, die mit ihren langen Pfeifen in der Sonne saßen, schauten uns finster nach. Sie statteten uns keinen Besuch ab, sondern überließen uns der niedrigeren Gesellschaft der Frauen, die ihrerseits mit der Butter knauserten, wie uns die Mutter von 'Aziz erklärte, nachdem um diesen Punkt offenbar ein Kampf geführt worden war.

»Es sind Leute aus dem Flachland«, sagte sie verächtlich, immer noch ein kampflustiges Funkeln im Auge.

Das Hochland mußte aber den Kampf, wie gewöhnlich gewonnen haben, denn als der Pilav aufgetragen wurde, goß sie die Butter unter eingeschüchtertem, aber bedauerndem Schweigen in vollen Strömen über die Schüssel. Das Schluchzen eines kleinen Mädchens, das die Mutter eben vor dem Verderben, meinen Bonbons, errettet hatte, erhöhte das Pathetische der Szene. Später überlegte ich sehr, wie ich Kindern etwas schenken könnte, wenn ich auch nie wieder auf eine derartige Bigotterie gestoßen bin.

Es war indessen recht niederdrückend, sich von so viel Mißbilligung umgeben zu fühlen. Diese Mißbilligung steigerte sich zu starrem Grausen, als ich ein Wasserglas aus meiner Flasche zu füllen begann und 'Aziz ihnen erklärte, ich trinke Arrak. Und obgleich mein kleines Geschenk am andern Morgen die Harmonie wieder herstellte und wir unter Umarmungen und Beteuerungen unserer Freundschaft schieden, war nach dem Verlassen von Dastgird mein Vorurteil gegen die Tiefländer im allgemeinen nicht geringer als dasjenige der ganzen Gesellschaft.

Es war halb sechs Uhr, und in dem hellen Morgen durchdrang uns die Kühle der Zeit vor Sonnenaufgang.

Wir zogen nordwärts durch eine steile Schlucht, das leere Bett eines Gießbaches, hinauf gegen den Tschala-Paß. Mit zunehmender Höhe wurde die Atmosphäre klarer, und Falte auf Falte schob sich zwischen uns und der Ebene im Süden das Land zusammen. Wenig Humus bedeckte die schieferigen Hänge. Hier gediehen nur hartes Dorngras und wilde Blumen, Rittersporn und Lavendel, Reseda, Wolfskraut, zarte gekräuselte Skabiosen und ein blaßroter Kreuzblütler, Äthionema, der die Felsensimse in so dichten Kissen bedeckte, daß er dem von Schnee und Sonne gebleichten Tal seine schwache Färbung mitteilte. Hier gab es weder Ackerland noch menschliche Behausungen, außer etwa ein paar schwarzen Nomadenzelten in einem fernen Kraal, wo wandernde Hirten den Sommer über für die Schafe des Dorfes sorgten.

»Dort drüben ist meine Herde«, sagte 'Aziz, indem er auf einen fernen Berghang wies. »Im Herbst wird sie mir zurückgebracht.« Er schnaufte hinter mir her, denn ich eilte in großen Sätzen vorwärts, berauscht, den Bergabsturz unter meinen Füßen zu spüren.

Wir näherten uns jetzt dem Verkehrsstrom, der den Reis von

der Kaspischen Küste über die Pässe trägt. Der Reis wird schon in einem chinesischen Bericht aus dem zweiten Jahrhundert erwähnt, und er wird immer noch auf den alten Straßen transportiert.

Die Männer aus Alamut schritten den Berg herab und leiteten die beladenen Maultiere hinter sich her. Sie hatten ihre weißen Friesröcke, die sich an der Seite öffneten, der Kälte wegen dicht um sich geschlagen. Die kurdische Pfeife mit dem geraden Mundstück trugen sie in der Schärpe. Die mit Henna gefärbten roten Bärte waren nach mohammedanischer Art kurz gehalten. Ihre Gesichter waren eckiger als die der Städter, die Stirn frei, die längliche Nase gerade oder leicht gekrümmt, jedenfalls aber keine Adlernase. Sie riefen uns gutgelaunte Grüße zu, betrachteten mich verwundert und hießen mich in ihrem Land willkommen.

Die an den Hinterschenkeln der Maultiere befestigten Glöckchen klingelten heiter durch die stille Morgenluft, während die langen Züge den geschlängelten Pfad herabstiegen. Und nach dreieinhalb Stunden kamen wir an die Quelle des Flusses; und danach auf den langgestreckten Walfischrücken des Höhenzuges. Und von hier sahen wir auf die Alamut-Landschaft in der Tiefe hinab.

Es ist immer ein großer Augenblick, wenn man, sei es auch noch so fern, das Ziel der Wanderschaft vor sich sieht. Was so lange nur in der Welt der Phantasie existiert hat, wird plötzlich ein Teil der Wirklichkeit. Es bedeutet gar nichts, daß noch so viele Bergketten, Flüße und versengte, staubige Straßen zwischen dir und deinem Traum liegen: er ist jetzt für immer und unverlierbar dein. Das empfanden die alten Barbaren, als sie zum ersten Mal von der Alpenmauer hinab in die Lombardische Ebene schauten und Verona mit seinen Türmen und dem weißen Flußbett unter sich erblickten. Das erlebten auch Xenophon und Cortés und alle Abenteurer und Pilger, hoch und niedrig, vor und nach ihnen. Und dies fühlte ich selbst nun, als ich auf die weite Landschaft hinabblickte, die von roten und schwarzen Bergketten durchschnitten war, während sich die Gruppe der Bergmenschen, die mich umgab, an meinem Entzücken entzückte und mir in einer blaßgrünen Schlucht, die in der großen Entfernung sehr klein erschien, den Weg zum Felsen zeigte.

Dort lag das Tal der Assassinen, in nordöstlichem Bogen. Vor ihm, zwischen niederen Bergketten, zeigte sich der Schah Rud in glitzernder Krümmung. Darüber und höher als alle – aufgebaut wie ein Altar, mit schwarzen Kämmen durch die Schneefelder zu ihm emporsteigen –: Takht-i-Suleiman, der Thron Salomons, majestätisch wie ein Herrschersitz unter geringeren Adelssitzen, die um ihn im Kreise geordnet sind. Sein weißer Faltenwurf leuchtete aus der Entfernung wie gestärkt im flach abgeschmolzenen Schnee. Die schwarzen Felsenlehnen des Thronsessels stachen scharf gegen den Himmel ab.

Darunter und in größerer Nähe, aber noch immer oberhalb der Schneegrenze, befanden sich die Pässe: Der Salambar, den wir zu passieren hofften, und der noch von den Schneemassen belagerte Syalan. Die Gipfel des Elburs waren noch von dem Massiv selbst verborgen, auf dem wir standen; man konnte aber den allgemeinen Verlauf des Landes an der unbewohnten Region im Nordosten ablesen, die sich zu beiden Seiten des Alamut-Tales herabsenkte. Sie schloß dieses Tal mit steilen Hängen ab, bis sie nördlich von uns in das sanftere Hügelland von Rudbar überging, das sich jenseits des Schah Rud unter uns erstreckte, eine Region, die jetzt vom jungen Gras der Jahreszeit bedeckt war, in andern Monaten aber wasserlos und öde ist, und von der viele Pässe zum Ufer des Kaspischen Meeres führen.

Von hier senkte sich die Straße wieder; wir verließen die Alpenluft der Höhen und erreichten durch Herden schwarzer Ziegen, vorbei an gepflegten Steiläckern, an Zeltlagern, die an der Bergwand hingen, und an vielen kleinen Flüssen und schließlich durch einen kleinen heiligen Hain von Wachholderbäumen das Dorf Tschala. Wir beschlossen, hier zu übernachten, denn man berichtete uns, daß die Alamut-Brücke unterhalb Badascht weggespült sei.

Es war ein abschüssiges Dörfchen, das über einer Schlucht und einem kleinen Wildbach hing, der hier in den Schah Rud hinabstürzte und sich tief unter den steilen Kornfeldern und den

Walnußbäumen, in deren Schatten ich einen faulen Nachmittag zubrachte, ein Bett durch den Felsen gegraben hatte.

Gegen Sonnenuntergang machte ich eine kleine Wanderung oberhalb des Dorfes, besuchte die aus Lehm errichtete Moschee, in der die Kinder gerade Unterricht gehabt hatten, und ging von da weiter hinauf zwischen Heckenrosen und schmalen Streifen von Korn und Bohnen, bis ich im letzten Gegenschein des Abends die trügerische Landschaft von Rudbar wie ein Arkadien vor einem schneeigen Gipfel im Hintergrund leuchten sah.

Drei Knaben kletterten zu mir herauf und setzten sich neben mich, und ich fragte sie nach den Namen der Berge. Sie sprachen mit der vergnügten Eindringlichkeit der Jugend.

»Der dort«, sagten sie, »hinter Rudbar heißt Gawan Kuh. Die andern kennen wir nicht.«

Gawan Kuh und Takhti-i-Suleiman waren die einzigen Berge, die auf meiner Karte bezeichnet waren. Diese Karte beschränkte sich im wesentlichen auf die Angabe von ein paar Dörfern an blauen und roten Linien von Flüssen oder Wegen, zwischen denen namenlose Bergketten schraffiert waren.

Ich beschloß, von jetzt an selbst die Namen zu sammeln und sie laufend einzutragen, und lernte nun die Freuden und Schmerzen eines Geographen kennen und die allgemeine Ungenauigkeit der Menschen, der (wie ich glaube in der »History of European Morals« gelesen zu haben) die meisten Leiden der Menschheit zuzuschreiben sind. Ich kann das nur bestätigen. Sechs Personen gaben gewöhnlich ein und demselben Berg sechs verschiedene Namen. Wenn sie den Namen nicht kannten, so erfanden sie einen oder borgten ihn woanders her, um meinem Wunsch nachzukommen. Hier offenbarte sich ein grundlegendes System. Die Menschen hatten sich nicht wie Adam und Eva, die nichts anderes zu tun hatten, hingesetzt, die Gegenstände betrachtet und gesagt: »Wie wollen wir das nennen?« Sie hatten ursprünglich eine ganze Gegend benannt und diesen Namen dann auf jedes Dorf, jeden Fluß und jeden Berg, der zu diesem Landstrich gehörte, bezogen, wenn sie etwas näher bezeichnen wollten. Daraus ergab sich auch die Schwierigkeit, als wir Alamut lokalisieren wollten, denn damit ist weder ein Dorf noch eine Burg gemeint, sondern lediglich das Haupttal und, in abgeleitetem Sinn, der Fluß, der eigentlich Alamut Rud heißt.

Durch ständiges Wählen und Vergleichen, dadurch, daß ich Ismail erklärte, er sei ein Lügner, und 'Aziz dazu brachte, jeden Menschen, den wir auf unserer Wanderung trafen, zu befragen, gelang es mir nach und nach, die Landmarken für meinen Marsch zu gewinnen. Auch steigerte sich der Ruf meiner geographischen Neugierde mit der Zeit so, daß ganz fremde Leute kamen, um mir Namen mitzuteilen.

In den Dörfern zeigte ich abends meine Karte den Männern, die plaudernd um den Samowar hockten, und erklärte ihnen, wie sie nach und nach aus den Berichten von Reisenden entsteht, die ihr Bestes zum Vorteil anderer geben, die nach ihnen kommen, und wie deshalb die Angabe eines falschen Namens der Irreführung eines Fremden gleichkommt, der uns nach dem Weg fragt. Das begriffen sie und wurden nun in ihren Antworten vorsichtiger, und selbst Ismail, den ich bezichtigte, der Vater jeden Irrtums zu sein, der zwischen Alamut und dem Kaspischen Meer jemals gedruckt worden ist, brachte es gelegentlich über sich, etwas zu sagen, was man glauben konnte.

Ich kehrte wieder nach Tschala zurück und fand ihn bemüht, mein Bett und mein Moskitonetz auf dem Dach meines Gastgebers aufzubauen, während alle jüngeren Bewohner des Dorfes wie die Zuschauer in den Reihen eines Amphitheaters auf den gegenüberliegenden Dächern saßen. Europäer waren hier offensichtlich eine Seltenheit, aber 'Aziz hatte recht gehabt, und die Gastfreiheit der Berge wurde auch uns zuteil, obgleich die Leute so arm waren, daß die Braut in Lumpen gekleidet ging und ihr Schmuck nur aus Blei und Glas bestand.

Gräber der Achämeniden oder Sassaniden, die im Osten bis nach Hamadan schöne Perlen und Anhänger für die Damen liefern, kennt man hier nicht. Auch die Lehmhäuser waren ärmlich: ein äußerer Raum; ein inneres »anderun«, in dem die Frauen zwischen den Kornvorräten des Jahres schliefen; ganz innen ein kleiner Vorratsraum und eine mit Zweigen und getrocknetem Lehm gedeckte Veranda, auf der die Decken zum

Tee ausgebreitet wurden – das war das ganze Haus, und zwar eines der besten des Dorfes. Die Einrichtung bestand aus einigen im Dorf gewobenen Decken, ein paar Gefäßen aus Kupfer, Zinn oder Holz, Steppdecken, ein oder zwei Krügen in dem entzükkenden Kazwin-Stil, dem Samowar und den Teegläsern.

Während der Pilav schmorte, saßen wir beim Tee und sahen die Ölfunzeln in den Häusern von Tschala eine nach der andern ausgehen, während der Wirt und seine Söhne in ihren dunkelblauen Lumpen und alten Friesröcken mit der ernsthaften, wohlerzogenen Höflichkeit der Berge mit uns sprachen und zwischen langen Pausen, in denen nur die Pfeifen im Dunkel glühten, vom Winter erzählten, wenn der Schnee das Dorf von der Außenwelt abschließt und Wolfsrudel mit den Dorfhunden kämpfen; von Bären und Füchsen und von der Jagd; und von den Gebirgsflüssen, die im Frühjahr anschwellen und die kleinen abschüssigen Äcker mit sich fortreißen.

Am andern Tag ritten wir neben dem Gießbach hinab und kamen über einen steilen Kamm hinunter zum Schah Rud und zu der Straße, der entlang Hasan-i-Sabbah heimwärts gezogen sein muß. Die Trümmer einer alten Brücke deuten noch heute den Weg an. Hier, wo der Alamut-Fluß in Strudeln aus einem dunkeln engen Cañon herausschäumt und der Talaghan sich von Südosten kommend in ihn ergießt, erhebt sich zwischen den beiden ein großer Höhenzug und eine felsige Landzunge, die das Tal der Assassinen wie eine Mauer abschließt. Sie dürfte wohl einer der »Berge« sein, von denen Marco Polo in seiner Anmerkung über den Wohnsitz der Assassinen spricht.

Der Eingang in das Tal ist so versteckt, daß Dr. Eccles und seine Gesellschaft, die vor mir hier war, die Stelle nicht gefunden hat und stromaufwärts durch den Fluß waten mußte. Aber 'Aziz kannte den alten Weg, und wir kletterten von Felsblock zu Felsblock über eine Wand einen kleinen Pfad entlang, der offenbar von vielen Generationen benutzt und dann vernachlässigt worden war, ein Weg, wie sie in den Alpen oberhalb und unterhalb der neuen Straße, die an ihre Stelle getreten ist, nun als Abstecher dienen und immer noch die verfallende Solidität früherer Tage dem Fuß des Wanderers bieten.

Nach einstündiger Kletterei traten wir über den Kamm ins Sonnenlicht.

Tief unter uns lag flach und dürr, und von den Gewässern vielverschlungener Flüßchen schimmernd, das Tal von Alamut und weit in der Ferne seine erste Oase Badascht. Ein wenig zur Rechten beherrschte eine Burg den Eingang. Aber 'Aziz, dessen Erziehung erst in ihren Anfängen steckte, sagte mir nichts über sie und führte mich an ihren ausgestorbenen Wachtürmen vorbei abwärts über abschüssige Granitplatten, wo Rosen, Jasmin und duftende Sträucher mancher Art uns ebenso entzückten wie jene Reisenden der Vorzeit, die Marco Polo vor sieben Jahrhunderten ihre Berichte brachten.

In diesem ersten Teil des Tales gibt es noch keinen Ackerbau, und die wasserlosen Wildbachbetten des Rudbar ziehen sich links beinahe bis ans Ufer hinunter. Mochte hier auch früher eine alte Straße entlanggeführt haben, so war sie doch längst weggespült. Die Talstraße muß zu allen Zeiten immer wieder den Überschwemmungen zum Opfer gefallen sein. Selbst in seinem breiteren steinigen Bett oberhalb der Schlucht leckte das Alamutwasser mit lehmigen Wellen gefährlich an der Brücke unterhalb Badascht und spülte die Erde von den lockeren Pfählen, die in der Mitte nachgaben.

Die Männer brachten das eine Maultier hinüber, hielten es danach aber für sicherer, mit den beiden andern durch den Fluß zu waten, und Ismail vollführte das Manöver sehr geschickt, indem er die Tiere, selbst bis zu den Oberschenkeln im Wasser, schräg gegen die Strömung führte. Während die alte Lady und ich die Brücke benutzten, soweit sie gangbar war, und dann noch ein Stück durch das Wasser stelzten.

Die Hitze war inzwischen drückend geworden. Die runden weißen Steine des Flußbettes und die roten Erdwände von Rudbar strahlten ihre Glut gegen uns. Wir waren froh, als wir die Weiden und Matten von Badascht erreichten, wo der Fluß in stille Kanäle geleitet war und der graublättrige Sandschid-Baum uns den Duft seiner Blüten spendete, als wir vorbeizogen. Badascht – Bagh Dascht – heißt »Garten der Wildnis«, ein verlockender Name für den Freund historischer Geheimnisse.

Aber der Gartencharakter dieses Ortes ist bei weitem nicht so ausgeprägt wie der von Schahrak weiter oben, wo es Wein, Korn und Nußbäume gibt und wo sich ein grünes Tal nach Norden mit Dörfern und pappelumstandenen Matten öffnet. Hier hielten wir Rast an einer Quelle. Die Vorüberziehenden traten in unsern Kreis, und Elstern liefen eilig vor uns auf und ab.

In einem dürren Lande erleidet die Straßenführung wenig Veränderungen, denn die Wege sind an die vorhandenen Brunnen gebunden. Das Wasser hier war hell und klar, und hier haben ohne Zweifel Hasan selbst und viele Wanderer vor und nach ihm im Schatten geruht: Kaufleute aus China und Indien; Boten aus Ägypten oder Syrien; die Gouverneure der von Isfahan bis zu den Kurdischen Bergen verstreuten festen Plätze. Sie haben keine Spur hinterlassen. Die Sagen des Tales behandeln alle die mohammedanischen Schiiten oder die uralten Mythen Persiens. Denn hier beginnt bereits die Landschaft um den Elburs, die der Dämonenprovinz Masanderan benachbart ist, wo Rustum auf dem Rücken seines Pferdes manchen Streit ausfocht und die früheren persischen Könige ungeheure Fehden austrugen. Die Erinnerung an Hasan und seine Anhänger schien völlig erloschen zu sein, außer in den Dörfern, die dem Felsen zunächst lagen, wo sie wahrscheinlich von Fremden wieder aufgefrischt worden ist.

Wir verließen Schahrak und zogen wieder über glühende Strecken roter dürrer Erde nach Schutur Khan, wo der Bruder des Doktors im Sommer wohnt und von wo aus man den Felsen von Alamut wie die Breitseite eines Schiffes sich gegen eine ausgehöhlte Bergwand abheben sieht, die ihn im Norden abschirmt. Er lag zwei Stunden zu Fuß einen Nebenfluß hinauf, leuchtete aber im Abendschein sehr klar herüber, ein eindrucksvoller Anblick für den Pilger. Ich betrachtete ihn mit den Gefühlen, die man einem Gegenstand schuldet, der immer noch so viel Macht über die Menschen hat, daß er sie solche Reisen unternehmen läßt, und ging dann hinter den Maultieren her zu dem niedrigen Haus des Grundherrn neben einem in Terrassen angelegten Obstgarten und einem Wasserfall ein paar Meter über der Straße.

Der Grundherr war ein älterer, runzliger, rotbackiger Mann. In seiner gelassenen Höflichkeit hatte sich das bäuerliche Dasein schon einige Geltung verschafft, obgleich er einen langen Gehrock und die neue Kopfbedeckung mit Schirm trug. Auch seine neueste Frau aus der Stadt, die eine blaue Satinschleife im Haar trug, suchte mich in der guten Stube auf. Und gleich darauf erschien der junge Polizist, der drüben über dem Fluß in Mahmudabad wohnt, um mich zu sehen.

Er war begierig, meine Karten zu sehen.

»Das sind also die Bilder, die Sie mit dem schwarzen Kasten machen und die Sie niemandem zeigen?« sagte er, nachdem er sie aufmerksam geprüft hatte.

Meine schwachen Versuche, den Unterschied zwischen einer Landkarte und einer photographischen Aufnahme deutlich zu machen, fanden keinen Glauben. Er war jedoch die Höflichkeit selbst und für die Abwechslung dankbar, denn in dem ganzen Distrikt von Alamut und Rudbar, über den er ganz allein regiert, hat er keinerlei Unterhaltung außer den Gesprächen mit meinem Gastgeber und den Streitigkeiten unter der Bevölkerung, die ihn jahraus, jahrein von Dorf zu Dorf führen. Er sprach nur Persisch, war aber intelligent und mußte auch eine gewisse Charakterstärke besitzen, da er dieses einsame Leben, das seiner Städternatur zu sehr zuwider sein mußte, ertrug.

»Haben Sie eine Genehmigung von meinem Kollegen in Kazwin?« fragte er.

Ich erinnerte mich der finsteren Blicke des Kommandanten im Grand Hôtel und log unbekümmert.

»Sie war nicht nötig. Er hat mir gesagt, daß Sie selbst in der Lage und auch gewiß so liebenswürdig sein würden, alles nötige für mich zu tun«, behauptete ich unverzeihlicherweise. Aber Persien verdirbt die Moral.

Die Ansprache wirkte jedenfalls besänftigend. Der Polizist beschloß, seine Vermutungen zunächst beiseitezustellen, bis er mein Gepäck privat einer Untersuchung unterzogen hätte, und ließ sich auf eine lebhafte Unterhaltung von mehreren Stunden ein, bis man die Lampe und den Pilav zu uns herausbrachte und wir unter Sternen das Nachtmahl einnahmen. Als ich später noch zu 'Aziz und Ismail ging, um ihnen einige Anweisungen für den andern Morgen zu geben, waren sie offenbar sehr erstaunt zu finden, daß ich noch in der Lage war, meine eigenen Pläne zu machen. Daraus schloß ich, daß ich es in ungewöhnlichem Grade verstanden hatte, die Behörden von Schutur Khan für mich zu gewinnen.

Am nächsten Morgen schien schon die Sonne, denn ich hatte verschlafen. Der Wasserfall plätscherte freundlich vor meinem Fenster, und die Pappeln glitzerten im Blau. Ich erwachte mit dem köstlichen Gefühl, so nah dem Ziel meiner Reise zu sein und einen schönen Tag vor mir zu haben. Man brachte uns Tee, Brot und Honig auf die Terrasse, und dann brachen wir auf, mit unsern eigenen Maultieren, aber unter Führung des Majordomus Ibrahim und in Gesellschaft Mahmuds, des zwölfjährigen Knaben des Arbab. Wir überquerten das tief eingeschnittene Bett des Gasir Rud, stiegen dann zu den blühenden verwilderten Wiesen über dem Flußtal hinauf und hielten uns nordwärts in Richtung auf die Burg.

Dort mochte damals wohl der Posten vom Burgfelsen herabsehen und Ausschau halten nach dem Ankömmling, der den Berghang entlang ging, bis der Weg in die Schlucht hinabtauchte, nachdem er zuvor ein Grabmal passiert hatte, an dem ich jetzt anhielt, um eine Münze auf dem Grab niederzulegen, während 'Aziz den Stein küßte. Da ich drei der vier heiligen Städte besucht hatte, sah er mich wie alle Leute aus den Bergen als eine Art von Hadschi an, ohne Rücksicht auf die Tatsache, daß ich Christin war. Wir befanden uns im Lande der Ketzerei.

Ich wanderte, die Sonne im Rücken, über dieses offene Weideland und bedachte die merkwürdigen Existenzen, die diesen Weg vor mir gegangen waren.

Hasan selbst mußte die wuchtige Burg und die Felswände hinter ihr mit prüfendem Auge betrachtet haben, während die Parzen und sein eigener furchtloser Geist an seiner Zukunft woben. Hier war der Jünger herabgeschritten, um ohne Murren den Sohn seines Stammesführers zu ermorden. Raschid-ed-Din war ohne einen Pfennig und zu Fuß von Basra hergekommen, hatte seine Jugendjahre hier studierend mit seinem jungen

Herren verbracht und war wieder gegangen, um, schließlich in Syrien Königen gleich zu sein.

Das war in den Tagen Mohammads, des dritten Großmeisters, als Hasan, der junge Erbe, mit dem Gedanken umging, die letzten Spuren mohammedanischer Tradition abzustoßen und seine eigene Göttlichkeit auszurufen, wie so viele vor ihm getan hatten. Manches Mal müssen die beiden Freunde hier auf dem Gebirgspfad ihre revolutionären Pläne zusammen besprochen und sie in den Hütten der Umgebung verbreitet haben, bis der Zorn des alten Herrschers dem ein für alle Mal ein Ende machte und die Reformatoren auf seinen Tod warten mußten. Dieser trat im Jahre 1162 ein. Da gestattete Hasan, daß Wein im Tal getrunken wurde, schaffte die formellen Gebete ab und sagte dem ägyptischen Thron die Untertänigkeit auf. Die alten Bücher, die er studierte, die sein Namensvetter geschrieben hatte und die mit vielen andern in der Bibliothek der Burg aufbewahrt wurden, könnten manches Licht auf die Ideen werfen, die damals das Tal beherrschten: manichäische und magische Ketzereien, ja, vielleicht Überreste heidnischer Philosophie, wie sie auch bei den Sabäern in Harrar immer noch weiter gelebt haben.

Dann kamen die Mongolen, und ihre schlitzäugigen Heere müssen die Wintermonate hindurch auf diesen Matten kampiert haben, bis der Felsen kapitulierte und die Horde zerstörend heraufstürzte. Die ketzerische Bibliothek wurde verbrannt und für immer vernichtet. Die Burg fiel in Trümmer, bis irgendwann im achtzehnten Jahrhundert andere, geringere Herren sich hier niederließen. Nur ein paar Tonscherben erzählen noch ihre Geschichte.

Mittlerweile waren wir zu dem tief gelegenen Bett des Flusses hinabgestiegen, auf dem westlichen Ufer weiter geklettert, hatten die Gassen von Gasir Khan erreicht und standen nun auf dem von vier Sykomoren überschatteten Dorfplatz.

Die Bevölkerung strömte aus den Häusern, um den jungen Herrn und Ibrahim zu begrüßen.

Es kämen oft Leute, um sich die Burg anzusehen, sagten sie. Beinahe jedes Jahr sei jemand da. Sie wollten den Mann herbeiholen, der die Fremden immer führte. Es klang beinahe, als ob man sich an einem Ausflugsort befände, aber bei eingehender Untersuchung schrumpfte die Schar der Besucher auf zwei Parteien zusammen, die in den letzten zwei Jahren hier gewesen waren, wozu sich noch ein »Englischer Botschafter« mit seiner Frau gesellte, die vor einigen Jahren aus Teheran gekommen sein sollen. Indessen schien der Verlauf einer Besichtigungsfahrt genau festgelegt zu sein.

Ein rotbärtiger alter Assassine erschien mit einem Samowar unter dem Arm, und mit ihm ein zweiter, ein weniger stattlicher Graubart mit einem Pickel und einem Spaten, um Stufen für den Aufstieg anzulegen. Die Frauen, die sich unverschleiert und barbeinig in ihren kurzen Röcken und mit weißen Tüchern auf dem Kopf unter den Bäumen zusammengefunden hatten, riefen uns gute Wünsche zu, und unsere Maultiere setzten sich wieder in Bewegung, den schiefrigen Gang entlang, über den Gasir Rud, der jetzt nur noch ein kleiner Bach war, auf die Steilwand des Burgfelsens zu.

Der eigentliche Name des Felsens ist nicht Alamut, wie alle alten und neueren Reisenden es angenommen haben. Nur diese Reisenden, nicht aber die Bevölkerung nennen ihn so, aber die Bewohner von Gasir Khan sprechen jetzt auch bereits, wenn sie es mit Fremden zu tun haben, von dem »Felsen von Alamut« und geben nur, wenn sie darauf hin befragt werden, zu, daß dies gar nicht sein eigentlicher Name ist. Es ist die »Burg von Gasir Khan« am Gasir Rud. Alamut dagegen ist das ganze Tal, durch das der Alamut Rud fließt. Und da die Namensfrage von einiger Bedeutung für das Verständnis der alten Beschreibungen dieses festen Platzes der Assassinen sein dürfte, ist es gut, hier Klarheit zu schaffen, bevor die natürliche Liebenswürdigkeit des Persers auch die Bevölkerung von Gasir Rud veranlaßt, ihr Tal umzutaufen, um dem jeweiligen Besucher des Jahres gefällig zu sein. Außer denen, die es von den Fremden gelernt haben, habe ich niemanden getroffen, der in der Lage gewesen wäre, mir den Weg zu weisen, wenn ich nach »Alamut« fragte. »Du bist hier in Alamut«, pflegten sie zu antworten und dabei das ganze Tal in seiner Gebirgswiege mit weit ausholender Geste zu umfassen.

Welches aber auch sein Name sein mag, dieser große Fels ist

Bei der Rast in Gasir Khan, 1930

ein finsterer Bursche. Hinter ihm erhebt der Mount Haudegan seine schieferigen Hänge, die von granitenen Felstürmen überragt sind. Ein grüner Fleck hoch oben im Berg zeigt den Ursprung einer kleinen Quelle, aus der, wie der Führer mit erfinderischer Bereitwilligkeit erklärte, die Burg in einer langen Leitung ihr Wasser bezogen haben soll. Östlich und westlich von dem Felsen strömen in der Tiefe die beiden Flüsse, die den Gasir Rud bilden; sie fressen sich ihren Weg durch nacktes zerklüftetes Gestein. Nichts Grünes ist hier zu sehen, bis man auf der andern Seite eines Sattels, der die Burg mit diesem verödeten Hintergrund verbindet, im Schutz der Ostwand über ausgetretene Stufen ein Plateau erreicht, von dessen Südrand man über eine Wand von beinahe 300 Meter Höhe, auf die Felder und Bäume von Gasir Khan hinabsieht, auf die sonnigen flachen Hänge des Nordufers und – jenseits des Alamut-Flusses – auf die Gletscher des Elburs im Südosten und die Höhen von Tschala jenseits Schirkuh im Westen.

Hier, von einem Pfeiler der Burgmauer aus, konnte Hasan-i-Sabbah die Rückkehr seiner Fedawi erwarten. Hier erwartete er ohne Zweifel seine Boten, als der Wohltäter und Feind seiner Jugend, Nizam-ul Mulk, der große Würdenträger, sein Heer gegen ihn schickte. Und von hier aus sah er wahrscheinlich den Sendling wieder den Gasir Rud heraufschreiten, mit der Meldung, daß das Werk des Mörders getan sei. Hier mochte er als alter Mann in scheidendem Sonnenlicht umhergeschlendert sein und auf sein Land im Abendschatten hinabgeschaut haben, das mit seinen Ernten friedvoll in der Tiefe lag. Die Stelle war jetzt von wilden Tulpen überwuchert, gelben und roten, die zwischen Steinen und Mörtelbrocken gediehen. Mauerreste hingen da und dort am Rand der Felswand und ließen Schlüsse auf die Ausdehnung der Anlage zu. Aber alles ist beinahe völlig zerfallen, so daß keine Phantasie mehr ausreicht, um die alte Gestalt wiederherzustellen; der untere Teil der Burg, in dem einzelne Räume und eine Zisterne ausgegraben worden sind, ist ohne Kletterschuhe nicht zugänglich, und diese hatte ich nicht bei mir.

Dort unten, so erzählt man sich in Schutur-Khan, bewachen

sieben schwarze feuerschnaubende Hunde den Schatz, entfliehen aber – merkwürdigerweise! –, sobald man sich ihnen nähert. Die Rebe Hasans hat die Felswand ganz überzogen, wahrscheinlich jenes zweiten Hasan, der das Tal von alkoholischer Abstinenz befreite. Und auf einem schmalen Felsensims wuchs die Rose Hasans: mein Gastfreund hatte sich von hier aus Stecklinge für seinen Garten bringen lassen und schenkte mir zum Abschied einen Assassinenstrauß.

Wir zündeten den Samowar an und ließen uns, in unsere Mäntel gehüllt, im Kreis um ihn nieder, denn es wehte eine kalte Brise. Ich hatte Schokolade bei mir und überredete die etwas ängstliche Gesellschaft, sie mit mir zu teilen. Mahmud war der kühnste, ein echter Sohn dieses Tales und ein echter Junge; unser Picknick war für ihn ein herrliches Erlebnis. Er hatte, wie er uns erzählte, schon oft die Südwand des Felsens erklettert und Trauben von der Rebe Hasans gepflückt.

Nachdem wir Scherben gesammelt hatten, die den ganzen Boden bedeckten, kehrten wir ins Dorf zurück und wurden zum Tee ins Haus unseres Führers gebeten. Reizend war das Verhältnis der Leute zu dem Sohn ihres Herrn und seine freundliche jugendliche Überlegenheit. Sie erinnerte an die eines jungen Landedelmannes in einem altmodischen englischen Dorf. Die Männer von Gasir Khan kamen einer nach dem andern herbei und nahmen in userm Kreis Platz, während die Frauen außerhalb standen und die Kinder sich an den Wänden entlangdrückten. Und sie erzählten uns, was sie von Hasan wußten. Aber es kam mir eher wie das Echo der Erzählungen von andern Reisenden vor. Echte Töne klangen nur an, wenn sie von ihrem sagenhaften König Kajumars sprachen, der als erster auf dem Felsen gebaut haben soll. Gewiß ließen sich hier an Winterabenden allerlei Geschichten sammeln, aber die Burgherren würden kaum in ihnen erscheinen.

Inzwischen war die Sonne nach Westen weitergerückt. In ihrem schrägen Licht stiegen wir über die Wiesen hinunter und unterhielten uns mit Mahmud über die Adlerjagd, während Ismail, der mit den Maultieren vorausging, melancholische Weisen der Tscharwardar sang. Es schienen Elfsilber zu sein, jene drei Reime wie in den Quatrains von FitzGerald, eine lange traurige Geschichte von Mirjam von Tankabun. Das Lied entspringt hier noch, wie bei den Arabern, auf ganz natürliche Weise dem alltäglichen Dasein. Ein Ereignis auf dem Markt und alles, was die Gespräche im Tal belebt, wird, so wie es erlebt wird, in die Balladen verwoben. Immer wieder neu überarbeitet und den Formen des modernen Lebens angepaßt, bewahren sie ihre ursprüngliche Substanz durch Jahrhunderte, wie etwa die Ballade von der gotischen Prinzessin Rosamunde, die in modernem Gewand noch heute von den italienischen Bauern in den Bergen des Piemont gesungen wird.

Ich hatte dem Polizisten einen Besuch versprochen. Nach einer Plauderei mit den Damen des Hauses und einem weiteren vergeblichen Versuch, die Diät des Babys in vernünftige Bahnen zu lenken, wanderte ich deshalb mit den beiden Knaben über das Uferland zu dem Polizeigebäude in Mahmudabad hinüber. Mein Gepäck war in meiner Abwesenheit gründlich untersucht worden, wobei nichts Verwerflicheres gefunden worden war als eine persische Grammatik. Der Polizist wie der Arbab empfingen mich daher mit größter Herzlichkeit. Das kleine Büro enthielt einen Tisch und einen Stuhl, was uns aber nicht davon abhalten konnte, uns auf den Boden zu setzen; gleich darauf stellte sich ein ältlicher unrasierter Mann ein, der nicht nur an alten Burgen interessiert zu sein schien, sondern offenbar auch etwas davon verstand. Er erzählte mir so viel von einer solchen Burg oberhalb Schirkuh, von ihren Zisternen und den Ruinen alter Wasserleitungen, daß ich vorsichtig eine Reise dorthin anregte und den Gedanken nur deshalb wieder fallen ließ, weil der junge Polizist, dessen Mißtrauen wieder in voller Stärke zu erwachen schien, von der Idee äußerst bestürzt war.

Ich hatte bereits den Entschluß gefaßt, später eine zweite Reise nach Alamut zu unternehmen, und beließ es deshalb dabei.

Die Frau des Polizisten war nicht anwesend. Sie konnte das Landleben nicht ertragen. Er führte aber seine beiden kleinen Mädchen vor, die mit rosaroten baumwollenen Tschadurs verschleiert waren. Sie waren acht und neun Jahre alt, und betrugen sich drollig manierlich, beinahe feierlich. Aber trotz so viel

guten Benehmens war die eine glücklich eine Leiter herunterge-
fallen und hatte sich das Knie aufgeschürft. Ich nahm sie mit mir
nach Hause, um die Wunde zu verbinden, und da verwandelten
sie sich in ganz natürliche menschliche kleine Mädchen, wie sie
so neben mir her trippelten, ihre Händchen in meiner Hand,
durch das Tal im Sternenglanz, das jetzt von den nächtigen
Dünsten erfüllt war, die von den frisch gepflügten Feldern
aufstiegen.

Der unrasierte Mann gesellte sich unterwegs zu uns, und wir
sprachen über die Kuckucke, deren Ruf ich heute zum ersten
Mal in Alamut gehört hatte.

»Es ist ein unnützer bösartiger Vogel«, sagte ich und erzählte
ihm, wie er in einem fremden Nest aufgezogen wird.

»So meinst du?« fagte er. »Wenn aber dein Auge krank ist und
du salbst es mit einer Salbe, die aus den Augen eines Kuckucks
bereitet ist, so heilt es. Kein Ding aus Allahs Hand ist unnütz.
Das steht in einem Buch ›Die Merkwürdigkeiten der Tiere‹. Es ist
wahr. Man kann es im Bazar kaufen.«

Wir waren beide sehr höflich, aber keiner glaubte dem
andern. Am nächsten Morgen verließen wir Schutur Khan.
Unser Weg führte uns das Tal hinauf bis zu seinem oberen
Ausgang nach Garmirud, dem Dorfe von 'Aziz, dann nordwärts
über den Paß und durch den kaspischen Dschungel ans Meer.

Es war wieder ein herrlicher Tag. Ich traf den Arbab dabei, an
seiner Haustür Urteile zu fällen. Er hockte auf dem Teppich und
schrieb auf den Knien, und zwar mit roter Tinte, während die
Bauern mit einem vertrauensvollen Lächeln auf ihren runzligen
Gesichtern das Ergebnis erwarteten: ein Anblick, der in Persien
selten ist.

'Aziz schien etwas auf dem Herzen zu haben. Als Schutur
Khan ein paar hundert Meter hinter uns lag, ritt er zu mir heran
und fragte mich, ob ich dem Diener des Arbab ein Geschenk
gegeben habe.

»Ja, das habe ich«, sagte ich. »Ich habe ihm einen halben
Toman gegeben.«

»Das war mehr als genug«, sagte 'Aziz. »Wie ist es aber
gekommen, daß wir nicht gesehen haben, als du es ihm gabst?«

»Es ist bei uns Sitte«, entgegnete ich, »derartige Geschenke so unauffällig wie möglich zu geben, um den Hausherrn nicht in Verlegenheit zu bringen.«

»Das ist gewiß eine gute Sitte«, sagte 'Aziz, »aber nicht für unser Land, denn Ibrahim wird seinem Herrn nichts von deinem Edelmut erzählen, und du wirst keine gute Nachrede haben. Aber ich werde das in Ordnung bringen.«

Er rief einen vorüberziehenden Bergbewohner an und tuschelte eifrig mit ihm.

»Jetzt ist es gut«, sagte er, als wir zusammen weiterzogen. »Dieser Mensch wird es dem Arbab sagen, und sie werden alle gebührend von dir zu reden wissen.«

Wir wurden jetzt von einer Frau am Wegrand angerufen, die offenbar auf uns gewartet hatte.

»Meine Mutter ist hier ganz in der Nähe krank«, sagte sie. »Sei barmherzig und sieh nach ihr! Es gibt hier keinen Arzt.«

Das war richtig, denn der nächste Arzt oder Apotheker ist mit dem Maultier drei Tagesreisen entfernt, und eine Fahrstraße gibt es ebenfalls nicht. Obgleich ich der Frau sagen mußte, daß ich nichts tun könne, stieg ich doch ab und ging mit ihr bis zu einer kleinen Häusergruppe abseits der Straße, wo eine weißhaarige Frau lag, die sich das Bein gebrochen hatte.

»Willkommen«, sagte sie nicht sehr hoffnungsvoll. Ich konnte nichts weiter tun, als ihr eine provisorische Schiene anzulegen, um die Schmerzen zu lindern. Bekümmert und in einem Gefühl der Hilflosigkeit kam ich zu meiner Gesellschaft unter den Bäumen zurück.

Unsere Karawane war kleiner geworden, denn der »Zuflucht-nehmende« war nach Hause gegangen, und 'Aziz' Mutter war mit dem Knaben am Tag zuvor nach Garmirud vorausgezogen.

Wir ritten eine Zeitlang an dem steinigen Flußbett dahin und bewunderten die blühenden Kapern, die hier die ganzen Blöcke und den Boden überziehen und die von den Ansässigen »Kafir-gul«, Blume der Ungläubigen, genannt werden. Sie würzen damit den Pilav.

»Ist es wahr«, fragte ich 'Aziz, »daß der Abhang des Elburs so reich an Erzen ist, daß den Schafen, die dort weiden, goldene

Zähne wachsen, wenn sie von einem bestimmten Kraut fressen?«

»Davon habe ich noch nichts gehört«, sagte 'Aziz. »Aber Ismail ist dort zu Hause. Ich will ihn fragen.«

Ismail, dessen Maultier den Weg verlassen hatte, war gerade im Begriff, eine kurze, aber lebhafte Skizze seiner Familiengeschichte zu entwerfen. Er hielt mit erhobenem Stock inne, als 'Aziz ihn fragte, und dachte nach.

»Es gibt heiße Quellen mit heilendem Wasser dort oben«, sagte er, »und auch am Takht-i Suleiman. Aber von goldenen Zähnen habe ich nie gehört. Es kann sein, aber ich glaube es nicht.«

»Ich habe es von der Tochter des Arbab gehört«, sagte ich, »sie hat vielleicht übertrieben.«

»Man darf nicht alles glauben«, meinte 'Aziz.

»Es gibt aber eine wahre Geschichte von dem Schah Newisar hier im Tal«, fügte er nach einiger Zeit hinzu. »Du kannst ihre Wahrheit selbst nachprüfen, denn alles, von dem in der Geschichte die Rede ist, ist heute noch zu sehen, und seine Burg oberhalb Garmirud heißt immer noch die Burg Newisars. Er war ein Ungläubiger, und unser Herr Ali hat ihn in seiner Burg belagert. Nun wirst du morgen, wenn wir dort sind, selbst sehen, daß es sehr steil ist, und die Burg hatte nur einen einzigen Ausgang. Vor diesen Ausgang stellte unser Herr Ali einen Posten und wies ihn an, niemand dürfe die Burg verlassen, denn er wollte Schah Newisar lebendig in seine Hand bringen. Aber die Mutter des Schahs war eine Hexe; sie verwandelte ihn und seinen Sohn in einen Widder und einen schwarzen Hund, und sie trabten unerkannt an dem Posten vorbei durch das Tor und entflohen. Drunten, jenseits des Flusses ist ein großer gespaltener Felsen, der Kafir Kuh heißt. Dort holte unser Herr Ali sie ein und schlug sie nieder.«

Wir hatten nun das Ufer verlassen und als wir um eine Ecke bogen, sahen wir ein üppiges grünes Becken vor uns, in dem zwischen Reisfeldern einige Dörfer im Schatten der schönsten Nußbäume lagen, die ich jemals gesehen habe. Hier war alles fruchtbar und die Luft schwer von Düften. Rosen, Wein und Weißdorn wuchsen zu hohen Hecken auf, und wo die Reisfelder aufhörten, begann der Mais. Überall plätscherte Wasser in kleinen Kanälen, die die seichten Plantagen überfluteten, und der Schatten war voller Vogelstimmen.

Aber die Bevölkerung in diesen Dörfern leidet an Malaria. Es sind geplagte Menschen, verglichen mit denen von Gasir Khan oder Garmirud, die zu hoch gelegen sind für den Reisbau und keine Moskitos kennen. Chinin schien hier unbekannt zu sein. Abgesehen von Zucker, Tee, Petroleum und Reis, bei dem die eigene Erzeugung nicht ausreicht, ist das Alamut-Tal völlig autark. Der Reis wird wie der Tee vom Kaspischen Meer heraufgebracht. In der nächsten Oase, zu der wir einen schmalen und gefährlichen Weg über einen schieferigen Abhang hinabstiegen, kamen wir durch das Dorf Zavarak, in dem es eine kleine Bude gibt, die alle möglichen europäischen Kleinigkeiten feil hält, wie sie nach und nach ihren Weg unter die heimischen Erzeugnisse finden.

Das Tal wurde jetzt enger. Eine Felswand von tausend Metern Höhe oder mehr säumte es zu unserer Linken. Auf einem der Felsentürme, für das unbewaffnete Auge nicht sichtbar, zeigte uns 'Aziz das Schloß Newisars. Zu unserer Rechten hatten wir enge waldige Schluchten, in deren oberen Klüften Schnee des Elburs lag. Unsere Straße war jetzt beinahe gänzlich überwölbt von Maulbeer- und Nußbäumen. Die alten Reisenden mochten dieses Land wohl einen Garten nennen, wenn sie aus den trostlosen Gebirgswüsteneien zu beiden Seiten heraufkamen!

Etwa eine halbe Stunde hinter Zawarak fanden wir eine liebliche Wiese unter Bäumen und hatten eben die Filzdecken der Maultiere ausgebreitet und aus meiner Steppdecke ein Kissen gemacht, als eine Frau kam, die mich beschwor, nach ihrem kranken Kind zu sehen, und mich durch die Mittagssonne zurück nach Zawarak lockte: mit dem Versprechen, ihr Haus läge gleich um die Ecke. Als ich endlich den Kranken, und nach ihm noch einige Dutzend andere, erfolglos wie gewöhnlich, besichtigt und alles, was ich an Chinin und Rhizinus entbehren konnte, verteilt, rührende Bezahlungsangebote abgewehrt, unter Segnungen, die ich als unverdient empfand, das Dorf verlassen und unsern Lagerplatz wieder erreicht hatte, erhitzt und völlig erschöpft, mußte ich 'Aziz enttäuschen, der schon wieder aufbrechen wollte, um seinen Weg nach Hause fortzusetzen.

Wir nahmen also hier unsere Mittagsmahlzeit ein, und die Leute aus dem nahegelegenen Häuschen schlossen sich uns an, ebenso wie ein oder zwei Wanderer, die des Weges kamen. Denn in diesem Lande ist es selbstverständlich, daß man mit allen teilt, was man an Nahrung mit sich führt. Allein dies ist ein Grund, nicht mehr Vorräte mitzuschleppen als unbedingt nötig, denn wenn man mit der ganzen Bevölkerung teilt, so reichen die Konserven nicht lange aus.

Als wir dort im Kreise saßen, trat ein Fremder auf, ein Bakhtiari mit einer modernen Schirmmütze, der einzigen, die ich in dem Tal gesehen habe, außer denen, die 'Aziz und der Arbab trugen. Schon dies sprach gegen den Mann, noch schlimmer wurde es aber, als er begann, von Europa und der europäischen Politik zu sprechen, und mich fragte, ob die Engländer immer noch Berlin als ihre Hauptstadt betrachteten, wie sie es seit dem Kriege getan hätten.

»Wir haben es seit einiger Zeit aufgegeben«, sagte ich, wünschte aber, er ginge endlich wieder und überließe uns unserer friedlichen, wenn auch weniger geistreichen Stimmung.

Ob ich ihm einen Bleistift schenken wolle, der ihn an mich erinnern würde?, fragte er.

Ich gab ihm den Bleistift, und er ging davon. Wir waren alle sehr höflich zu ihm. Aber zwei Tage später, als 'Aziz wieder einmal die Männer aufzählte, die zu verfluchen ihm seine Religion gebietet, sprach er nach den Namen Abu Bekrs, Omars und Yesids: »Und den Mann, dem du den Bleistift gegeben hast, ihn verfluche ich ebenfalls.« Da erst wurden mir die Empfindungen deutlich, die ihn bewegt hatten.

»Er war nicht aus dem Tal«, sagte 'Aziz. »Er hatte keine Veranlassung, dich um etwas zu bitten.«

Bei Sonnenuntergang kamen wir nach Garmirud. Eine ungeheure Felswand, die hinter Garmirud aufragt und durch die sich der Alamut-Fluß eine schmale Schlucht gefressen hat, leuchtete wie eine Fackel im letzten Sonnenlicht. Auch die flachen Häuser an dem Abhang am Fuß der Wand strahlten in rötlichem Glanz. Einen überwältigenderen Zugang zum Wohnsitz der Assassinen hätte die Phantasie nicht ersinnen können. Dies war der zweite Berg, von dem Marco Polos Reisende erzählt hatten. Und darüber, »auf daß niemand ohne seine Erlaubnis in dieses köstliche Tal seinen Weg nehme«, erhob sich über einem Absturz von tausend Metern nackter Felsen die Burg Newisars, die, wie man sich erzählte, noch kein Franke je erklommen hatte.

Wer sich wissenschaftlich über diesen ganzen Fragenkreis unterrichten will, sei auf die Klassiker des Assassinenproblems verwiesen: Von Hammer-Purgstall, Guyard usw. Ferner auf Mr. L. Lockharts Artikel im 14. Bd. des »Bulletin of the School of Oriental Studies«, den Aufsatz von Iwanow und mein eigenes Tagebuch im Januar-Heft des »Royal Geographical Society's Journal«, Jahrgang 1931. Was ich hier schreibe, ist zur Unterhaltung bestimmt, zu meiner eigenen jedenfalls, und, wie ich hoffe, auch zu der von anderen. Wir durchwandern ja immer gerne im Geist die alten Tage. Historisch-geographische Probleme, Streitfragen und Statistiken sind hier beiseite gelassen. Ich erzähle von den Dingen, deren ich mich gern erinnere, so wie sie mir in den Sinn kommen.

Und zu diesen erfreulichen Erlebnissen gehört in allererster Linie mein Aufenthalt in Garmirud, denn das ganze Dorf nahm mich auf wie eine Freundin, und sie versuchten mich so glücklich zu machen, als es in ihrem Vermögen stand. Ich war nicht nur der erste europäische Besucher seit Jahren, sondern ich gehörte auch in ganz besonderem Sinn zu 'Aziz und damit zu dem Dorf. Seine Mutter stand auf dem Dach des Hauses, um uns zu begrüßen. Hinter ihr stand seine hübsche Frau, das jüngste Kind nach der Weise von Alamut in einem Schal auf den Rücken gebunden. Schwestern, Basen und Tanten kamen eine nach der andern, um uns willkommen zu heißen.

Das Haus stand am untern Ende des Dorfes, vor sich den wilden Alamut, hinter sich die Felswand. Es war ein blühendes und sauberes kleines Anwesen, mit einem ummauerten Gärtchen voller Salat und Bohnen, zwei guten Stuben und im Untergeschoß ein paar dunkeln Räumen für Stallung und Vorräte. Der innere Raum war wohl ausgestattet mit Teppichen, die die junge Frau selbst gewoben hatte, mit Bettzeug, der Wiege des Kleinsten und verschiedenen Kostbarkeiten, die in den Nischen der weiß getünchten Wand untergebracht waren. Hier schlug Ismail mein Bett auf, während die Frauen auf dem Dach hockten – in Garmirud führt jede Haustür unfehlbar auf das Dach eines andern Anwesens –, den Reis für den Pilav lasen und sich das Neueste erzählten. 'Aziz dagegen zeigte seinen Freunden, die bald zu zweien und dreien vorbeikamen, was er in seinen Satteltaschen aus Kazwin für seinen Laden drüben über dem Fluß mitgebracht hatte. Das Prunkstück war ein Ölbild des Schahs und ein weiteres, das eine viktorianische Lady in Tournure darstellte, das die junge Frau mit großem Interesse betrachtete: sie stand darüber gebeugt, in ihren schwarzen Hosen, dem plissierten Rock und der bunten Weste, das zusammengedrehte rote Tuch ganz oben auf dem Kopf zu einer Schleife gebunden.

Sie war wütend, daß 'Aziz so lange weggeblieben war. Sie hatte die ganze Zeit im Laden stehen müssen. Es schickte sich nicht für sie, wie sie sagte, und sei eigentlich seine Angelegenheit. Und was hatte er denn so lange in Kazwin zu tun gehabt? Der Platz einer Frau war nicht hinter dem Ladentisch. Nicht als ob ihr besonders viel daran gelegen sei, ob er hier war oder nicht. Sie wußte es ja schon – wenn ein Freund zu ihm sagte »bleib«, so blieb er und vergaß seine Frau. Er konnte niemals jemandem eine Absage erteilen. Eine verheiratete Frau hatte es jedenfalls schwer. Ob es mir recht sei, wenn sie diese Nacht in meinem Zimmer schliefe? Diese Ansprache, die bruchstückweise vorgetragen wurde, immer wenn der Pilav im Raum nebenan einen Augenblick sich selbst überlassen werden konnte, erregte große Heiterkeit. Die letzte Drohung, der Höhepunkt der Gardinenpredigt, wurde mit schelmischem aufmunterndem Augenzwinkern an mich gerichtet. 'Aziz aber hörte nicht auf, unerschütterlich zu lächeln.

Der Abend ging mit geographischen Erörterungen hin. Als das Gästezimmer sich geleert hatte, ließ Ismail, der seine Aufgabe jetzt schon völlig beherrschte, heißes Wasser bringen. Die

Kinder wurden zum Schlafen unter eine Decke auf dem Fußboden gesteckt, und die übrige Familie richtete sich in dem äußeren Raum ein.

'Aziz hatte ebensowenig wie Ismail jemals die Burg Newisar Schahs besichtigt. Es kommt in der Tat dort so gut wie niemand je hinauf, außer Schäfern und Steinbockjägern, die aber selten sind.

Die einzige Waffe, die ich in Alamut zu Gesicht bekam, war ein ungeheuer langer, alter Vorderlader, der am nächsten Morgen auf dem Rücken eines in blaue Baumwolle gekleideten Mannes erschien, der uns hinaufführen sollte. Es war der Dorffärber, und seine Hände waren mit dunkelblauen Flecken bedeckt; zugleich war er aber auch Jäger und bezwang die Felsen, über die uns der Aufstieg führte, mit dem langsamen, leichten Schritt des Gebirgsvolks, während 'Aziz und Ismail hinter ihm her keuchten und die Maultiere beinahe auf den Hinterbeinen stehen mußten. Der Pfad schlängelte sich zu einer Anhöhe hinauf, auf der man früher die Toten der Burg bestattet hatte. Die Gräber lagen offen und schienen vor langer Zeit ausgeplündert worden zu sein. Wir ließen Ismail mit den Maultieren, dem Samowar und dem Wasserkrug hier zurück und kletterten weiter, über Geröll und Gras und Granitplatten, um Ecken, wo Hand und Fuß sich ergänzen mußten, vorbei an Partien, wo man über die Wand von Garmirud in ein noch wilderes, zerklüftetes Ödland hinein sah, oder ostwärts über Grate und Türme in das besonnte Tal und auf den Berg Marco Polos von Schirkuh in der Ferne.

Beim Klettern sah ich blaue Glasur zwischen den Steinen glänzen und hob eine Scherbe der gleichen Keramik auf, die wir zwei Tage zuvor beim Felsen von Alamut gefunden hatten.

Keramik aus dem dreizehnten Jahrhundert an dieser einsamen Stelle, tausend Meter über der nächsten menschlichen Behausung! Ich nahm dieses Bruchstück als erwünschten Beweis mit mir: hier mußte die Burg Marco Polos gestanden haben, am Taleingang, ganz wie er sie beschreibt. Wir suchten im Gestein und fanden immer mehr zerbrochene Töpfereien, die alle den früheren Stücken von Gasir Khan entsprachen, und wir segneten die Zerstörungswut der assassinischen Serviermädchen von alters her.

Außer einem Mauerrest da und dort ist von Baulichkeiten nichts mehr zu sehen. Ein Stück des Wartturms steht noch mit einer Schießscharte am oberen Rand. Und die ganze Anhöhe ist mit Trümmern übersät. Sie stellt eine ansehnliche Fläche dar und muß außer der Burg noch eine kleine Siedlung getragen haben. Auf allen Seiten stürzen natürliche Felsmauern ab. Und von dem höchsten Punkt aus, mindestens 3300 Meter, denn mein Aneroid-Barometer stieg nicht mehr weiter, überblickt man im Osten einen großen Halbkreis von Bergen, die schneebedeckt sind und auf meiner Karte noch keinen Namen tragen.

Menschen, die nichts davon verstehen, behaupten, der Genuß einer Landschaft, die man für sich allein besitzt, sei deswegen um nichts größer. Aber das ist nicht wahr. Dieser Genuß ist einzigartig, dem Verstand nicht zugänglich und doch durchaus real. Es liegt in ihm etwas vom Charakter und von der Intensität der Liebe. Er bedeutet die Teilnahme an einem köstlichen Geheimnis, eine Verbindung, die ein Dritter entweihen würde. Die einsamen und majestätischen Orte der Welt aus erbärmlichen Motiven aufzusuchen, sie zu billiger Reklame oder oberflächlichem Zeitungsgeschwätz zu mißbrauchen, ist für den wahren Freund der Berge eine Kränkung, gleichsam eine geistige Form der Prostitution. Die hinreißende Schönheit der Einsamkeit erschließt sich nur dem freien Geist. Und oft liegt sie unerwartet vor einem unbedachten Menschen, der nur in Geschäften eine entlegenere Straße ziehen mußte: so findet er plötzlich einen Zauber auf seinem Weg, den er später als ein Geheimnis durch sein Leben trägt.

Solche Gedanken, wie überhaupt irgendwelche Gedanken an irgend etwas oder jemanden, bewegten mich jetzt freilich nicht: die Lieblichkeit der Welt war mir in sich selbst genug. Ich saß in der Sonne und mein Auge erholte sich beim Anblick der Berge. Wie doch überall der Bergbewohner sein Land liebt! 'Aziz und der Führer lagen in fauler Behaglichkeit unter den windzerzausten Wacholderbüschen hingestreckt und zeigten sich die einzelnen Berge, deren Namen ihnen vertraut waren.

»Dort gibt es Weiden«, sagte 'Aziz; oder: »Da ist eine Quelle!«, »Dorthin kommen im Winter die Steinböcke.« Oder noch: »Das ist die Paßstraße nach Talaghan.«

Die langgestreckten Sättel und scharfen Kämme, die schwarzen Schluchten und die fernen, dampfenden Schneefelder ordneten sich zu freundlichen Gruppen.

Am Nachmittag kehrten wir nach Garmirud zurück, ruhten und ließen uns im Dorf als Helden feiern, denn von ihnen klettert nicht oft jemand zu Newisar Schah hinauf.

Gegen Sonnenuntergang ging ich noch ein Stück am Flußufer entlang. Ich sah auf die Felswand zurück und auf die Häuschen, die unter ihr den Hang hinaufkletterten. Ich fragte mich, wie die Mongolen in das Tal gelangt sein mochten, das nördlich und ganz abseits der üblichen Route von Buchara und Khorasan liegt – der großen Straße, die Flucht und Tod des Darius und den Marsch der Heere Alexanders gesehen hat. Bis ins sechzehnte Jahrhundert, als Schah Abbas die Landstraße am Kaspischen Meer entlang anlegte, muß das Gebiet zwischen dem Meer und der großen Straße für alle Armeen beinahe unzugänglich gewesen sein. Nur ein hier geborener und populärer Führer konnte in der Absicht, Nordpersien unbemerkt zu durchqueren, die Gegend passieren und – wie Bahram Gur mit den Weißen Hunnen – wie ein Blitz aus der Deckung des Elburs über den Feind herfallen.

In dieses Tal mit seinen ungeheuren Wänden hätte wohl niemand eindringen können. Und das Land jenseits der Pässe im Norden war in der Tat völlig unzugänglich. Dort fanden in Wäldern und Sümpfen die fliehenden Überreste Altpersiens Zuflucht vor den tatarischen Horden. Als Hulagus Heere von Osten kamen, mögen sie den Tundur-Khan-Paß von Talaghan aus genommen und ihren Weg durch die Schlucht oder über die Schulter des Salambar erzwungen haben. Es war nicht der erste mongolische Versuch, der auf das Alamut-Tal gerichtet war, und es muß Leute gegeben haben, die die Wege kannten.

Während ich mit diesen Gedanken im Sinn umherschlenderte, grüßte mich ein alter Mann, der auf seiner Wiese am Fluß Heu machte. Er kam mit der Sichel in der Hand auf mich zu und

254

begann, mit mir von der Ernte und der schönen Aussicht zu plaudern. Und wer erschien kurz darauf, wie vom Erdboden ausgespien, um den Frieden des Abends zu stören? Es war der Bakhtiari mit dem Bleistift! Sich windend, wie es seine Art war, begann er mir mit der Miene überlegener Kenntnisse, von der Burg in den Bergen zu erzählen, »dort droben, unmöglich zu ersteigen!«, wedelte er mit unbestimmter Geste.

In den von unzähligen Fältchen und Runzeln umgebenen Augen des Alten erschien der Schimmer eines Lächelns. Es war wie das ferne Flackern eines kaum sichtbaren Wetterleuchtens im Sommer, aber es war außerordentlich freundlich.

»Sie hat die Burg heute vormittag besucht«, sagte er ernst. Der Eindringling war auf seinen Platz verwiesen. Und er fühlte das auch irgendwie, verabschiedete sich und trollte sich im Schatten durch den Frieden der Dämmerung nach Hause.

Am Abend saßen wir noch einmal beim Tee zusammen und sprachen über die Namen der Berge und Pässe. Es war mein letzter Abend im Alamut-Tal. Am folgenden Tag kletterten wir unter seinen überhängenden Wänden hinaus aus dem Land der Assassinen, hinein in die sagenhaften Wälder von Masanderan und zum Kaspischen Gestade hinunter.

Die Assassinenburg
von Lamiasar

Als der Tatar Hulagu im Jahre 1256 den Mittleren Osten verheerte, nahm und zerstörte er unter anderen fünfzig oder mehr Burgen der Assassinen. Nur von zweien dieser Burgen, von denen man sich in ganz Nordpersien von der Grenze von Khorasan bis zum arabischen Irak erzählt, wird berichtet, daß sie längeren Widerstand geleistet haben. Es sind Girdkuh und Lamiasar, deren Lage bisher unbekannt geblieben war. Sie haben sich ein halbes Jahr gehalten, längst nachdem der letzte Herr von Alamut als Gefangener weggeführt und in den Bergen von seinen Feinden ermordet, längst auch nachdem der Felsen von Alamut selbst, gegen den Willen seiner Verteidiger, von seinem eigenen Herrn zur Übergabe gezwungen worden war. Lamiasar und Girdkuh hielten aus, und was Girdkuh betrifft, so wird erzählt, es hätte noch länger Widerstand leisten können, wäre nicht der Mangel gewesen, und zwar nicht der Mangel an Nahrung oder Wasser, sondern der Mangel an Kleidung.

Die Mongolen waren keine Wilden ohne Kriegsmaschinen. Sie führten ihre Belagerungen wissenschaftlich mit Hilfe chinesischer Ingenieure und mit allem Zubehör durch, auch mit besonderen Hilfstruppen, die mit den Gegenden vertraut waren, die sie selbst nicht kannten. Plätze, die sich so lange halten konnten, mußten allerdings von unheimlicher Stärke gewesen sein. Es gibt nur wenige Hinweise auf ihre Lage. Allerdings wird Girdkuh sowohl bei Jakut wie auch bei Mustaufi als von Oamghan aus sichtbar und von diesem eine Tagesreise entfernt liegend erwähnt. Von Lamiasar weiß man nur, daß es vor seiner letzten

Belagerung und seinem Fall schon im Jahre 1083 von Kija Buzurg Umid, dem Wesir und Nachfolger des ersten Alten vom Berge, für die Assassinen eingenommen worden war. Er stammte aus Rudbar, dem Gebirgsland im Norden des Schah Rud, das das Tal dieses Flusses von seiner Vereinigung mit dem Kizil Uzun bei Mandschil bis zum Anfang der Täler von Alamut und Talaghan einschließt. Als ich in Kazwin war und ein persischer Freund, der wußte, daß ich mich für Burgen interessierte, mir von einer alten Ruine namens Lamiasar im Bezirk von Rudbar erzählte, horchte ich deshalb auf, und obgleich ich mich in einem Gebiet von etwa 10 000 Einwohnern einzig und allein an diesen einen Namen halten mußte und die Gegend im Sommer von der Malaria verseucht ist, beschloß ich, von Kazwin über das Gebirge zu gehen und die Nachricht zu prüfen.

Ich ging zunächst nördlich nach Raschtegan und hielt dort meine Mittagsrast in der Sonnenhitze unter Platanen und Weiden an einem im Sommer fast trockenen Flüßchen. Es war Anfang August. An Blumen waren nur noch Minze und Weiderich zu sehen, Herbstmargeriten und ein kleines rotes Blümchen, das am Ufer wucherte. Das Korn lag auf zahlreichen Dreschplätzen, die an einem Ende des Dorfes in Terrassen angeordnet waren. Die gelben Kornhaufen hoben sich in karger Schönheit vor dem Hintergrund der Berge ab, zwischen denen die nördlichen Pässe die Kammlinie durchschneiden. Im Vordergrund trieben alte Männer und Knaben im Sonnenschein schwarze Ochsen langsam im Kreis, die plumpe Walzen mit hölzernen Spitzen über das Korn trieben, um es auszudreschen. An einer anderen Stelle waren die Jüngeren damit beschäftigt, das Korn zu schwingen. Der Häcksel, den sie mit ihren Gabeln aufwarfen, hing wie Staub in der Luft.

Unsere Gesellschaft bestand aus Ismail, mir selbst und zwei Maultieren. Mein eigener 'Aziz war durch die Krankheit seines Söhnchens in seinem Dorf in Alamut festgehalten, und als ihn endlich meine Botschaft erreichte, nachdem ich in Kazwin eine Woche lang geschmort hatte, beeilte er sich, seine Maultiere holen zu lassen, die eine Tagesreise entfernt in den Bergen ihre jährlichen Weideferien genossen, und schickte sie mir zusammen mit seinem Diener Ismail zu. Ismail sah aus wie ein Sträfling: sein Hinterhaupt war völlig abgeflacht, und seine Glieder schienen, wenn er so daherschlotterte, nur durch irgendeinen glücklichen Zufall zusammenzuhalten. Auch seine Kleider befanden sich in diesem Stadium lässigen Verfalls. Die Ärmel seines Rockes begannen ein Stück den Oberarm hinunter und endeten lange vor den Handgelenken. Seine weiten, blauen Baumwollhosen waren nach einer unzweckmäßigen Methode aufgehängt, die ein dauerndes Hochziehen notwendig machte. Und er war mit sechs verschiedenen Gurten und Beuteln behangen, in denen sein Amulett, sein Geld, sein Messer, seine Packnadel und andere Gegenstände, jeder für sich, untergebracht waren. Er trug eine abgenutzte Mütze mit einem großen Schirm. Mein Feldstecher, den er sich flott um die Schulter gehängt hatte, vervollständigte das Touristenmäßige, das ihm seltsam zu Gesicht stand. Er war unglaublich dumm. Seine Tagesration, die aus einem alten Käse bestand, den er in einem haarigen Stück Ziegenfell um den Hals trug, machte seine Nähe schwer erträglich.

»Möge die Hand Gottes über Ihnen walten«, sagte der Oberkellner des Grand Hôtel, als wir Kazwin verließen. Und als ich mich mit Ismail als einzigem Gefährten in die Berge begab, fühlte ich, daß ein solch frommer Wunsch durchaus am Platz war.

In Raschtegan bekamen wir Schwierigkeiten, weil der kleine Rasenplatz, auf dem ich mich niedergelassen hatte, der einzige grüne Fleck im Dorf war, zu kostbar, um von den Maultieren abgeweidet zu werden. Ismail erhielt den Auftrag, sie ein Stückchen weiter irgendwo anzubinden, während eine keifende Frau, die sich beschwert hatte, auf einmal in bestechende Freundlichkeit umschlug, sich mit ihrem Samowar neben mich hockte und Vorbereitungen traf, mich mit Tee und Eiern zu bewirten. Sie hatte bewegliche lebhafte Züge und lachende Augen und war von einer Fröhlichkeit, die offensichtlich auf das Nichtvorhandensein ihres Gatten zurückzuführen war.

»Dies«, so finde ich in meinem Tagebuch notiert, »scheint oft ein Grund guter Laune bei den persischen Damen zu sein.« Bei ihr befand sich ein Mädchen von etwa dreizehn Jahren, das seit einem Jahr verheiratet war und den Sommer hier oben in einer kleinen Hütte aus Zweigen zubrachte, um die frische Luft außerhalb des Dorfes zu genießen. Das ist das Bezaubernde in Persien, daß jeder, mit dem man zusammenkommt, Verständnis für die Freuden eines Mahls im Freien hat und bereit ist, all die Bäume, Bächlein und Grasmatten, die es hier gibt, aufs beste auszunützen.

Wir rasteten hier, bis die ärgste Hitze vorüber war, und stiegen dann weiter bergan, zwischen Feldern, auf denen das Korn schon geschnitten, in runden Hocken mit den Ähren nach innen aufgestellt und mit Laubwerk und Steinen gegen die Vögel geschützt war. Die Bauern waren bei der Arbeit, fuhren es zu den Dreschplätzen und waren gern bereit, zu pausieren und uns zu grüßen, wenn wir vorbeizogen. Der kleine Fluß, der in seinem tief eingeschnittenen Bett unter einem Dach von Laubwerk versteckt dahinrauschte, begleitete uns zur Rechten, bis wir die Höhe von Razigird erreicht hatten und in einer Furt übersetzten. Von hier an ritten wir durch eine kahle, öde Landschaft, die von Schichten hellgrünen Felsens und von weißem Kalkstein, der da und dort zu Tage trat, gestreift erschien. Der Fluß, den sie Pile Rudkaneh, den »Großen Strom«, genannt hatten, erschien jetzt drunten in der Ebene, aber auf unserer anderen Seite. Er trat aus einem steilen, unbewohnten Tal, das von Gruppen von Weiden und Platanen belebt, aber ganz unbebaut war. Hier wechselt er seinen Namen und heißt nun »Pas Dosd«, Diebespfad.

Zwischen der Hauptkette und der Ebene von Kazwin läuft ein kleiner paralleler Zug von Vorbergen mit weiten Matten. Auf diese sahen wir hinab, und jenseits von ihnen auf die Gärten von Kazwin und seine Minaretts, die im Nebel der Ferne beinahe verschwanden. Die Straße zum Simjar-Paß verlief zu unserer Rechten, lag aber hinter den runden und unförmigen Umrissen unseres eigenen Massivs. Als wir höher kamen, vermehrten sich auch die Blumen, Nelken und Disteln verschiedener Arten, Thymian, Borretsch, ein winziges Vergißmeinnicht mit langen Stengeln und noch viele andere, die ich nicht kannte. Und den ganzen Weg entlang trafen wir auf Gesellschaft – Männer aus dem Schah-Rud-Tal, die Ladungen von Melonen auf den Markt nach Kazwin brachten –, denn dies ist einer der unbedeutenderen Pässe, die nur dem Nahverkehr dienen, und die kräftigen Maultiere der Straßen weiter im Osten sind hier ersetzt durch Esel, die die Strecke in einem Tag hinter sich bringen. Lalch Tschak, der Name des Passes, findet sich nicht auf der Karte, obgleich die Höhe angegeben ist.

Wir waren nun drei Stunden von Raschtegan heraufgestiegen und waren enttäuscht, als wir oben anlangten, denn nach vorn eröffnete sich keine Aussicht, sondern lediglich die in unserm Rücken, an die uns der lange Ritt durch die Ebene gewöhnt hatte. Als wir aber zwanzig Minuten über die grasige Kammhöhe gewandert waren, auf der das Gestein nur stellenweise aus den runden Buckeln hervortritt, tat sich plötzlich unter uns das Tal des Schah Rud auf. Die gezähnte Linie der Felstürme erstreckt sich weit nach Osten bis nach Alamut und zum Takht-i Suleiman, wie die Flanken einer Festung, die dem Wartturm zustreben. Wir sahen keine Schneefelder, denn vor uns lag die Südseite des Gebirges, aber ein scharfer Wind fuhr diesen Bergtrichter herab. Gegenüber lag offen wie auf einer Landkarte das gerade Tal von Dschawanak, das auf der anderen Seite von einem sanften blauen Gipfel überragt wird. Die Hänge unter uns waren von Kornfeldern kariert. Die grünen Dorfanger und die Schluchten unsichtbarer Flüßchen vergingen bereits in der Abenddämmerung. Das Bemerkenswerteste an dieser Landschaft war ihre Stille: unendlich und grau, von keinem Laut belebt, breitete sie sich unter der einfallenden Nacht.

Ich schickte Ismail zu einer kleinen Holzhütte tief unten, die uns als Gasthaus bezeichnet worden war, um den Pilav zu bestellen, während ich einige Peilungen vornahm. Diese Arbeiten zogen sich länger hin, als ich angenommen hatte, und als ich schließlich in der Dämmerung den Abstieg antrat, fühlte ich mich seltsam allein über einer so ungeheuren Einsamkeit. Bald kam ich an die ersten hochgelegenen Kornfelder, die noch ungeschnitten waren. Ismail und seine Maultiere waren lange unsichtbar gewesen, und der Anblick von drei Männern mit

Kazwin, 1930

Sicheln, die den Berg hinabsprangen, um mir den Weg abzu-
schneiden, vertiefte noch mein Gefühl der Verlassenheit. Eine
scharfe Sichel in den Händen eines Menschen, über dessen
Absichten man sich nicht im klaren ist, sieht nicht angenehm
aus, und die drei erwarteten mich schweigend, als ich den Weg
hinunterschritt. Aber ein drusischer Führer hat mir vor langer
Zeit einmal zwei Lehren gegeben: »Halte Dich immer *hinter*
verdächtigen Leuten« und »Rufe deine Begrüßung schon aus
möglichst großer Entfernung«.

»Friede sei mit euch!« sagte ich. »Ist das Gasthaus noch weit?«
oder ähnliches.

»Mit dir sei Friede«, antworteten sie im Chor und kamen in
der freundlichsten Weise näher. Das Gasthaus, sagten sie, gebe
nur tagsüber den Eseltreibern Tee, nachts schlafe der Besitzer in
einem Dorf viel weiter unten im Tal. Sie wollten mich aber mit
sich in ihr eigenes Dorf nehmen.

»Wo ist das?« fragte ich.

»Genau dort«, sagten sie und zeigten beinahe senkrecht hinunter, wo auf einem Ausläufer unseres Berges eine kleine
Gruppe von Häusern und Bäumen, gesäumt von zahlreichen
Dreschtennen, zwischen zwei Schluchten zu sehen war: Dies
war Mirg.

»Sehr schön«, sagte ich. »Aber ihr müßt Ismail rufen.«

Ismail tauchte jetzt wieder auf, eine kleine Gestalt weit in der
Ferne an der Krümmung des nächsten Hügels. Der größte der
drei Männer legte die Hände an den Mund und rief in das
dämmernde Land hinein: »Ja Ismail, Ja Ismail, heh!«

Eine verhallende Stimme antwortete.

»Geh den Weg links, links, heh!«

Wir warteten, und wieder kam die verhallende Stimme
zurück.

»Über den Fluß, Fluß, he!«

Wieder eine Antwort.

»Nach dem Dorf, Dorf, Dorf, heh!«

Ismail ließ seine Maultiere wenden.

Meine neuen Freunde waren Kurden. Vor etwa hundert
Jahren hatte sie der damalige Schah hier angesiedelt, und

seitdem hatten sie Mirg nicht mehr verlassen, behielten jedoch ihre Muttersprache bei, obgleich sie alle gut Persisch zu sprechen schienen. Engländer, die vor Jahren das Land kartographisch aufgenommen hatten, waren damals in ihrem Dorf aufgenommen worden.

»Und was suchst *du* hier?« fragten sie dann, nachdem sie meine Fragen beantwortet hatten.

»Ich suche eine Ruine namens Lamiasar«, sagte ich.

»Lamiasar?« sagte ein Alter, der eben erst auf einem Esel dahergeschaukelt kam und ein Bündel Heu unter dem Arm trug. »Lamiasar ist dort«, und er deutete mit der Sichel, die er in der freien Hand hielt, über den Schah Rud hinüber auf eine Falte im Gebirge. »Von hier aus kannst du in einem Tag dort sein.«

So freundlich ist das Glück, wenn man ihm vertraut.

Rustum Khan, der Grundeigentümer von Mirg, war ein Kurde mit langem Gesicht und liebenswürdigen Manieren. Er saß in einem frischgetünchten Raum, der mit Teppichen und Decken und drei oder vier Truhen ausstaffiert war, die mit bemaltem Blech, Vergoldung und in Mustern eingeschlagenen Nägeln verziert waren. In den Nischen der Wände standen Lampen mit Glaskugeln, zwei rote und zwei grüne. Kleine Messingtabletts für die Teegläser hingen zu zweien an den Wänden zwischen den Nischen. Der Messing-Samowar genoß eine bevorzugte Stellung. Alle diese Einrichtungsgegenstände gehörten der jungen Frau, die blond, blühend und drall wie eine Deutsche war und einen völlig unverständlichen Dialekt aus Mohammadabad im Tal sprach.

Es war ein freundliches Dorf, das nur aus etwa zwanzig Häusern bestand. Die Schule für diejenigen, die nach Unterricht dürsteten, befand sich mehrere Stunden flußabwärts. Jedoch besaß das Dorf ein eigenes Bad. Im Winter, so erzählten sie mir, ist es so kalt, daß sich selbst die Wölfe nicht viel hinauswagen. Rustum Khan sitzt dann unter seinem Kursi, in dem Holzkohle aus dem Kaspischen Dschungel glüht, die eine Reise von vier Tagen hier herauf hinter sich hat. Er war ein gebildeter Mann, der ein Jahr in Teheran zugebracht hatte, und ein Freund des Emirs Sipahsalar von Tunakabun, des großen Mannes dieser

Kurdischer Reiter, 1960

Gebiete, den seine finanziellen Schwierigkeiten mit der persischen Regierung im achtzigsten Lebensjahr dazu brachten, sich das Leben zu nehmen. Rustum sprach mit herzlicher Zuneigung von ihm. Auch sprach er mit Vergnügen von den Engländern, die seine Gäste gewesen waren, und erzählte, wie einer von ihnen eine persische Dame mitgebracht habe. Während seines Aufenthaltes in Mirg sei ein Scheck seines Vaters eingetroffen – mit der Aufforderung, sofort und ohne sie zurückzukehren, und er schien sie in Kazwin verlassen zu haben, ein Vorgehen, das die Kurden erheiternd, aber verständlich fanden.

Sie lebten in dem Glauben, das Arabische sei auch die Sprache der Engländer, und waren sehr erstaunt, als ich ihnen erklärte, wir hätten eine eigene Sprache.

Gegen elf Uhr konnte ich zu Bett gehen – und zwar auf dem Dach. Das ganze Dorf legte sich auf den Dächern ringsum zur Ruhe, so daß wir uns gewissermaßen in einem großen Schlafsaal unter den Sternen befanden. Über den Bergen von Rudbar hingen Kassiopeia und die Milchstraße tief unter mir. Die ganze

Nacht hindurch wurde ich durch ein unaufhörliches Schnaufen und Schnarchen in meiner Nähe gestört und dachte im Halbschlaf ärgerlich, es müßten wohl Schweine sein, und meine Gastgeber hätten gewiß angenommen, daß es mir als Christin nichts ausmache, neben ihnen zu schlafen. Dann richtete ich mich auf, um einem besonders lauten Grunzen nachzuspüren, das unmittelbar unter meinem Kopf hervorzukommen schien, und entdeckte seinen Ursprung in der schlafenden Gestalt entweder meines Wirtes oder meiner Wirtin, die ihre Matratze dicht neben meinem Bett auf dem Dach ausgebreitet hatten. Die Schweine entpuppten sich bei Tageslicht als eine Herde von Schafen, die zwischen den Häusern eingepfercht waren.

Am andern Morgen verbarg ein schottischer Nebel die Welt. Er hing in Tropfen an Spinnweben und Dornsträuchern und an den Kornmandeln auf den Feldern. Oft liegt er tagelang wie eine Decke über dem Tal des Schah Rud. Er kriecht vom Kaspischen Meer herauf, und man sieht ihn von unten in Wogen über der nördlichen Kammhöhe brechen. In der Feuchtigkeit duftete die Erde köstlich, als wir Mirg verließen. Unter der Führung Rustum Khans folgten wir einem Weg, der schräg in den Hang eingeschnitten war wie ein Schiff unter vollen Segeln, so daß man sich in acht nehmen mußte, nicht immer wieder abzugleiten. Rustum Khan wollte uns das Schloß Gistinlar zeigen, das auf seinem Grund und Boden steht. Es nimmt eine beherrschende Stellung ein und muß errichtet worden sein, um die Verbindung mit der Ebene von Kazwin über die Pässe zu decken oder zu verhindern. Aber es ist nichts mehr vorhanden, abgesehen von den Trümmern einer Außenmauer, die aus in Mörtel gelagerten Feldsteinen schlecht und recht aufgeschichtet war und eine Fläche von 300 × 16 Meter umschloß. Nachdem wir diese Reste besichtigt hatten, nahmen wir Abschied von Rustum, kamen bei den Kornmandeln und Dreschplätzen von Gistin wieder auf das Plateau und erreichten von hier aus in vierstündigem Ritt die Reisfelder im Tiefland und des Schah Rud bei Siahdascht.

Die Brücke von Siahdascht und die von Schireh Kuh waren angeblich als einzige noch nicht fortgespült, und das Wasser stand zu hoch, als daß wir hätten durch den Fluß waten können.

Die Brücke war deshalb sehr wichtig. Indessen hatte Rustum uns alle Maultiere aufgezählt, die zusammen mit ihren Treibern und der Brücke, auf der sie hatten über den Fluß gehen wollen, in den Wassern versunken waren. Die neue Brücke wird immer erst gebaut, wenn die alte weggerissen ist, was gewöhnlich unter dem Gewicht des letzten Maultiertreibers geschieht, so daß das Überschreiten von Brücken gegen das Ende immer an jene musikalischen Stühle erinnert, bei denen die Musik jeden Augenblick aufhören kann. Als Ismail sah, daß die Reihe an ihm war, wurde er nervös, denn die lockeren Pfähle hatten schon unter meinem geringen Gewicht zu schwanken begonnen. Die Maultiere wurden einzeln und höchst widerstrebend hinüberge- bracht. Und Ismail wischte sich den Schweiß von der Stirn und dankte mehreren Imams, als die Operation beendet war.

Wir waren nun im Moskitogebiet. Selbst am Tage hörte man hier ihr Summen, und man konnte ihnen nicht entgehen. Es blieb nichts anderes übrig, als Chinin zu nehmen und das Beste zu hoffen. Etwas oberhalb der Reisfelder und stehenden Gewäs- ser entdeckten wir einen Garten, in dem wir in Gesellschaft einer wandernden Schildkröte, einiger Dorfweiber und eines miß- trauischen Mannes rasteten, der uns auszufragen versuchte. Der Garten war dunkel von Obstbäumen und hohem Gras. Aus der Kühle sahen wir hinab auf die glitzernden, sonnenhellen Win- dungen des Flusses, hinter denen die hohen, aber weit auseinan- dergezogenen Gipfel nach Westen mit dem tiefen Blau der Ferne verschmolzen.

Es ist ein schönes Tal, fruchtbar und heiter in seiner Abge- schiedenheit, das alte Königreich der Dailamiten, für die Rudbar eine Festung war, von der aus sie über die Stadtbewohner von Kazwin herfielen. Jetzt wird hier Baumwolle und Reis, Rhizinus, Tabak und sehr viel Obst und Gemüse angepflanzt. Eine Straße, die den Namen verdiente, gibt es hier nicht. Als wir am Nachmittag unsern Ritt fortsetzten, mußte ich auf lange Strek- ken hin absteigen, wo der Weg – der sich an rote Felswände klammerte, die steil zum Fluß abfielen – beinahe zu schmal war für die Maultiere. Dann stiegen wir zum Wasser hinunter, überquerten die Mündung eines von Norden zuströmenden

Nebenflusses und zogen ein großes Stück Weges zwischen Reisfeldern über flaches, steiniges Ödland, das im Frühjahr unter Wasser steht.

Vor uns in der Ferne lag Schahristan Bala, der Hauptort des Bezirks, freilich nicht viel mehr als ein großes Dorf in einem Nußbaumwäldchen. Die Stunden vergingen, ohne daß das Städtchen näher zu rücken schien, und Ismail, der müde und ärgerlich war, daß man ihn in dieses heiße, ungesunde Land geschleppt hatte, fing an, Schwierigkeiten zu machen. Gegen sieben Uhr erreichten wir in der sinkenden Sonne die Imamzadeh Mohammads, des Sohnes Musas von Kadhimein. Sie lag inmitten von Kornfeldern und umgeben von einem Dutzend Häuschen auf dem Steilufer über dem Fluß. Wir beschlossen, die Nacht hier zu verbringen und anzunehmen, was uns an Gastlichkeit geboten wurde.

Die kleine Imamzadeh war weißgetüncht und genoß von ihrer flachen Landzunge aus eine schöne Aussicht. Rings um das Bauwerk befanden sich Sitze, die aus hundertjährigen Grabsteinen bestanden, die auf Leisten aus Lehm gelegt waren. Als ich hier saß und meine Instrumente ablas, kroch ein schwarzer Skorpion unter einem der Steine hervor und machte sich mit bösartiger Würde davon.

Mit dem Glas konnte ich jetzt die Ruinen von Lamiasar betrachten, die in einer Entfernung von etwa anderthalb Stunden deutlich auf einem abgestumpften Hügel im Norden sichtbar waren.

Die Bevölkerung kannte den Weg dorthin, denn das weite, abschüssige Gelände innerhalb der alten Mauern wird als Schafweide benutzt. Die Bauern erzählten mir, die Ruine gehöre, wie auch die Dörfer im Umkreis, einem Sardar, der in Kazwin wohne, im Sommer aber heraufkomme, um seine Viehbestände zu kontrollieren. Am andern Morgen kamen wir an seinem Haus oberhalb Schahristan vorbei, einem eleganten Landsitz auf dem Wege zur Burg hinauf, mit einem hölzernen Säulengang um den kleinen Hof. Eine gute Straße und eine Pappelallee führen zum Wohnhaus.

Mittlerweile saßen wir mit den Bauern im Kreis um das Feuer, hofften, die Moskitos fernhalten zu können, und verteilten Chinin.

Ein feiner alter Mann, ein alter Arier mit dem langen Gesicht und dem kurzgehaltenen Bart der Persepolis-Friese, erbot sich, uns am andern Morgen zu führen. Wir ließen unser Gepäck in der Obhut der Bauern, nahmen nur eine kalte Mahlzeit und einen Samowar für den Tee mit, und machten uns auf den Weg über rote, mit Stoppeln bedeckte Hügel und durch dürre Tälchen.

Das Schloß von Lambesar oder Lamiasar liegt etwa zwei Meilen nördlich von Schahristan an den Ufern desselben Flusses, der den Namen Naina Rud trägt. Der bequemere Weg führt am Hang des westlichen Berges entlang über den Sattel, der den Schloßberg mit dem Gebirgsmassiv verbindet. Man zeigte uns aber die flache Straße, und nachdem wir erst zwischen den Reisfeldern der Dörfer von Schahristan, die sich von der Mündung des Naina Rud weit nach Norden erstrecken, umhergeirrt waren, kämpften wir uns eine abschüssige Schlucht hinauf dem Schloß zu. Schließlich wurden die glatten, steilen Gesimse aber selbst für die unbeladenen Maultiere zu viel; wir ließen sie zurück und krabbelten, über uns die Zinnen, den schwärzlichen Felshang, an dem Granatbäume wuchsen, zum Westtor der Burg hinauf. Die Mauern auf dem Gipfel der Felskuppe stehen nicht mehr. Aber die Ruinen und das wilde, düstere Tal unter ihnen sind noch immer eindrucksvoll. Dürer hat solche Landschaften radiert, hohe Pfeiler und abgrundtiefe Schlünde ohne das mildernde Grün des Pflanzenwuchses. Die Zinnen von Lamiasar sind zerbröckelt, aber aus der Nähe beherrschen sie immer noch das Bild, wie sie den Umrissen des stumpfen Bergkegels folgen und eine abschüssige Fläche von 500 Meter Länge und 200 Meter Breite einschließen, über die die Gebäudereste verstreut liegen.

An der langen Westfront ist nicht viel Mauerwerk zu sehen. Der natürliche Felsabsturz muß an dieser Stelle immer genügenden Schutz geboten haben, und nur eine Reihe kleinerer Türme stand hier, je einer an jedem vorspringenden Punkt und etwa in Bogenschußweite von dem nächsten entfernt. Im Süden und

Osten sind die Wälle noch vorhanden; sie sind aus Feldsteinen errichtet, die offenbar zu verschiedenen Zeiten aus der Bergwand gebrochen wurden, denn einzelne Teile bestehen aus viel kleineren Steinen als die übrigen. Diese Wälle rücken vor und zurück, indem sie der natürlichen Linie der Bergkuppe folgen und so eine Verteidigung bilden, wie sie Vauban erst lange Zeit danach ersonnen hat. Der Angreifer hatte praktisch an jedem Punkt des Aufstieges mit offener Flanke kämpfen müssen. Nur vom Norden her ist ein Zugang überhaupt möglich, denn hier schließt ein Sattel den Schloßberg an das Massiv im Rücken an, und hier mündete auch die Wasserleitung ein, die von dem höhergelegenen Dorf Wiar, das hinter einer engen Schlucht des Naina Rud sichtbar ist, zur Burg herabführte. Dies war der schwache Punkt der Verteidigung, obgleich ich keine Spur eines Grabens oder eines Außenwerkes feststellen konnte, die die Nordfront geschützt hätte. Aber das Tor selbst und die ganze Anlage an dieser Stelle sind sehr ausgewittert, und irgendeine stärkere Verteidigung muß hier vorbereitet gewesen sein, da ja, wenn diese Höhe einmal gefallen war, der ganze Schloßberg, der sich von hier aus talwärts senkt, dem Angreifer ausgeliefert gewesen wäre.

Das Südtor, das etwa 160 Meter tiefer als das andere liegt, ist viel besser erhalten. Der äußere Eingang sieht nach Westen, dann dreht der Torweg, mit einem Wachthaus zur Rechten, nach Nordwesten in die Umfriedung ein. Zwischen dem inneren und dem äußeren Tor besteht ein Niveau-Unterschied von sieben Metern, und der Torgang selbst ist aus mächtigen Quadersteinen erbaut. Innerhalb der Umfriedung finden sich die Ruinen einer großen Anzahl von Gebäuden, manche von ihnen ziemlich modern, die von Schäfern späterer Zeiten herrühren dürften. Es sieht nicht so aus, als ob das Schloß nach seiner Einnahme durch Hulagu je wieder bewohnt worden sei. Scherben sind zu Tausenden über den Boden hin verstreut, alle aus älteren Epochen, wie man sie auch in Alamut findet. Aber Arbeiten des achtzehnten Jahrhunderts, wie sie das Fortbestehen des Alamutfelsens bezeugen, gibt es in Lamiasar nicht.

Das Hauptgebäude scheint ganz oben unter dem Nordtor

gelegen zu haben. Es bedeckte eine Fläche von 33 × 28 Metern. Zwölf kleine, schmale Räume gehen nach Osten, in der Südostecke finden sich Spuren eines Turmes. Der Südteil dieser Gebäude ist am besten erhalten und hat noch seine Türen mit sieben Spitzbogen, die von beiden Seiten zu einer Passage führen. Andere Türen öffnen sich von jeder Seite in gewölbte Räume von etwa sechs Meter Länge und zwei Meter Breite mit primitiven Fensteröffnungen. Führungen für Bolzen sind im Stein noch sichtbar. Die Dicke der Mauern beträgt etwa einen Meter. Das Mauerwerk ist sehr primitiv und zum Teil aus ungeheuren Steinen, um nicht zu sagen Felsblöcken, aufgeschichtet.

An den äußeren Wällen stehen keine Gebäude mehr, abgesehen von zwei kleinen Türmen an der Westfront, die aus kleineren Steinen errichtet sind als der höher gelegene Zwinger. Zwei kleine Nischen und kleine Fenster mit Spitzbogen sind noch intakt. Die Fenster haben anstelle des Schlußsteines eine Mörtelverbindung und machen einen jüngeren Eindruck als das Mauerwerk weiter oben. Das Niveau des Bodens scheint sich nicht wesentlich verändert zu haben, denn die Abflußlöcher an der Außenseite des Walls entsprechen noch den jetzigen Verhältnissen.

Neben den moderneren Gebäuden gibt es da und dort gewölbte Verliese, die mitten in der Umfriedung halb unter dem Erdboden begraben liegen, und es bedürfte sicher keiner umfangreichen Ausgrabungen, um die ursprüngliche Anlage der Festung zu rekonstruieren. Zur Zeit sind die Wasserleitungsanlagen das Interessanteste. Sie sind ausgezeichnet zu verfolgen. Der Graben von Wiar herunter führte am Nordsattel entlang zur Burg und ergoß sich dort in rechteckige Zisternen von fünf Meter Breite und zwei Meter Tiefe, die in den gewachsenen Fels gehauen waren. Ich habe im ganzen drei unmittelbar vor der Schloßmauer im Norden und Osten festgestellt. In Zeiten von Belagerungen nahmen zahlreiche andere Zisternen innerhalb der Schloßmauern das Wasser auf. Sie waren teilweise innen mit Mörtel ausgekleidet und übermauert, teilweise auch einfach in den Stein gehauen. Sie sind über das ganze Gelände hin verstreut, und wahrscheinlich hatte jedes Gebäude seinen eigenen Wasserbehälter, wie auf der Assassinenburg von Sahjun in Syrien. Im unteren Teil der Umfriedung enthält ein Felsband, das von West nach Ost verläuft, eine ganze Reihe solcher Zisternen nebeneinander, von denen die größte über 13 Meter lang ist. Hier zeigt das Gestein auch noch Spuren einer kleinen Leitung, die dort eingehauen worden ist, um das Wasser von einer Zisterne in die andere zu bringen, so daß der Hauptgraben, der durch die höher gelegene Nordmauer in das Schloß geführt wurde, infolge des natürlichen Niveau-Unterschiedes alle Reservoirs füllte.

Es war dies aber nicht die einzige Wasserversorgung des Schlosses. Vom Ostwall her, etwa in seiner Mitte, wo zwei der beiden Außenzisternen in die flachen Felsplatten unterhalb der Mauer eingelassen sind, führt ein gedeckter Weg etwa 300 Meter hinunter zum Fluß. Ein Teil der Anlage existiert noch: Sie ist etwa einen Meter breit, mit Mauerwerk von 30 Zentimeter Dicke überwölbt und endet am Ufer in einem Turm von drei Meter Seitenlänge. Turm und Gang sind jetzt mit Erde angefüllt, aber sie haben ohne Zweifel ursprünglich eine Treppe enthalten, denn die Steigung ist für einen Weg viel zu groß. In der Bevölkerung von Schahristan hat sich eine merkwürdige Tradition erhalten: sie nennen diesen Gang Gurg-u-Misch, »Wolf und Widder«. Den Widdern, so erzählt man, wurden mit Wasser gefüllte Schläuche unter den Bauch gebunden. Dann führte man sie in den Gang und ließ hinter ihnen die Wölfe los. Erschreckt von den Verfolgern und ohne Ausweg aus dem schmalen Gang jagte die Herde den Hang hinauf und versorgte die Besatzung mit Wasser. Es bedürfte der Phantasie eines erfahrenen Volkskundlers, um den Ursprung dieser bemerkenswerten Sage zu ergründen.

Ein Mann aus Schahristan, der uns beim Aufstieg Feigen geschenkt hatte, gesellte sich jetzt zu uns, als wir in einem der halbversunkenen Gewölbe um den Samowar saßen. Wir sahen durch den Türbogen ins heiße Mittagslicht, hinüber zu der Schlucht des Naina Rud und jenseits und höher zu Dörfern, die in zwei Inseln von Grün am Berghang lagen, und zu den

Geröllhalden des Gawan-Kuh, die zum Kaspischen Meer hinunterziehen.

Ein anderer Mann erschien plötzlich wie aus dem Nichts, nahm nach der freundlichen Sitte des Ostens bei uns Platz und begann uns über viel mehr Dinge zu belehren, als wir es in diesem Augenblick wünschten. Er erzählte uns, jenseits dieser Dörfer liege in einer einsamen Berggegend die Imamzadeh von Nur-Raschid, ein Wallfahrtsort. Diese einsamen Grabmäler, die jetzt weit von jeder menschlichen Behausung liegen, deuten gewöhnlich auf Ortschaften, die früher bewohnter waren, als sie jetzt sind, und sind wichtige Zeichen für den wandernden Historiker.

Man weiß in der Tat noch wenig von der Geschichte dieses Landes, und in seinen Schlupfwinkeln liegt mancher uralte Platz noch unentdeckt. Die Dailamiten waren zu ihrer Zeit den Siedlern der Ebene ebenso fremd, wie es heutzutage die Hochländer sind. Die Feindschaft, so weiß Mustawfi zu berichten, der manches von ihnen gewußt haben muß, datiert noch aus der Zeit der Sassaniden, als Schahpur ihnen Tribute zahlen mußte, um seine Stadt Kazwin vor ihnen zu schützen, die er damals ausbaute und prächtiger anlegte. In den Tagen der Omajjaden marschierte Mohammad, der Sohn Hadschadschs, des berühmten Gouverneurs, gegen sie ins Gebirge. Aus Dailam kamen die Buwajjiden-Fürsten, die den mohammedanischen Osten im zehnten Jahrhundert beherrscht haben. Ihre Hauptstadt hieß Rudbar, und die Residenz der Gouverneure Scharistan, und es ist eine begründete Vermutung, daß der Name Schahristan im Bezirk von Rudbar ein Erbstück aus jenen Zeiten ist. Ich überlasse es Fachgelehrten wie Professor Minorsky, in diesen Fragen das letzte Wort zu sprechen. Aber das moderne Schahristan nimmt ganz sicher eine beherrschende Position in diesem fruchtbaren Tal ein, es liegt zwei Tagereisen von Kazwin, und eine Atmosphäre von Altertümlichkeit umgibt Dorf und Schloß.

Als die ismaelitische Propaganda mächtiger wurde und die Assassinen im Lande Fuß faßten, scheinen sie das Buwajjiden-Erbe übernommen und die alte Fehde gegen die Seldschuken fortgeführt zu haben. Zweifellos kam ihnen dabei die zähe Traditionsgebundenheit der Gebirgsbevölkerung zugute. Während der ganze Osten unter der Knute der Mongolen stöhnte, während die Städte Merw und Balkh, Tus, Rai und Nischapur in Blut erstickten, so daß sie sich nie wieder erholten, und Wüstenei aus blühendem Ackerland geworden ist, während dies geschah, hielten die Männer von Rudbar noch immer diesen Berggipfel und sahen Monate hindurch über die Köpfer ihrer Feinde hinweg zu den Nußbäumen von Schahristan und zum Tal des Schah Rud hinab.

Wir verließen den Berg und ritten über Reisfelder und sanftgeschwungene Anhöhen zu unserer Imamzadeh hinüber, wo wir den Dorfältesten von Schahristan und seinen Mirza trafen, die auf mich warteten, um sich mir vorzustellen. Es war ein drolliges Paar: der eine ein jovialer, gewandter Mann in mittlerem Alter, etwas aufdringlich, ein Eindruck, der noch verstärkt wurde durch zwei knallrote Locken, die hinter seinen beiden Ohren hervorsahen, während sein Haupthaar sonst sein natürliches Schwarz behalten hatte. Zusammen mit seinem modischen europäischen Anzug mit Uhr und Kette gab ihm das ein verwegeneres Aussehen, als es wohl beabsichtigt war. Der Mirza war ein Asket, einer jener melancholischen Perser mit müden Augen und weichen Gesten und rührend dünn, die ihr Leben mit vagen Meditationen über abgelegene Gegenstände zubringen und sich an schönen und unschädlichen Dingen wie der Kalligraphie zu milder Glut erwärmen. Sie saßen auf einem ärmlichen Teppich in der Hütte, inmitten der Bauern, die sich in respektvoller Entfernung hielten, und nahmen mich ins Kreuzverhör. Der Grundherr führte die Unterredung, während der Mirza, der Mann der Gelehrsamkeit, zu meinen Antworten mit dem Kopf nickte und offenbar darüber zu urteilen hatte, ob meine historischen Vorwände für meine Reise haltbar waren oder nicht. Das Ergebnis fiel offensichtlich zu meinen Gunsten aus, und ich habe dem Herrn von Schahristan versprochen, ihn wieder einmal zu besuchen.

Nun hatte ich aber einen Zusammenstoß mit Ismail. Dieser hatte meinen Führer beiseite genommen und ihn beschworen, im Bereich des Schah Rud und seiner Moskitos keine Burgen mehr namhaft zu machen, auch wenn er noch welche kenne. Er wolle mich zu höher gelegenen Bergnestern führen. Ich ärgerte mich begreiflicherweise über diese Einmischung, aber in derselben Nacht, als ich im Freien unter meinem Moskitonetz lag, begann ich mich sehr schlecht zu fühlen. Die Vorsehung stand Ismail bei. Es war offenbar doch das Beste, nach Alamut hinaufzureisen und das Flußtal einer gesünderen Jahreszeit vorzubehalten.

DER THRON SALOMOS

Eine Geschichte erzählt, daß der König Salomo die Königin von
Saba, die er geheiratet hatte, durch kein Mittel dazu bringen
konnte, ihn zu lieben. Er war alt, und sie war jung. Vergeblich
erprobte er alle Reize, schließlich aber schickte er die Vögel unter
dem Himmel aus und gab ihnen den Auftrag, den kältesten Ort
der Welt zu suchen. Am nächsten Morgen um die Dämmerung
waren sie alle wieder da – nur nicht der Wiedehopf. Der blieb
den ganzen Tag aus. Als die Nacht hereinbrach, kehrte auch er
zurück, verneigte sich vor seinem König und erklärte sein langes
Ausbleiben. Er hatte nämlich einen Gipfel gefunden, der so kalt
war, daß seine Flügel am Boden festfroren, als er sich niedergelassen hatte, und erst die Mittagssonne hatte ihn wieder befreit.
Dann hatte er sich beeilt, seinem König die Nachricht zu
überbringen.

Auf dem Gipfel dieses Berges nun schlug Salomo sein Bett
auf und nahm die Königin Bilkis mit sich. Als aber die Kälte der
Nacht herabsank, konnte sie die nicht ertragen, sondern kroch
in das Zelt des Gatten. Am Morgen berührte König Salomon
den Felsen, und eine warme Quelle sprudelte hervor, zum Bade
für die Königin. Und die Quelle sprudelt noch bis auf diesen
Tag.

Das ist die Geschichte, und der Berg heißt heute noch
»Salomos Thron«, Takht-i Suleiman, und steht südlich des
Kaspischen Meeres und nordöstlich des Elburs; es ist der

höchste Gipfel Persiens westlich des Demawand und der dritt-
höchste Berg des ganzen persischen Landes. Als ich von Salambar zur See hinunter ritt, nachdem ich im Jahre 1930 die
Assassinenfeste von Alamut besucht hatte, sah ich ihn in der
Einsamkeit seiner Schneefelder im Hintergrund eines auf der
Karte nicht verzeichneten Tales gleißen, und ich beschloß bei mir
selbst, eines Tages wieder in diese Berge hinaufzusteigen und
ihn aus größerer Nähe zu betrachten.

Im August 1931 brachte ich eine unbehagliche Woche unter
Lärm, Staub und Moskitos im Hotel von Kazwin zu, wo ich
darauf wartete, daß mein alter Treiber 'Aziz aus der blauen
Ferne, die die Assassinentäler von der Ebene scheidet, auftau-
chen sollte. Endlich erreichte mich eine Botschaft aus der Hand
seines Dieners Ismail, des tölpelhaftesten, ungeschicktesten,
dümmsten Stallknechtes, den Persien jemals hervorgebracht
hat, und dem seine uralten Kleiderfetzen so zufällig um die
Glieder hingen, daß man sich fragen mußte, welche Art von
Kohäsionskraft sie überhaupt zusammenhalten mochte. Er
kramte unter seinen Amuletts in verschiedenen kleinen Leder-
behältern und brachte endlich einen Papierstreifen hervor, auf
dem vermerkt war, 'Aziz könne sein krankes Söhnlein jetzt nicht
allein lassen, erwarte mich aber in Alamut, wohin ich ja den Weg
vom Vorjahr noch kenne. Ismail werde mich mit seinen beiden
Maultieren begleiten.

Ich hatte vor, das Burgtal der Assassinen hinaufzureiten, es an
seinem Ostausgang wieder zu verlassen und dann weiter
ostwärts bis zum Thron Salomos zu reiten. Danach beabsichtigte ich, entweder nach Norden in das noch beinahe völlig
unbereiste Dschungelgebiet hinabzusteigen oder aber die Wasserscheide entlang ins Quellgebiet des Schah Rud zu ziehen.

Aber ein Gerücht, das zufällig mein Ohr erreichte, ließ mich
diese Pläne vorläufig aufgeben. Im Grand Hôtel von Kazwin
über den üblichen Gläsern »Dug«, einer Mischung von Sauer-
milch und Wasser, erzählten mir die örtlichen Honoratioren von
Lamiasar, das eine der bedeutendsten Assassinenfestungen
gewesen sei und eine von den beiden, die vor ihrer endgültigen
Zerstörung durch die mongolischen Heere einer längeren Bela-

gerung standgehalten hätten. Es liege irgendwo in den Bergen von Rudbar, westlich meines Reiseweges. Die Lage von Lamiasar ist bisher von den Historikern noch nicht ausgemacht worden. Obgleich die Angaben, an die ich mich halten konnte, mehr als vage waren und obgleich das Klima des unteren Schah Rud um diese Jahreszeit höchst ungesund war, entschloß ich mich, die verschollene Feste aufzusuchen.

Wie wir am ersten Abend die Berge von Rudbar erschlossen und von dort, im Spätlicht kaum sichtbar, auf einem Berg über dem Talgrund Lamiasar erblickten; wie wir das Schloß erreichten und besichtigten, und wie Ismail aus Angst vor der Hitze und den Seuchen die Leute zu bereden versuchte, mir nichts mehr von andern Ruinen zu erzählen, damit ich meine Schritte so rasch als möglich wieder den Bergen zulenken möchte: das ist eine andere Geschichte, die nichts zu tun hat mit dem Thron König Salomos, und die im vorhergehenden Kapitel berichtet worden ist. Aber die Tatsache, daß ich in diesem Tal krank wurde, war von Einfluß auf meine weitere Reiseroute, und so will ich denn meine Erzählung damit beginnen, daß ich, obwohl ich die Krankheit schon in mir spürte, hoffte, sie noch durch den Aufstieg nach Alamut abzuwehren, deshalb auf Ismails hinterhältige Diplomatie einging, für den Augenblick auf alle Ruinen Rudbars verzichtete und wieder ostwärts dem Schah Rud folgte.

Ismail, der sehr beglückt war, daß er sich durchgesetzt hatte, ritt auf dem Packtier hinter mir und ergötzte sich zu meiner Erbauung in einer Art Rhapsodie an all dem Köstlichen, das uns in den Bergen erwartete. Der Pfad war schmal und rot, und an seinem dem Flußufer zugekehrten Rand von ständigen Überschwemmungen und Regenfällen ausgewaschen, wo er nicht in sumpfige Reisfelder überging, über denen glühende Luft und Schwärme von Moskitos zitterten. Das fruchtbare und schöne Tal war von seiner Bergkette gegen die Ebene von Kazwin abgeschlossen und lag vor uns wie eine Welt für sich. Berge, die in der Ferne immer mehr verblaßten, senkten sich zum flachen Horizont im Westen. Je weiter wir nach Osten kamen, um so tiefer drangen wir in die salzigen Striche des Rudbar zu unserer Linken vor, in ein Land, das unbewohnt und leblos wie der

Mond war. Der Ma'dan Rud, ein Fluß, bitterer als der Acheron, fiel vor uns aus salzigen Morasten durch das Ödland. Wir überquerten ihn und kamen an eine Stelle, wo der Weg so schmal wurde, daß Ismail die Maultiere abladen und sie eines nach dem andern unter Zureden um die Biegung bringen mußte. Dabei erzählte er ihnen die beleidigendsten Dinge über ihre Verwandtschaft und unterstrich diese Behauptungen von hinten mit einem Stock. Ich saß unterdessen, den Kopf in die Hände gestützt, sah auf den hoch angeschwollenen Fluß und fragte mich, was wohl in meinem Inneren vor sich gehen mochte, das mir so übel machte.

Vor uns sahen wir jetzt die ersten roten Felstürme der Schlucht von Alamut, nacktes, chaotisch aufgetürmtes, von den Wettern geschliffenes Gestein, auf dem nicht ein Halm wuchs. Die meisten Brücken waren fortgespült, wir fanden aber schließlich doch eine, die zwar in der Mitte eingesunken war, aber doch noch leidlich solid aussah und auf der wir unterhalb des Dorfes Kanditschal auf das Südufer des Schah Rud hinüberwechselten.

Hier enthielt der Boden kein Salz, und die Natur wurde freundlicher. Wir ritten hoch über dem braunen Schneewasser unter einer überhängenden Felswand dahin. Aber ich fühlte mich jetzt zu krank, um den Marsch fortsetzen zu können. Wir kamen an eine kleine Siedlung, bei der ein weißgetünchtes Grabmal oder eine Imamzadeh friedlich vor einem oder zwei abschüssigen Kornfeldern schlief. Auf der einen Seite standen in einer Mulde an einem Bach ein paar struppige Obstbäume. Ein graubärtiger Priester in blauem Bauernkittel und schwarzem Hauskäppchen gab uns Erlaubnis zu bleiben. Und Ismail schlug in der Nähe des Baches, im Freien unter einem Birnbaum und einem Sandschid, die von Weinreben umrankt waren, mein Bett auf.

Hier lag ich beinahe eine Woche ohne Hoffnung auf Genesung und starrte leere Tage hindurch zu den kargen Bergen des Rudbar jenseits des Flusses hinüber, über die die Wolkenschatten in Mustern zogen, die einzige Bewegung in diesem schweigenden Land. Der Blick auf diese Öde bereitete den Geist auf die noch gewaltigere Öde des Todes vor, so daß die Furcht nach und nach abebbte und das Gemüt sich mit Verzicht und Frieden füllte.

Ich lebte von Eiweiß und saurer Milch und ließ Gerste mit dem Wasser kochen, um am Geschmack feststellen zu können, ob es auch wirklich zum Sieden gebracht worden war, denn das Flüßchen, das von dem Dorf auf der Höhe herabplätscherte, war kaum so rein, wie es aussah. Es bedeutete eine unerhörte Anstrengung, die bei einer Krankheit notwendigen Maßnahmen zu treffen, wenn man sich nur auf Ismail und die Weiber von Kanditschal verlassen konnte, die einen unverständlichen Dialekt sprachen. Eine von ihnen, namens Zora, übernahm es für fünfzig Pfennig am Tag, sich um mich zu kümmern. In ihren Lumpen, die in Streifen um ihren Leib hingen, hatte sie doch das schönste und zugleich traurigste Gesicht, das ich je gesehen habe.

Sie saß mit hochgezogenen Knien neben meinem Bett im Gras, sprach stundenlang kein Wort und sah unter ihren schweren Lidern hervor auf das Tal zu unsern Füßen und auf die fernen Hänge, auf denen die Schatten wanderten, wie eine Heilige, deren ewige Seligkeit verdunkelt wird durch die ferne Stimme des Kummers der Welt. Ich wunderte mich jedesmal, was sie wohl denken mochte, war aber zu schwach, um zu fragen, und glitt von einem Schlaf in den andern und erwachte nur, um Reihen von Frauen mit Kindern im Arm um mein Bett kauern zu sehen, die auf Chinin hofften.

Das ganze Tal von Schah Rud ist von der Malaria verseucht und ohne Arzt in einem verzweifelten Zustand. Selbst Seife war ein unbekannter Luxusgegenstand. Ein Mann aus Kanditschal hatte eines Tages eine Frau aus Kazwin mitgebracht, die sich nach einjährigem Aufenthalt wieder in die Zivilisation flüchtete. Wie eine Legende klang hierzulande der Bericht, daß sich bei ihrer Aussteuer auch Seife befunden hätte. Aber die Frauen brachten mir als Bezahlung für meine ärztliche Hilfe Eier und Weißkäse in blauem Geschirr aus Hamadan und betrachteten mich mitleidig, wenn sie in tiefem östlichem Schweigen um mich saßen. Hinter uns erhoben sich die Berge, die uns von Kazwin, den Autostraßen und der Post abschnitten: all das befand sich zehn Stunden von hier, war uns aber so unerreichbar, als ob es in einer andern Welt gewesen wäre.

Ein Stückchen weiter grasten die Maultiere unter einer Baumgruppe, und Ismail rauchte dort den ganzen Tag über mißvergnügt seine Pfeife und drängte auf die Weiterreise. Dort pflegte sich der alte Seijid zu ihm zu gesellen – die Sichel unter dem Arm, denn es war Erntezeit. Wenn er an meinem Bett vorbeikam, blieb er stehen, fragte mich nach meinem Befinden, wobei er mir aus Anstand den Rücken kehrte, und erzählte mir, daß Sitt Zeinabar, die Patronin des Grabmals, Heilkräfte besäße. Er war ein schöner alter Mann, der von einem verehrungswürdigen Seijid Tahir stammte und sichtlich in der ganzen Gegend hohes Ansehen genoß. Sitt Zeinabar, sagte er, sei die Tochter des Imams Musa von Kadhimein im Irak. Ich freute mich, einmal auf eine weibliche Heilige zu stoßen, wie sie in diesem Lande so selten sind, und versprach ihrem Seijid, ein schwarzes Zicklein zu opfern, wenn ich unter ihren Auspizien genesen sei. Ihre kleine Quelle, die hier »Quelle der Genesung« heißt, plätscherte klar und rein: ich gelobte, kein anderes Wasser für Speise, Trank und Reinigung zu benutzen; und Zora, auf die dieses Gelübde einen großen Eindruck gemacht hatte, schleppte jeden Abend einen mächtigen Krug mit zwei Henkeln über die Felder, aus dem sie unter Segenssprüchen in ihrer mir unbekannten Sprache mein Gesicht und meine Arme begoß.

Wenn die Dämmerung hereingebrochen war, kam der alte Priester von der Ernte, legte die Sichel nieder, setzte sich zu Ismail und rauchte eine Pfeife mit ihm. Er erzählte ihm, wie schwer er es mit seiner Gemeinde habe – wie sie versucht hatten, ihm sein Grundstück wegzunehmen, Sitt Zeinabar sie aber bestraft habe, indem sie mehrere Jahre nacheinander den Schah Rud hatte über seine Ufer treten lassen, so daß ihre tief gelegenen Reisfelder weggespült worden waren, bis sie Buße taten und ihm sein Land zurückgaben. Wenn es ganz dunkel geworden war, erhob er sich, um die Ölfunzel im Grabmal anzuzünden, die immer die ganze Nacht durch brannte. Statt des Feuersteins lieh er sich dazu nun meine Zündhölzer.

Nach drei Tagen fühlte ich noch keine Besserung, und es

stellten sich Herzbeschwerden ein. Ich beschloß, Ismail mit einem der Maultiere über die Berge nach Kazwin zu schicken, um von einem Arzt ein Medikament zu besorgen. Das tat er und kam am Nachmittag des nächsten Tages mit einem Fläschchen Digitalis und einem in bestem Englisch geschriebenen Brief zurück, in dem ein unbekannter Gönner hoffte, ich sähe nun den Ernst meiner Lage ein und gäbe die unsinnige Idee auf, schutzlos durch Persien zu wandern. Ich hatte nun tatsächlich beinahe jeden Gedanken an Wanderungen überhaupt aufgegeben und erwartete die Ewigkeit im Schatten von Sitt Zeinabars Grabmal. Aber am fünften Tag fiel die Temperatur, die Schmerzen ließen nach. Den Gedanken an den Salomothron hatte ich längst fallen gelassen. Ich hielt es jetzt aber immerhin für möglich, mich über die Berge tragen zu lassen, um am nächsten Abend einen Wagen zu besteigen, der mich in ein Krankenhaus nach Teheran bringen konnte.

Trotz der Myriaden von Moskitos schlief ich in dieser Nacht friedlich und in dem angenehmen Gefühl, doch wieder zu einem Entschluß fähig gewesen zu sein. Dann und wann erwachte ich und sah zwischen Birnlaub und Weinranken die Kassiopeia ziehen, und schließlich raffte ich mich in der Dämmerung auf, denn Ismail packte bereits die Satteltaschen. Er bereitete mir einen bequemen Sitz auf dem Rücken des Maultieres und breitete meine Decke über das Gepäck, so daß ich halb zurückgelehnt sitzen konnte. Ein paar frühe Mäher und Zora und der alte Seijid kamen, um uns gute Reise zu wünschen. Dann schaute ich auf die Berge im Morgenlicht. Während der ganzen Krankheitstage hatte ich sie nicht gesehen, und nun erhoben sie sich jenseits von Alamut wie eine ätherische reine Vision. Wenn ich nur erst einmal dort oben in der köstlichen Bergluft wäre, fern von den Moskitos, so würde ich rasch genesen sein. Plötzlich entschloß ich mich, nicht ins Krankenhaus zu gehen, sondern mich statt dessen den Bergen anzuvertrauen und zu versuchen, trotz allem den Thron Salomos zu besteigen. Ich war inzwischen bereits aufgesessen. Ismail hatte nichts weiter zu tun, als die Maultiere zu wenden und in der entgegengesetzten Richtung in Marsch zu setzen.

Als ich im vergangenen Jahr in Alamut war, führte der Fluß Hochwasser, und wir drangen auf einem Saumpfad über dem Steilufer und dem Durchbruch von Schirkuh in das Tal ein. Das ging jetzt über meine Kraft und war glücklicherweise auch nicht nötig. Es war August, und der niedrige Wasserstand machte die zahlreichen Furten passierbar, so daß wir, im Zick-Zack von Ufer zu Ufer wechselnd, dem Verlauf der Schlucht folgen konnten, durch die der Alamut-Fluß sich in den Schah Rud ergießt.

Felswände ragen zu beiden Seiten auf und bilden eine kühle, gewundene Passage, in die kaum ein Sonnenstrahl fällt. Zur Linken rote Felsabstürze, wie ich sie während meiner Krankheit angeschaut hatte. Rechts schwarzer und grauer Granit, wo das Massiv des Schirkuh oder Bidalan, wie dieser Teil des Vorgebirges heißt, mit felsigen Rippen Hunderte von Metern ins Wasser abfällt. Irgendwo auf der Höhe liegt die Assassinenburg Durowan.

Aber ich war genügend beschäftigt, ohne an die Assassinen zu denken. Selbst auf der ebenen Strecke brauchten wir drei Stunden, um den andern Ausgang der Schlucht zu erreichen; und als wir am Ziel waren, legte ich mich auf meine Decke, machte mir eine Kampherinjektion, um mein Herz zu beruhigen, und stärkte mich mit Eiweiß und Cognac, dem einzigen, was ich zu mir zu nehmen wagte. Wir lagen am Rande des Schattens der Schlucht, die ganz erfüllt war von der Lieblichkeit des strömenden Wassers, das wie flüssiges Licht dahinsickerte. Die Felsblöcke am Ufer waren mit malvenfarbenen Blüten bedeckt, die zu einer Schlingpflanze gehörten, und in den feuchteren Spalten wiegte sich ein aromatischer, etwa fünf Fuß hoher Strauch mit milchigen Blättern in der leichten Brise, die vom Fluß herzog. Die rosafarbenen Blüten, die in Glockentrauben standen, waren dunkelrot geädert und verliehen dem Ort eine geheimnisvolle Heiterkeit.

Nach dieser Rast ritten wir noch einmal zwei Stunden durch den ersten heißen Teil des Tales von Alamut, bis wir in die offene

Landschaft von Schahrak eintraten, die im Grün ihrer Nußbäume, Pappeln und Matten vor uns lag. Im Schatten der
Bäume waren die Leute bei der Ernte. Die schwarzen Ochsen
trotteten träge im Kreis um runde Kornhaufen, um die Körner
mit schweren hölzernen Walzen auszudreschen.

»Wie große schwarze Ochsen tritt der Jahre Kreis die Welt. –
The years, like great black oxen, tread the world.«

In einiger Entfernung, wo junge Männer mit Gabeln hantier-
ten, wuchsen Haufen von Spreu in die Höhe, an denen der Wind
zog und zerrte, während die schwereren Körner zu ihren Füßen
niedersanken.

Wir stiegen ab, und ich legte mich unter den Nußbäumen ins
Gras. Auch hier befand ich mich, wie bei Sitt Zeinabar, unter
weiblicher Gerichtsbarkeit, denn Schahrak ist im Besitz einer
Frau, die freilich wohl keine Heilige ist. Bald erschien einer der
Leute aus dem Dorf, um mich zu einem Besuch bei ihr aufzufordern. Dazu fühlte ich mich aber nicht imstande und lag mit
geschlossenen Augen, während die Frauen sich um mich versammelten. Ihre bunten Kleider und ihr blühendes Aussehen
standen in bemerkenswertem Gegensatz zu der außerhalb des
Tales herrschenden Armut, und ich besann mich jetzt, daß mir
dies schon im vergangenen Jahr aufgefallen war. Sie waren
voller Mitleid und fächelten mir die Fliegen vom Gesicht,
während ein junges Mädchen meinen Kopf in ihre Hände nahm
und meine Schläfen sanft und zugleich fest mit zunehmender
Kraft preßte; eine seltsame Beruhigung und die Fülle ihrer
Jugend strömte dabei in mich über.

Um halb vier Uhr brachen wir wieder auf und hofften, vor
Einbruch der Dunkelheit den Taltrichter und meinen Führer
'Aziz zu erreichen und den Moskitos zu entrinnen. Aber es war
anders bestimmt. Die heißen Sandsteinstriche waren am Nachmittag nahezu unerträglich. Durst peinigte mich, und das Wasser schien mich anzuziehen, als ob ich verzaubert sei. Ich mußte
an Odysseus und seine Sirenen denken. Kaum konnte ich mich
soweit beherrschen, daß ich nicht von meinem Reittier glitt und
mich ins Wasser legte, wenn wir durch den Fluß wateten. Gegen
fünf Uhr tauchte hinter einer Biegung das Dorf Schutur Khan

unter seinen Baumkronen auf, und ich beschloß, diesen Abend bei meinen Freunden vom vergangenen Jahr zu verbringen.

Der erste Mann, der uns begrüßte, war der Besitzer der kleinen Melonenpflanzung vor dem Dorf. Er stieg von seinem kleinen Gerüst, einem auf vier Pfählen ruhenden Hochsitz außer der Reichweite der Moskitos (ein ganz ausgezeichneter Gedanke), und lief uns entgegen, um uns willkommen zu heißen.

Alles warte schon auf mich, sagte er. Wir bogen um die Ecke und sahen die alte Assassinenfeste, den Felsen von Alamut, im Abendschein aus seinem nördlichen Tal herüberleuchten; und der Herr von Schutur Khan, der Besitzer des Felsens, stand mit seiner ganzen Familie auf der Schwelle, um uns zu begrüßen.

Sie waren alle sehr freundlich, und es hatte sich seit dem vorigen Jahr nichts geändert, außer daß das Baby gestorben und ein neues unterwegs war und die hübsche Tochter, die von ihrem Mann verlassen worden war, an einer seltsamen Krankheit dahinsiechte, die, wie sie meinten, darauf zurückzuführen war, daß sie versehentlich eine Nußschale verschluckt hatte. Die beiden Knaben waren fröhlich wie immer, und die Frau trug eine neue blaue Schleife im Haar. Als ich in mein Bett auf der Terrasse gekrochen war, wies sie, mit jener tiefen Einsicht des Persers in das Wesen des Schönen, die so viele Fehler aufwiegt, einen der Knechte an, den Bach in den kleinen Garten drunten zu leiten, damit sein Gemurmel mir die Nacht angenehm mache.

Ich war tatsächlich zu erschöpft, um zu schlafen, und genoß das sanfte Geräusch der Pappelblätter, die sich im Mondlicht gegeneinander bewegten. Trotz des langen Tages hatten sich kein Fieber und keine Schmerzen mehr eingestellt. Ich fühlte mich zutiefst beglückt, dem tödlichen Schah Rud entronnen und wieder in den Bergen zu sein. Das stille Gebirgstal lag wie ein leeres Theater um das Dorf und seine Gewässer. Die Nacht war voller Frieden. Da befiel mich plötzlich eine neue und merkwürdige Krise; alles Leben schien aus meinem Körper abgesaugt zu sein. Welkende Trockenheit dörrte mich aus, und dann wieder überflutete mich der Schweiß. Und ein leichtes, unangenehmes Frösteln sagte mir, daß ich Malaria hatte.

Damit war nun das Maß voll, und an Aufbruch am nächsten Morgen war nicht zu denken. Ich lag in düstern Gedanken im Bett, während verschiedene Bekannte aus dem Dorf mir Besuche abstatteten. Unter ihnen befand sich auch mein guter alter Führer 'Aziz. Freude und Teilnahme mischten sich in seinen Zügen, aber er brachte zugleich die überraschende Nachricht, daß in einem nur fünf Stunden entfernten Dorf ein persischer Arzt vom Ufer des Kaspischen Meeres zur Zeit seine Sommerferien zubringe. Er habe ihn nicht holen lassen, weil es zu teuer sei, sagte 'Aziz. Der Doktor lehne es ab, während seiner Ferien für weniger als fünf Toman (zehn Mark) einen Ritt von zehn Stunden zu machen. Aber ich erklärte »Gesundheit ist mehr als Gold« und schickte Ismail sofort aus, den Doktor herbeizuholen.

In der Abenddämmerung kam er mit einem jungen Mann zurück, der nach europäischer Art adrett gekleidet war, allerdings keinen Kragen und auch keine Schuhe, sondern statt dessen persische Baumwoll-Giwas trug. Er hatte ein angenehmes Gesicht mit einer großen Nase und war auf einem Auge starblind. Über dieses Auge fiel ihm immer wieder eine lange Haarsträhne, und sein Mund schien sich stets wie in innerer Heiterkeit zu einem leichten Lächeln zu verziehen. Er stellte mir die einschlägigen Fragen und diagnostizierte Malaria und Ruhr. »Krankheiten, an die wir gewöhnt sind«, bemerkte er.

»Morgen werde ich Sie mit in mein Dorf nehmen, und in einer Woche sind Sie wieder in Ordnung«, sagte er, während er mir in rascher Folge und in den erstaunlichsten Quantitäten Kampher, Emetin und Chinin injizierte. »Möchten Sie jetzt Morphium, um besser schlafen zu können?«

Seine Chinin-Dosen überstiegen das in meinem medizinischen Handbuch angegebene Maximum um das Dreifache, und ich fürchtete, ein ähnliches Experiment mit Morphium könnte einen unerwünschten endgültigen Schlaf herbeiführen. Ich dankte also und widmete meine Aufmerksamkeit einem Napf mit einer Suppe namens Harira, die aus Reis, Mandeln und Milch bereitet war.

»Mandeln«, sagte der Doktor, der diese Delikatesse eigens für mich bestellt hatte, »sind ein ausgezeichnetes Mittel gegen die Ruhr. Sie scheuern den Menschen inwendig wie Seife. Auch Pfeffer ist nicht schlecht.«

Er fing einen zweifelnden Blick von mir auf und bat mich, Vertrauen zu haben.

»Wir verstehen von diesen Seuchen mehr als Ihre Ärzte«, sagte er noch einmal.

Das Abendessen wurde nun hereingebracht und auf einer runden Matte auf dem Fußboden am Kopfende meines Bettes angerichtet. Mein Gastgeber und der Arzt ließen sich dort beim Schein eines Öllämpchens nieder. Nachdem sie ihr Mahl verzehrt hatten, bereiteten sie sich zum Genuß des Opiums vor. Sie reichten einander die Pfeife über einer kleinen Kohlenpfanne, eine Szene der Ausschweifung, die mich an die »Fortschritte eines Lebemanns« denken ließ, die ich in meiner Kindheit bei Madame Tussaud verständnislos bestaunt hatte. Hier hatte alles sozusagen Leben gewonnen, und ich selbst war erstaunlicherweise mit im Bild, während neben mir am Bettrand die Opiumraucher im Tal der Assassinen hockten.

»Ich sehe, daß Sie es mißbilligen«, sagte der Doktor, indem er mich plötzlich mit seinem sonderbaren Lächeln ansah. »Ich mißbillige es auch, aber ich tue es trotzdem.«

»Es wird Sie frühzeitig ums Leben bringen«, sagte ich.

Er zuckte die Achseln in dem melancholischen Fatalismus, der alles ist, was der Osten anstelle der Religion noch zu bieten hat.

Ich war so schwach, daß ich am andern Morgen kaum den Weg von der Terrasse zu meinem Zimmer machen konnte und mich selbst nicht für fähig hielt, auch nur eine kurze Reise anzutreten. Es fiel mir schwer, mich anzuziehen und meine wenigen Sachen zu packen. Zweimal wurde ich auf meinem Sitz über den Satteltaschen ohnmächtig, und als wir schließlich den fünfstündigen Ritt antraten, fühlte ich keinerlei Zuversicht mehr. Aber der Doktor ersetzte diese Zuversicht durch völlige Sicherheit. Er hievte mich auf mein Maultier, drückte mir meinen Sonnenschirm in die Hand, die freundlichen Leute von Schutur Khan winkten uns nach, und ich wurde schlaff und passiv das

Tal hinauf geführt, das noch ein Stück oberhalb des Dorfes dürr und heiß unter dem Blau lag.

Wir setzten über den Fluß und ritten am südlichen Ufer weiter. Auf der andern Seite sahen wir unsern Weg vom vorigen Jahr und wunderten uns, wie unerhört schmal er an der roten, schrägen Felswand dahinkletterte. Ich war aber nicht in der Lage, viel zu beobachten, lag halb zurückgelehnt auf meinem schaukelnden Sitz und sah wenig außer dem kleinen Doktor unmittelbar vor mir, der die Füße unter dem Sattel baumeln ließ und den Pahlawi-Hut in einem flotten Winkel über das Taschentuch gestülpt hatte, mit dem er sich gegen die Sonne schirmte. Er summte persische Liebeslieder und schwang einen Stock, während die Ohren seines Maultiers vor ihm auf und niederschwankten.

Nach einem Ritt von etwa drei Stunden kamen wir wieder in eine grüne Partie des Tales und nach Zawarak, seinem schönsten Dorf im Schatten der Bäume. Es ist zugleich das größte Dorf von ganz Alamut, und der Bruder Nasir-ud-Din Schahs hatte es als königliche Gabe in Besitz genommen, ein Schloß dort gebaut und es trotz des Widerstrebens der Bauern fünfundzwanzig Jahre lang gehalten, die seit den Tagen der Assassinen keinen Oberherrn mehr gekannt hatten. Als der inzwischen verstorbene Schah damals abgesetzt wurde, nahmen die Männer von Zawarak das Schloß, schleiften es und kehrten zu ihrer alten Unabhängigkeit zurück. Man kann sich denken, daß sie unerschütterliche Anhänger des neuen Regimes sind.

Sie waren alle auf den Wiesen, um das Korn zu schwingen und zu dreschen – ein blühendes arkadisches Leben.

Hier wurde ich herabgehoben und in einem kleinen Zimmer auf Filzmatten aus Masanderan gelegt. Man brachte mir Tee, gab mir noch eine Kampherspritze und warf mir ein Tuch über, um die Fliegen abzuhalten, während der Doktor mit der Familie plauderte und sich die Dorfneuigkeiten erzählen ließ. Drei Stunden später setzten wir unsern Ritt fort.

Wir klommen jetzt nach Süden hinan, die Front des Elburs-Gebirges entlang, das hier eine ungeheure Terrasse vorschiebt, die in einer Höhe von 300 Metern über dem Talboden dem Zug des Tales parallel läuft und in mehr oder weniger regelmäßigen Abständen von breiten, tiefen, beinahe senkrechten Rinnen durchschnitten ist. Auf diesem Plateau liegen drei Dörfer, Painrud, Balarud und Werkh, jedes von seinen Nachbarn durch diese Rinnen getrennt, jedes an die Schulter des Elburs in seinem Rücken angelehnt und den Blick auf Alamut und die Berge im Osten, bis hinauf zum Thron Salomos, der majestätisch den Horizont beherrscht. Im Halbkreis breiten sich diese östlichen Ketten fächerförmig vor ihnen aus.

Wir stiegen anderthalb Stunden bergan, zuerst im Zickzack die Mauer hinauf, die ins Alamut-Tal abstürzt, dann an einem weniger abschüssigen, aber immer noch sehr steilen Hang über die Stoppelfelder des Plateaus, bis wir nach Balarud gelangten, das mit seinen umfriedeten Gärten am Nordhang klebte. Ein Bach rieselte zwischen den zerstreuten Häusern dahin, und Obstbäume aller Art, Nüsse, Kirschen, Äpfel, Birnen und Mispeln, dazu Pappeln und Weiden, warfen ihre Schatten über das Land.

'Aziz, der sein Geschäft in Garmirud im Stich gelassen hatte, um mir behilflich zu sein, spornte nun sein Maultier.

»Welches Haus gefällt dir am besten?« sagte er.

Ich wählte ein hohes Landhäuschen mit zwei Räumen auf dem Dach, das auf drei Seiten frei lag. 'Aziz ging darauf zu, um die Bewohner zum Ausziehen zu veranlassen.

Mit der stets bereiten Gastfreheit des Ostens, die keine Fragen stellt, räumten sie innerhalb einer Viertelstunde beinahe ihre ganzen Habseligkeiten aus, kehrten die Schilfmatten des Fußbodens mit einem unzulänglichen Laubbesen und gestatteten mir, mich einzurichten, während sie selbst sich in einer Art Hühnerhaus weiter unten eine Unterkunft zurechtmachten. Und während 'Aziz und Ismail mit dem Einzug beschäftigt waren, stand ich am Fenster und sah zum Salomothron hinüber, dessen schwarze Lehnen sich hoch oben scharf vom Himmel abhoben, und den ich nicht mehr aus solcher Nähe zu schauen gehofft hatte.

Hier verbrachte ich eine Woche der Genesung. Ich hatte ein gutes Zimmer mit zwei Türen, einem Fenster und kleinen Nischen, die überall in die Wände aus Lehm und Stroh eingelassen waren. Die Decke bestand aus Pappelstämmen, über die eine zweite Schicht von Balken quer gelegt war. Über die Balken war Dorngestrüpp gebreitet, auf dem der Lehm des Daches aufgetragen war. Über die Schilfmatten des Fußbodens legte man Masanderan-Filzdecken mit braunen, roten, blauen und grauen Mustern. Über den Nischen in den Wänden hingen Girlanden aus getrockneten Rosen. Auch waren sie mit gestickten Matten ausgekleidet, die infolge des Mangels an Seife im Dorf längst eine schmutzig-bräunliche Farbe angenommen hatten. An der Wand hing eine Photographie. Diese Versuche in europäischer Eleganz waren auf die Tatsache zurückzuführen, daß die beiden Schwiegersöhne im Winter ihre Frauen und eine alte Mutter in Balarud zurückließen und in Schahsawar an der Küste ein Speisehaus betrieben. In einer Ecke dieses luxuriösen Gemachs schlug ich mein Bett auf, hinter dessen Moskitonetz ich mich zurückziehen konnte, wenn das versammelte Dorf auf dem Fußboden oder 'Aziz und sein Söhnchen, die neben der Tür ihr Mittagsmahl einnahmen, mir zuviel wurden.

Zwei- oder dreimal des Tages erschien der Doktor, um mir Chinin zu injizieren. Eine Tagesration von 6,5 g schreckte die Malaria endgültig ab. Er setzte sich dann neben mein Bett und plauderte bei seiner Opiumpfeife. Mit einer kleinen Messingzange hielt er vorsichtig eine glühende Holzkohle an das Loch der Porzellanpfeife, in das die braune Paste gepreßt wird, um darin mit einem Geruch, der einen höchst übel macht, Blasen zu ziehen und zu zergehen. Wenn das Opium seinen Trost versagte, wurde ein Taschenfläschchen mit Arrak vor dem Doktor entkorkt. Die Einsamkeit, der nur die stärksten Naturen gewachsen sind, demoralisierte diesen liebenswürdigen jungen Menschen Schritt für Schritt. Er verkümmerte einfach deswegen, weil er niemanden seinesgleichen hatte, mit dem er sich aussprechen konnte. Er hatte in Teheran seine Examina bestanden und brachte nun sein Leben am Ufer des Kaspischen Meeres zu im Kampf gegen Typhus, Ruhr und Malaria in einer Gegend, von der Lord Curzon erklärt hat: »Es gibt in gleichen Breiten auf der Welt keinen ungesünderen Ort.« Und Sir John Chardin weiß zu berichten, daß die Höflinge jedesmal, wenn Schah Abbas einen Gouverneur dorthin schickte, fragten: »Hat er jemanden umgebracht oder beraubt, daß man ihn zum Gouverneur von Gilan macht?«

Das kleine Mädchen des Doktors, das gerade zahnte, schwand in der feuchten Hitze dahin, und das war der Grund, der ihn zum erstenmal seit seiner Studienzeit gerade in diesem für mich so schicksalsvollen Augenblick herauf in die Berge in das Dorf seiner Mutter geführt hatte.

Ich war nicht der erste englische Staatsbürger, den er gerettet hatte. Vor Jahren war ein junger Mann, der in den Gegenden am Kaspischen Meer Seide aufkaufte, von Krankheit überfallen worden und hatte, wie ich, Zuflucht in den Bergen gesucht. Hier fand ihn der Doktor in einem Dorf in den Dschungeln; er lag im Delirium des Typhusfiebers, war unfähig, sich mit seinem persischen Diener zu verständigen, und weinte still in sein Kissen – was jeder verstehen wird, der sich einmal in einer solchen Lage befunden hat. Er war noch kräftig genug, um sich gewaltig zu sträuben, als man ihn in ein kaltes Bad brachte, und erholte sich schließlich auch wieder.

»Es ist wirklich so«, sagte der Doktor, »daß wir von diesen Krankheiten mehr verstehen als Sie. Wir haben es ja unser Leben lang mit nichts anderem zu tun.«

Er hatte mit mancherlei Schwierigkeiten zu kämpfen: in erster Linie mit der Umständlichkeit und den hohen Kosten, unter denen er sich Medikamente aus Europa verschaffen mußte. Und dann mit der Rückständigkeit der Bevölkerung. Mein Freund, der Grundherr von Schutur Khan, der den Winter in der aufgeklärten Atmosphäre von Kazwin zubringt und es besser verstehen sollte, weigerte sich, seine todkranke Tochter von dem Doktor retten zu lassen, weil sie unter keinen Umständen den Blicken einer so unschicklichen Kreatur, wie es ein Mann ist, ausgesetzt werden dürfte. Alles, was er für sie hatte tun können, war, ihr eine Dosis Epsom Salt (Bittersalz) durch ihren Vater bringen zu lassen. Und die Leute aus den Dörfern brachten ihre Kranken immer erst im letzten, hoffnungslosen Stadium. Seine Gebühren waren nicht einmal für diese armen Menschen hoch zu nennen. Als ich mich von ihm verabschiedete, nachdem er mir eine Woche lang täglich Spritzen gegeben und mich auch sonst in jeder erdenklichen Weise gepflegt hatte, gab ich ihm unter lebhaftem Protest von seiten 'Aziz' ein Pfund. Er war kaum zu bewegen, eine so große Summe anzunehmen.

Es waren angenehme Tage im Dorf Balarud. Der Gedanke stimmte mich heiter, daß wir auf keiner Landkarte verzeichnet waren; daß wir für die große Welt sozusagen nicht existierten. Und doch waren wir da, brachten unsere Ernte ein, lebten, starben und heirateten so gut wie die Leute anderswo. Wir konnten rechts und links zu den Dörfern Werkh und Painrud hinübersehen, die scheinbar ganz nah lagen, in Wirklichkeit aber durch die tiefen Schluchten zu beiden Seiten von uns getrennt waren. Und über die Tiefe des Alamuttals hinweg konnten wir Ausschau halten bis zum Schloßfelsen von Alamut, zu den Bergen von Haudegan und Syalan und der feinen aufstrebenden Linie des Salomothrons, des Ziels unserer Fahrt. Und wir konnten betrachten, wie Sonne und Schatten an seinen Flanken und Strebepfeilern die Tageszeit anzeigten.

Am andern Ende des Dorfes, auf einer Art Terrasse, die über der Schlucht hing, waren die Erntearbeiten in vollem Gang. Die Alten saßen dort in der Sonne und leiteten die stachligen hölzernen Walzen über das Korn. Große gelbe Haufen und höckerige schwarze Ochsen hoben sich von dem leeren Talgrund unten ab. Über uns zeigte an der Stelle, wo die Felsen des Siah Sang, die bereits zum Elburs gehören, zum Tal abstürzen, ein kleines Dreieck schmutzigen Schnees den Ursprung des Gießbaches in der Schlucht an.

Wenn ich in die Schlucht hinabschaute, konnte ich eine Gabelweihe segeln sehen, erstaunlich klein in der trügerischen Tiefe. Ein sehr steiler Pfad führte dort hinunter, und an einem kleinen Wasserlauf im Grund stand eine Mühle, in der das Dorf sein Korn mahlen ließ. Im vergangenen Frühjahr war ein Steinbock, der am Rand des Abgrundes geschossen worden war, senkrecht ins Wasser hinabgefallen, so steil war der Hang. Hier auf der Höhe hatten die Regenfälle, die die Erde wegspülten, Gräben freigelegt, in denen sich alte Bronzen befanden. Der Ort ist wahrscheinlich seit unvordenklichen Zeiten bewohnt, und in dem Leben dort oben hat sich seit Anbeginn nichts geändert. Vor der kleinen Moschee steht eine hölzerne Kolonnade. Die roh behauenen Säulen erinnern an die steinernen Pfeiler von Persepolis mit ihren doppelten Kapitellen, die übereinander angeordnet sind, und können für die Theorie herangezogen werden, daß die Architektur der Achämenidenkönige in Persien von den Holzhäusern in Masanderan stammt.

»Warum bringt ihr nicht mehr Land unter den Pflug?« fragte ich die Bauern. Ein Drittel des Bodens auf dem Plateau wird nie bebaut.

»Wir haben genügend Korn«, entgegneten sie.

»Aber ihr könntet den Überschuß verkaufen.«

»An wen sollten wir es verkaufen? Die Dörfer in Alamut haben alles, was sie brauchen.«

»Ihr könntet es nach Kazwin oder an die Küste verkaufen.«

»Wir haben nie Korn verkauft«, war die Antwort.

Dagegen verkaufen sie den Überschuß der Nußernte und kaufen dafür Tee, Zucker, Petroleum und die verschiedenen Kleinigkeiten, die das Dorf nicht selbst produzieren kann. Dreiviertel des gesamten Ertrages gehören dem Arbab, dem Grundherrn des Dorfes. Das verbleibende Viertel erhält der Bauer. Auf dem harten Boden vor der Haustür weben die Frauen Decken. Der Faden wird über zwei Stangen gelegt und eine Art stählerner Hand dazu benutzt, den Einschlag festzuschieben. Sie behalten sie entweder zur Einrichtung ihrer Häuser oder verkaufen sie für etwa zehn Toman, nachdem sie sich einen Monat lang damit abgemüht haben. Die Filzdecken, die aus Wolle, Seife und Wasser bestehen, die durchgeknetet und dann auf dem Fußboden immer wieder gewalzt werden, bis die richtige Fasson und Dichtigkeit erreicht ist, sind viel billiger. Ich habe für sechs Shilling eine gekauft, die ich benutzt habe, bis ich wieder zu Hause anlangte.

Am zweiten Tag meines Aufenthaltes im Dorf erschien der Grundherr in Begleitung des Doktors, um mir einen Besuch abzustatten. Es war ein Offizier, der in Täbris lag, ein sehr schmucker, gut aussehender Mann in Gamaschen und Khaki, mit einem Goldzahn und gefälligen Manieren. Er entschuldigte sich in vielen Worten für die Einfachheit der dörflichen Verhältnisse. Sobald ich ihm aber erklärt hatte, wie sehr ich die Höhenluft und die Stille zu schätzen wisse, zeigte sich, daß er sehr stolz auf sein Dorf war. Wenn ich wieder bei Kräften sei, wollten wir auf die Steinbockjagd gehen, sagte er.

Er hielt sich hier auf, um Vorbereitungen für die Hochzeit seiner Tochter zu treffen, und sobald ich mich wieder imstande fühlte, den steilen Abhang zu bewältigen, stieg ich zum andern Ende des Dorfes hinauf, um ihn und die Frau des Doktors zu besuchen. Die letztere war eine hübsche, städtisch gekleidete Frau, die einen weißen Schleier unterm Kinn festgesteckt trug und offensichtlich in sehr gutem Einvernehmen mit ihrem jungen Gatten stand. Zwei zerlumpte, aber kräftige Knaben, Gustarz und Darius, rannten umher, und das Kleinste, Rauschana oder Roxane (nach der persischen Frau Alexanders des Großen), dessen Zahnen die kleine Gesellschaft so sehr zur guten Stunde hier heraufgeführt hatte, gluckste auf den Knien ihres Vaters, der unterdessen, so gut er konnte, auf dem Fußboden Medikamente für mich in einem Mörser rieb und mir mitteilte, Alexander der Große sei Perser gewesen.

Der andere Haushalt war längst nicht so amüsant, denn der Arbab hatte keine Neigung, mir seine Tochter vorzustellen, deren er sich schämte, und sie selbst teilte seine Gefühle so entschieden, daß sie kaum dazu gebracht werden konnte, ein Wort von sich zu geben. Ihr Vater hatte sie nie mehr gesehen oder sich überhaupt um sie gekümmert, seitdem er sie in ihrer Kinderzeit verlassen und irgendwo eine andere Frau genommen hatte; seine dörfliche Familie hatte er unter den Bauern sich selbst überlassen. Jetzt war er hier, um sie mit einem Bauern zu verheiraten, und damit hielt er seine Pflichten ihr gegenüber für endgültig abgegolten. So liebenswürdig er sich zu geben wußte, war er doch um nichts besser als die meisten dieser persischen

Grundbesitzer, die in der Stadt leben. Ein dünner Überzug von Zivilisation, gerade genug, um sie die ländlichen Verhältnisse verachten zu lassen, denen sie ihr Einkommen verdanken, und eine naive Ignoranz der Tatsache, daß mit ihrer Stellung auch einige Pflichten verbunden sein könnten, schaffen zusammen einen Typus, wie man ihn aus französischen Memoiren des achtzehnten Jahrhunderts kennt. Sieht man ihn in Fleisch und Blut vor sich, so begreift man, wie es zu einer Revolution von 1789 kommen konnte. Verwunderlich ist, daß sie hier noch ausgeblieben ist.

Diese Verhältnisse traf ich indessen nur, wo der Grundherr »zivilisiert« war und in der Stadt lebte. Wo der ursprüngliche Stand der Dinge noch erhalten war und er als Bauer unter Bauern auf seinem Land lebte, herrschte überall das beste Einvernehmen.

In der Höhenluft kehrten meine Kräfte rasch zurück. Tag für Tag schlenderte ich morgens umher und sah zu den Bergen hinüber, wo die riesige Wolke des Kaspischen Meeres, die von Norden her zur Wasserscheide herauftreibt, sich wie eine Woge über den Rand unseres Tales stürzt und von unserer heißen Sonne aufgeleckt und ausgetrocknet wird.

Die Chinindosen meines Doktors wurden jetzt von 6,5 g auf 3 g täglich herabgesetzt, und ich konnte wieder gehen, ohne nach jedem zweiten Schritt rasten zu müssen. 'Aziz drängte darauf, abzureisen. Ich hätte ihn beinahe verloren, denn die Behörden verlangten, daß er sich rechtfertigte für einen Teppich, den er in Kazwin gekauft haben sollte. Für jemand andern einen Teppich kaufen, heißt aber Handel treiben, was bedeutet hätte, daß Steuern fällig waren. Die Behauptung mußte widerlegt werden. Ich hatte aber keinerlei Neigung, 'Aziz aus den Augen zu lassen und selbst ganz auf mich gestellt im Tal der Assassinen zurückzubleiben. Die Behörden mochten warten. Hier jedenfalls waren wir für sie unerreichbar, bis wir uns wieder in zugänglichere Landstriche bequemten. Und inzwischen hoffte ich mich soweit zusammenraffen zu können, um von Garmirud aus einen Vorstoß zu unternehmen. Ich war um so entschlossener, das zu tun, als eine Kolonie Wanzen sich unter meinem Moskitonetz angesiedelt hatte, die einzigen, auf die ich in Masanderan gestoßen bin.

So brachen wir denn am andern Morgen auf. Ich saß auf der Veranda der kleinen Moschee und wartete auf meine Maultiere. Der Salomothron leuchtete schwach wie eine durchsichtige Flamme am weißen Sommerhimmel. 'Aziz war mit seinem Söhnchen schon vorausgegangen, um den Empfang in Garmirud vorzubereiten, und Ismail sollte mich durch das Tal bringen. Wir beabsichtigten, unterwegs noch ein anderes altes Schloß zu besichtigen.

»Vergessen Sie mich nicht«, sagte der Doktor, der gekommen war, um uns noch einmal zu sehen. »Wir werden uns nie wieder begegnen.« Er winkte uns mit der Hand, in der er meine Uhr hielt, die ich ihm als Andenken hinterlassen hatte, und sah uns nach, während wir über die Stoppeln davonritten.

Drei Hochzeiten

Wir stiegen von unserm Plateau zum Alamut bei Zawarak hinunter, rasteten einen Augenblick bei dem Haus unter den Bäumen und ritten dann sofort an der andern Seite des Tales hinauf in Richtung auf ein Dörfchen namens Ilan, bei dem ein Assassinenturm die Route von Syalan und dem Kaspischen Meer her beherrschen sollte.

Die Wege von der alten Feste von Alamut gehen über Atun und Ilan und viele Syalan-Pässe hinunter in die Täler der Flüsse Do und Seh Hizar im Norden. Es ist ganz natürlich, daß Befestigungen angelegt worden sind, um diese Straßen zu decken, und es ist nicht so sehr die Existenz als der Charakter der Ruine von Ilan, der den Reisenden in Erstaunen versetzt. Die Anlage befindet sich ganz oben auf einem ungeheuren Felsblock von etwa 30 Meter Höhe, der nach allen Seiten steil abfällt wie ein »Gendarm« in den Alpen. Er besteht aus einer Art Nagelfluh und ist in eine wüste Wildnis ähnlicher Felsen hinabgestürzt, die den Wanderer an Dantes Weg von einem höllischen Bereich zum andern mahnen. In den überhängenden pockennarbigen Felswänden haben wilde Bienen ihre Nester gebaut. Ich versuchte ihren Honig mit einem Stöckchen und fand ihn süßer als irgendeinen Honig, den ich jemals geschmeckt hatte.

Ein Alter, der am Berghang über uns seine Ziegen hütete, erbot sich, uns zu führen, und bald gesellten sich andere Dorfbewohner zu uns, die uns ein schmales Felsband zeigten, auf dem wir am Felsen entlang kriechen konnten bis zu einem Kamin, in dem wir uns aufwärts stemmten. Ein letztes steiles Stück Nagelfluh brachte Ismails Stimmung dem Tiefpunkt nahe. Auf der Höhe dieser enormen Unzugänglichkeit liegen die Reste von fünf in den Felsen gehauenen Gemächern. Unterhalb davon ist offenbar mit der Hand eine Zisterne von 1 mal 4 m ausgehöhlt worden: keinerlei Mörtelspuren, keine Scherben, keine Anzeichen, daß hier jemals Menschen gewohnt hatten. Es kann nur ein Luginsland gewesen sein, von dem aus man in einem dreieckigen Ausschnitt der Landschaft im Norden das Dorf Ilan gewahrt, einen armseligen Ort mit ein paar zerrupften Bäumen.

Enttäuscht und sehr erschöpft stieg ich wieder hinunter und kehrte über rote Bergketten nach Zawarak zurück. Am Spätnachmittag ritten wir den Talweg vom vergangenen Jahr hinauf, durch grüne Schluchten mit Obstbäumen und Misteln, zur Rechten den Fluß und links die Felsabstürze Newisar Schahs. Bei Einbruch der Dunkelheit waren wir in Garmirud, das sich an die Kliffs lehnt, die den Talabschluß bilden.

'Aziz' Frau kam uns mit vielen von den Frauen des Dorfes entgegen. Sie waren in Rot und Gelb gekleidet und bildeten einen heiteren Anblick zwischen den Pappeln und den Felsblöcken des Flusses. Sie lief auf mich zu, um den Zügel zu halten, und führte mich im Triumph daher, während die Menschen von den Hausdächern mich willkommen hießen. Es herrschte allgemeine Festtagsstimmung, denn am andern Tag sollten drei Hochzeiten gefeiert werden, von denen die eine sogar ein internationales Ereignis darstellte, an dem unser Dorf und der Ort Pitschiban an der Paßstraße teilnahmen.

Unter diesen Umständen mußte der Thron Salomos noch

einmal warten, denn nichts hätte 'Aziz dazu bringen können, sich vor den Festlichkeiten zu entfernen.

'Aziz' Frau war hübsch wie immer, aber Uneinigkeit zerriß jetzt das kleine Hauswesen. 'Aziz hatte sich wieder verheiratet und brachte den größten Teil seiner Zeit bei seiner neuen Frau am andern Ufer des Flusses zu. Ich muß zu seiner Verteidigung sagen, daß die Atmosphäre, die er in seinem alten Heim vorfand, nicht die angenehmste war. Die alte Dame mit dem Adlerprofil, seine Mutter, trat zwar energisch für ihn ein, aber die gekränkte Frau wollte von keinem Vergleich hören. Wie Medea und andere weniger hervorragende Damen hielt sie ihm jedesmal mit taktloser Wiederholung den Spiegel der Vergangenheit vor, mit all den Sünden, die er in ihrer sechzehnjährigen Ehe – sie war vierzehn und er sechzehn Jahre alt gewesen, als sie geheiratet hatten – auf sich geladen hatte. Auch von dem besten Mann hätte man nicht verlangen können, daß er hierüber sehr erfreut gewesen wäre, aber der Groll der armen Frau saß so tief, daß es zwecklos war, sie darauf hinzuweisen, wie sehr sie durch ihr Schmähen die Situation verschlimmerte. Gestorbene Liebe sollte, wie zerbrochenes Porzellan, beweint und begraben werden, aber nur ein Wunder kann sie wieder zum Leben erwecken. Aber wer in dieser Welt hätte nicht in Augenblicken unbändiger Auflehnung versucht, das Unwiederbringliche mit Worten heraufzubeschwören?

'Aziz fand sich mit der Lage in einer lustig verschämten Art ab. Seine Freunde neckten ihn als einen lockeren Burschen, und er selbst war nicht wenig verliebt in die neue Dame seines Herzens, eine Schönheit mit kohlschwarzem Haar und eisernen Muskeln, die wußte, was sie wollte, und den kleinen Mann mit einer Hand hätte zermalmen können, was sie gewiß auch eines Tages tun wird.

»Was sagst du dazu?« fragte er mich vertraulich und war sehr verdrießlich, als ich bemerkte, daß meiner Meinung nach die friedlichen Tage eines Mannes gezählt seien, wenn er einmal mit zwei Frauen gleichzeitig verheiratet war.

Im alten Haus bemühte sich alles, mit meiner hübschen Freundin Geduld zu haben. Man hörte ihre Ausbrüche mitleidig an, als ob es sich um eine bedauerliche, aber natürliche Krankheit handle, um eine schmerzliche Episode, wie sie nun einmal das kummervolle Dasein der Frauen auf dieser Welt mit sich bringt. Wenn sie jedoch in ihren Äußerungen zu heftig wurde, so wies ihr Vater, ein stiller, alter Mann, der mit seiner langen Pfeife in einem Winkel saß, sie zurecht, indem er sie daran erinnerte, daß sie sich über nichts Außergewöhnliches zu beklagen habe. Denn die allgemeine Meinung gestand 'Aziz selbstverständlich das Recht zu, eine zweite Frau zu nehmen, wenn ihm das gefiel. In solchen Augenblicken konnte man sie nur trösten, indem man von Mohammad, ihrem Söhnlein, sprach, das sie mit leidenschaftlichem Schluchzen an sich drückte, was er sich mit einer Miene gelangweilter männlicher Herablassung gefallen ließ, die angesichts seines Alters bemerkenswert und beunruhigend war.

Mohammad, der acht Jahre zählte, war gerade mit einer fünfjährigen Spielgefährtin, einem ausgelassenen, rothaarigen, blauäugigen Mädchen, das jedermann verzog, verlobt worden. Sie nutzte die kurzen Jahre ihrer Herrschaft weidlich aus, als ob sie wüßte, wie vergänglich sie waren. Der kleine Mohammad freute sich, wenn von seiner Namzadeh die Rede war, und war sehr stolz auf sie. Es war hübsch, die Kinder in so dörflicher Ungebundenheit spielen zu sehen, um die manche persische Städterin sie beneidet haben würde.

Am nächsten Tag fand die große dreifache Hochzeit statt, und das Dorf war schon in voller Erregung, als ich aufstand.

Die erste Zeremonie bestand in einem Besuch bei der Braut. Meine Wirtin machte ein Tablett mit Nüssen, Rosinen, *nuhud*, und einem Zuckerhut in der Mitte, für mich zurecht, das vor uns hergetragen werden sollte, wenn wir unseren Besuch machten. Wir gingen in unserm Festtagsgewand hinterher: meine Gastgeberin in einem steifen, gestärkten Ballettrock aus Zitz oder Möbelkattun über schwarzen Hosen, einem gelben Damasthemd, gestreifter Samtweste und weißer Spitzenhaube, die unter dem Kinn mit einem baumelnden Gehänge von Kaurimuscheln befestigt war. Sie trug vier Armbänder, eine Bernsteinkette mit Silbermünzen, Türkisen und einer Menge anderer

Sächelchen. Am rechten Arm saß ein Amulett. Ihre Schwiegermutter war noch bunter angetan, mit gelbem Seidenhemd und grüner Weste mit goldenen Knöpfen, dazu einem weißen und einem roten Tuch, die über der Stirn verknotet waren.

Wir gingen zwischen Häusern bergan und begaben uns in einen mit Frauen überfüllten Raum, dessen trübes Zwielicht durch ein kleines, rundes Loch in der Decke erhellt wurde. Man war dabei, die Aussteuertruhe zu füllen: ein vergoldetes und mit bemaltem Blech beschlagenes Ding mit drei Schlössern. Alle Damen halfen beim Packen. Der ganze weibliche Teil der Bevölkerung ging ununterbrochen ein und aus. Man brachte Geschenke, besah sich die Aussteuer, stürzte in das Hinterzimmer, um bei der Bereitung des Pilaw behilflich zu sein, und sprach mit hoher, erregter Stimme.

In einem Winkel stand, abgesondert von diesen Vorgängen und völlig unter einem hellblauen Tschadur verborgen, die Braut. Sie hat stundenlang unbeweglich so zu stehen, während der Strom der Gäste an ihr vorbeizieht. Sie darf sich nicht setzen, solange der Ehrengast sie nicht dazu auffordert, und nimmt keinen Teil an der allgemeinen Fröhlichkeit. Ich ging auf sie zu, hob den Schleier, um sie zu begrüßen, und war entsetzt, als ich große Tränen über ihre Wangen rollen sah. Ihre Handflächen und Fingernägel waren mit Henna gefärbt. Ihr Haar war gekräuselt und mit billigen, grünen Zelluloidkämmen aufgesteckt. Sie trug ein hellrotes, maschinengesticktes Hemd schlechtesten Geschmacks und eine grüne Samtweste, die eigens aus Kazwin besorgt worden war. Und diese ganze Pracht, verborgen unter dem blauen Tschadur, weinte vor Furcht und Erschöpfung und dachte wer weiß was für entsetzliche Gedanken, während sie wie ein verschleiertes Bildnis abseits von den Festlichkeiten stand. Wie man mir sagte, durfte sie erst einundzwanzig Tage nach der Hochzeit wieder in der Öffentlichkeit erscheinen.

Die männlichen Verwandten der Braut saßen mit größerer Ruhe und Würde an den Wänden des Gästezimmers entlang auf dem Fußboden. Man brachte ihnen zu essen, und ich wurde bald aufgefordert, mich zu ihnen zu gesellen, und erhielt einen

Napf mit safran-gefärbter Suppe, in der Hühnerfleisch schwamm. Als das Geschirr weggebracht war und auch die Frauen in ihrem lärmenderen Bereich gegessen hatten, begann die Unterhaltung. Zwei kupferne Tabletts wurden herbeigebracht, die als Trommeln dienten. Die Tante der Braut, eine Dame, die mit so vielen Ketten und Armreifen behangen war wie ein indisches Götzenbild, saß mit gekreuzten Beinen und schlug den Takt, und die Frauen begannen eine nach der andern zum Klatschen der Hände zu tanzen. Sie hielten ein Taschentuch hoch, das sie in Abständen dem einen oder andern aus der Gesellschaft zuwarfen, der dann ein Silberstück hineinwickelte und es zurückschleuderte. Sie tanzten mit bemerkenswerter Hingabe, knackten mit den Fingergelenken und sprangen mit geschlossenen Füßen in die Luft.

Im Winkel stand immer noch die Braut, das Gesicht völlig verhängt. Aber die Zeit rückte heran, daß auch sie in Aktion trat. Schon waren mehrmals Boten erschienen, die gemeldet hatten, daß die jungen Männer unterwegs seien. Die Freunde des Bräutigams kamen, um sie abzuholen. Sie mußten drei oder vier Mal zurückgewiesen werden, damit gezeigt war, daß auf seiten der Braut keine unangemessene Ungeduld herrschte. Schließlich aber gelang es ihnen, und sie geleiteten sie zu ihrem neuen Heim.

Als wir auf die Dorfstraße hinaustraten, galoppierten die jungen Männer schon wild auf und ab. Ihre Maultiere, die es genossen, keine Last auf dem Rücken zu tragen, und sehr vergnügt unter den Hausteppichen aussahen, mit denen sie geschmückt waren, schlugen aus und rissen ihre Reiter mit sich fort, die engen, wimmelnden Straßen hinauf und hinunter.

Zwei Hochzeiten waren nun bereits in Gang. Die Braut aus Pitschiban wurde jeden Augenblick erwartet. Sie hatte unter ihrem Tschadur einen dreistündigen Ritt den abschüssigen Weg von Salambar herunter zu bewältigen. Nun kam sie: ein Schlagen von hölzernen Stöcken und Trommeln kündigte sie an. »Tschub tschini ham Eijaria. Tschub tschini ham Eijaria!« riefen die Knaben und tanzten um sie herum. Unter dem Tschadur, der von der Dame auf dem Maultier alles verbarg außer den

Gummizugstiefeln, spürte man etwas Hilfloses und Unbehagliches. Zwei Onkel, die zu beiden Seiten schritten, stützten sie auf dem außerordentlich holperigen Weg. So hat sich das bescheidene Weibchen in völliger Blindheit in die Ehe zu begeben. Um sie herum brodelte das Dorf in Erwartung. Die Dame erschien und ritt auf ihrem Maultier wie eine Galeone in schwerer See. Ein paar Meter vor der Haustür wurde sie heruntergehoben. Man gab ihr in jede Hand eine brennende Kerze. Vor ihr her wurden auf Tabletts ihr Spiegel, ihr Koran, Korn und bunter Reis in kleinen Täßchen mit brennenden Kerzen getragen. All das wurde in ihr neues Heim gebracht, sie selbst aber blieb mit den beiden Lichtern in den in weißen Baumwollhandschuhen steckenden Händen auf der Schwelle stehen. Der Bräutigam, der auf dem Dach stand, streute kleine Münzen und bunten Reis über sie. Die Kinder von Garmirud hatten auf diesen Moment gelauert: eine allgemeine Schlägerei um die Pfennige entstand. Die Braut, die nicht sehen konnte, was vor sich ging, und für die Kerzen verantwortlich war, die nicht ausgehen durften, schwankte, bald hierhin, bald dorthin gestoßen und nur aufrechterhalten durch die Strebepfeiler der stützenden Onkel. In solchen Augenblicken ist man für Verwandtschaft dankbar.

Nun wurde die Braut hoch über die Schwelle getragen. Im Schutze des neuen Heims entschleierte sie sich, während der Bräutigam, ohne ihr die mindeste Aufmerksamkeit zu schenken, sich ganz unserer Bewirtung widmete.

Auch der Bräutigam hat am Ende des Raumes stehen zu bleiben, bis einer der Gäste sich seiner erbarmt und ihn auffordert, sich zu setzen. Dieser junge Mann jedoch – er war genau fünfzehn Jahre alt – trug sein Schicksal mit mehr Laune als seine Verlobte. Seine neuen Schuhe und sein orangefarbener Schlips – er war zur Feier des Tages à la Ferangi angezogen – waren für sich allein schon Pracht genug, um alle andern Unbequemlichkeiten des neuen Ehestandes aufzuwiegen.

Wieder wurde getanzt, und der Dorfidiot erschien und produzierte zu unserer Unterhaltung auf dem Fußboden die wildesten Verschlingungen: ein abstoßendes Schauspiel. Damit verließen wir die Braut aus Pitschiban, die sich jetzt in dem neuen

Hause einrichtete, und kehrten zu unserer eigenen Festlichkeit zurück, die sich soeben dem dramatischen Höhepunkt näherte, da Braut und Bräutigam einander am Ausgang des Dorfes begegneten.

Nach drei oder vier vergeblichen Versuchen und nachdem sie ebensooft die freie Fläche am Fluß hinauf und hinunter galoppiert waren, war es den jungen Männern der Familie der Braut gelungen, diese zu bewegen, den Schirm des väterlichen Hauses zu verlassen. Von sieben Freundinnen begleitet, hatte die kleine Prozession einen Umgang um das Dorf gemacht und kam nun über die Kornfelder im Westen zurück. Der Bräutigam, der auf das Dach seines Hauses gestiegen war, erblickte die Braut in der Ferne, schwang sich auf sein Maultier und stürzte ihr, gefolgt von seinen Freunden, entgegen. Die beiden Kavalkaden erreichten einander an der Stelle, wo das Tal sich in die friedevolle Ferne senkt, wo weithin der Fluß unter Bäumen zieht und man kleine Gestalten beim Dreschen beobachten kann. Vor diesem Hintergrund wirkten die fröhlichen Gewänder der kleinen Schar, die bunten Decken der Maultiere, die blau verhangene Gestalt der Braut auf ihrer Stute, echt und bedeutungsvoll, ein uraltes Zeremoniell, das den Sinn des Lebens zum Ausdruck brachte an einer Stelle, wo es noch so einfach gelebt wird.

Nach dieser Begegnung trennten sich Braut und Bräutigam wieder, um auf verschiedenen Wegen sein Haus zu erreichen. Die Aussteuertruhe wurde stolpernd hinterher getragen, und ihr folgten verschiedene andere Gegenstände wie Lampen und Samoware, die die Gäste auf den Köpfen trugen. Von den flachen Dächern unter der Felswand, die Garmirud von Norden und Osten einschließt, versammelten sich die neuen Nachbarn der Braut, um sie zu begrüßen, und fielen in den Hochzeitsgesang ein. Hier sollte sie ihr neues Leben zubringen – als Teil des Dorfes in einem Sinne, den wir (die wir so viel von Gemeinschaft reden und von unsern Verpflichtungen ihr gegenüber, sie aber jederzeit verlassen können) gar nicht begreifen.

Das Dorf ist in diesen abgeschiedenen Gebirgsgegenden die eine Einheit, an der alles andere gemessen wird, eine Instanz, der sich niemand, der zum Dorf gehört, je entziehen kann. Ihm allein gelten alle Pflichten, seinem Urteil hat sich jeder zu beugen. Du bist glücklich oder unglücklich, je nachdem, was das Dorf von dir hält. Und auch die Tugend wird in erster Linie geübt, weil das Dorf es so erwartet. Eine oder zwei Wochen später kam ich in eine dieser kleinen Gemeinschaften und bat um Kartoffeln. Der Mann, den ich gefragt hatte, zuckte die Achseln.

»Wir bauen keine Kartoffeln an«, sagte er. Er wies auf eine nahe Häusergruppe, die kaum eine Meile entfernt war. »Dort bauen sie sie an«, fügte er hinzu. »Unser Dorf hat nie Kartoffeln gebaut. Es ist nicht Sitte bei uns.«

Angesichts dieses angeborenen konservativen Instinkts der Species homo sapiens erscheint die Kraft, die uns dazu veranlaßt, trotzdem Neues zu schaffen und zu unternehmen, ganz erstaunlich, ein Forschertrieb, dessen Macht wahrhaft unberechenbar sein muß, wenn man bedenkt, welche ungeheure Trägheit er ständig zu überwinden hat. Und denken wir nicht zu verächtlich von dem Dorf, in dem Kartoffeln eben einmal nicht angebaut wurden. Jede zivilisierte englische Gemeinschaft könnte ein halbes Dutzend Beispiele liefern, von Dingen, die »man« entweder tut oder nicht tut – ohne bessere Gründe.

Der Tag nach der Hochzeit ist einem Festmahl gewidmet, und jeder Gast bringt ein kleines Geldgeschenk, das er übergibt, bevor er sich beim Pilav niederläßt. Ich sehnte mich aber immer ungeduldiger nach meinen Bergen. Deshalb gab ich meinen Beitrag schon am Hochzeitstag selbst und beschloß trotz 'Aziz' Widerstreben, den ich aus dem Arm seiner jungen Frau riß, am nächsten Morgen zum Salambar aufzubrechen. Ich befürchtete, wenn ich ihm einmal erlaubt hätte, sich's bequem zu machen, würde ich ihn nie wieder dazubringen, sich in Bewegung zu setzen.

Er hatte nun wieder seinen Knecht vom Vorjahr, Hudschdschat Allah, der »bei Allah Zufluchtnehmende«, einen hochgewachsenen, hübschen, einfachen Menschen, der von drei Uhr morgens bis gegen Mitternacht mit dem Zügel des Maultiers in der Hand wandern konnte und dann noch bereit war, alles zu tun, was man von ihm verlangte. 'Aziz gab ihm jährlich achtzig

Mark und das Essen und behandelte ihn auf gleichem Fuß, denn er war ein entfernter Vetter. Und während eines vollen Monats, den ich mit den beiden zusammen war, hatte ich nicht ein Wort der Klage über sie zu verlieren.

Wir hatten uns entschlossen – aber wir konnten uns nicht vor halb neun Uhr am andern Morgen los machen, und auch dann nur mit der größten Energie; und die vergessene Hälfte dessen, was wir für unsere Reise brauchten, wurde uns von keuchenden Verwandten nachgetragen und auf dem Ritt zu den übrigen Gepäckstücken geworfen.

»Sorge dafür, daß er lange ausbleibt«, murmelte mir 'Aziz' Frau zu, als wir Abschied nahmen. »Ich möchte nicht, daß er noch einmal in dieses Haus über dem Fluß geht.«

Der Herr der Herden

Durch den östlichen Durchbruch des Tals der Assassinen unter dem Absturz des Newisar Schah verließen wir die Uferstraße und stiegen wie im Jahr zuvor zum Salambar-Paß hinauf. Es ist ein wildes Granitland, und der Weg ist steiler als der von Zermatt auf die Hornlihütte. Wir trafen weniger Menschen als im Vorjahr, denn Frühjahr und Herbst sind die lebhaften Jahreszeiten für die kaspischen Pässe, und wir schrieben den 23. August. Auch weniger Blumen blühten: Immerhin stießen wir auf Borretsch und viele Nelkenarten, wilde Malven, Jasmin, Reseda, eine aromatische rosafarbene Distel und einen Strauch, der von weißen und schwach rosa getönten Blütenblättern wie mit sonnenhellem Schnee bedeckt ist, Atraphaxis spinosa. Als ich, nach meinem Aneroid in einer Höhe von etwa 2440 m, unter einem Wasserfall entlang ritt, fand ich in der feuchten Erde Gentiana septemfida und fühlte mich plötzlich froh wie bei der Begegnung mit Freunden in der Fremde.

Bei einer kleinen Tschaikhana, einer niederen, mit Reisig gedeckten Hütte mit einer irdenen Feuerstelle, auf deren Rand man sich setzte, rasteten wir und stellten fest, daß man in der

Erregung des Aufbruchs vergessen hatte, die Maultiere zu beschlagen. »Der Zufluchtnehmende« tat das nun mit Hufeisen, die in der Tschaikhana zum Gebrauch für die Reisenden an einer Schnur von der Decke hingen, und mit ein paar krummen Nägeln, die er wie ein Zauberer aus seinem Hemd hervorbrachte.

Wir saßen in der Hütte, tranken Tee und hörten der zigeuneräugigen Hausfrau zu, die im vergangenen Jahr mit 'Aziz' Mutter die Wallfahrt nach Meshed in Khorasan gemacht hatte. Ihr Mann war noch bei der Hochzeit drunten in Garmirud, so daß wir die ersten waren, davon zu erzählen.

Eine Stunde nach Mittag gelangten wir zu den Hütten von Pitschiban. Wir befanden uns auf dem Gebirgsstock, der nördlich des oberen Alamuttals liegt, und stiegen zu der Wasserscheide hinauf, deren höchster Punkt der Salomothron ist. Welliges Weideland wurde hier von tief eingeschnittenen Bächen durchrieselt, an deren Ufern saftiges Gras und Enzian gedieh. Das Massiv des Elburs über dem Tal wirkte jetzt unbedeutender als unter der Last der winterlichen Schneemassen, aber in jeder der beiden Mulden hing noch Firnschnee. Auf dem östlich davon aufragenden Mount Saat lag noch Schnee. Ein Streifen weißen Gesteins, der im Zickzack über die unbewohnte Landschaft im Osten läuft, heißt der Abrahamspfad, wo der Erzvater (im Widerspruch zu dem, was die Geschichte vermeldet) seine Schafe vor sich her getrieben haben soll, während ihre milchtriefenden Euter dieses fortdauernde Zeichen hinterließen.

Hier war die Luft reiner, die Ferne klarer: endlich waren wir in den Bergen.

In einer mit Felsblöcken übersäten Mulde, in der zwei oder drei Quellen aus dem Boden sprudelten, trafen wir einen Herdenbesitzer mit seinen Leuten. Sie bewohnten Sommerhütten, deren Dächer aus den Pappeln von Narmirud unten im Tal gefügt sind. Sie sind mit Reisigbündeln und Torf gedeckt, und die Mauer besteht aus der Bergwand selbst, die schwere Felsleisten in die Räume vorschiebt. Für jede Behausung wurden drei Wände aus Steinen locker aufgeschichtet: ein Felsblock bildete

den Tisch, ein Stück gestampfter Erde den Herd. Kleine Stein-
pferche umgaben die Hütten, die mit festgetretenem Schafsmist
gefüllt waren, dessen scharfer Geruch, vermischt mit dem Rauch
der Hüttenfeuer, die Nüstern des Bergbewohners angenehm
erregt.

Den Winter über lebten diese Leute in Werkh, im Frühjahr an
den Hängen von Tschala. Hier herauf auf die Sommerweiden
brachten sie nur, was zum Leben unbedingt notwendig war,
darunter vor allem die großen irdenen Krüge mit vier Henkeln,
in denen die Milch mit viel Zeit und Geduld zu Butter gerührt
wird. Auf den Dächern trocknete in Säcken der »Dug« oder
Weißkäse. Diese Dächer, die nicht viel mehr als einen Meter
über den Boden aufragten, wurden von außen als Tische
benutzt. Hunde, Kinder und Kochtöpfe umgaben das kleine
Lager, wo jedermann in seiner Beschäftigung innehielt, um mit
mißtrauischem Staunen unsere Ankunft zu beobachten.

Während 'Aziz eine seiner wichtigsten inoffiziellen Aufgaben
erfüllte, die darin bestand, den Einwohnern meine Existenz
verständlich zu machen, wenn wir irgendwo einkehrten, saß ich
in der Haupthütte am Herd und erfreute mich an dem Spiel des
Lichtes, das zur Tür hereinfiel, auf vier Krügen, die das Innere
mit seinem höhlenähnlichen Hintergrund beinahe ganz ausfüll-
ten. Was an Raum noch übrig war, wurde von einer Wiege
eingenommen, in der ein runzliges Baby, das dem Tod geweiht
war, mit Milch und Tschupattis gefüttert wurde, eine teigige
Masse, die alljährlich den Tod von Zehntausenden von Kindern
verursachen muß. In der Wärme des Feuers waren die Felsplatten der Bergwand, die die Hütte nach hinten abschlossen, völlig
schwarz von Fliegen, die in einem unschädlichen Tiefschlaf
dahindämmerten.

Nur die Höhenluft kann diese Unbequemlichkeiten erträglich
machen.

Gegen halb sechs Uhr war ich schon dankbar, einen Mantel
zu haben. Die Sonnenstrahlen hatten ihre Kraft verloren, und in
der Frische des Abends glaubte man mit der Gebirgskühle
Gesundheit und Stärke einzuatmen. Draußen strömten die
heimkehrenden Herden im Sonnenuntergang wie Honig den

Hang herab, von ihren Hirten geleitet. Jenseits der Rufe und Grüße, des Hundegebells und der mannigfaltigen Geräusche des Lagers lag das Schweigen menschenleerer Gebirge, ein erhabener und einsamer Friede.

Der Herdenbesitzer und 'Aziz, die alte Freunde waren, hatten einander eine Menge zu erzählen. Der erstere war ein wohlhabender Mann mit einer Sicherheit des Auftretens, die zweifellos durch seine drei Frauen erhöht wurde. Er bat die Einfachheit der Verhältnisse hier in den Bergen zu entschuldigen, ging aber, als Mann von Bildung, leicht darüber hinweg.

Ich überließ sie bald ihrem Geplauder und begab mich in einen der kleinen Pferche, wo mein Bett im Mondlicht aufgeschlagen wurde. Unter den fahlen Weiten des Himmels stand der Elburs in majestätischem Faltenwurf, wie in einem königlichen Gewand aus Licht. Darüber schwamm der Mond kaum höher als unsere hochgelegene Schlummerstätte. Als ich einige Stunden später erwachte, schien der Mond in jenen ungeheuren Fernen kaum weitergerückt zu sein. Ich wurde durch eine große schwärzliche Gestalt aufgestört, die dicht an meinem Kissen schnüffelte und zwischen meiner Seife und meinen Toilettengegenständen herumsuchte. Einen lähmenden Augenblick lang hielt ich es für etwas Menschliches. Dann zwang ich mich zur Ruhe und erkannte ein schwarzes Kalb, das sich sehr für meine Besitztümer interessierte und ärgerlich schnaubte, als ich es hinausjagte.

Am nächsten Morgen kamen wir gegen halb neun Uhr am Salambar an. In einer Entfernung von anderthalb Stunden von Pitschiban befindet man sich hier auf der Scheitellinie und verläßt die rote Welt des Südens, um in die grüne des Nordens hinabzuschauen. Ich stieg bis zur Anhöhe hinauf, um Blumen zu pflücken und um meine erschlafften Muskeln wieder zu üben; aber der Pflanzenwuchs hier oben ist spärlich, weil das Wasser weiter unten bei Pitschiban heraustritt, und die Trockenheit hier nur kleine, aber zahlreiche dornige Kissen gedeihen ließ mit rötlichen Blüten, die trocken und brüchig wie Papier waren. Die Tschaikhana oben am Paß, die im vergangenen Jahr noch bewirtschaftet war, schien jetzt verlassen und verfallen, die kleinen Kuppeln ihres Daches waren vom Gewicht der winterlichen Schneemassen eingedrückt.

Hier saß ich in sonnenheller Einsamkeit, vor mir das Tal des Seh Hizar, das sich zum kaspischen Gestade hinabschlängelte, und im Rücken den Elburs, nahm Messungen mit dem Kompaß vor und versuchte, die Höhen mit der Abney-Waage festzulegen, der aufreizendsten und widerspenstigsten aller technischen Erfindungen. Um eine launische Schönheit zu werben, ist ein Kinderspiel, verglichen mit der Aufgabe, auch nur eine Sekunde die Alkohollibelle an der Stelle festzuhalten, an die sie gehört. Bei der leisesten Ahnung eines Zitterns verschwindet sie entweder völlig aus dem Sichtfeld oder sie fällt mit einem Bums nach unten. Und wer vermöchte auf einer von den Winden umtosten persischen Paßhöhe eine ruhige Hand zu bewahren?

> »Satan und Welt bestürmten seine Tage,
> Doch er hielt sein Gemüt stets in der Waage –
> Spite of the World, the Flesh, the Devil,
> He strove to keep his spirit level.«

Gar manches Mal habe ich dieses Geometer-Grabspruches gedacht, gar manchen Fluch habe ich über der Abney-Waage ausgerufen. Und nie betrachte ich, wenn ich mein Instrumentenkästchen auspacke, ihre winkligen Flächen mit der Zuneigung, die ich meinem Kompaß schenke, dessen rundes, friedliches und verläßliches Gesicht das eines Freundes ist.

Während ich meine Notizen machte, begruben 'Aziz und »Der Zufluchtnehmende« die Wasserflasche aus Aluminium bis zum Hals in brennendem Gestrüpp und kochten Tee. Dann warf ich einen letzten Blick über die Landschaft: das Tal der Assassinen im Westen mit seiner dampfenden Schlucht, die ich mich vor zehn Tagen, am Leben verzweifelnd, hinaufgeschleppt hatte; Balarud auf seiner Terrasse, tief unten wie ein Spielzeug, klein und zierlich; und schließlich der glatte Umriß des Haudegan gegen den Horizont, hinter dem sich der Schloßfelsen von Alamut verbarg. Ich fragte mich, ob ich sie wohl jemals wieder sehen würde, aber die Frage bekümmerte mich nicht sehr.

Waren sie nicht für immer mein? Und dann sprang ich, gefolgt von 'Aziz, den Nordhang hinunter, vorbei an kleinen Quellen zwischen lavendelfarbenen Nepeta, Glockenblumen, einer aromatischen Salbei-ähnlichen Pflanze, die man hier allgemein Bendsch nennt, und blütenlosen Irisstöcken. Ich riß eine mit den Wurzeln aus.

»Was willst du damit?« sagte 'Aziz snobistisch. »Es ist keine Narzisse!«

Und ich erfuhr den Namen der Iris, die hier Sirisch heißt.

Drei Stunden folgten wir noch unserer alten Route nach Maran, ein enges Tal hinab, dessen eine Wand der grüne Nordhang des Salambar bildet. Steile Felder traten auf und alte Heuhaufen, die von den dauernden Nebeln geschwärzt waren. Unter uns schäumte der Fluß in seinem Bett, das er sich in jahrtausendelanger Arbeit gegraben hatte. Als wir hoch über diesem Abgrund bei dem Wasserfall eines Nebenflüßchens übersetzten, fanden wir einen weiteren Bekannten aus den Alpen, das Parnossos-Gras. Im übrigen unterschied sich die Flora von der des Südhangs und war weniger alpin: weiße und blaue Skabiosen, Wermut, Wicken, auch weiße und gelbe Margeriten.

Bei Maran enden die oberen Weidetäler, und mit einem Dickicht von Weißdorn und Rosen beginnt der kaspische Dschungel. Der Seh Hizar strömt zwischen bewaldeten Bergen dahin. Hier war ich im vorigen Jahr ans Meer gezogen. Die Nachmittagssonne schien uns ins Gesicht, und die flachen Dächer und die Pappeln, die das Dorf umstanden, hoben sich in einer Art Halo gegen die dunklen Silhouetten der Vorgebirge ab, die sich hinter ihnen übereinander aufbauten.

An dieser Stelle verließen wir die alte Route, stiegen einen steilen Weg zu einer Furt hinab und dann wieder einen Hang mit sonnenbeschienenen Feldern hinauf, die nach Westen lagen. Zwischen Gebüsch, in dem Veilchenblätter und ein buntes, fingerhutartiges Gewächs an englische Wälder erinnerten, kamen wir endlich an einer Wegbiegung ins Freie und sahen das Daridschan-Tal in der Sonne flach wie eine Landkarte von Osten nach Westen dahinziehen.

Ein alter Wachtturm, der Qal'a Marwan, jetzt nur noch ein Steinhaufen, steht an der Talbiegung und überschaut den Seh Hizar wie den Daridschan. Von hier senkt sich der Weg sanft hinab und brachte uns in der Dunkelheit über den Fluß nach Sern (etwa zehn Häuser) und von dort in fünfzehn Minuten nach Schahristan (zwanzig Häuser). Hier lud uns ein alter Bauer, der mit seiner Abendpfeife auf der Schwelle saß, ein, die Nacht zuzubringen.

Der Badeort

In dieser übervölkerten Welt ist es unangebracht, jemals zu glauben, man sei irgendwo der erste. Der Emir Sipahsalar von Tunakabun, der im Alter von achtzig Jahren Selbstmord beging, weil sich die königliche Kammer zu sehr für seine Finanzangelegenheiten interessierte, und der jenseits des Daridschan eine Jagdhütte besaß, soll auch einmal eine Gruppe von Engländern in dieses Tal geführt haben. Davon abgesehen erfuhren wir, daß ein ungarischer Geometer mit seiner griechischen Frau, einer aus einer Gruppe von zwanzig Ingenieuren, die in unmittelbarem Anschluß an den Selbstmord das Gebiet für seinen neuen Besitzer, den Schah, vermessen und erschließen sollten, im nächsten Dorf hauste.

Die Leute von Schahristan waren jedoch von diesen Berührungen mit der Zivilisation so wenig beeinflußt, daß man sie für Südsee-Insulaner aus den Tagen des Kapitäns Cook hätte halten können. Sie stürzten sich auf mich, als ob ein Zirkus ins Dorf käme. Zwanzigmal oder öfter wurde ich aufgefordert, mich auf einem Dach aufrechtstehend zu zeigen, damit neue Zuschauer mich in voller Größe bestaunen konnten. Nur die Dorfältesten, strenge Schiiten, unter denen sich auch ein Derwisch befand, zogen sich zurück und warfen aus der Entfernung gelegentlich einen Blick herüber, bemüht, ihr Interesse an einem so unwerten Gegenstand nicht zu zeigen.

Es ist doch im Grunde recht seltsam, daß Gleichgültigkeit in der ganzen Welt als Zeichen von Überlegenheit gilt. Man setzt offenbar voraus, daß Würde oder Alter den Geist so sehr ausfüllen, daß die Angelegenheiten anderer Leute an dieser tiefen Versunkenheit unbemerkt abgleiten. Diesen Eindruck erwecken jedenfalls nicht nur die Dorf-Mullahs, sondern Minister, Bischöfe, Witwen von Stande und wohlerzogene Leute in der ganzen Welt, und das Dorf Schahristan machte hierin keine Ausnahme, nur daß hier die versammelten Würdenträger größere Schwierigkeiten hatten, den Kraftaufwand zu verbergen, den die völlige Abwesenheit von Neugierde auferlegt.

'Aziz ließ sich durch diese konventionelle Zurückhaltung niemals abschrecken und näherte sich mir tapfer, um meine Wünsche mit einem Respekt entgegenzunehmen, der die Dorfbewohner noch mehr als alles andere an mir erstaunte. Gleich darauf kam er aber sehr verärgert zurück und teilte mir mit, daß Hühnchen und Eier zwar zu haben seien, daß man sie aber nur mit der einen Hand darreiche, um mit der andern Geld in Empfang zu nehmen, ein Mangel an Gefühl für die Gesetze der Gastlichkeit, den er, wie er wiederholt nachdrücklich versicherte, bei sich zu Hause in Alamut nie angetroffen habe.

Ich dachte bei mir selbst – und völlig richtig, wie sich später erwies –, daß die Schuld wohl der Zivilisation in Gestalt der griechischen Frau des ungarischen Geometers zuzuschreiben war, sagte aber zu 'Aziz lediglich mit schmerzerfüllter Stimme, daß dieses Dorf offenbar ganz anders sei als irgendeines, in dem wir jemals Unterkunft gefunden hatten. Diese Verunglimpfung wurde von den anwesenden Männern mit offenkundiger Scham aufgenommen. Es war deutlich, daß sie uns am liebsten Hühner und Hennen und alles übrige ausgehändigt hätten, wären nicht die Weiber fest geblieben, die ihre Haushaltführung nicht durch die Förmlichkeiten der Konvention gefährden lassen wollten. Wir hatten uns also dem entschlosseneren Geschlecht zu beugen. Es machte uns nichts aus, für das zu bezahlen, was wir erhielten, aber unsere edleren Gefühle litten darunter, daß das, was sich sonst auf der höheren Ebene des Empfangens und Darbietens von Geschenken abspielte, auf das Niveau des bloßen Handels herabgezogen wurde. Als die Damen sahen, wie bereitwillig wir fünfzig Pfennig für eine Henne hingaben, begannen sie Gewissensbisse zu verspüren und murmelten Entschuldigungen über ihre Armut.

Und sie waren in der Tat arm, in Lumpen gekleidet, halb Gebirgs-, halb Dschungelvolk. Die Männer trugen Mokassins an den Füßen und Lammfellmützen, die ihnen ein struwwelpeterartiges Aussehen verliehen. Viereckige Filzumhänge, die sie Schaulars nennen, sind über beiden Schultern geknotet oder mit komischen zugenähten Halbärmeln versehen. Diese schildkrötenähnliche Kapsel hält den kaspischen Regen stundenlang ab.

Ich sehnte mich nach Alleinsein und Ruhe und benutzte die vorausgegangene Auseinandersetzung und meine entschuldbare Verstimmung, um mir beides zu verschaffen.

»Frauen«, so sagte ich ins Leere hinein, während einer Gesprächspause, die sich aus der Handlung des Bezahlens ergab, »Frauen sind unwissende Geschöpfe.«

Die anwesenden Männer, sehr erfreut, daß sich die Auseinandersetzung von den Haushaltfragen auf das so viel weniger umstrittene Feld der männlichen Überlegenheit verschob, stürzten sich einmütig auf die Frauen und scheuchten sie unter Beschimpfungen vom Dach in ihre Küchen hinunter.

Das Tal war jetzt von Anmut erfüllt. Ein letzter schwacher Schimmer des Tageslichts erstarb langsam in den tiefer gelegenen Bereichen jenseits der Häuser des Dorfes, deren flache Dächer zwischen Baumkronen eines über dem andern den Hang hinaufstiegen. Hinter dem großen Berg in unserm Rücken erhob sich der Mond. Noch war er nicht zu sehen, aber sanfte Wogen wachsenden Lichtes überfluteten den Himmel hoch über unsern Häuptern. Es war mehr als bloße Schönheit. Wir waren abgeschieden von der Welt wie an einem Ort, der von hohen Schranken eingeschlossen ist. Keine Landkarte hatte je seinen Namen den Augen des Fremden sichtbar gemacht. Der Atem eines stillen Lebens, unwandelbar, Jahrhunderte alt und längst vergessen, nahm unsere Pilgerseelen in seinen Frieden auf.

Hier unter dem hohen Mond, im Schatten des Berges selbst, vernahm ich die Legende von König Salomo und seinem Thron. Auch eine andere Version wurde mir hier erzählt, nach der der

Prophet, belastet mit einer Zahl von Frauen, die selbst für ihn zu groß war, jede Nacht eine hier heraufzuschicken befahl und sie am Morgen, wenn die Eiseskälte der Bergluft sie getötet hatte, verließ. Die Männer von Schahristan saßen im Kreis um mich, rauchten ihre langen geraden Pfeifen und zwinkerten bei dem Gedanken, wie der König Salomo es verstanden hatte, seine Frauen gefügig zu machen. Holzstücke und eiserne Nägel von seinem Bett lagen, wie sie mir erzählten, noch auf dem Gipfel. Wenn man aber näher darauf einging, so stellte sich heraus, daß noch niemals jemand wirklich droben gewesen war, außer einem zottigen alten Bergsteiger mit runzligem Gesicht, dem Steinbock-Schikari des Dorfes, der eine Abneigung dagegen zu haben schien, sich auf eine Beschreibung im einzelnen einzulassen, dagegen bereit war, uns entweder auf den Gipfel oder zu dem Paß unterhalb der Höhe zu führen.

Wir beschlossen, zunächst einmal das Tälchen hinaufzusteigen, in dem die warme Quelle sprudelt, die für die Königin von Saba aus dem Fels geschlagen worden sein soll. Drei oder vier Tagereisen im Umkreis wissen die Leute von ihr und reiten herauf, um Heilung zu finden. Von da aus wollten wir die Wände des Throns erklettern und vielleicht den Gipfel selbst ersteigen, jedenfalls aber den Hauptkamm überqueren und unsern Weg in das verlockend unbekannte Stück Land auf der Ostseite nehmen.

Diese gewaltige Mauer verläuft ungebrochen, nachdem sie hinter dem Thron selbst leicht an Höhe verloren hat, bis zu einem Paß oberhalb des Seh Hizar, der nach Daku in den Dschungeln führt; und zwischen diesen beiden Punkten gibt es nur eine hoch gelegene Scharte etwas nördlich des Berges, die für Maultiere, wenn auch unter Schwierigkeiten, passierbar ist. 'Aziz und »der Zufluchtnehmende« leugneten ihre Existenz, da sie nicht geneigt waren, über ihr eigenes Land hinaus nach Osten zu gehen. Aber man ist nicht umsonst in den Bergen aufgewachsen, und der Schikari zeigte mir den Paß von Kalau, genau an der Stelle, wo ich ihn erwartete. Das war also unser Ziel, nach dem Besuch des Badeortes, und wir wollten uns dabei der Führung des Schikari anvertrauen. Um sieben Uhr brachen wir am nächsten Morgen auf. In einer Viertelstunde waren wir in Daridschan, dem letzten Dorf, das vierzig Häuser, einen Mullah und ein Bad besitzt, dessen kleine Lehmkuppeln, die mit flachen grünen Flaschen verziert waren, die als Oberlichter dienten, in der Morgensonne schimmerten.

Ich hatte seit drei Wochen nur Persisch gesprochen und wollte die Gelegenheit, mit einer Europäerin zusammenzukommen, nicht vorübergehen lassen, was auch sonst von der griechisch-ungarischen Frau zu halten sein mochte. So klopfte ich an eine niedere Tür in Daridschan, hinter der, wie man mir sagte, der Geometer mit seiner Frau wohnte.

Und wirklich, nach längerem Warten erschien eine knochige Frau mit aufgelöstem Haar, die sich so wortreich entschuldigte, um sieben Uhr morgens noch nicht empfangsfertig zu sein, daß ich gar keine Gelegenheit hatte, meine eigenen Entschuldigungen anzubringen, zu so früher Stunde anzuklopfen. Sie wolle ebenfalls die heißen Quellen von Ab-i Garm, das Bad der Königin von Saba, aufsuchen, und ich versprach ihr, dort auf sie zu warten.

Wir ritten nun das Tal hinauf nach Mian Rud – dem Ort zwischen den Flüssen –, wo sich zwei Flüsse vereinigen, die die West- und Nordflanke des Takht-i-Suleiman umfassen und zusammen unter dem Namen Daridschan talwärts strömen. Hier soll eine alte Stadt versunken sein, und die Bodenformen der Mulde lassen in der Tat die Hand des Menschen vermuten. Ein wenig höher oben, über dem Zusammenfluß der beiden Gewässer, geht die Jagdhütte des toten Emirs langsam ihrem Verfall entgegen, eine Ruine mehr auf dem gewaltigen Friedhof einer Welt, auf dem wir unser Spiel treiben: die Umrisse des Gartens sind bereits verwischt. Eine Reihe von Gebäuden ohne Dächer und eine Anzahl Pferdekrippen stehen noch auf einer grasbewachsenen Kuppe im Morgenschatten des Berges. Das Laub eines ungeheuren Kirschbaums rauschte in der Nähe im Talwind. Hier gab es kein Dorf, nur ein einziges Bauernhaus und die beiden Flüsse, die unter den Hängen, an denen das Heu trocknete, dahinrauschten. Wir folgten dem rechten Wasserlauf, zogen ein langes, schmales, unbesiedeltes Tal hinauf, in dem wir auf Wildheuer und Hirten trafen, und in dessen Mitte ein Eremit in einer Hütte aus Zweigen lebt.

Das Wasser stürzte braun und weiß über die Felsen, und ein merkwürdiger karmesinroter Mohn wuchs zwischen den Felsblöcken im Flußbett. Wir wechselten von Ufer zu Ufer, während unser Tal, das den Westgipfel des Salomothrons wie mit einem Arm umschlungen hielt, in einer einzigen Furche dahinzog und nur ein kleiner Nebenfluß von Westen her sich mit dem Fluß vereinigte. Offenes, heiteres, baumloses Weideland dehnte sich überall, wo nicht der Berg seine Pfeiler und Türme bis ans Ufer vorschob. Der Westabhang war sanfter. Ein Kamm aus Kalkstein war weiß gegen den Himmel aufgetürmt und von einem näher gelegenen Höhenzug hoben sich Dornbäume, die wohlgewachsen und in Abständen verteilt schienen wie in einem Park, gegen das weiße Gestein ab. Schließlich verließen wir den Gebirgsfluß und sahen ihn in einem Cañon tief unter uns rauschen, wo er blaue Teiche bildete, die wie die Saphire eines Halsbandes in der Sonne leuchteten. Und zwei Stunden, nachdem wir Daridschan verlassen hatten, sahen wir an einer Wegbiegung unsern Badeort vor uns.

Selbst in Balarud und noch tiefer im Tal des Schah Rud hatte ich von diesem Ort gehört als von einem stark besuchten Zentrum des Badebetriebs für Leute aus allen Teilen des Landes, eine Art Karlsbad des Gebirges. Und obgleich ich gelernt hatte, persische Darstellungen im allgemeinen mit Vorsicht aufzunehmen, war ich doch nicht auf eine so tiefe alpine Einsamkeit gefaßt, wie wir sie jetzt unter uns liegen sahen. Der Fluß lief durch das steinige Tal, ohne daß ein einziger Baum seinen Schatten über die Ufer geworfen hätte. Und dicht über dem Fluß befanden sich im Berghang zwei kleine Höhlen, deren Eingang von einer winzigen Umfriedung aus losen Feldsteinen bezeichnet war und in denen zwei mißfarbene gelbliche Streifen, die aus ihnen über die Felsen hinabsickerten, erkennen ließen, daß sich hier die Mineralquellen befanden.

Vielleicht ein Dutzend Personen, Männer und Frauen, belebten das Tal. Sie saßen auf Felsblöcken umher, während ihre Maultiere nach Gutdünken am Berghang hinliefen; um ihre

Hinterschenkel war eine Reihe kleiner Glöckchen befestigt, damit man sie nachts hören konnte, wenn sie nicht angepflockt waren und zwischen den schlafenden Treibern umherstreiften.

Auf einer flachen Stelle am Ufer hatte man für die Besucher eine primitive Unterkunft geschaffen, indem man um einige größere Felsen Steinmauern in der Höhe von etwa einem Meter aufgeschichtet hatte.

Wir inspizierten diese Verliese, und nachdem wir das erträglichste ausgesucht hatten, das durch einen gewaltigen Block gegen Süden geschützt war, schlugen wir mein kleines Zelt auf, um im Schatten sitzen zu können, breiteten eine Decke auf den Boden und machten uns daran, den Tee zu kochen und uns mit unsern Mitbrüdern in ein Gespräch über die Wirkungen des Wassers auf unsere Eingeweide zu verwickeln, ganz als ob wir uns in Baden-Baden oder Aix-les-Bains befänden.

Im ganzen war der Ort aber wesentlich erheiternder und erfrischender als jene. Gerade die Einfachheit aller Dinge machte ihn dazu: Gras und Steine, Luft und Wasser, aus ihnen war ein Landschaftsbild aufgebaut, so licht und rein, daß gar kein Gedanke an Siechtum aufkommen konnte. Und die Menschen waren freundliche Leute aus den Bergen von Talaghan und Kalar Dascht, die einen Ausflug gemacht hatten und bereit waren, mit jedermann Freundschaft zu schließen. Ich glaubte selbst schon wenig Gepäck mit mir zu führen, wenn ich aber sah, wie diese reisten und auf einem zweitägigen Ritt nichts mitnahmen in die Bergeinsamkeit als ein wenig Brot und Käse, das sie in ein Taschentuch gewickelt hatten, und einen Samowar für den Tee, so schämte ich mich des ganzen Plunders, der um mich her auf dem Boden ausgebreitet war.

Hier sah ich auch zum ersten Mal den Kopfschmuck, den die jungen Frauen in Kalar Dascht tragen: ein Kränzchen aus silbernen Blättchen, die auf ein Band aufgenäht sind, das in der Mitte vielleicht noch einen Türkis trägt. Das binden sie so, daß es ihnen in einem flotten Winkel unter dem Kopftuch über der Schläfe sitzt. Ich wollte eines erstehen und hätte es auch beinahe erhandelt, wenn nicht »der Zufluchtnehmende« – ein schweigender, aber nichtsdestoweniger zutiefst empörter Zeuge der Verhandlungen – erklärt hätte, zwei Mark seien ein monströser Preis für eine solche Kinderei, womit er es mir aus der Hand riß, der Dame wieder zuwarf und zu unserm beiderseitigen Kummer betonte, die Angelegenheit sei damit erledigt.

Inzwischen stand die Sonne senkrecht über dem Tal. Keine Felsspalte entging ihren Strahlen, mit Ausnahme des kleinen Raumes unter meinem Zelt.

Da erschien über dem Hügelrand die griechisch-ungarische Dame. Sie saß offenbar auf ungeheuren Gepäckmassen, trug einen Sonnenschirm und verlieh so unserer Versammlung den letzten Anstrich von Eleganz.

»Quelles horribles gens«, sagte sie, als meine Bekannten, die sich zu ihrer Begrüßung erhoben hatten, in einer Entfernung von zwei Metern erneut einen Kreis bildeten. Sie scheuchte sie mit ihrem Sonnenschirm fort. »Madame«, sagte sie, »ich hätte es nie für möglich gehalten, daß man in einer so unzivilisierten Umgebung leben kann. Jede Nacht liege ich wach und weine.«

»Aber um des Himmels willen«, entgegnete ich, »sie sehen doch harmlos genug aus!«

»Wie kann man das wissen?« sagte sie. »Die Häuser sind nicht sicher. In jedem Dach ist ein Loch für die Beleuchtung, und ich bin immer darauf gefaßt, daß eines Tages ein fremder Mann in mein Zimmer einsteigt. Mein Gatte ist den ganzen Tag über fort. Die ganze Zeit muß ich denken, daß er gewiß in einen Abgrund gestürzt ist. Hier gibt es keinen Weg, von dem man nicht zu Tode fallen könnte.«

Das verstand ich nicht. Warum sollte man von einem Weg herunterfallen? Aber die Dame ließ nicht locker. Sie hatte noch über so manches ihr Herz auszuschütten.

»Wir haben beinahe unser ganzes Gepäck in der Finsternis in einem Gießbach verloren, als wir durch die Wälder heraufkamen«, fuhr sie fort. »Die Brücke gab nach, und der ganze Cognac fiel ins Wasser.«

Das war allerdings eine Tragödie. Aber warum sollte man den Dschungel bei Nacht passieren?

»Die Abreise hatte sich so lange verzögert.« Hier konnte ich mit ihr fühlen. »Sie machen sich keinen Begriff, Madame, wie grauenhaft das Leben hier ist. Die Leute hassen uns. Ich bin in den drei Wochen, die wir hier zugebracht haben, alt geworden.«

Ihr Mann schien den ganzen Tag mit den Vermessungen beschäftigt zu sein. Er hatte ursprünglich einen Handel mit Grammophonen betrieben und dabei sein ganzes Geld verloren. Jetzt hoffte er es wieder zu gewinnen, indem er für den Schah Vermessungen durchführte. Aber die königlichen Gehaltszahlungen erfolgten, wie sie sagte, keineswegs regelmäßig. Der Schah beabsichtigte, seine ganzen neuen Ländereien, die sich von der Küste bei Khurramabad und Schahsawar bis zur Wasserscheide hinauf über den Seh Hizar erstrecken, zu erschließen. Schahsawar soll Hafenstadt werden für das Holz und die Bodenschätze des Gebirges. Sehr voreilig, wie sich später herausstellte, bekannte ich, daß ich mich für Landkarten interessierte und gerne die ihres Gatten sehen wolle, um einen Anhaltspunkt für die Höhen zu gewinnen, da mein Aneroidbarometer, das nur bis zu 3000 m anzeigt, oberhalb Mian Rud wertlos wird.

Wir stellten nun 'Aziz als Wache vor die grüne, dämmerige Höhle und nahmen ein Bad. Das Wasser war warm und trübe, am Rand wuchs Farnkraut; die Höhle, etwa einen Meter tief, war eben groß genug, um zwei Personen freie Bewegung zu erlauben. Es war so köstlich, da es ja seit drei Wochen mein erstes richtiges Bad war, daß ich viel zu lange im Wasser blieb und mich für den Rest des Tages ziemlich unwohl fühlte, denn die Quelle ist offenbar sehr stark schwefel- und eisenhaltig.

Während des ganzen Essens und danach setzte die Dame ihre Wehklagen fort. Ihre Ängste zerrissen den Frieden des Tälchens. Als die Sonne tief stand, bestieg sie ihr Maultier und ritt davon. Sie liebe mich wie eine Schwester, sagte sie und drängte mir trotz meines Protestes eine Lammfellweste auf. Sie gehe am andern Tag wieder nach dem Süden und werde sie, Dieu merci, nicht mehr brauchen. Kaum war sie um die Biegung des Tälchens verschwunden, kehrten die so verächtlich behandelten Landeskinder zurück, zogen ihre Tabaksbeutel heraus, stopften ihre Pfeifen und machten sichs zu einem behaglichen Schwatz bequem.

Die Dunkelheit brach hier schneller herein als am Tag zuvor

auf der Anhöhe. Die Luft wurde naßkalt, und plötzlich fing ein weißer Nebel, der das Tal heraufgekrochen kam, an, den Fluß entlang gegen uns hereinzuziehen, geräuschlos, schleichend, und eine Minute später hatte er uns schon, leise rieselnd, ganz eingehüllt.

Mein Zelt besteht aus zwei Bahnen, die zusammengeknöpft werden, von denen ich aber nur eine mitgebracht hatte, um nicht so sehr belastet zu sein. Wenn diese aufgeschlagen war, reichte sie bis zur Mitte der Zeltstöcke herunter und bedeckte eben noch mein Bett. So hielt sie das Wasser ab, wenn auch nicht die Feuchtigkeit, und bildete eine Ankleidekabine, wenn nichts anderes zur Verfügung stand.

'Aziz und »der Zufluchtnehmende« richteten es nun so traulich als möglich für die Nacht ein, während ich selbst mit aufgeschlagenem Kragen im Regen saß und mich fragte, warum in aller Welt ich eigentlich hier war, da ich doch ein eigenes komfortables Haus besaß. Ich erinnerte mich an meinen Paten, der einmal von einem Enthusiasten gefragt worden war, welche Gedanken ihn in einsamen Nächten inmitten der Schönheit der Berge bewegten, und der geantwortet hatte: »Ich denke mir gewöhnlich: warum, zum Henker, bist du eigentlich hierher gekommen?«

Gleich darauf wurde in unserer kleinen Umfriedung ein Feuer entfacht.

Kein Lüftchen regte sich, nur das Wasser tropfte unaufhörlich, wenn es, ohne zu schaden, auf die Schaulars der Männer fiel, die umhergingen, um die Maultiere zu versorgen, die in der Finsternis am Berghang grasten. Ihre Gestalten hatten kaum etwas Menschliches unter den steifen Filzkappen in der zunehmenden Dunkelheit. Ich wärmte mich mit einer Tasse heißen Tees, entkleidete mich rasch, steckte meine Sachen unter das Kopfkissen, um sie trocken zu halten, kroch in meinen pelzgefütterten Schlafsack und fühlte mich wieder glücklich. 'Aziz und »der Zufluchtnehmende« wickelten sich in einen Schaular bzw. in eine Masanderandecke, legten sich auf den Erdboden und schliefen sofort tief ein.

Am andern Morgen hing eine Reihe großer Tropfen wie eine Franse vom ausgespannten Zeltdach, und als ich darunter hervorlugte, sah ich auf eine graue, tote Welt hinaus. Von den Besuchern des Badeortes war nichts wahrzunehmen als einige graue, unförmige Haufen zwischen den Steinen. Gleich darauf begann sich etwas zu regen. Die Frauen, deren Baumwollfetzen und Ballettröckchen nach der feuchten Nacht recht schlaff um ihre Glieder hingen, liefen umher und suchten den Fluß. Eine leichte Morgenbrise brachte Bewegung in die Luft. Und als die Sonne über den Gipfeln aufstieg, brach der Nebel des Kaspischen Meeres und verschwand. Jeden Abend, so erzählten sie mir, zieht er herauf, und nur die höchsten Gipfel bleiben frei.

Um halb acht Uhr machten wir uns auf den Weg. Nach so vielen Verzögerungen sollten wir nun endlich die Wälle des Salomothrons ersteigen. Ich dachte in der Tat sehnsüchtig an den Gipfel selbst und sprach zu dem Schikari davon. Der war aber viel zurückhaltender als drunten in Schahristan. Ich ließ es vorläufig dabei bewenden, und wir ritten zunächst einmal wieder auf dem Weg, auf dem wir gestern heraufgekommen waren, nach Mian Rud. Wildheuer unter ihren Lasten thymianduftenden Grases begegneten uns. Dann verließen wir die Straße von Daridschan und folgten dem andern Wasserlauf, der die Nordseite des großen Thrones umfaßt.

Hier ergab sich eine erste Stockung.

Unser Schikari, dessen Lebensgefühle durch die Tatsache gesteigert waren, daß er täglich fünfzig Pfennig für diesen Ferienausflug erhielt, hatte sich bei Tagesanbruch erboten, uns einen Steinbock aus den Bergen zu beschaffen. 'Aziz hatte ihm in einem Anfall von Edelmut, ohne mich zu Rate zu ziehen, meinen Feldstecher für diese Unternehmung geliehen, mit dem Ergebnis, daß wir von beiden für den Rest des Tages nichts mehr zu sehen bekamen. Bald hinter Mian Rud entdeckten wir, daß wir führerlos waren und nicht mehr wußten, wo hinaus.

Das war zunächst nicht von Bedeutung. Wir hatten nur immer über die grasbewachsenen Hänge nach Osten zu reiten, uns links über dem Fluß in seinem schmalen Tal zu halten, so daß die Mittelpyramide sich auf der andern Seite mit ihren Massiven schwarz wie ein Zwingerturm im Schatten erhob, nur stellenweise von schmalen Grasstreifen unterbrochen. Die Schwierigkeiten begannen, als der Fluß, der bisher den Berg umfaßt hatte, begann, dem Zentrum des Gebirges zuzustreben und durch ein von Gesteinstrümmern übersätes und offenbar für die Maultiere unzugängliches Tälchen gegen den Gipfel des Thrones selbst anzusteigen. Andererseits schien unser Weg, wie er uns unter den Füßen lag, sich direkt über eine etwa tausend Meter hohe Mauer fortzusetzen, die, wie die Bauern in Mian Rud uns gesagt hatten, den Paß von Kalau oder Tschertek bildet, wie andere ihn lieber nach den Weiden an seinem Fuß nennen.

Bevor wir die Stelle erreichten, an der dieses unlösbare Problem gelöst werden mußte, wurden unsere Gedanken abgelenkt durch die Ankunft der tauben Dorfmagd der griechischungarischen Dame, die hinter uns her keuchte. Sie übergab mir ein Briefchen, das offenbar nach einer lebhaften Szene mit dem Geometer abgefaßt worden war und in dem sie unter Entschuldigungen um das Lammfell bat, das sie mir am Tag zuvor aufgedrängt hatte, und zu verstehen gab, daß ihr Gatte gerne meine Karten sähe.

Das war allerdings unmöglich, denn unser Weg ging ostwärts und nicht nach Daridschan. Nachdem wir dies der Tauben durch Zeichen zu verstehen gegeben hatten, warteten wir und sahen zu, wie sie zu einer Quelle dicht am Flußufer hinabstieg und wieder heraufkam, nachdem sie unsere Wasserflaschen und die ihrer Herrin mit einem prickelnden köstlichen Mineralwasser gefüllt hatte, dessen Bestandteile das Laboratoire Municipal in Paris in gedrucktem Französisch (und Persisch) wie folgt angibt:

Silice	gr. 0.0275
Albuine	gr. 0.0002
Oxide ferr.	gr. 0.00628
Soude	gr. 0.184

A l'état de bicarbonate	Chaux	gr. 0.5064
	Magnésie	gr. 0.985
	Potasse	gr. 0.926
	Chlore	gr. 0.1204
	Acide sulf.	gr. 0.1201

Diese Quelle ist unter dem Namen Schelef bis Khurrambad an der Küste bekannt, kann aber zur Zeit noch nicht ausgebeutet werden, da sie zu abgelegen ist.

Wir standen jetzt an einem Abhang und sahen das öde Tal entlang zum Gipfel des Salomothrons hinüber. Das Massiv, an dessen Ausläufern wir uns bewegt hatten, seitdem unser Lagerplatz in Ab-i Garm hinter uns lag, war der westlichste der drei Gipfel, aus denen die Gruppe besteht. Es heißt »Berg der Waise«, Jatim Kuh, ein Name, der mir allerdings nur durch den Schikari bezeugt wurde. Der Mittelgipfel, mit seinen steil abfallenden Seiten und der abgeflachten Spitze eine natürliche Zitadelle, die man bis weit hinunter ins Tal des Schah Rud an ihrer eigentümlichen Form erkennt, erschien jetzt zwischen den beiden andern über die Schulter eines Schneefeldes hinweg und rechtfertigte durch sein kontrastierendes Schwarz seinen Namen »Schwarze Kartätsche«, Siah Kaman. Zur Linken und in größerer Nähe stieg der Thron selbst zu seiner edlen Spitze auf, eine Pyramide wie das Weißhorn, der schönste aller Berge, aber nicht aus der umgebenden Landschaft herausgehoben wie jenes, da die große Mauer, die wir zu bezwingen hatten, zu ihm auffragt und sich über einen Nordwestsattel an ihn anschließt.

Das wilde Tal führte zu seiner Spitze hinauf und erhielt sein Wasser von dem Schneefeld oder Gletscher, der die tiefe Mulde zwischen dem Thron und der Schwarzen Kartätsche ausfüllt. Obgleich es für einen rüstigen Bergsteiger hier keine Probleme gab, war der Anblick für mich, die ich noch durch meine Krankheit geschwächt war, niederschmetternd. Die Besteigung hätte vorausgesetzt: Zuerst einen steilen Abstieg und eine lange Wanderung das Tal hinauf, in dem es keinen für Maultiere gangbaren Weg zu geben schien. Und dann folgte anstatt eines Kammes nur die öde, schwarze Bergwand selbst, eine unabsehbare Geröllmühle, bis man an den eigentlichen felsigen Gipfel gelangt. Alles in allem schätzte ich das Unternehmen auf zehn Stunden. Mian Rud, der letzte Ort, an dem mein Aneroidbarometer noch seinen Dienst tat, lag in einer Höhe von 2835 m. Die Talsohle unter uns schätzte ich auf etwas über 3100 m, und für den Thron selbst nahm ich, unter Berücksichtigung aller Umstände und nicht ohne Zweifel, eine Höhe von etwa 4650 m an. Ein Höhenunterschied von 1800 m war auch für den optimistischsten Rekonvaleszenten zu viel. Doch hoffte ich immer noch, der Schikari werde uns, wenn er der Jagd mit meinem Feldstecher überdrüssig war, einen für die Maultiere benutzbaren Pfad im Tal oder einen andern Zugang zum Berg von Südosten her entdecken. Inzwischen blieb uns nichts weiter übrig, als in einer grasigen Mulde, auf der ein paar Kühe um eine leere Hütte herum weideten, das Zelt aufzuschlagen und in Erwartung des Schikari und seiner Steinböcke die Schönheiten der Natur zu bewundern.

Hier saßen wir stundenlang zwischen grauen Felsblöcken im Gras, umgeben von Nepeta-Blüten und Iris. 'Aziz, den Gewissensbisse wegen des Feldstechers plagten, rief von Zeit zu Zeit über das Tal hinüber in die schweigende Wand des Jatim Kuh hinein, in dessen schwarzen Felsenschrunden wir den pflichtvergessenen Schikari vermuteten.

Als der Nachmittag voranschritt, war eine Entscheidung nicht länger aufzuschieben. Es kam uns vernünftiger vor, zum Kalau hinaufzusteigen, als ins Tal hinabzuklettern in der vagen Hoffnung, dort auf einen von hier aus unsichtbaren Pfad zu stoßen. Auch war es angenehmer, im Falle eines Irrtums bergab als bergauf den Weg zurückmachen zu müssen. So erklommen wir denn die erste Stufe des Aufstiegs über die Barriere. Nach einstündigem Kampf – der Anstieg war so steil, daß die Maultiere ihn in kleinen Anläufen nahmen, und wir brachten dabei dauernd Gestein ins Rollen, pausierten immer wieder in der Hoffnung auf irgendein maultierisches Wunder, das uns von unserm Vorhaben abstehen ließe – erreichten wir eine weitere größere Mulde, die den Namen Tschertek trug, einen breiten Schoß zwischen den Knien der beiden Berge. Am oberen Rand ragte wieder die Barriere auf, höher denn je, roter Fels, dessen turmähnliche Spitze gegen den Himmel stand, trügerisch nah und deutlich in der dünnen Luft.

Am andern Ende der Mulde weideten Schafe über das Geröll hin oder standen, die Köpfe zusammengesteckt, in der Sonne. Ihre Kleinheit zeigte die entmutigende Entfernung. »Der Zufluchtnehmende« und ich gingen zum Schäfer hinüber und schreckten mit unserm Tritt Ketten von Rebhühnern mit ihren jungen Familien auf, die eilig über den Felsen liefen und ihren glucksenden Schrei ausstießen.

Der Schäfer befand sich ein gutes Stück höher an der Bergwand. Aber wir dachten nicht daran, uns zu ihm hinaufzuarbeiten. Der Wanderer genießt in Persien alle Vorrechte. Ihm den Weg zu weisen, ist in diesem Lande nicht nur ein Akt bequemer Höflichkeit. Man läßt alles im Stich, wenn er einen ruft, und gibt ihm die gewünschte Auskunft, mag er sich auch noch so weit entfernt befinden. Wir waren zwar in Rufweite, doch zu weit für ein Gespräch, und der Schäfer zeigte ein begreifliches Widerstreben, näherzukommen, was aber »den Zufluchtnehmenden« geradezu empörte. Es hätte ihn eine halbe Stunde gekostet, von unserer Stelle aus wieder zu seinen Schafen zurückzukehren. Nach mehrmaligem Rufen ließ er sich indessen bereitfinden, auf uns zuzukommen. Mit der Geschicklichkeit des Bergsteigers sprang er von Block zu Block. Es war ein junger Bursche in Khaki-Bluse und blauen Hosen. Unter der Mütze aus gelocktem, schwarzem Lammfell sah ihm ein Büschel mit Henna geröteten Haares hervor. Seine Augen waren grün, und er trug einen Stock in der Hand. »Maultiere können drunten im Tal nicht gehen«, sagte er. Der einzige Weg in der ganzen Gegend war der zum Kalau, auf dem wir uns befanden. Wir gingen also zu 'Aziz zurück, der bereits begonnen hatte, in einem Schafpferch aus losen Feldsteinen nahe am Rand der Mulde die Maultiere abzuladen.

Nach Sonnenuntergang genossen wir wieder die köstliche Kühle der Berge. Zwischen den Iriswurzeln wuchs genug Dorngestrüpp in der Mulde, um ein wärmendes Feuer zu unterhalten. Und als die zwei Männer am Feuer saßen, während ich mich bereits in meinen warmen Schlafsack zurückgezogen hatte, wurde 'Aziz gerechtfertigt: eine Stimme tönte durch die Finsternis, und der Schikari trat mit dem Feldstecher und drei Eiern von dem Bauern in Mian Rud in unsern Kreis.

Kein Steinbock hing über seine Schulter, aber er hatte sie, wie er sagte, den ganzen Tag über durch das Glas »zum Greifen nah« gesehen und schien anzunehmen, daß uns diese seine herrliche Bestätigung ebenso entzücken würde wie ihn selbst. So setzte er sich, ohne weitere Worte zu verschwenden, zu Brot und Käse nieder. Er war ein scheuer, einfacher Mensch, einer der wenigen Talbewohner, die das ganze Jahr droben verbrachten oder an der Küste überwinterten. Daher hatte er noch nie in seinem Leben mit einem Europäer gesprochen oder, vor der Ankunft des ungarischen Geometers, auch nur einen gesehen. Als er aber sah, daß ich ihn gern von den Wegen und wilden Stegen der Berge reden hörte, und feststellte, daß ich wie jedes andere Geschöpf aß und trank und jetzt ganz besonders erheitert war über den prachtvollen Tag mit dem Fernglas, ging er mehr aus sich heraus und begann sein Jägerwissen auszukramen. Er war gewiß mehr vertraut mit dem Wesen von Tieren und Stürmen und Jahreszeiten als mit dem der Menschen.

Hier oben in der Mulde war die Nacht voller Frieden. Hinter dem Gipfel Salomos breitete sich das Mondlicht aus wie ein Fächer, während wir im Schatten lagen. Die Luft war still, die Wärme der Sommernacht durch kein Lüftchen gestört, aber gekühlt durch die nahen Schneefelder und duftgeschwängert von wilden Gräsern. Vom Tal her trugen Windstöße gelegentlich das Rauschen des Wassers wie das Geräusch eines fernen Zuges herauf. Und durch monderhellte Räume schauten wir uns um nach dem Salambar und den Bergen von Alamut, die sich im Dunst der Ferne verloren.

Am nächsten Morgen brachen wir zeitig auf, um die Große Mauer zu erklettern. Die Schafe waren schon auf der Weide und grasten jetzt über den nordwestlichen Hang, von wo die Hirten einen Gruß herüberriefen.

An diesen Aufstieg, der vier und eine halbe Stunde dauerte, habe ich nur eine schwache, unerfreuliche Erinnerung bewahrt.

Der Weg wurde bald so steil, daß man nicht mehr reiten konnte, und führte erbarmungslos im Zickzack bergauf. Die Höhe des Passes habe ich mit etwa 4600 m berechnet, teils anhand meiner Abney-Waage, teils nach der Tiefe, in der der ferne Salambar unter uns lag (dieser ist, als einzige Höhe in der ganzen Gegend, auf der Karte des Survey of India mit etwa 3700 m angegeben), teils nach der Erschöpfung der Männer, die begannen, Atemnot zu verspüren.

Ich wäre einer größeren Anstrengung auch unter den besten Umständen noch nicht gewachsen gewesen und litt zum ersten Mal in meinem Leben unter der Höhe. Ich hatte im Genick ein Gefühl klammer Kälte, und von Zeit zu Zeit verbarg mir eine Schwärze vor den Augen die Welt. Sobald die Steigung ein wenig nachließ und das Reiten ermöglichte, hoben die beiden Männer mich auf mein Maultier. Aber diese Straße kann nur von ganz leicht beladenen Tieren bewältigt werden, und das letzte Stück mußte ich zu Fuß hinter mich bringen. Ich schleppte mich vorwärts, rastete alle fünfzig Schritt unter einem bleiernen Gefühl des Alpdrückens und erreichte schließlich nach Überwindung einer letzten unbeschreiblichen Geröllhalde den Kamm.

Es war der Gipfel der gewaltigen Strebemauer, und hier standen wir an der Schwelle all unserer Wünsche: wir sahen ihr langes Rückgrat beinahe ebenmäßig, in runden Schwüngen, die wie sanfte Wogen einander verbargen, nach Nordwesten ziehen. Es säumt das Tal des Daridschan und umfängt dann in einem großen Hauptgrat Daku und den Iza Rud im unerforschten Dschungelland des Nordens, während ein Ausläufer zum Seh Hizar hinüberzieht. So wenigstens stellte es mir »der Zufluchtnehmende« dar, der einmal in Daku gewesen war. Im Süden stieg der Kamm zum eigentlichen Gipfel des Salomothrons auf, einer anmutigen Pyramide, deren Vorderseite mit Schnee bedeckt war und die jetzt trügerisch nahegerückt schien. Nordöstlich davon erhob sich zwischen ihr und uns jetzt ein anderer Gipfel, der Barir. Um uns breitete sich die Welt. Klein wie durch das falsche Ende eines Fernrohrs gesehen, lag hinter uns der Salambar mit den Bergen von Alamut, Rudbar und Elburs. Und

Nargiz Kuh und Syalan, auf die ich von Balarud aus geschaut hatte – sie standen hoch auf ihrem eigenen Massiv, aber fern in der Tiefe unter uns in der unbestimmten Farbe, die die Ferne verleiht. Vor uns im Osten sahen wir in einigem Abstand ein tiefes Tal sich in rechtem Winkel dahinziehen. Ausläufer unseres eigenen Gebirgsstockes verdeckten es stellenweise. Jenseits davon erschienen wieder rote, gezackte Kämme mit bewaldeten Hängen.

»Es ist das Tal des Sardab Rud«, sagte der Schikari. »Er kommt aus der Richtung von Talaghan, das dort im Süden jenseits des Passes der Tausend Mulden, des Hazartschal, liegt. Es ist hier nicht zu sehen. Er fließt dann in die Ebene von Kalar Dascht, von der du eine Ecke dort im Nordosten sehen kannst.«

Dort wurden die Berge niedriger und runder, und Wald bedeckte die Hänge, bis sie im Nebel des Kaspischen Meeres verschwanden. Über sie hinaus nach Osten zogen sich Ketten anderer Berge, deren Namen meine Gefährten nicht kannten, die Berge des Kudschur. Und ganz in der Ferne, unglaublich hoch, leuchtete für einen Augenblick zwischen weißen Cumuluswolken sanft und heiter und hoch über allem Irdischen der schneegestreifte Demawand.

Aber obgleich es wenige Erlebnisse gibt, die an Köstlichkeit denen gleichkommen, da man von einem erstiegenen Berggrat in ein unbekanntes Land hinabsieht, war uns die ganze Freude der Erfüllung doch nicht beschieden. Und wenn dies eine Erzählung mit einer Intrige wäre und nicht ein nüchternes Tagebuch, so würde der ungarische Geometer ohne Zweifel die Rolle des Schurken darin zu übernehmen haben. Denn er war es, der uns, ohne daß wir es damals schon gewußt hätten, unseres Triumphes beraubt hatte. Er hatte in dem arkadischen Frieden Daridschans unseren Schikari beiseitegenommen und ihm gesagt, wenn die ausländische Dame den Salomothron bestiege, den noch kein Ferangi erklommen hätte, so würden die ganzen persischen Behörden und Schah Riza selbst jeden, der ihr dabei geholfen habe, mit schweren Strafen belegen. Er selbst war noch nicht dort oben gewesen, warum sollte es also ein anderer? So hatte er offenbar in der Schwärze seiner Seele argumentiert. Und unser Schikari sagte nichts. Anstatt uns aber von Ab-i-Garm auf einem bequemen Saumpfad bis nahe an den Gipfel heranzuführen, hatte er uns hierher gebracht, einen Peri-Sprung vom Paradies, und uns das offensichtlich Unerreichbare mit einer Miene bedauernder, frommer Resignation gezeigt. Erst am Tag danach erfuhren wir diese Zusammenhänge. Der Takht-i-Suleiman erwartet, soviel mir bekannt ist, noch heute seinen europäischen Bezwinger. Und ich verfluche den Geometer von Herzen und wünsche ihm, daß seine Frau nimmer aufhört zu sprechen, und daß seine Messungen niemals stimmen.[1]

Schäfer aus dem Dschungel

Wir saßen also auf der Paßhöhe und genossen den Lohn unserer Mühen, besonders die Maultiere, denen man ihre Last abgenommen hatte. 'Aziz und »der Zufluchtnehmende« hatten sich längst mit meiner Vorliebe für solche Pässe abgefunden, Aufenthaltsorte, die sie als vernunftwidrig betrachteten – wasserlos, windumtost, ohne Futter für die Tiere und unwirtlich auch für den Menschen. Sie wußten indessen, daß eine Diskussion darüber zu nichts führte, und richteten sich, so gut sie konnten, im Schutz des Gepäcks zum Schlafen ein, während ich mit den Phantasien meiner Landkarte einen Kampf führte, bei dem mir der Vergleich mit der vor mir sich ausbreitenden Wirklichkeit helfen mußte, eine Route für die Heimkehr zu entwerfen.

Die Landkarte (Survey of India, vier Meilen auf den Zoll – ca. 1:65 000) ließ viel zu wünschen übrig. Das Tal des Sardab Rud und der Hazartschal-Paß waren mit einer punktierten roten Linie bezeichnet. Das Gleiche gilt für den Salambar und den Seh Hizar. Aber warum war zwischen diesen beiden Parallelen der

---

[1] Seitdem dies geschrieben wurde, hat Mr. Busk von der britischen Botschaft in Teheran den Mittelgipfel, Siah Kaman, bestiegen und festgestellt, daß er der höchste der drei Spitzen ist, etwa 4960 m. Vgl. seinen Bericht im Novemberheft des Alpine Journal, Jahrg. 1933.

höchste Punkt westlich des Dimawand, der Takht-i-Suleiman, gänzlich ausgelassen? Die einzigen Berge, die dargestellt waren, befanden sich an der falschen Stelle, und nachdem ich wieder und wieder versucht hatte, sie mit Hilfe meines Kompasses in Übereinstimmung zu bringen, kam ich endlich zu dem Schluß, daß der Survey of India diese Gegend dem Hörensagen nach ausgefüllt hatte – eine melancholische Feststellung, da ich damit keine Sicherheit mehr über die Ausgangspunkte meiner Messungen hatte.

Und wo war nur der blaupunktierte Fluß, der nach der Karte ostwärts in den Sardab Rud fließen sollte? Ich konnte in der ganzen Landschaft keine Stelle entdecken, an die er gepaßt hätte, und der Schikari leugnete seine Existenz entschieden. Ich hatte mir geschmeichelt, den Namen dieses Flusses in die geographische Welt einführen zu können, und war daher höchst ärgerlich, zu finden, daß er nicht existierte.

Der Wind hatte die gleiche Meinung wie ich von meiner Landkarte und pustete sie beinahe in Stücke. Er erschütterte selbst die ruhigsten Nerven des Kompasses, und die Abney-Waage benahm sich wie eine Irrsinnige. Wie anders war es hier als im wohlbehüteten Frieden des Studierzimmers von Mr. Reeves in Kensington: Ich schickte ihm ein herzliches Gedenken über die Kontinente hinweg, die uns trennten, und fragte mich, welche Gipfel dieser Landschaft er mir wohl als geeignete Objekte für meine dilettantischen Bemühungen empfehlen würde. Sobald man von einer Paßhöhe heruntersteigt, verschwinden all diese Gipfel und Höhen, die so eindrucksvoll erschienen, hinter einem unbedeutenden Vordergrund – ganz so, wie der Philosoph durch den Politiker in den Schatten gestellt wird –, um erst nach vielen Meilen, Tagen und Stunden wieder zu erscheinen, jetzt aber mit veränderter Gestalt – wieder ganz wie die Prinzipien des oben genannten Philosophen – und beinahe unkenntlich geworden. Auch sieht man vom Tal aus kaum jemals den wirklichen Gipfel. Irgendein bedeutungsloser Buckel oder Grat nimmt den Horizont ein und bringt den Geographen aus der Fassung.

Und dann war hier noch eine dritte Schwierigkeit: Nahezu

alles, was uns vor Augen lag – das wogende Waldland und die
Berge, die fernen Ketten, die den Horizont abschlossen, und die
näher gelegenen Gruppen, die mit scharfen Graten zum Sardab
Rud abfielen –, trug, soweit wir feststellen konnten, keinen
Namen. Abgesehen von dem Tal in der Tiefe und dem fernen
Kalar Dascht, konnten weder meine Landkarte noch der Schi-
kari irgendeinen Punkt der Landschaft benennen.

Nachdem ich mich drei Stunden mit diesen Problemen
beschäftigt hatte, fühlte ich mich außerordentlich abgespannt.
Ich machte indessen noch eine Anstrengung und kletterte über
einen höckerigen Haufen rostfarbener Platten zu einer 30 m
höher gelegenen Erhebung des Grats, um über seinen breiten
Rücken in den Dschungel hinunterzuschauen. Es war wenig zu
sehen. Dieses unbekannte Land hüllt sich selbst in das doppelte
Geheimnis der Wälder und der Nebel und ist ebenso schwer zu
überblicken wie zu besuchen. J. B. Fraser stellt es als ein beinahe
undurchdringliches Chaos dar, und daran hat sich auch seit
damals nichts geändert. Und Major Noel spricht in »The Royal
Geographical Society's Journal«, Juni 1921, von »Urwäldern . . .,
in denen die Bewohner der Dörfer fast so wild sind wie die
Wälder selbst; wo der Tiger bei Tage im Buchsbaumdickicht
lauert und bei Nacht offen an den Ufern streift . . .«; diese
Gewohnheit dürfte allerdings durch die neue Autostraße beho-
ben sein.

Ich hatte ursprünglich vorgehabt, nach der Besteigung des
Salomothrons dieses unbekannte Land zu besuchen und Beobachtungen über seine Bewohner zu sammeln – primitive
Menschen, wie mir erzählt wurde, die in den Bäumen wohnen
und den Fremden feindselig gesinnt sind. Es waren die gleichen
Menschen, die, aufgestachelt durch einen einheimischen Führer
namens Kutschek Khan, den Engländern gegen Ende des
Krieges große Schwierigkeiten gemacht hatten. Später unter-
stützten sie die russischen Revolutionäre, oder vielmehr unternahmen sie in Verbindung mit ihnen unabhängige Raubzüge, so
daß sie bei den ruhigeren Bewohnern des Landes als Bolschewi-
sten galten. In Khurramabad hatte Kutschek Khan eine Art
Hauptquartier gehabt, und der Emir Sipahsalar – der Mann mit

der Jagdhütte in Mian Rud – hatte Freundschaft mit ihm geschlossen, ihm erlaubt, eine Zollstation in Maran zu errichten, bis Daridschan hinauf zu streifen und von jeder Ladung Reis, die über den Salambar ging, einen Toman zu erheben. Vor etwa acht Jahren versuchten seine »bolschewistischen« Nachfolger das gleiche Spiel. Sie drangen nach Alamut ein und plünderten bis hinauf nach Balarud, bis die Regierungstruppen sie wieder über den Syalan zurücktrieben, während der Emir Sipahsalar, der ihr Freund gewesen war, zu ihrer Vernichtung beitrug. Daridschan war ausgeraubt worden, aber bis Kalar Dascht im Osten hatten sie die Unruhen nicht ausgebreitet, obgleich es dort zu jener Zeit Banditen der gewöhnlicheren Art gab, genau wie an den Pässen nördlich Kazwin.

»Nirgends konnte sich der Tschawardar bewegen, ohne dem oder jenem eine Abgabe zu zahlen«, sagte 'Aziz. »Allah segne Schah Riza, der dem Land den Frieden gebracht hat.«

Dieses Lob hört man überall von Seiten der einfachen Leute in ganz Persien, und es steht in interessantem Widerspruch zu den Klagen der vermögenden Grundbesitzer und der Kaufleute in den Städten.

Um aber auf die Bewohner des Dschungels zurückzukommen: Während wir an diesem Gebirgssaum entlangritten und bald von der, bald von jener Anhöhe hinabsahen und nach und nach mehr über das Land hörten, begann ich mich zu fragen, ob es denn wirklich von einer besonderen, in sich abgeschlossenen Bevölkerung besiedelt ist oder nicht vielmehr von einer Mischbevölkerung von Leuten aus den Dörfern, die sich nur zu bestimmten Zeiten des Jahres in Dschungali verwandeln. Kutschek selbst war nach den Erzählungen ein Dschungali aus der Gegend von Rescht, ein Mann mit langem Haupthaar und Bart, wie sie die Dailamiten im Mittelalter trugen. Und als sie ihn verfolgten, wurden sie seiner nie habhaft, sondern trieben ihn in seine Schlupfwinkel, wo er in den Bergen erfror.

Aber seine besten Freunde und Spießgesellen, Hala Qurban und Hischmet, stammten keineswegs aus den Wäldern. Der Letztere war aus Talaghan; »der Zufluchtnehmende« hatte ihn gekannt und zuletzt noch in Handschellen, die Füße unter einem

Maultier zusammengebunden, gesehen, als er gefangen nach Teheran gebracht wurde. Und was die späteren »Bolschewiken« betraf, so waren es praktisch alles Alamuti, Talaghani und Gesindel von der Küste, darunter ein paar »Ausländer«.

Im Sommer hat es, wie man mir sagte, keinen Sinn, den Dschungel zu bereisen. Er ist dann leer, weil die Einwohner alle in die Berge ziehen. Die höher gelegenen Walddörfer, wie zum Beispiel Daku, das eine größere Siedlung ist, wenn es auf der Karte auch nicht erscheint, dienen als Sommerstationen für die Küstenbewohner. In diesem breiten Waldgürtel zwischen den Bergen und der See scheint es überhaupt keine feste Bevölkerung zu geben; es ist ein dauerndes Kommen und Gehen von den Dörfern an der Küste zu den Gebirgssiedlungen, wobei jeder seine von alters her feststehenden Rastplätze und Weidegründe für die verschiedenen Jahreszeiten hat. Was aber abseits von diesen bekannten Dörfern noch existiert, habe ich nicht feststellen können. Es gibt da weite unbewohnte Striche, in denen man oft tagelang auf keinen Menschen trifft, und ob die Schäfer und Holzfäller, die dort wandern, einer besonderen Rasse angehören oder ob sie, was ich für wahrscheinlicher halte, von der gleichen Art sind wie die Leute, denen ich begegnet bin, nur verschlossener, weil sie einsamer leben und seltener am Gemeinschaftsleben des Dorfes teilnehmen, das weiß ich nicht. Auch bestand keine Aussicht, daß ich das Rätsel diesmal löste. Die hohen Gipfel gingen ebenso wie das fieberverseuchte Tiefland über meine Kräfte. Ich beschloß, mich den sommerlichen Gewohnheiten des Landes anzupassen und mich an die Bergweiden zu halten. Und da die Karte von den Flüssen, die am Salomothron entspringen, offenbar so wenig zu sagen wußte, nahm ich mir vor, ihren Verlust in Muße zu studieren und am Ende, nachdem ich den Schah Rud bis in sein verlockend unbekanntes Quellgebiet verfolgt hatte, über einen der Pässe die Straße von Teheran wieder zu gewinnen, ein paar hundert Meilen östlich von der Stelle, wo ich sie verlassen hatte.

So beschloß ich es. Und dann sah ich noch einmal über die Welt hin, die sich unter diesem höchsten Punkt meiner Reise ausbreitete, und kehrte traurig mit »dem Zufluchtnehmenden«

um. Auch er hatte die kleine Anhöhe erklettert. Mochte er noch so müde sein (und er ging immer zu Fuß, während ich ritt), so fühlte er sich doch verpflichtet, mich nie ohne seinen Schutz einen Berg ersteigen zu lassen: schweigend ging er hinter mir her, trug Kamera und Fernglas und hielt sich in einiger Entfernung, damit seine eisernen Nägel und sonstigen Kleinigkeiten die Nadel meines Kompasses nicht störten. Wenn ich ihm sagte, er brauche nicht mitzukommen, so entgegnete er: nur »um zu sehen, wie schön die Welt ist«, und dann saß er mit seiner Pfeife, schaute unverwandt über neue Länder hin und trug eine Heiterkeit zur Schau, die die Wirtschaftstheoretiker kaum mit einem Einkommen von 4 Pfund im Jahr in Einklang bringen könnten.

Auf der Ostseite des Passes fanden wir keine Iris, aber große Mengen von Nepeta am Rand einer breitläufigen Schneeverwehung, die wir nun bequem hinunterglitten. Wir hielten uns an die Ufer der murmelnden Wässerchen in einem felsigen Tal, das sich sehr von den freien Felswänden unseres Aufstiegs unterschied. Nach zwei Stunden ging die Sonne unter. Hoch droben leuchtete noch ihr Widerschein auf den gelblichen Weiden am Rande der Felswände, die uns einschlossen. Eine Herde graste dort oben. Der Schikari, der die Gegend kannte, bog plötzlich nach links ab und ging über die Felsen auf einen Halbkreis von Feldsteinen zu, die sich an eine senkrechte Wand lehnten: die Unterkunft der Schäfer. Wir befanden uns immer noch hoch über der Region der Dörfer.

Das Obdach, wenn man es so nennen konnte, denn die Mauer war nur knapp 60 cm hoch, enthielt vier wollene Säcke, ein oder zwei Ziegenfelle, eine Decke, eine Schere für die Schafschur, und die Hälfte eines Schafes oder einer Ziege, die die Schäfer offenbar nach und nach aufaßen. Daneben schlugen wir unser Lager auf, während in der wachsenden Dunkelheit die Herde heimkehrte und den schmalen Gang über uns füllte. Während sie von den Schäfern gemolken wurden, erfüllte ihr Blöken und Trippeln die Luft – ein freundlicher Ton in dieser erhabenen Öde.

Die Nacht war sehr kalt. Mein Aneroidbarometer arbeitete noch nicht, so daß wir in einer Höhe von über 3000 m geschlafen haben müssen. Das Mondlicht konnte nicht in die Schlucht eindringen; es beleuchtete die Felsen über uns. Hier unten in der Finsternis schlief die Herde unter gelegentlichem Scharren, und ein kalter Wind strich über den Boden.

Am nächsten Morgen brachen wir um sieben Uhr auf und trennten uns von unserm Schikari. Er hatte unter Entschuldigungen die Summe von 50 Pfennig für den Tag zu fordern gewagt und erstarrte in sprachloser Dankbarkeit, als ich ihm auch den Heimweg nach Daridschan bezahlte und darüber hinaus ein kleines Geschenk gab. In diesem bewegten Augenblick erfuhren wir die Freveltat des Geometers am Takht-i Suleiman.

Als wir nun hinabstiegen, mündeten von rechts mehrere Flüßchen in unser Tal, schäumendes Wasser, die Barir genannt wurden, der gleiche Name, den die ganze Gegend trägt. Eine der Hauptschwierigkeiten für die Geographie der Berge besteht darin, daß die Gipfel eigentlich kaum je einen Namen haben. Pässe haben Namen, und Weidegründe haben eine Unzahl verschiedener Namen, aber die Gipfel, die keinerlei praktische Beziehung zum Dasein dieser Menschen haben, werden bestenfalls benannt, wenn sie so sehr in die Augen fallen wie das Matterhorn. Die Folge ist, daß ein neuer Berg meist unter drei oder vier Bezeichnungen eingeführt wird, je nach der Himmelsrichtung, aus der der jeweilige Forscher ihn kennenlernt, denn die Schäfer bezeichnen ihn stets mit dem Namen des höchsten Weideplatzes auf ihrer Seite des Berges. Das stellt hohe Anforderungen an den Scharfsinn dessen, der sich durch Fragen zu orientieren versucht.

Barir war auch der Name der ersten und einzigen Unterkunft in diesem wilden Tal. Es war nichts als ein großer, niedriger Stall, halb vergraben unter dem Lattendach, das sich kaum über den Boden erhob, in der Morgensonne von Schafen und Ziegen umgeben, die zur Weide drängten. Die Schäfer erzählten uns, daß sie bald die Almen verließen und zu den Winterweiden an der Küste zogen.

Beim Abstieg – es war zum Reiten immer noch zu steil – sah ich eine Marderfalle, wie man sie in großen Mengen hier in den

Bergen findet: es war ein einfaches Ding – eine Astgabel, die mit der Gabelung in die Erde gesteckt wird und über die man ein paar Stöckchen legt. Die Stöckchen beschwert man mit drei oder vier schweren Steinen. Der Marder läuft unter der Gabel hin, bleibt mit den Schultern darin hängen, bringt auf diese Weise den kleinen Steinhaufen zum Einsturz und wird erschlagen. Die Felle werden für wandernde Händler beiseitegelegt, die zu diesem Zweck in die Täler hinaufsteigen und bis zu zwanzig Mark für ein gutes Stück zahlen.

Endlich, nach etwa zwei und einer halben Stunde, mündete unser Weg in das Haupttal, und wir waren am Sardab Rud, der hier in einem Bogen von Südwesten her strömt. Zu meiner großen Erleichterung konnte man hier wieder reiten. Ich fühlte mich nach der Anstrengung des Tages sehr schlecht und befürchtete, hier, fünf Tagereisen von Teheran und am weitesten Punkt meines Zuges, noch zusammenzubrechen, an einer Stelle, wo wir von der nächsten Fahrstraße drei Tage entfernt waren. Ich erholte mich jedoch im Laufe des Tages, und bald befanden wir uns in einer Gegend, deren Lieblichkeit alle Schmerzen des Leibes und der Seele vergessen ließ.

Kalar Dascht

Sardab Rud heißt »Fluß des kalten Wassers«. Er stürzt vom Südwesthang des Salomothrons herab, fließt dann unterhalb des Passes der Tausend Mulden, und einen ganzen Tag lang trifft man in seinem Tal auf kein Dorf, noch überhaupt auf irgendein Gebäude, außer einer Tschaikhana-Hütte unterhalb seines Zusammenflusses mit dem Barir, in einer frischen, grasigen Senke namens Wandiraban. Am Rand des Wassers führt eine Straße entlang, auf der täglich etwa hundert Leute von Kalar Dascht oder Talaghan heraufziehen, denn diese Straße ist einer der Hauptverkehrswege in den Bergen. Wir müssen an die dreißig Personen, allen in den Morgenstunden, begegnet sein, die in den Wäldern geschlafen hatten und am Abend in ihrem

südlicheren Tal sein wollten. Meist trugen sie Lasten von Holzkohle und grüßten uns, denn Alamut und Talaghan sind
benachbart, und 'Aziz kannte viele ihrer Dörfer.

Unser Fluß wandte sich bald genau nach Norden, und von
rechts stiegen kleine Bergschluchten bis ans Ufer herab. Auch
von links mündete eine solche Schlucht ein, die aber nur im
Winter Wasser führt. Danach folgten stundenlang keine Seiten-
täler mehr. Der blau punktierte Fluß auf der Karte, der, wenn
überhaupt irgendwo, jetzt von links zu erwarten gewesen wäre,
erwies sich, wie wir bereits vermutet hatten, als reines Phantasiegebilde.

Dieses schönste aller Täler liegt im Dschungel. Durch Lichtungen und wogendes Waldland brechen rote Berge herein, die
wie die Leiber ungeheurer Schiffe hoch in den Horizont aufra-
gen. Die Bäume – Weißdorn, Buche, Esche, Ahorn, »divar«,
Mispel und Birne – gedeihen hier wie in einem Park und werden
groß an Höhe und Umfang. Und der Fluß stürzt in glänzenden
Strudeln über ihre Wurzeln. Hier umfängt den Wanderer eine
unberührte Freiheit, eine einsame Heiterkeit, eine lustige
Geschäftigkeit von Wasser, Sonnenlicht und lauen Winden, die
vom Dasein des Menschen nichts weiß.

Herden höckerigen schwarzen Viehs beleben das Tal im
Sommer. Der Hirtenknabe, ein hellhaariger Gilaki mit feinen
Zügen, heller Haut und einem hübschen nordischen Schädel,
trat aus der scheinbar unbewohnten Einsamkeit, um uns zuzusehen, wie wir unter einem Dornbaum unser Mahl einnahmen. Er
trug in der Hand ein Beil aus Khurramabad an der Küste, das
mit fortlaufenden Schnörkeln verziert war. Es ist bemerkenswert, daß Menschen, die Gebrauchsgegenstände mit der Hand
herstellen, immer noch Zeit finden, ihre Arbeit mit einer kleinen
Verzierung zu versehen, so daß sie auch dem Auge angenehm
ist, während unsere maschinell erzeugten Instrumente utilitari-
stisch ganz ohne Schmuck gelassen werden, obgleich er bei
ihnen viel geringere Kosten verursachen würde. Ich freute mich
in Teheran jeden Tag an den Säcken, in denen der Unrat der
Straße gesammelt wird, weil sie so hübsch mit blauen und roten
Mustern gewoben sind. Könnte man sich einen Stadtrat in

Leeds oder Birmingham vorstellen, der einer so fröhlichen Laune Raum geben würde? Für sie ist Schönheit eine Angelegenheit der Musen. Töpfe und Schüsseln, Hähne und Türklinken, die man zwanzigmal am Tag ansehen muß, haben keinen Anspruch darauf.

So machen wir unsere Seelen arm und sparen die schönen Dinge ebenso wie die schönen Gedanken für seltene Gelegenheiten – und den größten Teil unseres Lebens bringen wir unter Dingen, die ebenso häßlich sind wie die abstoßenden Formen der Sünde, damit hin, über Familienklatsch oder über die Börsenberichte nachzugrübeln.

Der junge Gilaki verbrachte wie alle Dschungelbewohner, denen ich bisher begegnet war, den Winter an der Küste; die Kälte sei dann hier oben »so streng, daß nicht einmal die Raben ihre Nester verließen«. Ich fragte ihn nach Daku im Dschungel, und er sagte mir, es liege etwa zwei Tagereisen von hier in einem Tal, das dicht bei Kalar Dascht ausmünde; ein Tal ohne Wasser, das zunächst in westlicher Richtung zu einem Paß namens Mazigasar führe und von dort in einer zweiten Tagereise nach Daku. Dazwischen liege kein Dorf, und man treffe dort keine Menschen. Gegen vier Uhr nachmittags kamen wir an den Taleingang oder eigentlich an die Eingänge zweier Täler, Kulud Qal'a und Raschak, von denen das eine nach Westen, das andere nach Nordwesten zog, die aber beide nach Daku führten und gemeinsam in die Ebene von Kalar Dascht mündeten, in die wir nun hinaustraten.

Hauptmann L. S. Fortescue und Major J. B. L. Noel sind beide hier gewesen und weisen darauf hin, daß Kalar Dascht das bevorzugte Jagdgebiet Nasir-ud-Din Schahs gewesen ist. Er hat einen Saumpfad anlegen lassen, auf dem ihm sein Harem und sein gesamter Hofstaat in seinen Jahresurlaub folgen konnte. Diese fruchtbare Ebene ist zwanzig Meilen breit. Unser Tal ging langsam in die Ebene über, zur Rechten noch von Ausläufern des Gebirges begleitet, deren Hänge unten beackert, in höheren Lagen aber mit Wald bestanden waren, während links dem Fluß entlang die Gebirgsmauer sich fortsetzte, niedrig aber steil. Kleine, in Grün gehüllte Weiler, Mundschil und Udschabeg,

Frauen aus Kalar Dascht, 1931

lagen inmitten der Kornfelder, und vor uns am Fluß sahen wir Rudbarek. Bevor wir ins Dörfchen kamen, setzte ich mich auf einen Stein und machte Messungen von Takht-i-Suleiman, Schwarzer Kartätsche und von der Barir-Spitze im Westen, die jetzt alle wieder zu sehen waren und in dieser Entfernung von dem Waldtal auch wieder ihre ganze Schönheit zeigten. Die Bauern, die uns mit den Herden begegneten, schienen ein freundliches Volk zu sein.

Wir aber hatten alle die letzten Nächte den Frieden der Einsamkeit so sehr genossen, daß wir uns entschieden, nicht um Gastfreundschaft zu bitten, sondern nach Möglichkeit außerhalb des Dorfes zu kampieren.

Es war das erste und letzte Mal, daß wir etwas so völlig Unmögliches unternahmen. Wir hatten einen reizenden Platz, an dem sich Blöcke fanden, um eine Feuerstelle zu errichten, und wo der Kaltwasser-Fluß, unser Reisegefährte, reißend und grün durch die Dämmerung strömte. Kaum hatten wir aber unser Gepäck ausgebreitet und ein Feuerchen entfacht, da trat eine Prozession auf, die sich wie eine schwarze Raupe unter den Bäumen her auf uns zu bewegte. Die Vorhut war mehr oder weniger plebejisch und so stark mit Kindern untermischt, daß ich nicht umhin konnte, für 'Aziz Verständnis zu haben, der einmal, als ich die hohe Sterblichkeit beklagt hatte, der nahezu alle Kinder in Alamut zum Opfer gefallen waren, die ich vom vorigen Jahr her gekannt hatte, antwortete: »Es ist ganz gut, daß die meisten Säuglinge im ersten Jahr sterben, man könnte ja sonst im zweiten keine mehr haben.« In Rudbarek waren sie offenbar nicht zur rechten Zeit gestorben und drängten sich freundlich, aber überwältigend heran. Dann folgten die Eltern. Der Kreis erweiterte sich. Ein weiterer Kreis bildete sich um den ersten: wir leisteten aber immer noch erfolgreich Widerstand gegen alle Einladungen ins Dorf. Da ging eine Welle respektvoller Bewegung über die Versammlung hin: alles erhob sich, und der Agha, ein fetter, polternder, kurdischer Polizeibulle mit drei Speckfalten im Nacken und Glotzaugen, kam und setzte sich mir gegenüber auf den Teppich.

»Mit welchen Papieren können Sie Ihren Aufenthalt hier

rechtfertigen?« sagte er mit furchtbarer Stimme, ohne sich auch nur die Mühe zu geben, einen Gruß anzudeuten.

Ich hatte mich aus Höflichkeit bereits halb erhoben, änderte aber unter diesem ungewöhnlichen Überfall rasch meine Taktik. »Mein Paß ist in Ordnung«, sagte ich nachlässig, »mein Diener wird ihn gleich heraussuchen.«

»Der Zufluchtnehmende« stand gehorsam auf und kramte in den Satteltaschen: es ist immer niederdrückend, zu sehen, wie sich ein Perser jedesmal vor einem brutalen Behördenvertreter in ein Nichts verflüchtigt. Der Dicke nahm von meiner Anwesenheit keine weitere Notiz, schien zu erwarten, daß sensationelle und unerhörte Betrügereien sich bei Einsichtnahme in den Paß enthüllen würden, und saß da, als ob jede weitere Sekunde mein Maß von Schuld noch erhöhen müßte, das bereits zu viel war für eine geduldige Staatsgewalt. Er trug die Art von Kopf auf den Schultern, die ich nicht leiden kann. Ich beschloß, mich nicht stillschweigend und ohne jeden Gegenangriff niedertreten zu lassen.

»Ich freue mich über Ihr Kommen«, log ich, mit der halben Verneigung, die diese Floskel zu begleiten hat.

»Ihre Liebenswürdigkeit ist zu groß«, mußte er darauf antworten, denn die eine Formel fordert unerbittlich die andere. »Der Paß . . .?«

»Und Ihre Gesundheit, wie steht es mit ihr?« fuhr ich fort, ohne mir Einhalt gebieten zu lassen. Wenn er nicht wußte, was man zu einem Fremden sagt, so wußte ich es um so besser, und es sollte ihm nichts davon erspart bleiben.

»Dem Himmel sei Dank«, murmelte er und beendete die Formel mit einer Undeutlichkeit, die nicht ganz dem herzlichen Gehalt der Worte entsprach. »Der Paß . . .«, begann er dann wieder.

Es gibt nun aber fünfzehn Höflichkeitsphrasen, die man bei einer Begegnung anwenden kann. Sie sind alle mit einer kleinen Verneigung verbunden und verlangen alle eine bestimmte Antwort, die wieder mit einer kleinen Verneigung verbunden sein muß. Die Hälfte davon kannte ich, und der kurdische Agha durfte sie auskosten. Als ich am Ende meines Repertoires angekommen war, hatte ich ihn gezähmt. Er fragte nicht mehr nach dem Paß, als ich schwieg. Nach einer angemessenen Pause, in der er diese Lehren der Höflichkeit verdauen konnte, nahm ich den Paß vom »Zufluchtnehmenden« entgegen und übergab ihn dem Feind, dessen Stellung inzwischen durch die Ankunft der meisten Magnaten von Rudbarek Verstärkung erhalten hatte. Sie saßen in einem Halbkreis mir gegenüber, dessen Zentrum seine fette Leibesmasse bildete.

Der Paß erfüllte nun wirklich alle Anforderungen, und auch wenn das nicht der Fall gewesen wäre, hätte niemand den Mangel entdeckt.

»Was bedeutet das?« fragten sie und deuteten auf die Unterschrift des Konsuls in Bagdad.

»Das«, sagte ich, jetzt über alle Skrupel erhaben, »das ist die Unterschrift des Wesirs unseres Königs. Alle Völker werden aufgefordert, mir Hilfe und Beistand zu leisten, wenn sie diesen Abschnitt gelesen haben.« Und damit begann ich, Lord Curzons Bemerkungen auf der ersten Seite bis »unbehindert reisen zu lassen« vorzulesen.

Der Agha, sein Mirza und die verschiedenen Würdenträger des Dorfes, die sich hier zusammengefunden hatten, lauschten, sichtlich beeindruckt.

»Sind wir mit den Engländern befreundet?« sagte der Agha schließlich, indem er mit lobenswertem Scharfsinn dem Kern des Problems zusteuerte.

Ich konnte ihn in diesem Punkt befriedigen, aber die Schlacht war tatsächlich schon gewonnen. Was wir nun noch zu erdulden hatten, war ein Übermaß an Gastlichkeit. Von einer friedevoll einsamen Nacht konnte jetzt nicht mehr die Rede sein. Der Agha bestand darauf, mich einzuladen.

Da ich sah, daß jeder Widerstand vergeblich war, überließ ich es meinen beiden Männern, wieder aufzupacken, und begab mich an die Spitze der Prozession, die sich nun wieder dem Dorfe zu bewegte.

Leider muß ich berichten, daß ich die Würde meines Sieges dadurch aufs Spiel setzte, daß ich ins Wasser fiel: außer über den Sardab Rud gibt es über kleinere Wasserläufe hier keine Brükken, und als ich im Zwielicht des Abends einen Sprung machte, glitt ich auf einem schlüpfrigen Stein aus. Die Prozession hinter mir ergötzte sich höchlich. Der Agha selbst, der vorausging, wandte sich nur um, stellte fest, daß ich mich ohne Schaden wieder herausarbeitete, und ging dann rasch weiter, bis wir durch Alleen, deren Anblick mich nach Devonshire versetzte, an seinem Haus anlangten, einem zweistöckigen Gebäude, das wie ein Schweizerhaus mit Schindeln gedeckt war und vor dem ein eingezäunter Garten überquoll von Gemüse, Feuerbohnen, Kürbissen und Sonnenblumen.

Schon einige der Häuser in Daridschan hatten mit ihren hölzernen Balkonen einen bedeutend erfreulicheren Eindruck gemacht als die ganze Bauweise in Alamut und südlich der Wasserscheide. Aber hier in Kalar Dascht findet man die Traditionen eines alten Wohlstandes und mit ihnen Gebäude, die in gleicher Weise auf den Zweck wie auf die Form hin angelegt sind und es mit jedem Landhaus in den Alpen aufnehmen können. Man sieht Balkone und vorspringende Dächer; getäfelte Dekken, die an das Italien der Renaissance erinnern; offene Kamine, Nischen, die mit Stuckarbeit und Reliefs, Hähnen, Blumenkörben, geometrischen Figuren, verziert sind, Arbeiten, die offensichtlich auf eine Zeit zurückgehen, in der Kalar eine blühende Stadt gewesen sein muß, wie ich zu zeigen hoffe.

Das Haus des Aghas war nicht das beste in Rudbarek. Es wurde noch in den Schatten gestellt durch das seines Bruders, eines Kurden mit einem langen Gesicht und der heiteren, lässigen und etwas unbekümmerten Art, wie man sie oft an den Stammesleuten findet. Ob ich einen Paß hatte oder nicht, das kümmerte ihn wenig. Er verhehlte mir seine Bewunderung nicht, daß ich von so weit her kam, und fing an, mir, während wir in einem der oberen Räume auf das Essen warteten, von einem englischen Hauptmann zu erzählen, der zweimal bei ihm gewohnt hatte. Das Persisch dieses Mannes hatte ihn, wie er mir sagte, durch seine Kraft, wenn auch nicht durch seine Reichhaltigkeit, beeindruckt, denn es hatte im wesentlichen aus zwei Formulierungen bestanden: »Der Steinbock ist zum Teufel!« und »Sohn eines verbrannten Vaters«, der kraftvollste aller persischen Beinamen, dessen sich zu bedienen er offenbar oft Gelegenheit gehabt hatte.

Jagd und Fischfang in dieser Gegend mußten ausgezeichnet sein. Der Fluß war reich an Forellen, in den Bergen gab es Hirsche, Steinböcke und Wildschweine, das Klima ist unübertrefflich, die Bevölkerung freundlich und friedfertig. Daß das Land so lange beinahe unbesucht geblieben ist, ist nur der Tatsache zuzuschreiben, daß es so weit von allen größeren Verkehrswegen abliegt.

Während wir auf das Essen warteten und über Fragen der Religion diskutierten, schmolz die anfängliche Feindseligkeit nach und nach dahin. Ich zitierte das einleitende Kapitel des Korans und zeigte mich weniger unwissend, als man es von mir vermutet hatte. Eine Übersetzung des Vaterunser stellte das Gemeinsame der beiden Religionen ins Licht und besänftigte selbst den kleinen Mirza aus Medina. Im Anschluß an eine kleine Diskussion über historische Probleme wurde aus einer großen Truhe eine persische Übersetzung von Sir John Malcolms »Geschichte von Persien« hervorgeholt, die der Agha an Winterabenden studiert.

In diesen Berggegenden gibt es kaum ein Dorf, in dem nicht wenigstens ein paar der Einwohner mit den alten Sagen vertraut sind, und gewöhnlich wird einem auch ein Exemplar des Firdausi vom Büchergestell geholt. Unter den Kurden von Kalar Dascht schienen diese Klassiker einen recht aggressiven nationalistischen Geist zu nähren. Der Agha war etwas pikiert, als ich auf eine Frage, wer im Falle eines Krieges zwischen unseren beiden Nationen gewinnen würde, geantwortet hatte, das würden in jedem Falle wir sein.

»Wenn es zum Kampf kommt, ist bei uns jeder ein Rustum«, sagte er, wobei er seine ohnehin behäbige Gestalt noch mehr aufblies und beide Hände an die Schärpe legte, in der man sich offenbar zwei oder mehrere Dolche vorzustellen hatte.

»Wir haben ebenso viele Rustums«, bemerkte ich, »aber mehr Kanonen.«

Dazu lachte der Bruder, der Sinn für Humor hatte und dem ich offensichtlich sympathisch war. Ich indessen leitete das

Gespräch in weniger gefährliche Bahnen, indem ich meinen Gastfreund daran erinnerte, daß ja für den Augenblick wenigstens alle Rustums auf beiden Seiten in Frieden und Freundschaft miteinander lebten.

Ich stellte fest, daß die Khwadschawand, die ursprünglich Kurden aus Ardalan und Garu waren und später von Agha Muhammad Khan Qadschar in vielen Dörfern von Kalar Dascht angesiedelt worden sind, über die Geschichte der Denkmäler ihres Landes brauchbare und intelligente Auskünfte geben können. Von ihnen hörte ich auch zum ersten Mal von dem Erdhügel von Kalar, der nur wenige Stunden von hier entfernt lag und dessen Name allein immer schon das Interesse eines jeden erregte, der sich mit der Geschichte der Gegend beschäftigte.

Topographie von Kalar

Obgleich die Geschichtsquellen eine Reihe von Daten über die Vorzeit Tabaristans, des gebirgigen Teiles von Masanderan, liefern, sind die Angaben doch so mager und weisen untereinander so wenige Zusammenhänge auf, daß es schwer ist, sie zu einem wirklichen Bild des Lebens in diesem Hochland zu verarbeiten, wie es sich abgespielt hat, bevor die Horden Timur Lenks es im vierzehnten Jahrhundert verheerten.

Hier sind die ältesten persischen Sagen zu Hause, und wahrscheinlich ist uns in ihnen, wenn auch undeutlich und verwischt, der Verlauf der historischen Ereignisse überliefert, wie er durch die Jahrhunderte von Mund zu Mund weitergegeben wurde. Die Schlacht zwischen Sohrab und Rustum soll danach, entgegen den Annahmen Matthew Arnolds, an einem Ort namens Likasch im Lande Rujan geschlagen worden sein. Das Land wimmelte von Zauberei und Wunderzeichen, eine Art Wald von Broceliande, in dem die Heroen auf Abenteuer ausziehen: An der Küste soll die weiße Dschinn, Diw-i-Safid, das Schloß Ispi Rud erbaut haben. Der König Minudschihr fand Zuflucht in

Tschalandar. Da die Ebene sumpfig war, mußte er ein paar riesige Felsblöcke heranschaffen lassen, die heute noch an der Mündung des Tschalus-Flusses gezeigt werden. Dann baute er die Stadt Rujan, die später zur Hauptstadt des Gebirgsdistrikts wurde. Diese Stadt wird von Mr. Rabino in seinem Buch über Masanderan in die Gegend von Kudschur verlegt, die östlich an Kalar Dascht angrenzt.

Die Geographen des Mittelalters erwähnen Rujan als eine blühende Stadt mit vornehmen Häusern und Gärten. In der Nähe haben Bezirk und Stadt Kalar gelegen: In Kalar Dascht wurde mir berichtet, ein Erdhügel, der unter dem Namen Kalar bekannt sei, existiere heute noch, und ich hoffe, ihn nicht nur mit der alten Stadt identifizieren zu können, sondern mit Hilfe dieser Lokalisierung auch ein anderes Problem, der mittelalterlichen Geschichte dieses Gebietes zu klären, nämlich die Frage nach der Ostgrenze der Dailamiten, eines Räubervolkes im Gebirge, das fortwährenden Schrecken verbreitete und in mehr oder weniger ununterbrochenem Kriegszustand mit seinen Nachbarn lebte, bis im zwölften Jahrhundert die Assassinen nach und nach ihr Land und bis zu einem gewissen Grad auch ihren Ruf übernahmen.

Die Beziehung zwischen Kalar und den Dailamiten ist zunächst damit gegeben, daß der Geograph Jakut von der Stadt berichtet, sie liege einen Tagemarsch von Tschalus an der Küste, zwei Tage von Rai (bei Teheran), drei von Amul im Osten und einen Tag von der dailamitischen Grenze. Von der Ebene von Kalar aus gibt es nur eine Grenzlinie, die diesen Bedingungen entspricht: der Hazartschal-Paß. Das andere Tal, Daridschan, könnte unmöglich als »eine Tagereise entfernt« angesprochen werden, und nördlich davon, das heißt, westlich oder nordwestlich von Kalar, liegt dichter Dschungel bis hinunter nach Daku, zwei Tagereisen von Kalar. Der Hazartschal führt ins obere Talaghan-Tal hinüber, das im zehnten Jahrhundert als Teil des Landes der Dailamiten bezeichnet wird, und es wäre durchaus sinnvoll, die Lage von Kalar in Beziehung zu dieser eine Tagesreise entfernten fruchtbaren Region zu setzen. Ebenso könnte man freilich von Kalar sagen, es liege ganz in der Nähe der festen Plätze der Dailamiten im westlichen Dschungel. In beiden Fällen entspricht die Lage von Kalar den geographischen Bedingungen und fügt sich auch ein in die zahlreichen Erwähnungen der Historiker jener Zeiten.

Jakut bemerkt ferner, dicht bei Kalar, auf der Straße von Hasankeif und Laktar, liege ein Städtchen namens Sa'idabad. Laktar ist ein Dorf, das heute noch in Kudschur besteht. Hasankeif ist zwar auf den Karten nicht verzeichnet, es ist aber heute die Hauptstadt von Kalar Dascht und liegt in Sichtweite von Rudbarek. Die Straße von Kalar nach Rujan mußte zugleich die Straße von Hasankeif nach Laktar durch das Pul Rud Tal sein, an der auch Sa'idabad zu suchen war.

Ich bin auf diese Einzelheiten hier eingegangen, weil sie die Grundlage der Geographie von Kalar bilden.[1] Damals allerdings enthielten meine Satteltaschen keine Bücher. Ich entsann mich lediglich der Bedeutung von Kalar im Zusammenhang mit den Dailamiten, und wenn hier wirklich die alte Stadt gelegen hatte, so hatten wir auf unserm Weg vom Barir den Sardab Rud hinunter die Grenze von Dailam passiert.

In Rudbarek brachte ich eine angenehme Nacht im Obergeschoß des schönen Hauses in einem Zimmer mit drei Fenstern zu, und angesichts eines Topfes mit heißem Wasser und der unerwarteten Gelegenheit, mich einmal allein und gründlich waschen zu können, war ich bereit, meinen Frieden mit der Welt zu machen. Der Morgen zog über sanften Hängen mit Stoppelfeldern herauf. Höckerige Ochsen pflügten vor einem Waldstreifen, und jenseits des eingezäunten Küchengartens murmelte ein Bächlein in der Morgensonne. Nach der erhabenen Einsamkeit der Berge verhalf diese Landschaft zu innerer Entspannung und Heiterkeit. Wie entzückend waren diese Dörfer, wenn ihre Bewohner nicht diesen entsetzlichen Ehrgeiz hätten, einen fortwährend zu unterhalten! In Gegenwart von fünfzig bis hundert Zuschauern zu essen, zu ruhen, zu schreiben, zu lesen oder auch über etwas nachzudenken, das wurde mir zwar gegen Ende

---

[1] Für weitere Einzelheiten vgl. meinen Artikel »The Site of Kalar« im Märzheft des »Royal Geographical Society Journal«, Jahrgang 1934.

meiner Reise beinahe zur Gewohnheit, hörte aber doch nie auf, eine ernstliche Belastung zu sein.

Die Khwadschawand waren von der gleichen freien und fröhlichen Gastlichkeit wie die Stämme in Luristan, zu denen sie auch zu rechnen sind. Nach dem Frühstück kamen sie alle zusammen, um mich über den Sardab Rud, der das Dorf im Schatten hoher Nußbäume durchfließt, zu einem hübschen zweistöckigen Haus mit überhängendem Dach und hölzernen Balkonen zu führen, in das man von hinten über einen Hof eintrat. Es war das Haus des Bruders und hatte Hauptmann Fortescue während seiner beiden Besuche beherbergt, und ich sollte hier die Ausbeute eines alten Grabes betrachten, das vor zehn Jahren durch eine Überschwemmung bloßgelegt worden war. Der Bruder war ein bezaubernder Gastgeber und hatte in seiner Art etwas vom Kavalier und Straßenräuber zugleich. Er war Junggeselle und bereit, ohne viel Überlegung Herz und Hand anzubieten – mehr vorübergehend, wie ich allerdings vermuten möchte, und nach Art des Elisabethanischen Helden, ohne der Sache ein allzu großes Gewicht beizulegen. Er zeigte mir seine ganzen Schätze, zu denen auch fünf Sektgläser und eine vergoldete Obstschale gehörten, mit einer Miene, die zu sagen schien: »If these delights your heart may move – Wenn diese Pracht dein Herze rührt«, und ließ einen sinnenden Blick unter langen Wimpern auf mir ruhen, während ich zwei Töpfe und eine bronzene Lanzenspitze aus dem Grab betrachtete.

Es waren zweifellos sehr alte Stücke, und Fachleute, die in der Datierung derartiger Gegenstände geübt sind, setzen ihre Herstellung auf etwa 1500 v. Chr. an. Sie sollen viel Ähnlichkeit mit anderen Gegenständen haben, die in der Südwestecke des Kaspischen Meeres gefunden worden sind. Die zwei Töpfe waren aus grauem Ton mit eingekratzten linearen und kreisförmigen Verzierungen; die Form war ausgezeichnet. Die Speerspitze war aus Bronze, die Spitze selbst, vermutlich zu rituellen Zwecken, abgebrochen, denn sie war auf der Brust des Skelettes gelegen, während die Töpfe am Kopfende gestanden waren. Es sei wahrscheinlich, meinten sie, daß an der gleichen Stelle noch andere Gräber zu finden seien – nämlich im Tal des Raschak,

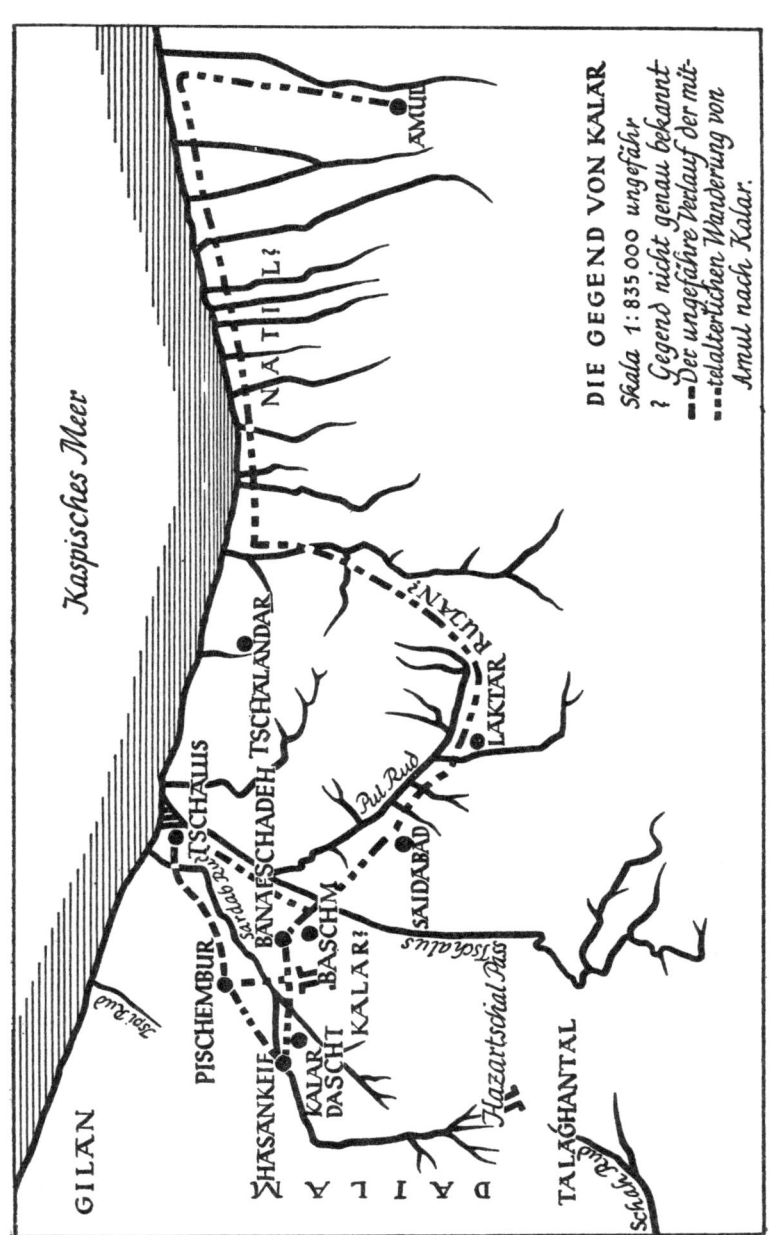

Kaspisches Meer

GILAN

Sdoi Rud

D A I L A

PISCHEMBUR

HASANKEIF

KALAR DASCHT

TSCHALUS

Sardab Rud

BANAESCHADEH

BASCHM

KALAR?

TSCHALANDAR

SAIDABAD

Pul Rud

Hazartschal-Pass

Tschalus

TALAGHANTAL

Schah Rud

N A T I L?

R U Z A N?

LAKTAR

AMUL

DIE GEGEND VON KALAR

Skala 1:835 000 ungefähr

? Gegend nicht genau bekannt

—·— Der ungefähre Verlauf der mittelalterlichen Wanderung von
Amul nach Kalar.

durch das wir am Tag zuvor gekommen waren, nicht weit von der Stelle, wo das Tal in die Ebene einmündet. Sie waren jedoch nicht dazu zu bewegen, zu graben, denn die Gesetze sind in dieser Hinsicht in Persien jetzt sehr streng.

Eine Stunde lang handelten wir dann über unendlichen Gläsern Tee das Geschäft aus. Wenn die beiden Hauptpartner einen toten Punkt erreicht hatten, nahmen Freunde und Anhänger den Streit auf und brachten die Verhandlungen wieder in Gang. Schließlich trennte ich mich von zwei Toman (4 Mark), und es bildete sich eine Prozession, die die Gegenstände im Triumph in mein Zimmer brachte.

Danach gelang es mir, mich loszumachen und die Freiheit zu gewinnen, einen Gang durch dieses entzückende Dörfchen zu tun, dessen Häuser hinter den Kronen der Nuß- und Obstbäume wie hinter Lauben verborgen liegen und dessen Hauptstraße nichts ist als ein schmaler Fahrweg, der an der plätschernden Anmut des Flusses hinführt. Lichtflecken sickerten durch Schatten, beinahe so grün wie das Laubdach, das ihn spendete. Grüne Üppigkeit quoll über die Zäune der Gärtchen. Und die leuchtenden Farben und vielen Glasperlen und Reifen, die die kurdischen Frauen so sehr lieben, ließen sie wie bunte Schmetterlinge sich von den weißen Hausmauern abheben, vor denen sie auf Bänken saßen und spannen, die, wie um die alten italienischen Paläste, um das ganze Haus herumliefen.

Etwa um halb drei Uhr entschloß ich mich, über die Ebene nach Osten weiter zu ziehen, um dem Erdhügel von Kalar schon etwas näher zu sein, den ich am andern Tag besichtigen wollte. Ich nahm Abschied von den beiden Frauen des Agha, die mir gegenüber sehr freundlich waren, mir aber, auch in der andern Gegenwart, nicht verhehlten, wie wenig sie füreinander übrig hatten. Das bestätigte auch der Agha selbst, der daraus den Schluß zog, daß eine Frau allein völlig ausreichend für einen Mann sei.

»Ich finde auch, daß eine genügt«, sagte die jüngere der Gattinnen, die sich in ihrer Stellung sicher fühlte, mit einer koketten Kopfbewegung, soweit ihr umfangreicher Kopfschmuck eine solche noch zuließ. In den Augen der älteren, weniger geliebten dagegen zeigte sich ein Ausdruck großer Angst.

»Ich denke daran, mich bald von ihr scheiden zu lassen«, bemerkte der Agha zu der Gesellschaft im allgemeinen.

Und ich fühlte, daß dies nicht der richtige Augenblick war, für die Monogamie einzutreten.

Zwei junge Frauen, die sich auf Besuch in Rudbarek befanden, erboten sich jetzt, uns durch die Ebene nach ihrem Heimatort Lahu zu geleiten, wo wir die Nacht zubringen könnten. Wir machten uns gemeinschaftlich mit ihnen in der heiteren Nachmittagssonne auf den Weg und traten, indem wir die letzten niederen Hügelwellen verließen, in das offene Land um Kalar Dascht ein.

Hasankeif am Fluß, dasselbe, das Jakut im zehnten Jahrhundert erwähnt, ist die Hauptstadt der Ebene, in der sich auch die Polizei aufhält, wenn sie je einmal in diese Gegend kommt. Kurditschal auf der östlichen Höhe und Lahu im Südosten sind aber die beiden größten Siedlungen. Jede von ihnen zählt etwa 200 Häuser und ist von Khwadschawand bewohnt, unter die sich – wenigstens in Lahu – eine Anzahl Ali Ilahis mischen, die mit den Kurden auf gespanntem Fuß leben. Als wir uns diesem Dorfe näherten, hatten wir die Berge endgültig hinter uns und befanden uns in fruchtbarem Ackerland. Hier wurden Korn und Hanf gebaut. Die Kornmieten, die auf Gerüsten über dem Boden standen, hoben sich dunkel von dem fernen Panorama des westlichen Tales ab, wo die Gipfel von Salomo, Barir und Gabran wie Rauch über dem Wäldergrün schwammen. Ein Flüßchen, der Dakulad, kommt hier von Südwesten, wo ein bewaldeter Kamm diesen Teil des Sardab-Rud-Tales abschließt und in einem seiner schattigen Gründe die Imamzadeh von Schahri Zamin, einen Wallfahrtsort, aufgenommen hat.

Südlich dieses Kammes, gegen Osten, zieht sich ein niederer Saum von Anhöhen, der Kalar Dascht von Tschalus trennt und den Namen Baschm (oder Bascht) trägt. Die Stadt Kalar ist vermutlich in der Nähe dieses niedrigen, bequemen Übergangs gelegen. Von hier sind es immer noch, wie Jakut schrieb, drei

Tagereisen bis nach Kazwin. In Sichtweite liegt in der Tiefe das Tal des Pul Rud, das einstmals zu der benachbarten Stadt Rujan führte, die auch unter dem Namen Schahristan bekannt ist und von der berichtet wird, sie liege sechzehn Meilen von Kazwin auf einer Paßhöhe.

Wenn man die alten Geographen überprüfen will, so ist es von großem Vorteil, wenn man sich der gleichen Fortbewegungsmittel wie sie bedient. Ich war deshalb in der Lage, ziemlich genau abzuschätzen, was die Meile oder »Farsah« für den Reisenden des Mittelalters wirklich bedeutet hat. Sie wird grob auf vier moderne Meilen geschätzt, auf Reisen mit eingeborenen Führern habe ich aber stets gefunden, daß die Strecke größer gewesen sein muß. 'Aziz sagte mir zum Beispiel immer, daß acht Farsahs eine Tagereise ausmachten. Aber auch unsere längste Strecke, als wir sechs und eine halbe Stunde einen verhältnismäßig ebenen Talweg geritten waren, wobei die Rasten nicht mitgerechnet sind, wurden von den Eingeborenen mit 3 Farsahs angegeben. Wenn die Entfernungen in Tagereisen berechnet sind, sind die Angaben im allgemeinen viel zutreffender, und Jakuts Bemerkungen – einen Tag von Tschalus und drei von Amul – stimmen auch heute noch für den Baschm ausgezeichnet. Die letztgenannte Strecke würde ein moderner Reisender vielleicht in zwei Tagen bewältigen, aber heute kann er der guten Küstenstraße folgen, während damals die Straße bei Natil landeinwärts bog, die Wasserscheide bei Rujan erreichte und dann dem Tal des Pul Rud in westlicher Richtung folgte.

Der schwache Punkt in den Angaben von Jakut, wenn man sie auf die Höhe von Baschm bezieht, ist die Entfernung von zwei Tagereisen nach Rai (Teheran). Diese Route kann sich im Lauf der Jahrhunderte nur wenig geändert haben. Ich habe sie selbst nie bereist, und es mag möglich sein, sie unter großen Anstrengungen in zwei Tagen zu bewältigen. Und Mr. Rabino, der beste Kenner des Landes, glaubt das auch. Es sind Wasserscheiden zu überwinden, und in gebirgigem Land werden Tagereisen häufig eben nach den Wasserscheiden bemessen. Man steht zeitig auf und nimmt einen langen Tag in Kauf, um die Paßhöhe hinter sich zu bringen. Oder man beschränkt sich umgekehrt auf ein kürzeres Tagesprogramm, wenn zwei Pässe in geringem Abstand aufeinander folgen, um auf keinen Fall die Nacht in einer gänzlich unbesiedelten Gegend verbringen zu müssen. Und zu Jakuts Zeiten hatte ein Reisender um so weniger Grund, seine Fahrt länger hinzuziehen, als das obere Talaghan-Tal, wie wir aus der Lage von Kalar schließen, von den unabhängigen Dailamiten gehalten wurde. Kalar wie Tschalus waren Festungen gegen die Dailamiten, und die Nachbarschaft des Räubervolkes mochte wohl die Ursache sein, daß die westlichen Routen durch das Gebirge weniger als andere benutzt wurden, so daß es auch schwieriger war, genaue Auskünfte über sie zu erhalten. Die Wildheit des Masanderans, die Schwierigkeit und Gefährlichkeit seiner Straßen wurden durch alle Jahrhunderte, von den frühesten Zeiten bis auf den heutigen Tag, immer wieder beschrieben. Fest steht indessen, daß die Entfernung von Baschm nach Rai mit zwei Tagen sehr niedrig angesetzt ist.

Die Lage von Baschm würde jedoch alle anderen Angaben rechtfertigen, die die alten Geographen über die Stadt Kalar hinterlassen haben. Die Wahrscheinlichkeit der Hypothese wird noch verstärkt durch die Tatsache, daß man Spuren dichter Besiedlung die ganzen Hänge bis hinunter ins Tschalus-Tal findet. Hier stieß ich am nächsten Tag auf behauene Grabsteine aus sehr alter Zeit. Man berichtete mir von Mauerresten, die immer wieder bei der Feldarbeit entdeckt werden, und ich hörte, daß das Gerücht von einer großen versunkenen Stadt immer noch in den Bergen lebendig ist. Der Erdhügel von Kalar selbst unterhalb der Höhe von Baschm, war möglicherweise, wie Mr. Rabino andeutet, früher der Palast des Gouverneurs. Diese allgemeinen Überlegungen werden durch ein weiteres Faktum gestützt: Die große Kunststraße des Schah Abbas, die dieser Monarch im sechzehnten Jahrhundert angelegt hat, um das Ufer des Kaspischen Meeres zu erschließen, wendet sich nur an einer Stelle vom Ufer ab landeinwärts, und zwar eben in dieser Gegend des Tschalus-Tales. Mr. Rabino wurde mitgeteilt, daß ein etwa zwanzig Meilen langer Abschnitt dieser Straße bei Pischembur, einem Dorf am Nordrand von Kalar Dascht, noch existiere. Dort strahlen heute noch mehrere Straßen nach Daku und in den Dschungel aus. Da ich keinerlei einschlägige Bücher bei mir hatte, vernachlässigte ich Pischembur und sah es nur aus der Ferne in der Ebene liegen, ohne es zu besuchen. Es steht aber fest, daß, wenn die königliche Straße über gebirgiges Gelände so weit ins Land hinein vorstieß, anstatt sich an den bequemeren Küstenstrich zu halten, hierfür ein wichtiger Grund vorgelegen haben muß. Vielleicht hat Schah Abbas seine Straße unter Benutzung der alten Linienführung der Straße gebaut, die ursprünglich von Amul (Hauptort der Ebene) nach Rujan (Hauptort des Berglandes) führte und von da weiter über Banafsche (das unter dem Namen Banafschadeh heute noch dicht unterhalb Baschm weiter besteht) nach Kalar und Dailam.

Ganz abgesehen von solchen Berechnungen indessen herrscht in der Ebene von Kalar Dascht eine spezifische Atmosphäre alter, blühender Kulturen. Besonders die Gebäude bringen den Betrachter auf den Gedanken, daß die Menschen hier etwas in unvollkommener Weise fortführten das sie früher besser verstanden haben. Die Stukkatur, die hübsch gearbeiteten Balkendecken und die gefälligen Porticos aus Holz sprechen von »gesunkenem Kulturgut«. Und bevor ich Lahu verließ, brachte mir eine Frau einen blau glasierten Ziegel etwa aus dem dreizehnten Jahrhundert, den sie in der Nähe des Erdhügels gefunden hatte, den ich aber leider nicht kaufen konnte, weil sie sein Gewicht in Gold forderte.

Lahu

Unsere Gastfreunde gehörten zu den ärmeren Schichten, und unser Kommen war ein Ereignis ersten Ranges. Kaum waren wir an Ort und Stelle, als sich die jüngere Frau erbot, mir die Aussicht südlich des Dorfes zu zeigen, wo der Dakulad sich gleichsam aus einer Waldbucht heraus in die Ebene ergießt. Aber der eigentliche Zweck dieses Spaziergangs war es, mich den Nachbarn vorzuführen, wie ich bald selbst entdeckte. Denn als wir nach einer längeren Wanderung bergauf und bergab durch das Dörfchen – eine entzückende Siedlung, die wieder halb unter den Baumkronen vergraben liegt – schließlich an das letzte Haus kamen und über das offene Land hin sahen, ohne daß uns jemand beobachtete, verlor sie das Interesse und fing an, mich so rasch wie möglich wieder zurückzulocken, wo ich eine Anzahl von wichtigen Leuten besuchen sollte, die ich, wie sie meinte, unbedingt kennenlernen mußte – so wie man etwa in einem englischen Dorf einen seltenen Besucher zu allen Leuten führt, die »sich so außerordentlich für ihn interessieren«, ohne daß dabei auf seine eigenen Gefühle eine besondere Rücksicht genommen würde.

Es spielten sich dabei dramatische Vorgänge ab, deren Sinn mir jedoch entging. Es fiel mir auf, daß man mich verschiedentlich zu längerem Verweilen zu nötigen suchte, in der Absicht, sich dabei von der besten Seite zu zeigen, während ich an anderen Wohnungen, deren Eigentümer, wie ich später erfuhr, Ali Ilahis waren, eilig vorbeigeführt wurde, denn diese werden von den Kurden als Ungläubige angesehen. Man sollte meinen, daß es in einem blühenden Distrikt voller Dörfer möglich sein müßte, die Dinge so zu regeln, daß keiner gezwungen ist, Tür an Tür mit seinem Erzfeind zu leben. Die bloße Unbequemlichkeit eines solchen Hasses auf Lebenszeit wäre für schwächere europäische Nerven zu viel. Aber so empfindet der Osten nicht, vielleicht meint man sogar, daß die erregende Tatsache, den Feind immer nebenan zu wissen, das Leben erst lebendig macht. Man findet hier Menschen, die seit Jahrhunderten vereint leben wie Öl und Essig in einem Fläschchen und ebenso unfähig, sich miteinander zu vermischen.

Als wir wieder zu Hause angelangt waren, spürte ich, daß eine Wolke die Heiterkeit der Gesellschaft überschattete. Die Ursache lag in dem Charme entweder von 'Aziz oder von »dem Zufluchtnehmenden«. Der Herr des Hauses fragte seine Frau, was sie eigentlich damit beabsichtige, fremde Männer ins Haus zu bringen. Er wolle mit uns nichts zu tun haben, und meine Gefolgschaft bereitete sich auch schon mit sehr finsteren Blicken darauf vor, im Hof zu kampieren. Die Schande der Ungastlichkeit drohte unsern Wirt und mit ihm das ganze Dorf zu beflecken, und erregte Dorfälteste gingen von einer der Parteien zur andern, um den Namen Lahus im Munde der Fremden zu retten.

Ich saß abseits auf einer Art Estrade im Wohnraum, zählte die Besitztümer der Familie, die von den Balken der Decke herabhingen, und beobachtete die Frauen, die jetzt völlig verschüchtert und verwirrt dasaßen und mein Abendessen zubereiteten: sie hielten die Teile eines Huhns an Stöckchen über die offenen Flammen. Am andern Ende des Zimmers, wo eine ähnliche Estrade für die Männer errichtet war, fanden die Friedensverhandlungen statt. 'Aziz nahm die Vorschläge mit einer hochmütigen Herablassung auf, die für den sanften, gutmütigen, kleinen Mann bemerkenswert war. Der Raum hatte keine Fenster, sondern nur da und dort runde Löcher von etwa 30 cm Durchmesser. Glas kennt man hier in den Bergen nicht. Der innere Raum, in den die Familie sich zurückzieht, wenn die Winterkälte ernstlich einsetzt, hatte überhaupt kein Fenster. Ein irdener Ofen war hier in den Boden eingelassen. Er wird mit Glut gefüllt und mit einer Decke verhüllt, und hier sitzen sie den ganzen Winter durch, die Beine behaglich warm, und ohne etwas anderes zu tun, als zu plaudern.

Trotz der düsteren Prophezeiungen über die Gefahren von seiten der Ali Ilahis lehnte ich es ab, im Haus zu schlafen, und ließ mein Bett zwischen Kühen und Maultieren im Mondlicht aufschlagen. Dorthin zog ich mich zurück, nachdem ich den Abend in einem Gespräch mit einem Alten namens Said Ibrahim zugebracht hatte, der erschienen war, um meine Aufmerksamkeit von der Unhöflichkeit meines Gastgebers abzulenken und sich mit mir über persische Geschichte zu unterhalten. Er erzählte mir, daß die Ebene von Kalar immer noch ihren alten bäuerlichen Eigentümern gehört und zufriedener ist als das Gebiet von Kudschur und Khurramabad, im Osten und Westen, dessen Grundherr der Schah ist. Es war ein charmanter alter Mann, beseelt von jenem Interesse am Leben und seinen wechselvollen Vorgängen, die den Bergbewohner oder Stammesangehörigen vom Bauern unterscheidet. Lernen war ihm wirklich etwas Göttliches, mochten die Brosamen dieser geistigen Speise, die in Kalar Dascht zu sammeln waren, auch noch so klein sein. Wenn ich aufgefordert würde, die Freuden des Reisens aufzuzählen, so käme diese mit an erster Stelle – man stößt so oft und so unerwartet auf das Beste im Menschen, und indem es einem so überraschend und oft vor einem gänzlich unwahrscheinlichen Hintergrund entgegentritt, wird einem erst klar, wie weit verbreitet doch Güte, Herzenstakt und die Liebe zum Geistigen in der Welt sind, schöne Blüten, die unter jedem Himmel und auf jedem Boden gedeihen.

Am nächsten Morgen wurden wir aufgehalten, weil mir alles daran lag, einen Golapisch zu erwerben, eines der silbernen Diademe, die die jungen Frauen hier tragen, und im Bazar ein paar silberne Knöpfe. Die Damen von Kalar tragen auch um den Rand ihrer kurzen, engen Überröcke silberne Anhänger, es waren aber im Augenblick keine zu haben, und der Bazar – eine Reihe von neun oder zehn Hütten – war eigentlich gar nicht geöffnet, da hier nur an zwei Tagen der Woche verkauft wurde. Die Tatsache, daß es einen Bazar und vier öffentliche Bäder gab, verlieh Lahu beinahe den Charakter einer Stadt. Aber die grasbewachsene bergige Hauptstraße, der Bach mit seinen Enten, der sie begleitete, die wie zufällig verstreuten Häuser, von denen manche weißgetüncht, manche aus Holz und Lehm errichtet und sauber gekalkt und manche nur eben Blockhäuser waren, bei denen man einen Balken auf den andern gelegt hatte, erinnerten mich immer wieder an die Dörfer in Devonshire, etwa an eines, in das sich ein paar Schweizerhäuser verirrt hätten und dessen Einwohner eine Tracht beibehielten, die noch nicht durch das industrielle Zeitalter verdorben war.

Auch hier umgab uns, wie in Rudbarek, die Atmosphäre einer alten, blühenden Kultur. Hinter dem, was wir hier sahen, mußten Jahrhunderte ununterbrochener Tradition seit uralten Zeiten liegen. Die Stadt Kalar war im frühen dreizehnten Jahrhundert von den Mongolen zerstört, im Jahre 1346 n. Chr. aber neu erbaut und umwallt worden. Sie hatte dann unter ihren einheimischen Herren – einer Familie Paduschban – weiterbestanden vom Ende des 14. Jahrhunderts bis zum Jahr 1595, in dem der Schah Abbas diese Herrschaft endgültig beseitigte. Der Islam setzte sich hier langsam und ohne kriegerische Unruhen durch; er wurde von den alidischen Flüchtlingen nach und nach ausgebreitet. Die arabischen Gouverneure konnten nur im Einverständnis und in Zusammenarbeit mit den einheimischen Herren regieren. Und noch im zehnten Jahrhundert bestand diese Bevölkerung »zum Teil aus Götzenanbetern, zum Teil aus Magiern«. Im Bazar von Lahu habe ich eine Silbermünze aus dem Besitz eines dieser eingeborenen Fürsten des achten Jahrhunderts gekauft, auf deren Rückseite ein Zoroastrischer Feueraltar abgebildet war.

Wir besichtigten nun den Erdhügel von Kalar, der kaum eine halbe Stunde nordöstlich Lahu liegt. Er steht völlig frei in der Ebene, in der Nachbarschaft eines andern kleineren Hügels namens Golegombé, und mißt etwa neun Meter in der Höhe und 165 m im Durchmesser. Ich fand ein paar glänzende schwarze Tonscherben und viele von den üblichen roten Stükken, aber nichts, was dem glasierten Ziegel der Frau oder der farbigen Keramik der Assassinenschlösser gleichgekommen wäre. Der Erdhügel ist schön und wartet noch auf die Ausgrabung. Von ihm aus genoß ich eine Aussicht voll blühenden Friedens, mit Kornfeldern und ihren hoch aufgestellten Mieten im Vordergrund, langgestreckten bewaldeten Gebirgsausläufern, die sich bis westlich des Salomothrones erhoben, über dem fernen Taltrichter und niedrigen Waldhöhen im Norden, wo der Sardab in einer Schlucht Kalar verläßt und eine Tagereise lang durch den Dschungel dem Meer zuströmt.

Nacht im Tschalus-Tal

Tschalus ist ein bedeutendes, aber schmales Tal, durchzogen von Nasir-ud-Dins bequemer ebener Straße, die heute für Kraftwagen ausgebaut ist und sich an die neue Karadsch-Straße von Teheran anschließt, die aber zur Zeit meiner Reise noch unberührt von modernen Bauarbeiten war. Wir ritten gemächlich über die Höhe von Baschm und passierten Banafschadeh zur Linken, Sangesarek, Schahri und Kiwiter. Hinter Kiwiter, das wir unter dem Protest 'Aziz' verließen, der es haßt, Dörfer zurückzuweisen, die die Vorsehung dem Wanderer um die Mittagszeit anbietet, bog ich von der Straße nach links ab und ritt durch die Kornfelder auf eine kleine Imamzadeh Mohammads zu, die in einem Buchenhain verborgen lag.

Der Ort war einsam. Er muß eine geheimnisvolle Botschaft über die Kornfelder hingesandt haben, denn nah und fern war nichts, was solche Schönheit hätte ahnen lassen. Der Buchenhain stand in einer niederen Mauer aus Feldsteinen, rund um eine weißgetünchte Kapelle, deren Wände von sonnenhellen Jahrhunderten mürbe waren. Eine hölzerne Gittertür führte ins Innere. Um die Kapelle lagen Grabsteine der Stadt auf der Paßhöhe. Schief und halb im Erdboden versunken, standen sie hier in großer Zahl. Moos und Flechten hatten sich in das steinerne Rankenwerk eingefressen. Jedes Grab bestand aus vier Platten, zwei kurzen am Kopfende und an den Füßen, und zwei, oder manchmal auch mehr, längeren an den Seiten. Der Raum zwischen ihnen war mit Erde aufgefüllt. Wir fanden weder arabische noch andere Schriften, sondern lediglich fortlaufende geometrische Muster. Die Steine am Kopfende und an den Füßen trugen öfter in der Mitte eine Art Knauf, der offenbar für die Gegend typisch ist, denn ich stieß später in Dschoistan in Talhagan auf die gleiche Erscheinung. Auch neue Gräber fanden sich, denn der Friedhof wird noch benutzt, und unter dem Vordach der Kapelle stand ein Kasten mit Koranbänden für die Gemeinde. Wir trafen hier aber keinen Bewohner an außer den Vögeln, die sich hier zu Hause fühlten, und drei kurdischen Burschen, die plötzlich aus dem Nichts auftauchten, neugierig durch meinen Feldstecher sahen und mich dann ein paar hundert Meter über die Stoppelfelder zu einem anderen, auf offenem Felde liegenden Grab führten.

Der ganze Berghang ist bis nach Schahri und Kiwiter und dem Höhenzug im Norden, der Ikane genannt wird, mit solchen Gräbern übersät. Auch Mauerreste finden sich, jetzt unkenntliche Steinhaufen, früher aber, wie man sich im Dorf erzählt, eine große Stadt, die sich bis zur Kammhöhe hinaufzog. Die Burschen sagten, keines der Gräber, das sie bisher gesehen hätten, habe eine Schrift getragen.

Der älteste der Jungen konnte lesen und schreiben. In Kiwiter gab es einen Mullah, der ihn unterrichtete, und einmal hatte er auch einen kurzen Besuch in Teheran gemacht. Er sagte, er würde gerne Englisch lernen: ob man das wohl in einem halben Jahr könne? Diese frischen, unternehmungslustigen Kurden sind immer wieder eine Freude. Sie unterscheiden sich zu ihrem Vorteil von den apathischen Bauern der Ebene. Keine Zweifel, die Welt gehört dem Menschen aus den Bergen.

Ziemlich spät am Nachmittag – Genaueres ist nun nicht mehr auszumachen, denn meine Uhr streikte – verließen wir das kleine Heiligtum und ritten über breite natürliche Terrassen, die mit Dornbüschen übersät waren, ins Tal hinunter. Dann kletterten wir über eine kleine, mit Akaziengestrüpp gefüllte Schlucht zu dem Dorf Baude hinauf, wo wir die Nacht zu verbringen hofften.

Noch ehe wir das Dutzend Häuschen erreichten, überraschte uns die tiefe Stille. Nicht eine Menschenseele ließ sich blicken. Im Spätlicht leuchteten die eingehegten Gärten in sorgloser Üppigkeit, lange ungepflegte Schößlinge von Feuerbohnen und Kürbisranken hingen über den Weg. Wir riefen und riefen – keine Antwort! Schließlich kam eine Katze und rieb sich an der kleinen hölzernen Kolonnade. Überall krochen Weinranken, und unreife Feigen hingen über den Weg. Ein einsamer Esel, rund und feist, der sichtlich keinerlei Hintergedanken an eine Arbeit hegte, graste gemächlich und rupfte da und dort aus dem Zaun ein Büschel Grünzeug. Und rings um das Dorf wogten erntereife Felder mit Arzan, offenbar einer Art Hirse, aber keine Seele zeigte sich, die Frucht zu schneiden.

Wir ließen Baude liegen und ritten weiter nach Süden auf einer breiten Fahrstraße, der Strömung des Flusses entgegen, der tief unter uns in seinem Felsenbett rauschte. Seine Stimme wurde lauter, während die Dunkelheit hereinbrach, und über allem lag die gleiche unmenschliche Stille.

Moskitos begannen in der Dämmerung zu summen und gaben damit die Erklärung für die Menschenleere des Tales, denn dieses ungesunde Tiefland wird im Sommer aufgegeben. Die Bevölkerung lebt in dieser Zeit einige Stunden weiter bergauf in den Gebirgs-Jailaghs.

Wo ein steiler Pfad ans Wasser hinunterführt, liegt mit einem halben Dutzend Häusern und einer Brücke das Dorf Barazan. Wir sahen von der Höhe des Felsens angespannt zum Dorf hinunter, schlossen, da wir keine Bewegung wahrnahmen, daß auch diese Siedlung verlassen war, und setzten unsern Weg unter dem Glanz der Milchstraße fort, die zu unsern Häupten dem Verlauf des schmalen Tälchens folgte. Die Dunkelheit war nun so dicht, daß man nach und nach sogar die Ohren der Maultiere aus den Augen verlor. 'Aziz sang. Er sang von dem jungen Luren, der sein Gewehr über die Schulter warf, auf den Jahrmarkt nach Tunakabun ging und dort Zerengis begegnete:

»Ein Zelt hast du im Sommer, ai Zerengis,
Dein Röcklein ist aus Sammet, ai Zerengis.
Voll Unruh schlägt mein Herze, ai Zerengis.
Daß du den andern lieben könntest, ai Zerengis.
Doch mir dein Herze schenkst du, ai Zerengis.«

Beim Refrain am Ende eines jeden Verses senkte er die Stimme zu eigenartiger Tiefe, was der Ballade einen seltsamen Nachdruck verlieh.

Aber die Eltern von Zerengis wollten von einer Heirat mit dem jungen Mann mit dem Gewehr nichts wissen, und ich habe nie zu hören bekommen, wie alles ausging, denn durch Dunkelheit und Schweigen des Tales schimmerte jetzt ein trübes Lichtchen, das, wie sich bald herausstellte, von den Ruinen der abgebrannten Tschaikhana von Masal ausging. Wir ritten voller Hoffnungen auf den Platz zu, etwas beunruhigt durch die völlige Stille: nicht einmal ein bellender Hund ließ sich vernehmen. Und als wir in den Hof der Tschaikhana einbogen, stellten wir fest, daß das Licht von einer Laterne stammte, die zu Häupten eines Mannes stand, der, in einem Schaular eingewickelt, in tiefem Schlaf auf der Erde lag. Kein anderes menschliches Wesen weit und breit.

Der Mann erhob sich nicht und erwiderte auch unsern Gruß nicht. 'Aziz und »der Zufluchtnehmende« gingen auf ihn zu und sprachen leise mit ihm, erhielten aber nur sehr einsilbige Antworten von dem Liegenden. Nach ein oder zwei Minuten kamen sie wieder, bemerkten kurz, dies sei kein Ort für uns, um die Nacht zu verbringen, und drehten die Maultiere um. Erst nachdem wir ein Stück Weges hinter uns gebracht hatten, kam mir der Gedanke, zu fragen, warum der Herr der Tschaikhana uns einen so seltsamen Empfang bereitet hatte.

»Es war nicht der Herr«, sagte 'Aziz. »Die Tschaikhana ist vorgestern abgebrannt, und der Mann war ein Reisender, der nach Teheran geht und zu krank ist, um die Reise fortzusetzen.«

»Was?« sagte ich. »Willst du damit sagen, daß der Mensch, der da lag, krank war, und daß wir ihm keine Hilfe gebracht haben?«

»Man kann nicht jedem helfen, der einem über den Weg läuft«, sagte 'Aziz, der seine Pfennige an jeden Spitzbuben von Bettler verschwendet, wenn er einem begegnet. »Er lag vielleicht im Sterben. Er ist so arm, daß er nicht einmal einen Esel hat, auf dem er reiten könnte. Er ist nicht aus unserer Gegend.«

Ich war dafür, sofort umzukehren, aber dieser Vorschlag erregte sogar von seiten des sonst so unterwürfigen »Zufluchtnehmenden« heftigen Widerspruch. Es war mir klar, daß es schwierig war, die beiden müden Männer zum Umkehren zu veranlassen, und meine eigene Erschöpfung trug wesentlich dazu bei, meine Hilfsbereitschaft zu beeinträchtigen. Wir einigten uns also darauf, von der nächsten Tschaikhana aus Hilfe zu schicken oder nach dem Abendessen noch einmal umzukehren, wenn wir keine Tschaikhana mehr erreichen sollten. Und ich ritt niedergeschlagen weiter durch die Finsternis, bedrückt von der Grausamkeit Asiens in der einsamen Weite seiner Räume, in der die Worte Feind und Fremdling beinahe gleichbedeutend sind.

Wie freundlich sind demgegenüber die Alpen mit ihren Dörfchen und kleinen Kirchlein, die bis zum Gletscherrand hinaufklettern. Keinem, der dort am Wegrand läge, würde man eine hilfreich ausgestreckte Hand verweigern. Und hier war nun 'Aziz, ein freundlicher und sanftmütiger Mensch, der mich für eine Närrin hielt, weil ich mich um jemanden sorgte, der »nicht aus unserer Gegend« war. Die großen Religionsstifter sind alle aus Asien gekommen. Man sagt gerne, es sei ein Kontinent, der dem Göttlichen stärker verbunden ist. Aber vielleicht kommt es nur daher, daß hier das Elend der Menschheit offener zu Tage liegt. Das Bedürfnis, sich auf etwas verlassen zu können, das universeller ist als die menschliche Hilfsbereitschaft, ist hier so viel größer. Und das große und zärtliche Herz des Propheten erschließt sich eher beim Anblick des menschlichen Leidens. Die Finsternis des Mittelalters hat die Heiligen hervorgebracht. Vielleicht sind sie heute nur deshalb so selten, weil das Leben bequemer und eine gewisse Liebenswürdigkeit im Umgang selbstverständlicher geworden ist.

Die nächste Tschaikhana, die als verschwommene Silhouette in der Finsternis auftauchte, war, wie sich beim Näherkommen zeigte, ebenfalls abgebrannt. Wir schienen uns in einem Tal des Todes aufzuhalten. Man hörte aber den kleinen Wasserlauf durch die Nacht rauschen, und wir beschlossen, hier zu bleiben und beim Schein der Laterne mein Bett aufzuschlagen. 'Aziz und »der Zufluchtnehmende« fühlten sich überall zufrieden, da sie von nichts als Käse und Tschupattis lebten. Ich mußte es ihnen immer wieder begreiflich machen, daß ich einer größeren Abwechslung bedurfte. Wir hatten indessen Eier und noch eine letzte Büchse Sardinen, und als wir uns niedergelassen hatten und ihnen den Garaus machten, klangen Schritte die Straße herunter, und es erschien der Gefährte des kranken Wandersmanns, der also doch nicht so ganz verlassen auf dieser Welt war. Der Mann war die Straße entlanggegangen, um nach etwas zu essen Ausschau zu halten. Wir rüsteten ihn aus, so gut wir konnten, und gaben ihm auch etwas Chinin, so daß wir uns in etwas besserer und versöhnlicherer Stimmung zum Schlafen legen konnten. Die Milchstraße, »die Straße Gottes«, lag wie ein Deckel auf dem schmalen Kasten unseres Tales, umgeben von Sternen, die so dicht standen wie ein Feld Margeriten. Moskitos summten in der stickigen Luft. Ich nahm mir vor, Tschalus am andern Tag sobald als irgend möglich zu verlassen und einen gesünderen und weniger niederdrückenden Heimweg durch höhergelegenes Gelände zu suchen.

Am nächsten Morgen, nachdem wir eine Stunde in der Dämmerung geritten waren, stießen wir auf das erste Anzeichen besiedelten Landes bei Tuwir.

Eine Tschaikhana an der Straße gab Frühstück an Reisende, und unser kranker Freund vom Abend zuvor war bereits in den frühesten Morgenstunden hier durchgekommen. Wir erneuerten unsern Brotvorrat und wandten uns westwärts bergauf gegen das Dorf Tuwir, das ein gutes Stück oberhalb der Straße in einem Wäldchen liegt. Wir kletterten einen primitiv angelegten Weg hinauf, der da und dort mit Stufen versehen war, die aus behauenen Grabplatten bestanden, wie wir sie am Tag zuvor bei der Imamzadeh gesehen hatten.

Der Tschalus durchströmt hier eines jener tief eingeschnitzten Täler, die oben von einem verhältnismäßig ebenen Plateau gesäumt sind, auf dem sich Dörfer und Felder breiten, die aus der Tiefe nicht zu sehen sind. Der Weg, den wir eingeschlagen hatten, führte uns nun über dem Westufer hin durch schattige Buchengänge, Eichen- und Weißdornbestände und über verborgene Bächlein, wie in einer englischen Landschaft, von einem dieser Dörfer zum andern. Ein schleppender, feuchter Nebel zog sich zu uns herab, verbarg uns die Ferne, verstärkte aber den heimatlichen Charakter der Brombeersträucher und gebeugten nassen Gräser zwischen den Felsblöcken. Die Dörfer, durch die wir kamen, waren beinahe ausschließlich von Frauen bewohnt. Die Männer waren mit den Herden in die Berge hinaufgezogen. Tuwir, Qutir, Meres ließen wir hinter uns. Von hier führt der Kanditschal über den Kamm im Westen ins Tal des Sardab Rud hinab. Dann kamen wir nach einem großen Dorf, Pischkur, unter dessen Holzhäuschen ein gutgebautes Steinhaus auffiel, aus dem mich unerwartet ein Bahai aus Tunakabun grüßte, den ich im vergangenen Jahr kennengelernt hatte. Wir lehnten eine Einladung jedoch ab. Im Vertrauen auf die Karte und auf die Struktur des Geländes suchten wir Delir zu erreichen, einen Ort, der bereits von Europäern besucht worden sein muß, da er mehr oder weniger lokalisiert ist, von dem aber keiner meiner Leute jemals etwas gehört hatte. Sie konnten sich gar nicht genug verwundern, als sie feststellten, daß diese Dörfer auch wirklich existierten.

Nach Pischkur begann es zu regnen, und die Landschaft verhüllte sich völlig. 'Aziz hielt neben ein paar Männern, die im Regen mit dem Worfeln des Kornes beschäftigt waren, und erkundigte sich nach dem Namen des Grundbesitzers von Bidscheno, des Dorfes, dem wir uns näherten. Bald befanden wir uns auf einem lehmigen, schlüpfrigen Hang zwischen Häusern und kamen an ein Landhaus mit geschnitzten Holzsäulen. Wir verjagten ein Schaf, das den Eingang zum Empfangszimmer des Grundherrn versperrte, und fanden den Eigentümer von Bidscheno auf dem Boden sitzen, neben sich einen Kamm und einen Taschenspiegel, in den Genuß seiner Opiumpfeife versunken.

Der Herr von Bidscheno empfing uns überaus herzlich. Er war entzückt, daß die Ankunft von Gästen den Regentag etwas belebte. In kürzester Zeit war Feuer gemacht, und ich konnte mich auf dem Teppich niederlassen und meine Sachen trocknen. Der Nebel zog in Streifen zur offenen Tür herein. Das schwarze Schaf machte sich's wieder zwischen unsern Beinen bequem. Die Frau des Grundherrn, eine hübsche, energische und wohlwollende Dame, saß mit gekreuzten Beinen vor dem Samowar, während vier Töchter, von sieben Jahren aufwärts, sich in einem Kreis auf den Boden kauerten und eine weiße Katze namens Mahmal streichelten, die sie mit Henna beschmiert hatten.

In einem Winkel des Zimmers zerlegte ein asketischer Diener mit langem Gesicht, unter dessen schwarzer Filzmütze hervor zwei Locken über die Ohren fielen, mit einem Messer, das er sich von einer der Töchter ausgeliehen hatte, ein frisch abgezogenes Schaf, eine Operation, die er mit bemerkenswerter, dem Wohnzimmer durchaus entsprechender Sauberkeit vollzog.

In dieser Familienatmosphäre brachte ich den Tag zu, während mir der Grundherr von den »Bolschewiken« erzählte, die im Jahre 1920 bis nach Bidscheno heraufgekommen waren, seinen Bruder erschlagen und 150 Schafe fortgetrieben hatten. Es waren in Wirklichkeit Marodeure aus der Gegend, von denen wir schon vorher gehört hatten, aber das Wort »Bolschewiken« deckt eine Menge von Sünden, und man spricht im ganzen Land noch heute mit heißem Haß von ihnen. Es bedürfte einer intensiven Propaganda, wenn man sie wieder mit freundlicheren Augen ansehen sollte. Abgesehen von dem Selbstmord Sipahsalars waren dies die letzten Ereignisse von einiger Bedeutung im ganzen Distrikt, und die Erinnerung daran hat sich in den Leuten festgesetzt, denn seitdem das Land befriedet ist, leben die kleinen Grundbesitzer auf den Dörfern in völliger Stagnation dahin. Sie haben noch nicht gelernt, sich wirklich um ihren Besitz zu kümmern. Das Opium untergräbt ihre Energie und läßt sie nicht einmal zu Jagden in den Bergen kommen. Sie sitzen in ihrem Zimmer, empfangen Besucher, führen unendliche Reden und lassen sich aus dem ganzen Umkreis Nachrichten und Gerüchte zutragen. Im Zimmer nebenan sitzen die Frauen des Hauses, ebenfalls in völliger Untätigkeit, und warten auf einen gelegentlichen Befehl. Wenn der Winter hereingebrochen ist, ziehen sie in das fensterlose Versteck des Hausinnern, breiten die »kursis« über der versenkten Feuerstelle aus und schwatzen weiter, bis der Schnee wieder schmilzt.

Der Grundherr von Bidschenko war ein Bücherwurm. Wir verbrachten den Abend über der Geschichte Alexanders des Großen und »Memoiren aus dem Boxer-Aufstand«, die aus dem Französischen ins Persische übersetzt waren – ein seltsamer Fund, auf den ich später noch einmal in einer wilden Gegend von Luristan stieß, wo das Buch die Mußestunden eines Stammeshäuptlings verkürzte. Die Geschichte Alexanders dagegen hat ihren Platz überall zwischen Nil und Indus, wo dieser einzigartige und unbesiegte Eroberer in einem Glanz vorüberzog, der seinem Gedächtnis noch immer anhaftet. Die Legenden um ihn sind wie diejenigen der Helden Firdausis den meisten Grundherren auf den Dörfern vertraut. In gewissem Sinn tut es einem leid, daß sie über das Kriegshandwerk nur noch lesen können, ohne es zu üben, denn das allein könnte sie davor bewahren, völlig in dörflicher Langeweile unterzugehen.

Der Grundherr und seine Frau wurden nicht müde, mir von den Köstlichkeiten des Bades von Bidscheno zu erzählen. Ein klarer Strom wurde, wie sie mir sagten, jeden Tag neu von einer Quelle in einen Behälter geleitet, wo er erhitzt wurde und der Dame und ihren Freundinnen für ihre Waschungen zu Gebote stand, bevor irgendjemand aus dem Dorf Zutritt erhielt. Ich könne ihn ganz allein genießen, wenn ich wolle.

Der Nebel kroch immer noch dunkel und freudlos zur Tür herein. Draußen plätscherte der Regen. Die Aussicht auf ein heißes Bad in klarem Wasser war verlockend. So stimmte ich gegen mein besseres Urteil zu. Im Bademantel trat ich in den Regen hinaus. Zwei der Töchter und eine Magd gingen mir mit einer Laterne voran, eine schmale, schlüpfrige Gasse hinunter, hinaus ins Freie und dann wieder zwischen Häusern dahin, schließlich über Stufen in eine unterirdische Katakombe hinab, die mit Abfällen und Eierschalen bestreut war und in der sechs ältliche Mänaden, die die abstoßende Häßlichkeit ihrer Leiber mit nichts verhüllten, mich mit freudigen Rufen willkommen hießen. Mir war es, als ob ich unter Hexen in eine Welt der Finsternis eingeführt werden sollte. Durch zwei niedrige, steinerne Türöffnungen sah ich das Wasser, eine träge Brühe, die schon viele Wochen alt aussah. Die nackten Zahnlosen sahen mich zögern und luden mich mit Wonneschreien ein, näher zu kommen. Aber ich brachte den Mut nicht auf. Obgleich ich mir darüber klar war, daß ich damit Bidscheno und seine Bewohner schwer beleidigte, konnte ich mich nicht überwinden. Ich raffte meinen Bademantel zusammen und floh.

Als ich wieder in den Kreis der Familie eintrat, befand sich der Musiker des Grundherrn bei ihm, ein vertrocknetes Männlein in einem viel zu großen Filzrock, um den er einen Gürtel geschlungen hatte, was ihm das Aussehen einer Singspielfigur gab. Er blies auf einer Flöte, wie sie vielleicht Theokrit gekannt haben mochte, die aus dem Schilf des Tschalus geschnitten und mit eingebrannten Mustern, Fischen, Kamelen, Steinböcken und geometrischen Figuren, verziert war, die alle in zarten, einfachen Linien dargestellt waren. Die Flöte war ungefähr 60 cm lang, vier Löcher waren dicht nebeneinander, eines etwas für sich angeordnet. Der Flötist spielte eine Heimkehrweise für die Schafe. Die Tiere kennen sie, und wenn sie sie hören, fangen sie an, sich zu sammeln und den Weidegrund zu verlassen. Und während ich lauschte, mußte ich an die italienischen Berge meiner Kindheit denken, als ein alter Mann jeden Morgen mit einem Horn durch das Dorf zog. Wenn er auf seinem Instrument blies, traten alle Geißen aus den niedrigen Stalltüren und liefen ihm nach. Wir saßen lange bei der Musik, der Grundherr fiel von Zeit zu Zeit mit einer traurigen, eintönigen Weise ein, während ich ein bisher vernachlässigtes Talent entdeckte und deutsche Lieder sang, deren ich mich aus dem Kindergarten entsann.

Der ganze folgende Tag war in Nebel gehüllt, und wir brachten ihn über den Landkarten im Wohnzimmer des Grundherren zu. Im gleichen Raum hatten wir auch gemeinschaftlich mit der Familie geschlafen, und zwar zu sechsen, glücklicherweise bei offener Tür. Es war ein gutes Zimmer mit den üblichen Nischen in den Wänden. Eine besondere Note hatte der Architekt dem Raum dadurch verliehen, daß unten an den Wänden entlang eine Rinne mit laufendem Wasser angebracht war, in der die Wanzen ertrinken sollten. Es schienen auch nicht viele über das Hindernis hinwegzukommen, denn die Wanze gehört nicht zu den unternehmungslustigen Insekten und besitzt nichts vom Elan des gemeinen Flohs.

Über den Siolis-Paß nach Talaghan

Am dritten Tag enthüllte die hervorbrechende Sonne plötzlich einen Berghang uns gegenüber, der vorher völlig verschleiert gewesen war, und wir brachen sofort auf. Es war uns daran gelegen, möglichst rasch das Talaghan-Tal zu errreichen, unser letztes Forschungsziel auf der Heimreise.

Der Nebel hängte sich noch an unsere Flanken wie die Kosaken um eine Armee auf dem Rückzug. Als wir an den Ufern des Halis, der die Ländereien von Bidscheno bewässert, entlangritten, drang durch den weichen, grauen Schleier Trommelklang. Es war ein Pilgerzug von etwa fünfzig Seelen, wie ihn wohl Chaucer gesehen haben mag, der auf dem Weg nach

Mesched in Khorasan begriffen war. Es waren meist alte Leute, einige auf Eseln, die andern zu Fuß und mit Pilgerstäben; unter ihnen zahlreiche Frauen, und keiner hatte mehr Gepäck, als sich in einem gestreiften Taschentuch unterbringen ließ. Die beiden flachen, großen Trommeln, die das Geräusch verursachten, wurden von jüngeren Leuten hinterher getragen. Sie grüßten uns alle. »Gott verleihe Euch Stärke!« riefen wir ihnen im Vorübergehen zu, wie die Sitte es gebietet, und dann verschwanden wir wieder im Nebel.

Die Wolken zerrissen für einen Augenblick und gaben uns den Blick auf Natil frei, ein großes Dorf an einem grasbewachsenen Hang, und auf einen jungen kurdischen Händler aus Kurditschal in Kalar Dascht, der hinter seinen mit Waren beladenen Eseln daherschlenderte. Er brachte aus einer seiner Satteltaschen Tee hervor und wog ihn mit Hilfe von zwei Steinen in einer Waage aus, während 'Aziz um den Preis feilschte. Er zog hier herauf, um im Winter den Leuten im Gebirge Marderfelle abzukaufen, und durchwanderte jetzt diese Gegend mit den wenigen Waren, an denen die Bauern Bedarf hatten.

Jenseits Natil senkte sich der Nebel wieder um uns, als wir auf Grasboden zum Mitschilisera-Paß hinaufstiegen, zur Rechten von hohen, verhüllten Felsen begleitet. Dann und wann tauchten die undeutlichen Umrisse einer Anhöhe wie die Schulter einer zur Flucht gewandten Göttin auf. Ein Wanderer schimmerte durch den milchweißen Dunst und verschwand wieder – ein hübscher Anblick, der Mann in roten Hosen mit blauen Flicken. Die Glöckchen unserer Maultiere läuteten wie mit Watte gedämpft. Und da sonst nichts zu sehen war, konzentrierte sich unsere Aufmerksamkeit auf die kleine Flora zu unsern Füßen, Enzian, Wiesenflachs, wildes Löwenmaul, Irispflanzen, Immergrün und Veilchenblätter in den Spalten der Felsblöcke. Die Enziane scheinen in einer Höhe von über 2400 m weitverbreitet zu sein. Sie glänzten wie Sterne, und kleine Tropfen hingen an den pelzigen Rändern der Kelche. Südlich des Mitschilisera liegt Delir, ein größerer Ort von etwa 150 Häusern, der eine flache Mulde beherrscht, die gewissermaßen zwischen zwei Pässen aufgehängt ist, dem Mitschilisera, über den wir kamen, und dem Anguran, der außer Sichtweite im Süden liegt und über den der größte Teil des Verkehrs zwischen Tschalus und Talaghan geht. Dahinter ragen die Berge immer höher und wilder auf bis zum Salomothron, unterbrochen von schroffen und öden Tälern. Im Osten dagegen dehnt sich ein flacher bebauter Landstrich über einige Meilen hin, durch den sich ein Fluß bis zu einem Dörfchen namens Ilat schlängelt, hinter dem er dann von dem Plateau wie von einem Sims herabfällt, hinunter in das unsichtbare Tschalus-Tal in der Tiefe.

Die Sonne trat jetzt aus den Wolken, und wir wanderten mit großen Schritten bergab, nicht ohne den Kindern von Delir, die am Straßenrand spielten, einen großen Schrecken einzujagen. Sie sahen mich erst lange an, brachen dann in Tränen aus und entflohen kreischend. Das war die Wirkung meines Terai, der unfehlbar jedes Kind in Masanderan aus der Fassung bringt. Die Erwachsenen des Dorfes zeigten nicht viel mehr Selbstbeherrschung als die Kinder, und sie waren viel lästiger, denn ungefähr 200 Frauen traten aus ihren Häusern, drängten sich auf den Dächern, umstellten mich in den engen Straßen, wagten sich nahe heran, um meine Kleider zu berühren und festzustellen, ob ich nicht vielleicht nur eine Geistererscheinung sei, und es hätte nicht viel gefehlt, so hätten sie mich buchstäblich erdrückt. Sie waren in bunte Farben gekleidet, die silbernen Krönchen waren frech über das eine Auge gedrückt und der Rand der kurzen Jacken mit hundert silbernen Kleinigkeiten behangen. Auch Männer mischten sich da und dort unter die Menge. Sie waren ebenso interessiert, hatten aber Rücksicht auf ihre Würde zu nehmen, und an diesen vernünftigeren Teil der Menschheit wandte sich denn auch 'Aziz voller Verzweiflung und verschaffte mir wenigstens vorübergehend Erleichterung, indem er die Weiber wegscheuchte und sie mit den wilden Tieren des Waldes verglich.

Den Gedanken, im Dorf unsere Mahlzeit einzunehmen, gaben wir bald auf. Ebensogut hätten wir in einer Windhose zu Mittag essen können. Gleich darauf, nachdem Fragen und Antworten ausgetauscht worden waren, erschien aber ein Mann aus Talaghan, der die Dinge in die Hand nahm. Talaghan ist eine

Nachbarlandschaft von Alamut, und 'Aziz hält es daher für möglich, daß sich dort auch gelegentlich brauchbare Männer finden. Die beiden wurden sich rasch einig über die menschliche Bosheit in allen andern Gegenden der Welt und Persiens, geleiteten mich, gefolgt von einer tobenden Menge, langsam aus dem Dorf und wanderten dann etwa eine halbe Stunde das Tal hinauf, bis nur noch die Beherzten mitkamen. »Der Zufluchtnehmende« strolchte hinterher, um Lebensmittel einzuhandeln.

Der Gebirgsstock hinter Delir steigt allmählich zum Hazarschal, dem Paß der tausend Mulden, und seinen Gipfeln auf, die wie eine bescheidenere musikalische Begleitung auf den grandiosen Akkord des Salomothrons, der von hier aus nicht zu sehen ist, hinführen. Wir saßen am Taleingang, genossen die Stille und betrachteten die hinter wechselnden Wolken auftauchenden neuen Gipfel, bis »der Zufluchtnehmende« erschien, in der Hand fünf Eier und unter dem Arm einen krähenden Hahn, dessen Kehle er in einem stummen Anfall von Verruchtheit durchschnitt, die sich offenbar gegen die kulturlose Bevölkerung von Delir richtete. Kleine, lang auseinandergezogene Prozessionen von Einwohnern, die zwischen den Feldern sichtbar wurden, störten das Ende des Mahls etwas und trieben mich weiter das Tal hinauf, nicht ohne daß mich zuvor die Tochter eines Mirza, ein lästiges Mädchen, das sich in der Stadt als Blaustrumpf unbeliebt gemacht haben würde, inmitten eines Kreises ihrer Freundinnen mit Fragen der Religion ins Kreuzverhör genommen hatte. Es gibt in dieser Gegend weder Kurden noch Türken. Die Menschen sind dunkeläugig und fanatisch. Der Name Armenier, der unterschiedlos auf jeden Christen angewandt wird, erregt Mißfallen. Ich stellte aber fest, daß meine Kenntnisse des Korans und die selbstverständliche Höflichkeit, den mohammedanischen Heiligen und Propheten die gebührenden Titel zukommen zu lassen, an die das Volk gewohnt ist, sie rasch zugänglicher machten.

Der Fluß von Delir wird an Ort und Stelle für den Tschalus gehalten, und wir folgten seinem Lauf bis zu dem Punkt, wo er aus seinem Ursprung im Tal der Sieben Quellen um eine Talbiegung schäumt. Hier beschlossen wir, unser Lager für die

Nacht aufzuschlagen. Schäfer hatten an einer Felswand am Fluß eine halbkreisförmige Umfriedung errichtet, und dort machten wir Feuer. Über dem Fluß waren hinter einem Mäuerchen zwei kleine Felder mit Hirse angepflanzt, sonst war nichts zu sehen als Fels, kurzes Gras und graues Wasser und, etwas höher, Dornbüsche, die Brennmaterial lieferten. Ein Mann mit einer langstieligen Axt und schlichtem schwarzen Haar, das ihm tief in den Nacken hing, erschien von irgendwoher und bot sich als Führer an. Wir behielten ihn, weil uns sein Lächeln gefiel, und nach einer Pause tauchte er wieder auf, diesmal mit einem Kochtopf und einer Flinte. Dann schloß sich uns ein alter Fallensteller an, ein Schäfer aus Kudschur, nach seinen Aussagen ein Vetter Schah Rizas, der aus dieser Gegend stammte. Der drollige Bursche trug einen Stab über der Schulter und ein winziges Käppchen auf dem Kopf. So setzte er sich zu uns, bat mich um ein Medikament, das ihm Nachkommenschaft sichere, und erzählte vom Fallenstellen in den Bergen.

Gegen Abend klärte sich der Himmel auf, kleine Wölkchen schwammen im klaren Blau, Schwalben flitzten unter der Felswand. Das Wasser machte ein wohltuendes Geräusch und das gleiche tat unser brodelnder Pilav. Und wie wir so zwischen den Felsblöcken saßen, stellten sich Gruppen von Besuchern aus Delir ein, plauderten in ihrer gefälligen Art von diesem und jenem und lenkten das Gespräch nach und nach auf das Thema der Medikamente, die man hier drei Tagesreisen weit von Teheran her holen muß. Sie hatten ausdrucksvolle Gesichter, von vielen Linien und Runzeln durchzogen und von ihrem langen Haar eingefaßt wie Porträts aus dem vierzehnten Jahrhundert. Und die Ähnlichkeit mit den Erscheinungen des Mittelalters beschränkte sich nicht auf das Äußere: die gleiche Lebensart brachte einen ähnlichen Typus hervor.

Dann kam ein rührendes Paar – zwei Leute mittleren Alters mit einem sehr kleinen kranken Kindchen, das offensichtlich dem Hungertod nahe war. Die Frau trug das Kind, während der Vater das Arzthonorar mitbrachte, sechs Eier in einem Taschentuch, die er mit rührender Unterwürfigkeit neben mir auf den Boden legte. Alle ihre Kinder seien gestorben, und wenn dieses nun auch zugrunde ginge, sagte die Frau, so würde sie zu alt sein, um noch einmal ein Kind zu haben. Sie zweifelten nicht an meiner Fähigkeit, das Kind zu heilen, sondern nur an meinem guten Willen angesichts der Geringfügigkeit des kleinen Geschenks der sechs Eier. Ich gab ihnen eine Büchse Ovaltine mit den besten Wünschen und erfüllte sie mit einer Freude, die mir ans Herz griff.

Der Paß von Siolis ist nicht so schwierig wie der Kalau, obgleich er nicht viel niedriger und nur in den Sommermonaten passierbar ist. Er wird in erster Linie für den Transport von Salz aus dem Süden benutzt, während Holzkohle und schwere Waren den Umgang über den niedrigeren und leichteren Anguran machen. Von unserm Lager in einer Höhe von 2400 m erreichten wir den Gipfel in stetigem Anstieg – erst zwischen Krüppeleichen, dann über das nackte Gestein, das zum Teil schneebedeckt war – in fünf und einer halben Stunde. Ich vertrug die Höhe noch immer schlecht und ritt beinahe die ganze Strecke, von Gewissensbissen wegen der Maultiere gepeinigt.

»Der Duft der Berge beklemmt das Herz«, meinte 'Aziz, der jedesmal, wenn ich aufstieg, sich ebenfalls auf eines der Tiere schwang, ohne das begründen zu können. »Der Zufluchtnehmende« war von seinem Frühstück aufgescheucht worden, weil ich auf einem zeitigen Aufbruch bestanden hatte; er schritt aber ohne ein Zeichen von Schwäche voran, unerschütterlich wie die Berge um ihn: keine Anstrengung war je zu viel für ihn. 'Aziz hingegen trug meinen Feldstecher und meinen Stock, versuchte den Anschein zu erwecken, als gehörten sie ihm, und beschränkte seine Tätigkeit im übrigen darauf, den Vorüberziehenden freundliche Grüße zuzuwerfen.

Die Straße über den Siolis war schöner als die Strecke zum Kalau hinauf, denn unter uns zur Rechten hatten wir ein wildes unbewohntes Tal, das zum Laschkarek hinaufführte, einem Kegel in der Nähe des Passes der Tausend Mulden; und die schwarzen Schrunden eines Berges namens Siahkulu stiegen uns gegenüber jenseits des Talgrabens wie ein Burgwall auf. Und zu unserer Linken zogen sich wie die Glieder einer Kette die

Weidegründe des Tals der Sieben Quellen herab, wo die Wasserfälle des oberen Tschalus herunterstürzten.

Wir begegneten auf dem Wege Maultieren, die Körbe mit Äpfelchen aus Talaghan trugen, an denen wir uns erfrischten. Aber es war doch ein ermüdender Abschnitt, und der Paß selbst ein beschwerliches sandfarbenes Stück Erde, das weiter und weiter hinauf gegen einen trügerischen Horizont stieg, einer jener Pässe, auf deren Höhe sich eine ganze Welt von kleinen Höckern und Mulden ausbreitet. Von der kleinen Anhöhe Saraban aus, die gleichsam eines der Hörner des Passes bildet, dehnte sich eine herrliche Hochwelt um uns. Hier sahen wir wieder den Salomothron und all seine Schwestern, um die sich ein Schneefeld im Halbkreis wie eine Krause legt, aus dessen Wassern der Fluß des Kalten Wassers, unser Sardab Rud, gespeist wird. Der Kamm der Tausend Mulden, dessen niedrigere Gipfel zu unsern Füßen aufragten, schwingt sich dort hinauf. Um dieses Massiv und darunter legten sich Berge wie die Falten eines Linnentuches. Die Stufen des Südhangs des Elburs und seiner Genossen, die bisher unsichtbar waren, erschienen jetzt weiter nach Westen, und unter ihnen lief ostwärts auf uns zu ein breites, dicht besiedeltes Tal, das Bett des Schah Rud in Talaghan. Ein fernenblauer gezackter Gebirgsrand mit vielen Pässen, die alle mehr oder weniger auf gleicher Höhe lagen, schloß den uns abgewandten Talrand ab. Jenseits, außer Sicht, lag die Ebene von Kazwin und Teheran, die Welt der Kraftwagen. Von diesem platten Kulturland aus hatte der Survey of India Ausschau gehalten und die Punkte auf den Berggraten von der Südseite her bestimmt. So lieferte er mir wenigstens jetzt, nach so vielen Wanderwochen, einen brauchbaren Ausgangspunkt.

Wir stiegen einen unebenen Pfad zum Narianfluß hinab und begegneten vielen Nebenflüßchen, die sich in ihn ergossen, denn die Gebirgszüge breiten sich hier aus wie Fischgräten und bilden viele unbewohnte Tälchen, bevor sie in Felsabstürzen und Schluchten den tiefergelegenen Schah Rud erreichen. Oberhalb dieser Schluchten liegen im Mittelabschnitt der Seitentälchen Dörfer, deren Linie ungefähr dem Hauptfluß parallel verläuft, aber in größerer Höhe. Sie sind durch eine Straße miteinander verbunden, die direkt vom Angarun-Paß im Osten herunterzieht.

Als wir gegen Abend das Ufer erreichten, wurden die Hänge steiler und steiniger. Wir sahen uns nach einem geschützten Platz um, an dem unsere Tiere Gras, wir selbst aber Lager und Schlaf finden konnten. Gerade als wir eine solche Stelle ermittelt hatten, einen kleinen felsigen Halbkreis am Fluß, mußte 'Aziz niesen. Nichts hätte ihn bewegen können, nach einem so unheilvollen Omen hier haltzumachen. Widerstrebend, aber gehorsam folgten wir ihm und fanden nun nirgends mehr einen geeigneten Lagerplatz, bis wir in der Finsternis die Flußmatten des Narian erreichten und auf einem von Weiden umgebenen Stoppelfeld das Gepäck abluden. Das Zirpen der Grillen und das Plätschern der kleinen Wasserläufe, die durch das gepflügte Land strömten, erfüllte die Luft mit einer sanften Bewegung, der sich das Herz gern erschloß nach dem Schweigen der Berge.

Der obere Schah Rud

Ich hatte vorgehabt, nun auf dem nächsten Weg nach Teheran zu gehen und unterwegs den östlichen Schah Rud, dessen Lauf kartographisch noch kaum festgehalten worden ist, zu skizzieren. Das Problem der dailamatischen Grenze veranlaßte mich jedoch, zuerst noch einen Umweg über Dschoistan zu machen, falls etwa am südlichen Ausgang des Hazartschal irgendwelche Spuren des Mittelalters zu finden sein sollten.

Dschoistan, wohin wir durch einen langweiligen Strich roter Erde über Dizan und Mehran gelangten, zeigte sich als großes blühendes Dorf, in dem wir zwar einige von den alten Grabsteinen mit dem charakteristischen Knauf fanden (sie wurden hier Schutur oder Kamele genannt) und Häuser mit Stuckornamenten und hübschen Holzgittern – aber keine Befestigungen. Westlich davon mündet der Schah Rud in ein weites, dichtbesiedeltes Tal mit vielen Dörfern. Einige Stunden von hier sieht man, umgeben von grünen Hainen, Schahrak, den Hauptort mit seinen Regierungsgebäuden. Im Nordwesten liegt der Elburs, der von dieser seiner sanfteren Seite nicht sehr eindrucksvoll wirkt und dessen Basis von einer Welt von Bodenfalten und Ausläufern verhüllt ist.

An der entgegengesetzten Talseite steigt das Land in Stufen zu den Pässen am Horizont an, zahlreiche Dörfer beleben das Bild, und viele Straßen führen über den Rand des Gebirges hinunter in die Ebene von Kazwin. Der Boden ist hier rötlich wie in Alamut, und dies sowie die sanfteren Linien der Landschaft verleihen dem unteren Talaghan etwas Mildes und Lächelndes nach dem dunkeln Granit und der erhabenen Strenge des Takht-i Suleiman.

Wir hielten uns nicht lange in Dschoistan auf, wo dieses freundlichere Land beginnt, denn ich erfuhr hier von einer Festung, die in einer Entfernung von wenigen Stunden auf dieser Seite des Hazartschal bei Paratschan liegen sollte. Trotz der Hitze, trotz der zusätzlichen Anstrengung, die es immer mit sich bringt, wenn man eine Strecke wieder zurückgehen muß, trotz 'Aziz' Einwänden und der schweigenden, aber nichtsdestoweniger sehr beredten Resignation »des Zufluchtnehmenden« beschloß ich, umzukehren und nach Paratschan zu gehen. 'Aziz sollte mit dem Gepäck zurückbleiben. Und in der heißesten Stunde des Nachmittags traten »der Zufluchtnehmende« und ich noch einmal den Weg talaufwärts zum Hazartschal an.

Von diesem Ritt ist nichts Bemerkenswertes zu berichten, außer daß wir an einer Wegbiegung oberhalb Dizan einem jungen Burschen begegneten, der in jeder Hand vorsichtig ein Ei trug. Ungehörige Neugier trieb mich, ihn zu fragen, was er denn mit den Eiern wolle, denn dieser Punkt der Landschaft schien sich wenig für das Backen von Omelettes zu eignen.

»Sie sind für ein krankes Maultier bestimmt«, sagte er. Der Mullah des Dorfes hatte Verse aus dem Koran auf die Schalen geschrieben, und nun sollten sie über der Stirn des Tieres zerbrochen werden, das in Zuckungen weiter unten in einer Wiese lag.

»So Gott will, wird es genesen«, sagten wir nach dem erprobten Rezept des delphischen Orakels, und dann eilten wir weiter, denn die Dämmerung brach schon herein, und ritten über eine Brücke nach Paratschan hinein. Hier waren wir wieder im Gebirge. Der Fluß war schmal, Heckenrosen säumten seinen Lauf, das Dorf kletterte am Ufer in die Höhe.

Das erste, was uns in die Augen fiel, war eine Gasse von Heumieten, die höher waren als die Häuser. Sie standen dicht beieinander, in das harte Gras waren Disteln gemengt. Es war Winterfutter, denn Paratschan, das letzte Dorf unter der Paßhöhe, liegt vier Monate des Jahres unter dem Schnee begraben. In dieser ganzen Zeit gibt es, wie die Leute mir erzählten, keinerlei Wege außer denen, die vom Ufer oder den Heumieten zu den Ställen und Wohnhäusern führen. Ein Dorf drunten im Tal ist so unerreichbar wie ein fernes Land, und wenn jemand krank wird, so muß er sich, so gut er kann, behelfen, bis der Schnee schmilzt, oder sterben. (Es gibt allerdings im Talaghan ohnehin keinen Arzt, so daß es wenig ausmacht). Die Vorräte für die Ernährung der Menschen werden in großen Kornsäcken im inneren Raum aufgestapelt, wo auch genügend Tee, Zucker und Petroleum lagern, um die Winterszeit überstehen zu können. Manchmal wagen sich die jungen Leute hinaus, um einen Steinbock zu erbeuten: Ihrer zehn oder zwölf kreisen sie ein, treiben sie gegen den Berghang, wo die Fliehenden im Schnee steckenbleiben und fangen sie lebendig. Man sollte meinen, daß die Erfahrung so viel träger Gebirgswinter die Bewohner dieser Bergdörfer dazu gebracht hätte, ein Fortbewegungsmittel wie Skier oder Schneereifen zu erfinden, mit dem sie aus ihrem Gefängnis ausbrechen könnten. Aber es ist nichts derartiges geschehen. Ich benutzte den Abend, um ihnen in sehr mangelhaftem Persisch die Grundzüge des Wintersports zu erläutern.

Der Philosoph, der Paratschan regierte, war ein alter Mann von verehrungswürdiger Hoheit in dem weiten dunkelblauen Turban, den er als Angehöriger der Sekte der Huseini trug, einer ultra-schiitischen Brüderschaft, die in der ganzen Gegend verbreitet ist. Er wohnte in einem winzigen Häuschen, das über gestampftem Lehmboden hoch über der steilen Straße errichtet ist und in dem überall das Zubehör weiblichen Lebens, Wiegen,

Spinnrocken und weiße Wollflocken, umherliegen. Seine Schwiegertochter, »Springende Knospe«, eine frische, dralle, hübsch anzusehende und sehr freundliche junge Frau führte ihm das Haus. Eine Unterhaltung mit ihr kam leider nicht zustande, da sie nur den einheimischen Dialekt sprach. Auch der Philosoph war von größerer Herzlichkeit, als es eigentlich einer Angehörigen des weiblichen Geschlechts gegenüber angebracht war, dessen Umgang für einen frommen Ruf so verderblich ist. Ich bekam die Nachteile meiner Stellung auch zu spüren, denn da ich nahezu ohne Gepäck reiste und mich in bezug auf Schüssel und Wasserbecken immer auf meine Gastgeber verlassen mußte, stellte ich fest, daß er zwar ein Auge zudrücken und mich aus seinem Geschirr trinken lassen wollte, daß er aber nicht bereit war, sein Seelenheil dadurch aufs Spiel zu setzen, daß er mir erlaubte, mich bei ihm zu waschen.

Ich fand mich mit guter Miene und Verständnis für diesen heiklen Punkt damit ab, schmutzig zu bleiben, und gewann dadurch offenbar sein Herz, denn er lud mich bald ein, die niedere Gesellschaft des Harems zu verlassen und unter den Dorfältesten auf dem Teppich um den Samowar Platz zu nehmen. Hier diskutierten wir über die Innenpolitik von Paratschan, während die Dorfbevölkerung in einer langen Schlange an der offenen Tür vorbeizog und jeder der Reihe nach einen Blick hereinwarf. Sie hatten, wie sie sagten, noch nie eine europäische Frau gesehen, und auch an einen Mann konnten sie sich nicht entsinnen, obgleich Hauptmann Fortescue auf seinem Weg zur Paßhöhe oberhalb des Dorfes hier vorbeigekommen sein muß. Der Philosoph hatte als Führer des Dorfes die unangenehme Aufgabe, Steuern einzutreiben. Er hatte die Weisung, so und so viel an die Regierung abzuführen, und mußte selbst zusehen, wie er das Geld zusammenbrachte. Ich bin nie auf Unzufriedenheit mit dieser Einrichtung gestoßen, und die Methode, die Angelegenheit völlig in den Händen eines einheimischen angesehenen Mannes zu belassen, der seine Stellung unter den Leuten berücksichtigen muß, ist vielleicht vernünftiger als die direkte Eintreibung durch einen Beamten der persischen Regierung. Der Paratschan-Älteste hatte außerdem noch den Vorteil, daß er auf seine Heiligkeit bauen konnte, um sein Ansehen zu stützen. Und er schien auch in der Tat ein wohlwollender und gerecht denkender Mann zu sein, und als er das letzte Gebet des Tages sprach, flutete seine Stimme in der Dunkelheit über die Häupter seiner schlafenden Gemeinde – undeutliche verhüllte Gestalten auf den flachen Dächern unter den glitzernden Sternen. Während der Nacht zog Orion seine Bahn über der Dorfstraße. Und noch bei Sternenlicht erhoben sich die jungen Männer der Siedlung, nahmen ihre Sicheln auf und begaben sich auf den Weg, um in den Bergen Heu zu machen. Als der Tag anbrach, kletterten wir in Begleitung des Ältesten zu dem sogenannten Turm hinauf, der unter dem Namen Ahmad Radschi bekannt ist und etwa eine Stunde oberhalb des Dorfes auf einem der westlichen Ausläufer des Gebirges liegt.

Über der Erde war aber nicht das Geringste mehr übrig, außer ein paar unbestimmbaren Topfscherben. Hier kann nie etwas anderes gestanden sein als ein kleiner Auslug oder Wachturm, der die Straße vom Paß herunter beherrschte. Aber ein Sturm fegte über den Hazartschal. Der Salomothron ragte in die Wolken hinein, und ich freute mich, den Unbesiegbaren nun beinahe umkreist zu haben und ihn in seiner ganzen Pracht ebensowohl vom Süden wie aus den andern Richtungen der Windrose kennenzulernen. Als Regen und Hagel von der Kammhöhe auf uns herunterpeitschten, schnitten wir den Abstieg nach Dschoistan auf einem kürzeren Weg ab, die dürren Hänge hinunter entlang dem Schirbaschfluß, der sich in der Tiefe durch einen Cañon zwängt. Von hier führt ein Weg nach Ab-i-Garm, unserer heißen Quelle im Daridschan-Tal, die man in einem Tag erreichen kann. Und eine hochheilige Imamzadeh schimmerte weiß zwischen den Felsen des Mount Sat und Mount Awater. All die vertrauten Züge der Landschaft sahen wir nun von der andern Seite.

Am andern Tag ritten wir von Dschoistan zu dem letzten der Dörfer des Schah Rud; der Weg war zwischen den Wänden eines unbewohnten und wilden Tales eingeschlossen, in das von höher gelegenen Wegen, die sich rechts und links unsichtbar am Hang hinzogen, kleine Schluchten einmündeten. Der Verkehr war lebhaft und bestand zum großen Teil aus Holzkohlentransporten, die vom Anguran-Paß über das Tal des Hard Rud hierher gelangten; am Nachmittag kamen wir bei Gatideh wieder in liebliches Weideland, und bei Garab, dem letzten Dorf, begannen grasige Hügelhänge, die zum sanften Asalek Paß hinüberzogen.

Wir kampierten jedoch im Freien und kletterten am nächsten Morgen im Gefolge der ersten Maultierreihen, die Holzkohle nach den baumlosen Ebenen des Südens bringen, zum Nordhang des Stiabasch-Passes hinauf, wo zwischen zwei sanftgerundeten Bergen in tiefer Einsamkeit die »Burg der Jungfrau«, Dohtor Qal'a, steht, ein kleines unregelmäßiges Fünfeck mit einem Strebepfeiler an der einen Ecke. Die Anlage enttäuschte etwas: sie ist verhältnismäßig modern und aus kleinen Steinen sauberer aufgeführt als die älteren Ruinen, die ich in Alamut und am unteren Schah Rud gesehen hatte. Die Mauern waren einen Meter stark, und in der Mitte befand sich ein mit Erde und Steinen angefüllter Schacht. In früherer Zeit mußte das Dorf sich unterhalb der alten Mauern bis in eine tassenförmige Mulde erstreckt haben, und ein Friedhof am andern Rand dieser Mulde ließ mit seinen modernen Grabsteinen darauf schließen, daß der Ort noch vor kurzer Zeit bewohnt war. Einige Grabsteine stammten aus dem siebzehnten Jahrhundert. Sie waren aus einem blaßgrünen Kalkstein gehauen, der, weil er in der Nachbarschaft nicht vorhanden ist, mir zu denken gab, bis ich am andern Tag im Südteil des Tales auf Blöcke des gleichen Gesteins stieß. Daß das Material so mühevoll transportiert worden war, deutete auf einen starken Verkehr und einen ansehnlichen Wohlstand im Oberland hin. Es muß einstmals dichter besiedelt gewesen sein als jetzt, denn am Berghang läuft noch immer eine alte Wasserleitung, die nach den Erzählungen von dem Seldschuken Malik Schah angelegt worden sein soll. Wir befanden uns auf der Linie des Höhenweges, der vom Asalek-Paß im Osten durch ödes einsames Weideland nach Kotschireh im oberen Teil des Tales gleichen Namens läuft und wahrscheinlich von da unzählige Dörfer verbindet.

Einen unschätzbaren Vorteil hatte die Burg der Jungfrau vor

manchen Altertümern ihrer Art voraus: sie befand sich über und nicht unter der Erde. Nur der wirkliche Fachmann kann das Begrabene vor seinem Auge wie in einer Vision wieder erstehen lassen: für uns andere Sterbliche ist der Staub der Großen dieser Welt in ihren Gräbern stumm:

>König Pandion, sonst so kregel,
Eingesargt mit Kind und Kegel.
King Pandion, he is dead,
All his friends are lapped in lead.«

Man möchte immer einen oder zwei sichtbare Haken haben, an denen man seine Phantasien aufhängen kann. Und Dohtar Qal'a lieferte diese in hervorragendem Grade, wie die Journalisten sagen, was immer sie auch damit meinen mögen. In der Tiefe lag das Tal des Schah Rud, und das Massiv des Takht-i Suleiman erhob sich auf der andern Seite über sechs Bergketten hinweg wie ein Held auf den Schultern der Menge, während nach allen Seiten Ausläufer und niedere Höhen wie Spinnenbeine ausstrahlten. Er allein trug Schneefelder. Um ihn scharten sich, wie Milchstraßensysteme, kleinere Gipfel. Ein zackiger Felsgrat bezeichnete die Schlucht des Hard-Rud-Wassers, und dahinter, uns gegenüber, ragte über die grasige Schulter des Anguran Passes, über den die Karawanenstraße über Dehdar läuft, der Zarin Kuh.

Hier war kein Bauwerk von Menschenhand zu sehen außer der alten Feste und einer kleinen Teehütte, die, gegen Wind und Schnee geschützt, beinahe bis zum Dach im Berghang eingegraben war. Hier schlief ich fröstelnd in einer Höhe von beinahe 3100 m, bis »der Zufluchtnehmende«, als die Nachtkälte den tiefsten Punkt erreicht hatte, hereinkroch, seine Decke über meinen traumverlorenen Körper breitete und sich wieder, in seinen Schaular gehüllt, in das Dorngestrüpp am Berghang legte.

Am andern Morgen gegen sieben Uhr erreichten wir die Paßhöhe, und auch jetzt noch war der Wind so schneidend, daß die
beiden Männer ein großes Feuer aus Reisig entfachten, um sich
an ihm zu erwärmen, während ich mit klammen Fingern meine
Messungen ausführte. Es war ein wichtiger Punkt, denn diese
südliche Wasserscheide des Schah Rud ist bereits richtig aufgenommen, und ich hoffte, daß diese letzten Peilungen des Takht-
i-Suleiman und des Elburs es mir ermöglichen würden, auch alle
übrigen Beobachtungen in Übereinstimmung zu bringen.

Wir stiegen nun in südlicher Richtung in eine enge Tal-
schlucht, die nur von einem Wasserfall belebt wurde, gegen die
Landschaft Arengeh hinab. Das Gefühl, den Bergen nun den
Rücken zu kehren, stimmte uns melancholisch. Nach einiger
Zeit stieg der Weg wieder an und führte uns hoch über dem Fluß
hin, der sich unten durch die Felsen schlängelte, so daß man
hätte meinen können, die Füße hingen unmittelbar über dem
Wasser, wenn sie über die Satteltaschen hinausragten. Dann
kamen wir zu dem ersten Dörfchen, das im Schatten seiner
Maulbeerbäume auf einer Höhe von nur 1700 m heiß und
geschützt lag.

In dem zweiten Dorf, Arian, aßen wir zu Mittag. Die Frauen
waren gerade dabei, aus kleinen roten und gelben wilden
Pflaumen und Äpfeln ein Mus zu kochen. Sie kochen die
Früchte ohne Zucker und lassen sie in der Sonne zu Pulver
trocknen, mit dem sie dann ihre Suppen würzen. Gemahlene
Traubenkerne werden in ähnlicher Weise als Gewürz benutzt.
Aber außer dieser Art von Eingemachtem kennen sie eine
ausgezeichnete wirkliche Marmelade, die sie zusammen mit
dem süßen Maulbeersirup essen, der unter dem Namen »Schireh« in ganz Persien bekannt ist.

Die wilde Schönheit unseres Tals wurde noch eindringlicher.
Hohe Kalksteinwände, die zu phantastischen Zinnen, ebenmäßig wie Mauerwerk, aufgetürmt waren, umschlossen es von
allen Seiten. Hier lagen die grünlichen Blöcke der Grabsteine
umher, bespült vom jadegrünen Wasser des Flusses. Bei Pulab

mündet von links der Laura in den Hauptfluß, und wir stießen auf die ersten Meßlatten für die neue Straße des Schahs, deren Bau jetzt vollendet ist, die aber damals noch wie ein undurchführbares Titanenwerk aussah. Alte behauene Grabsteine am Wegrand beweisen, daß hier eine alte viel benutzte Straße geführt hat. Die Steine wurden in die neue Straße verbaut, und heute sind sie wohl alle längst verschwunden.

Der Anblick der unabsehbaren Felsen ermüdete uns. Unmittelbar vom Rand des Wassers, wo unser Pfad auf einem schmalen Sims dahinlief, türmten sie sich in chaotischer Erhabenheit auf. Nur hier und da, wenn sich das Flußbett zu einem kleinen Amphitheater erweiterte, kauerten Dörfchen unter den Kronen ihrer Bäume. Wir pflückten die süßen weißen Maulbeeren im Vorbeireiten, ohne anzuhalten.

Als das Tageslicht schwand, trat die Wildheit dieser öden Landschaft noch stärker hervor. In wilder Verwirrung aufgeschichtet wie ein uneiniges Orchester, zeigte sie nichts von der erhabenen Heiterkeit des Hochgebirges. Schließlich aber, als die Nacht hereingebrochen war, traten wir in eine weite Biegung des Tales hinaus und sahen vor uns Warian, umgeben von Wäldchen und Obstgärten, durch die der befreite Fluß dahinströmte, die letzten Sonnenstrahlen erhaschend.

Wir baten um Unterkunft und wurden zu einem von Obstbäumen schwellenden Garten und einem Häuschen geführt, vor dessen drei Räumen eine Terrasse lag, auf der rasch ein Teppich ausgebreitet war. Man brachte mir eine Schüssel mit Trauben und Birnen, die ersten Früchte der wärmeren Ebenen, und erzählte uns, daß uns unsere nächste Tagereise über die glatte Fläche der neuen Autostraße führen werde. Ein Stück Weges das Tal hinauf hatten wir in einem Dorf gehalten, das durch seine Weber berühmt war, und hatten versucht, eine der wollenen Decken zu erstehn, die man hier Dschadschims nennt. 'Aziz hatte nachlässig über den Gartenzaun gerufen, das Stück wurde herbeigebracht, die vielfarbigen Streifen und das dichte Gewebe von den Männern fachmännisch geprüft und gebilligt, und die Verhandlungen wurden halbwegs bis nach Warian fortgeführt, der umstrittene Gegenstand dabei oft zurückgege-

Freya Starks Begleiter mit ihrem Packtier vor einer Teestube an der Landstraße, 1931

ben und wieder ausgehändigt, wobei der Besitzer mehrmals in sein Dorf zurückkehrte, um uns gleich darauf wieder nachzukommen. Nun wurde die Decke, auf deren Erwerb ich sehr stolz war, der Billigung der versammelten Damen von Warian unterbreitet, die zu einem Besuch bei mir erschienen waren. Sie erhoben sich sofort und kamen bald mit einem viel verlockenderen Dschadschim, in dessen Streifen alle möglichen geometrischen Muster eingewoben waren. Neue Verhandlungen begannen.

Wenn ich für das einfachere Exemplar zehn Schilling bezahlt hatte, wieviel mußte ich dann nicht für dieses wunderbare Stück zu geben bereit sein? meinten sie.

Wenn ich für das erste zu viel bezahlt hatte, so war das nur ein Grund mehr, es beim zweiten nicht zu tun, sagte ich hingegen.

Die Dame, die die Decke gewoben hatte, eine muntere schwarzäugige junge Frau, war, wie sie sagte, gar nicht darauf aus, sie zu verkaufen. Sie habe lang daran gearbeitet und selbst die Wolle gesponnen, das Muster erfunden und die Strähnen eingefärbt.

Gewiß, sagte ich, und ich habe auch gar nicht die Absicht, sie so eines geschätzten Stückes zu berauben. Warum sollte ich auch einen zweiten Dschadschim erwerben, da ich nun schon einmal einen besaß, es sei denn, der Preis wäre verhältnismäßig niedrig und rechtfertigte den unnützen Einkauf?! Ich gab ihr die Decke für diesen Abend zurück, während die Freunde beider Parteien im Chor die Verhandlung weiterführten und 'Aziz und »der Zufluchtnehmende«, die meine Schwäche in den späteren Stadien so lange ausgedehnter Kämpfe kannten, mich scharf im Auge behielten.

Sie hatten ganz recht. Am andern Morgen, nach nächtlichen Überlegungen, wurde uns der Jajim aus einer Haustür gereicht, als wir vorbeiritten.

Es war die letzte Nacht meiner abenteuerlichen Fahrt, und in der stickigen Luft des Tieflandes, beim Plätschern des Brunnens im Gärtchen und bei dem ungewohnten Rauschen der Zweige nach so langem Ritt in der Freiheit der Berge, fand ich keinen Schlaf. Ich brachte 'Aziz frühzeitig auf die Beine, konnte ihn aber nicht zum Aufbruch bewegen. Und als wir schließlich das Tal hinabritten, waren schon zweitausend Arbeiter auf der Straße, und wir mußten an jedem einzelnen von ihnen vorbei.

»Gott verleihe Euch Stärke, Gott verleihe Euch Stärke«, sagte »der Zufluchtnehmende« jedesmal sehr höflich, wenn wir eine neue Gruppe passierten. Es waren kräftige, gut aussehende Bauernburschen, die nicht das Proletarische an sich hatten, wie es solches Volk in Europa kennzeichnet. Ich hörte, daß sie drei Kran (50 Pfennig) am Tag verdienten und alle aus den Dörfern im Umkreis kamen. Die ebenen Abschnitte des Geländes bis Warian hatten sie bereits fertiggestellt, und nun machten sie sich an die gebirgigen Strecken, die sie wie Inseln hatten stehen lassen. Wenn wir an eine solche Stelle kamen, mußten wir die glatte Straßendecke verlassen und den alten Fahrweg einschlagen, der uns durch den Gegensatz noch halsbrecherischer erschien und alle möglichen Überraschungen an Sprengstoffen und Männern mit Werkzeugen bot.

Eine solche kostete mir und meinem Maultier beinahe das Leben, als wir dicht an einem Felsabsturz über dem Fluß dahinritten. Ein Straßenarbeiter kam mit zwei Eisenstangen unter dem Arm des Wegs, und da sie sehr lang und nicht leicht zu handhaben waren, kitzelte er mit der Spitze der einen mein Tier im Vorbeireiten. Schikar, das Maultier, hatte bereits eine zögernde Haltung gegenüber den Segnungen der Zivilisation eingenommen, wie sie sich beim Bau einer modernen Straße präsentieren. Dieser unprovozierte Angriff jedoch brachte es ganz aus der Fassung. Es setzte im Galopp den schmalen Geröllstreifen hinunter, der uns von dem 100 Meter tiefer unten rauschenden Fluß trennte. Es gibt nichts Hilfloseres als einen Reiter auf einem Packsattel: man sitzt wie auf einer Plattform, ohne Zügel und Steigbügel, und ist gegen selbstmörderische Anwandlungen der Remonte nicht gewappnet. Glücklicherweise schritt in diesem Augenblick »der Zufluchtnehmende« mit dem Zügel in der Hand voraus. Der zog aus Leibeskräften und sprach zu gleicher Zeit dem Tier besänftigend zu. Es hielt an, ich ließ mich heruntergleiten und rettete meine Kamera, die genau am Rand des Abgrunds hängen geblieben war.

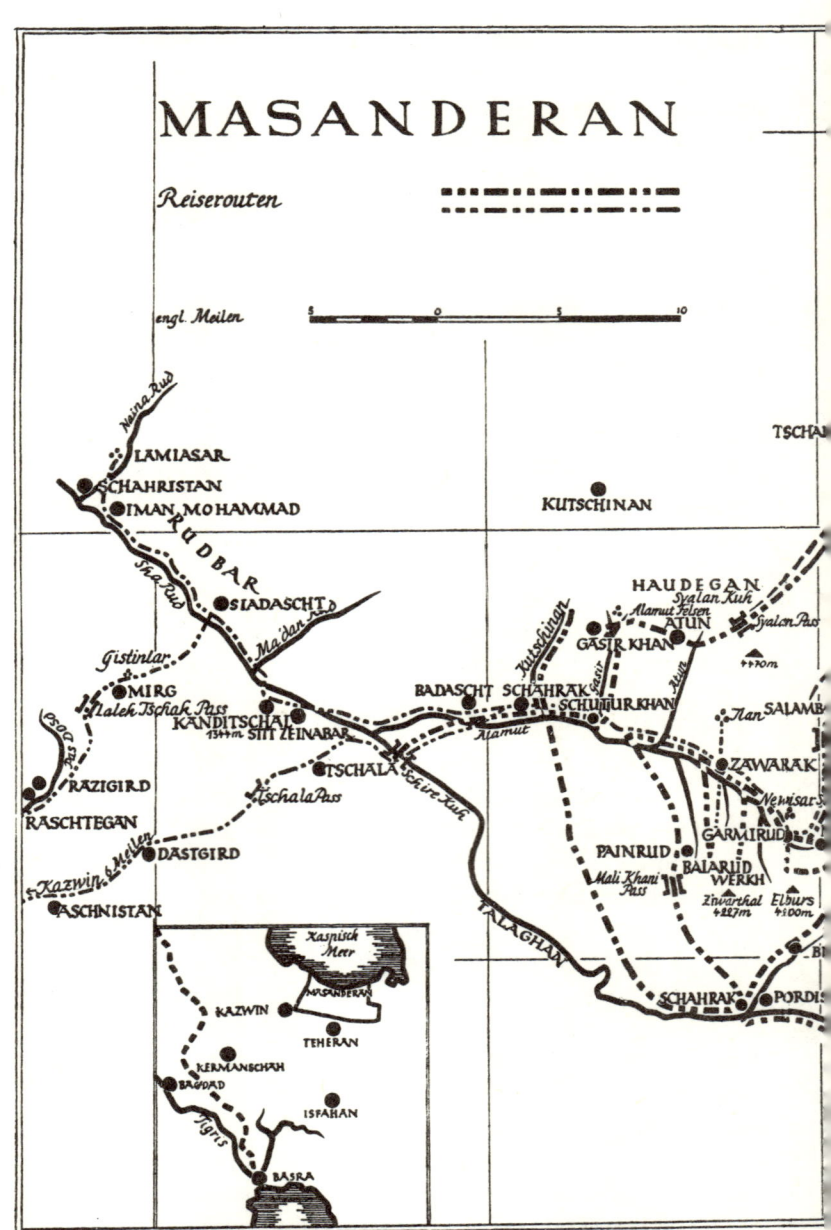

MASANDERAN

Reiserouten

engl. Meilen

LAMIASAR
SCHAHRISTAN
IMAN MOHAMMAD

KUTSCHINAN

R U D B A R

SIADASCHT

HAUDEGAN
Syalan Kuh
Alamut Felsen
ATUN
Syalan Pass
GASIR KHAN
BADASCHT SCHAHRAK
SCHULURKHAN
SALAMB

Gistinlar
MIRG
Naleh Tschak Pass
KANDITSCHAL
SHI ZEINABAR

ZAWARAK
Newisar

RAZIGIRD

TSCHALA

RASCHTEGAN
DASTGIRD

PAINRUD
GARMIRUD
BAIARUD
WERKH

ASCHNISTAN

Mali Khani
Pass
Zhварthal
+217m
Elburs
+5100m

TALAGHAN

SCHAHRAK
PORD

TSCHA

Kaspisch
Meer

MASANDERAN

KAZWIN

TEHERAN

KERMANSCHAH
BAGDAD

ISFAHAN

Tigris

BASRA

KASPISCHES MEER

KHURRAMABAD

ISPIRUD

WISAR

Tta Rud

Kasm

Aspi Rud

Palang

Sardab

Mezigasar Pass

TUDERE

DAKU

Kalar
Golegonæ
HASANKEIF

Baschm
Adi
tasu
154m
SANGTSAREK
SCHARI
MURZANABAD
KALINAU
BENAFSCHADE

RUDBAREK

BAUDE

Tschalus

BARAZAN

ARUD

Nawas
4576m
Ta Marivan
262m
SCHAHRISTAN
DARIDSCHAN

Qorma or Qobran
4890m
Kalau Pass

WANDERABAN

Kanditschal Pass

MASAL
TUWIR

QUTIR

NATIR

MERES

MIAN RUD

Ab-i Berix
Sardab

AB-I-GARM
Siah Kaman
4760m

4930
Salomahron
4800m

Siahkulu
3720m

BIDSCHENO

NATIL

Haft Kont
Halis
Mitschilisera Pass
3232 m

Hak a Rud

Hazartschal Pass
4250m

Losch Karek
3930 m

Ab-i-Garm
DELIR

Tschalus

Ahmæ
Radschek
PARATSCHAN
DIZAN

Siolis Pass 4160m

MEHRAN

Zarine
4256m

Dawi Pass

Tscharbagh

Marivan
Schibrab

DSCHOISTAN

Anguran Pass

Dschazar

Korschægh

Dohtar Qala
4613m
Sirabaxh Pass
3331m

Asalek Pass
3692 m

»Gott sei Dank ist ihr nicht passiert!« sagte ich mit dem Fanatismus des Photographen. »Der Zufluchtnehmende« sagte lange Zeit nichts.

»Wenn du dich zu Tode gestürzt hättest«, sagte er schließlich in vorwurfsvollem Ton, »was hätten wir dann in Teheran sagen sollen, wenn wir ohne dich angekommen wären?«

Nach diesem Erlebnis zeigte Schikar eine natürliche Abneigung gegen jeden, der irgend etwas trug, und scheute an jeder schmalen Stelle des Weges, so daß wir froh waren, als wir schließlich den letzten der zweitausend Arbeiter passiert hatten und die glatte Straße entlangzockelten, wo die Ebene rote flache Zungen zwischen die Vorberge hineinschiebt.

Die Lehmmauern eines verlassenen Forts beherrschen den Talausgang, und jenseits davon kamen wir in der größten Nachmittagshitze nach Karadsch an der Hauptstraße. Hier trennten wir uns von dem »Zufluchtnehmenden« und den Maultieren, die den Tag und die darauffolgende Nacht ihren Weg nach Teheran fortsetzen sollten, während 'Aziz und ich das Elend und die Erbärmlichkeit persischer Kraftwagen auf uns nahmen. Da gab es noch manchen Aufenthalt und noch manche Panne im Angesicht der Hauptstadt, aber schließlich war uns doch die Ankunft noch am gleichen Abend beschieden, und in einem blühenden Garten inmitten der Köstlichkeiten eines zivilisierten Lebens nahmen wir voneinander Abschied, die Arme über der Brust gekreuzt.

FLÜSSE DER ZEIT
FREYA STARK UND IHRE REISEN

Die Engländerin Freya Stark wurde als Kosmopolitin geboren. Von ihrer Mutter Flora hat sie französisches und italienisches Blut in den Adern; ihr Vater, der Bildhauer Robb Stark, war Engländer; und geboren wurde sie 1893 in Paris. Im Alter von drei Jahren hatte sie Italien und Frankreich, Devon und London und die Dolomiten besucht, und als sie fünf Jahre alt war, konnte sie drei Sprachen sprechen. Freya Stark lebte in den verschiedenen Ländern, in denen sie aufwuchs, in sehr unterschiedlichen Milieus. Sie war in den Salons ebenso zu Hause wie unter kleinen Bauern und einfachen Leuten.

Die Ehe ihrer Eltern war unkonventionell, aber sie war von sehr unterschiedlichen Interessen geprägt und scheiterte. 1912 begann Freya Stark in London ihr Geschichtsstudium, das sie nach Beginn des Ersten Weltkrieges abbrach. Sie arbeitete zunächst als Krankenschwester in Bologna, dann bei der Zensurbehörde in London und von 1917 bis zum Kriegsende wieder als Krankenschwester in Italien. In dieser Zeit wurde ihr Interesse an der arabischen Welt geweckt. Sie begann die arabische Sprache zu studieren und erholte sich zum Ausgleich beim Bergsteigen, kletterte auf den Monte Rosa und das Matterhorn. Im Jahre 1927 war sie Mitte 30, sie hatte erhebliche gesundheitliche Probleme, hatte eine gescheiterte Verlobung hinter sich. Sie war wirtschaftlich unabhängig, brauchte für ihren Lebensunterhalt nicht mehr zu arbeiten, und sah im übrigen keinen Sinn in einem Leben zu Hause. Der Orient lockte sie.

Im Dezember 1927 reist sie in den Libanon, nach Brummana, dann nach Damaskus, nach Bagdad. Sie lernt Arabisch, lebt unter Europäern und christlichen Arabern. Sie ist fasziniert vom Alltagsleben und der Kultur des Orients, ist aber durchaus Engländerin und Europäerin in ihren Anforderungen an Hygienestandards und ihrer Reaktion auf arabische Tänze und Musik.

Nach einem kurzen Aufenthalt bei ihrem Vater in Kanada und in London kehrte sie im Herbst 1929 nach Bagdad zurück. Sie war alles andere als eine Touristin. Wieder lebte sie unter Einheimischen, diesmal auch aus Geldmangel. In der britischen Society Bagdads war Freya Stark eine außergewöhnliche Erscheinung: nicht mehr ganz jung und noch unverheiratet, exzentrisch, in arabische Männerkleider gehüllt auf Dinnerparties erscheinend. Und schlimmer noch: Sie ging alleine durch die Stadt, bei Nacht ebenso wie am Tage, und sie reiste in irakischer Begleitung zu einem Beduinendorf in der Wüste, obwohl nach den Regeln der englischen Kolonialherren eine englische Dame nicht ohne Europäer oder Nordamerikaner als Begleiter durch das Land reisen durfte. Bei Nichtbeachtung der Vorschrift drohte der Entzug des Visums.

Die Reiseziele Freya Starks waren inzwischen in gewissem Sinn wissenschaftlich geworden. Sie war auf Entdeckungen aus, zuerst in dem von Europäern damals noch unerforschten Tal der Assassinen im persischen Bergland südlich des Kaspischen Meeres. Unerforscht, aber berüchtigt war das Tal der Assassinen. »Assassinen« ist der Name für einen Geheimbund der Ismailiten, der von Hasan As Sabbah auf der Bergfestung Alamut um 1090 gegründet wurde. Von den Mitgliedern des Ordens wurde bedingungsloser Gehorsam verlangt. Die Freuden des Paradieses durften sie dafür angeblich schon im voraus beim Haschischgenuß erfahren. Die Assassinen breiteten sich über den Iran, Syrien und Palästina aus. Mordanschläge galten ihnen als legitime Mittel zur Durchsetzung ihrer Ziele (daher ihr Name »assassin« auf französisch und »assassino« auf italienisch = »Mörder« auf deutsch). Das Oberhaupt der syrischen Assassinen wurde der »Alte vom Berge« genannt. Die Eroberung Alamuts 1256 durch den Mongolenfürsten Hulagu machte der

Herrschaft der Assassinen im Iran ein Ende. In Syrien eroberte der Mameluckensultan Baibars I. 1272 die letzte Festung der Assassinen.

Freya Stark lernte Persisch, bevor sie im Mai 1930 ins Tal der Assassinen reiste. Weitere Expeditionen nach Persien folgten, von Mal zu Mal besser, wissenschaftlicher vorbereitet – inzwischen hatte sie Kontakt zur Royal Geographical Society aufgenommen –, aber immer voller Gefahren und Abenteuer. Mit den Berichten über ihre Reisen ins Tal der Assassinen und in andere entlegene und aufregende Regionen Persiens wurde Freya Stark mit einem Schlag berühmt. Und sie festigte damit auch ihre gesellschaftliche Stellung in Bagdad. Was bis dahin für sie eher ein Hindernis, ein Nachteil gewesen war – eine Frau zu sein –, schlug ihr nun zum Vorteil aus. Sie ist sich dessen bewußt; sie schreibt, von da an »hatte ich nie wieder unter meinen eigenen Leuten unter einem Mangel an Sympathie, Ermutigung oder Freundlichkeit in bezug auf meine Abenteuer zu leiden; in der Tat wurde mir bald bewußt, daß eine Frau weit mehr als ihren legitimen Anteil an Ruhm erhält, einfach aufgrund ihrer relativen Seltenheit in der Welt der Reisenden und Entdecker«.

Öffentliche Anerkennung wird ihr auch in England, in London zuteil. Die wichtigsten geographischen Gesellschaften verleihen ihr Preise, sie hält Vorträge, bekommt Angebote von der BBC.

Fortan, bis in die siebziger Jahre unseres Jahrhunderts, war das Leben Freya Starks von ihren Reisen bestimmt, Reisen nach Südarabien ins Hadramaut-Tal, nach Kleinasien, auf den Spuren Alexanders des Großen, Afghanistan, Persien, in den Irak und in den Himalaja. Während des Zweiten Weltkrieges und in der Nachkriegszeit übernahm sie zudem als Expertin für arabische Fragen Beratungsfunktionen im Dienste der britischen Kolonialverwaltung, und zwar im britischen Protektorat Aden, im Jemen, in Ägypten, dem Irak und Indien. Ihre vielfältigen Erfahrungen verarbeitet sie in zahlreichen, vielbeachteten Reiseberichten und in politischen und philosophischen Büchern, die zum Teil auch ins Deutsche übersetzt wurden. Ihre Bücher werden auf der ganzen Welt gelesen, die Zahl der Biographien wächst, und einem größeren Publikum ist sie durch Fernsehfeatures bekannt geworden.

»Dame Freya Stark« – sie wurde 1972 geadelt – ist eine der großen Reisenden unseres Jahrhunderts, wie Alexandra David-Néel, Beryl Markham und Ella Maillart. Reisen ist für Freya Stark immer mehr gewesen als ein exotischer Zeitvertreib oder ein Nervenkitzel. Das Sinn-Thema, das in den Büchern der Asienreisenden Ella Maillart anklingt, beschäftigt auch sie: »Wir sind in einer Welt von Raum und Zeit, aber wir bewegen uns auf die zeitlose Welt zu. Ich sehe mich selbst als eine Pilgerin auf meinem Weg; alles, was geschehen ist, ist Episode, nicht endgültig. Mir kommen viele Reiseberichte so langweilig vor – sie tun so, als ob Reisen ein höchstes Lebensziel in sich selbst wäre, was es natürlich nicht ist.« Ihre eigenen Reisebücher sind frei von solcher Langeweile, sie sprechen von Menschen und Erfahrungen, Gefühlen und Ideen, nicht von touristischer Geographie.

Wolfgang Müller

Worterklärungen

à la Ferangi	»nach Art der Franken«, d. h. der Europäer
Ancien Régime	Alte Regierungsform, alte Regierung oder Herrschaft
Assassinen	»Haschischgenießer« bzw. »Mörder«; Geheimbund der Ismailiten, um 1090 gegründet; 1256 durch die Mongolen im Iran und 1272 durch die Mamelucken in Syrien vernichtet
Burberry	Englischer Regenmantel
Delila	Philisterin, Geliebte des Samson, dem sie heimlich die langen Locken abschnitt, um ihn so seiner Kraft zu berauben und an ihre Landsleute auszuliefern
Dieu merci	Gott sei Dank!
Empressement	Eifer, Emsigkeit, Geschäftigkeit
Enfilierfeuer	Geschützfeuer, mit dem feindliche Stellungen und Truppen bestrichen werden
Genius loci	(Schutz-)Geist eines Ortes
Halo	Hof um eine Lichtquelle, hervorgerufen durch Reflexion, Beugung und Brechung der Lichtstrahlen an kleinsten Teilchen
Henna	Aus Blättern und Stengeln des Hennastrauches gewonnenes rotgelbes Färbemittel, das im Orient kosmetischen Zwecken dient

Imam, Iman	Vorbeter in der Moschee; Titel für verdiente Gelehrte des Islams; Prophet und religiöses Oberhaupt (Nachkomme Mohammeds) der Schiiten
Imamzadeh	Weihestätte, Heiligtum, Reliquien-Schrein
I ruscelletti . . .	Die Bächlein, die von grünen Hügeln / von Casentino hinab in den Arno fließen, / erfrischen und lockern die Felder auf.
Khanum	Herrin
Luristan	Lorestan; Region in Persien, im nördlichen Sagros- und Kuhrudgebirge. In Lorestan wurden in Nekropolen und ehemaligen Heiligtümern die sogenannten Lorestanbronzen gefunden.
Masanderan	Masandaran; Landschaft in Nordpersien, umfaßt das südkaspische Küstentiefland und die Nordflanke des Elbursgebirges
Nagelfluh	Stark verkittetes Konglomerat, aus Abtragungsschutt z. B. der aufsteigenden Alpen entstanden, vielfach nur aus Kalkgeröllen bestehend
Pilav	Orientalisches Reisgericht, mit Hammelfleisch
Quelles horribles gens	Was für schreckliche Leute

Verzeichnis der Karten

Nordwest-Luristan *mit Reiseroute* 70/71

Luristan *mit Reiseroute* 210/211

Die Umgegend des Tales von Alamut.................223

Die Gegend von Kalar 349

Masanderan *mit Reiseroute* 388/389

Bildnachweis

Alle Abbildungen dieses Buches sind Photos der Autorin,
außer dem Porträt Freya Starks im Vorwort.

INHALT

Vorwort 7

Erster Teil: Luristan
    Zwei Wochen in Nordwest-Luristan 1931 13
    Der verborgene Schatz 1932 72
    Die Kulis von Bagdad 72
    Der Schatz 75
    Über die Grenze 80
    Wasserlose Berge 86
    Das Gesetz der Gastfreundschaft 91
    Das Große Gebirge 97
    Nacht in Garau 102
    Der Stamm zu Hause 107
    Die Schlucht der Ungläubigen 118
    Die Stadt der Larti 125
    Das Tal der Hindimini 136
    Die Gräber der Beni Parwar 142
    Gefangen 149
    Harmloser Zusammenstoß mit Banditen 155
    Rückkehr nach Garau 169
    Die Wälder von Aftab 177
    Nach der Hauptstadt von Puscht-i-Kuh 184
    Die Regierung des Puscht-i-Kuh 191
    Der Weg nach Mandali 196
    Das Gangir-Tal 203
    Wieder in Bagdad 207

Zweiter Teil: Masanderan
Eine Reise in das Tal der Assassinen 1930 215
Die Assassinenburg von Lamiasar 1931 256
Der Thron Salomos 1931 275
Sitt Zeinabars Grab 275
Ein Doktor in Alamut 282
Dorfleben 289
Drei Hochzeiten 295
Der Herr der Herden 304
Der Badeort 310
Der Thron Salomos 320
Schäfer aus dem Dschungel 328
Kalar Dascht 335
Topographie von Kalar 345
Lahu 354
Nacht im Tschalus-Tal 358
Der Grundherr von Bidscheno 364
Über den Siolis nach Talaghan 368
Der obere Schah Rud 375
Auf der Straße nach Teheran 382

Flüsse der Zeit
Freya Stark und ihre Reisen 391

Anhang
Worterklärungen 395
Verzeichnis der Karten 397
Bildnachweis 397
Inhalt 398/399

EIN AUFREGENDES LEBEN

Irgendwann im Leben träumen die meisten von uns, die Koffer
zu packen und aufzubrechen zu einer Reise rund um die Erde.
Die Engländerin Trudy Culross beließ es nicht bei diesem
Traum, sie verwirklichte ihn, als ihre Ehe mit Rui zerbrochen
und schmerzhaft zu Ende gegangen war. »Hinter Kairo wird es
besser« ist ihre eigene, außergewöhnliche Geschichte, die
Geschichte einer ganz auf sich gestellten Frau, deren Suche nach
einem neuen Leben, einer neuen Identität zu einer höchst
gefährlichen Reise wurde.

**Trudy Culross
Hinter Kairo wird es besser**
416 Seiten mit 1 Karte
ISBN 3 522 60790 2

EDITION ERDMANN